CONSUMER Well-being

소비자 웰빙

이동진

정독
DEEP READING

소비자 웰빙

서론

마케팅의 가장 중요하고 본질적인 역할은 제품과 서비스를 통하여 소비 만족을 제공하고 소비자 웰빙을 향상시키는 것이고 이러한 소비자 웰빙의 향상은 기업과 소비자의 장기적 관계를 강화하는 선순환으로 이어진다. 최근 마케팅 분야에서도 소비자 웰빙을 향상시키기 위한 실증적 연구들이 활발하게 진행되고 있다. 이러한 연구들은 특정 제품이나 서비스가 소비자의 행복감에 미치는 영향을 다루는 구체적 소비자 웰빙(micro consumer well-being)에 관한 연구들과 여러 제품이나 서비스 소비 경험의 누적으로서 소비 생활 영역 전반에 대한 만족이나 행복감을 다루는 전반적 소비자 웰빙(macro consumer well-being)에 관한 연구로 나누어 볼 수 있다. 구체적 소비자 웰빙(micro consumer well-being)은 특정 제품의 구매, 소유, 체험에 의한 일시적인 소비 생활 만족감과 소비 행복감을 의미한다. 전반적 소비자 웰빙(macro consumer well-being)은 다양한 소비 체험의 누적 결과로서 장기간에 걸친 비교적 안정적인 소비 생활 전반에 대한 소비자의 만족과 행복감을 의미한다.

본서는 이러한 소비자 웰빙 관련 다양한 연구들을 체계적으로 정리하면서 소비자 웰빙의 향상을 위한 소비자의 소비 전략과 기업의 마케팅 전략을 연결시키려는 의도에서 집필되었다. 구체적으로 본서는 다음과 같은 질문들에 대한 답을 찾고자 한다.

1. 소비자 웰빙(consumer well-being)의 개념과 원리: 소비자 웰빙의 개념은 무엇이고 소비자 웰빙 향상의 원칙은 무엇인가?
2. 구체적 소비자 웰빙(micro consumer well-being): 구체적 소비자 웰빙을 증진시키는 소비자 경험은 무엇인가? 구체적 소비자 웰빙을 향상시키기 위한 기업의 웰빙 마케팅 전략과 소비자의 소비 전략은 무엇이어야 하는가?
3. 전반적 소비자 웰빙(macro consumer well-being): 전반적 소비자 웰빙은 소비자 구매 행동과 전반적 웰빙에 어떠한 영향을 미치는가? 소비자 웰빙의 관계적 성과와 웰빙 성과는 무엇인가?
4. 소비자 웰빙의 측정도구와 이론: 소비자 웰빙과 주관적 웰빙의 측정도구에는 어떠한 것들이 있는가? 소비자 웰빙과 전반적 웰빙의 주요 이론은 무엇인가?

본서의 구성은 다음과 같다 첫째, 소비자 웰빙의 개념을 이론적으로 설명한다. 소비자 웰빙의 개념과 더불어 소비자 웰빙의 측정도구들을 제시하고 소비자 웰빙 향상의 원리(principles of consumer well-being)를 제시한다. 둘째, 구체적 소비자 웰빙(micro consumer well-being)을 설명한다. 각 소비 단계별 구체적 소비자 웰빙의 형성 요인을 설명하고 구체적 소비자 웰빙을 향상하기 위한 다양한 소비 전략과 기업의 마케팅 전략을 실증 연구 문헌을 중심으로 설명한다. 셋째, 전반적 소비자 웰빙(macro consumer well-being)에 대하여 전반적 소비자 웰빙의 형성 요인을 설명하고 전반적 소비자 웰빙이 소비자 행동 및 전반적 웰빙에 미치는 영향을 설명한다. 넷째, 소비자 웰빙과 전반적 웰빙의 다양한 측정도구 및 관련 이론들을 설명한다.

본서는 소비자의 웰빙을 향상 및 유지시키기 위한 소비자의 소비 전략 및 기업의 마케팅 전략에 대한 이론적 규명과 실천적 과제를 제시한다. 본서는 기존의 이론과 연구 문헌을 바탕으로 소비자 웰빙의 각각의 주제에 대한 이론적 규명과 마케팅 및 소비전략 그리고 연구가설이 기술된다. 소비자 웰빙에 관심이 있는 연구자, 소비 정책 연구가, 그리고 마케팅 전문가를 대상으로 한다. 본서가 소비자 웰빙에 관련된 연구들을 이해하는데 기여하여 이를 기반으로 소비자 웰빙을 향상시키기 위한 소비자의 소비 전략 및 기업의 마케팅 전략의 수립에 도움이 되기를 기대한다.

이 동 진

차례

P / A / R / T

01 소비자 웰빙의 개념과 원리

Constructs and Principles of Consumer Well-being

Chapter 1 소비자 웰빙의 개념

Chapter 2 소비자 웰빙 향상의 원칙

P/A/R/T 02 구체적 소비자 웰빙

Micro Consumer Well-Being

Chapter 3 구매 경험과 구체적 소비자 웰빙

P/A/R/T

03 전반적 소비자 웰빙

Macro consumer well-being

Chapter 6 재무적 경험과 전반적 소비자 웰빙

P / A / R / T

04 소비자 웰빙 측정도구와 웰빙 이론

Measurements and Theory

Chapter 9 소비자 웰빙의 측정

Chapter 10 전반적 웰빙 이론

Chapter 11 전반적 웰빙 측정도구

P / A / R / T

01

소비자 웰빙의 개념과 원리

Constructs and Principles of Consumer Well-being

Chapter

01

소비자 웰빙의 개념

001 주관적 웰빙(Subjective well-being)과 심리적 웰빙(Psychological well-being)

웰빙은 전반적인 삶에 대한 주관적 평가를 의미한다. 이처럼 전반적인 삶에 대한 평가를 의미하는 일반적인 용어에는 웰빙(well-being), 삶의 질(quality of life), 행복(happiness) 등이 있다. 첫째, 웰빙(Well-being)은 자신의 삶에 대한 주관적 평가를 말하는 일반적인 표현(Kitayama & Markus, 2000; Searle, 2008)으로 안녕감으로 불리기도 한다. 둘째, 삶의 질(Quality of Life)은 개인의 삶이 좋고 바람직한 정도를 나타내는 객관적 여건과 이에 대한 주관적 평가를 의미하는 용어이다(Hagerty, Cummins, Ferriss, Land, Michalos et al., 2001). 셋째, 행복(Happiness)은 웰빙을 의미하는 일반적 용어로서 삶의 만족, 주관적 웰빙, 긍정정서 등 상황에 따라 다양한 의미로 사용된다(Lyubomirsky & Lepper, 1999).

전반적 삶에 대한 주관적 평가로서의 웰빙은 주관적 웰빙(subjective well-being)과 심리적 웰빙(psychological well-being)으로 구분된다.

첫째, 주관적 웰빙(subjective well-being)은 개인이 전반적인 삶에서 얼마나 잘 지내고 있는지에 대한 전반적이고 주관적인 평가를 의미한다(Kitayama & Markus, 2000; Searle, 2008). 주관적 웰빙은 행복을 즐거운 삶(hedonic happiness)으로 해석하면서 인지적 측면의 전반적 삶의 만족(overall life satisfaction)과 정서적 측면의 쾌락적 행복(hedonic happiness)을 다룬다(Andrews & McKennell, 1980; Diener, Suh, Lucas, & Smith, 1999; Organ & Near, 1985). 주관적 웰빙(Subjective well-being/Hedonic well-being)은 전반적 삶의 만족과 긍정정서의 경험을 의미하며 이는 삶의 만족, 빈번한 긍정정서의 경험, 그리고 적은 부정정서의 경험의 세 가지 차원으로 구성된다(Diener, 1984; Ryan & Deci, 2001). 소비자의

긍정정서의 경험과 부정정서의 경험은 전반적 삶의 만족에 독립적 영향을 미치되(Lucas, Diener, & Suh, 1996), 긍정정서 경험의 빈도가 부정정서 경험의 빈도보다 전반적 삶의 만족에 미치는 영향이 크다(Kuppens, Realo, & Diener, 2008; Suh, Diener, Oishi, & Triandis, 1998).

둘째, 심리적 웰빙(Psychological well-being/Edaimonic well-being)은 단순히 즐거움을 추구하기보다는 의미 있는 삶의 목표를 가지고 자아 실현과 자기 발전을 추구하고 정도에 대한 평가를 말한다. 심리적 웰빙에서는 행복을 의미 있는 삶(edaimonic happiness)으로 해석하면서 의미 있는 삶의 목적을 향한 자발적 노력과 발전, 그리고 자아 실현에 관한 내용을 다룬다. 심리적 웰빙에서는 소비자의 자신의 가능성을 구현하기 위한 자아 표현(self expressivenss)과 의미 있는 자아 실현을 웰빙의 목표로 다룬다(Ryan & Deci 2001; Ryff & Singer 2008).

웰빙(well-being) 개념

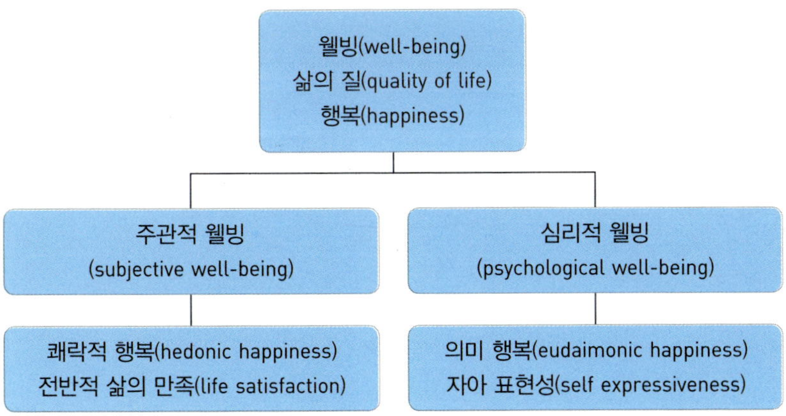

주관적 웰빙(subjective well-being)과 심리적 웰빙(psychological well-being)

	주관적 웰빙 (subjective well-being)	심리적 웰빙 (psychological well-being)
정의	전반적인 삶에서 얼마나 잘 지내고 있는지에 대한 전반적이고 주관적인 평가	의미 있는 삶의 목표를 가지고 자아 실현과 자기 발전을 추구하고 있는 정도에 대한 평가
차원	전반적 삶의 만족 빈번한 긍정정서 경험 적은 부정정서 경험	의미 있는 삶의 목적 참 자아(eudaimonia) 발견 자아 실현과 자아 발전을 위한 자발적 노력
행복에 대한 개념	행복=즐거움/쾌락 (hedonic happiness)	행복=자아 실현/발전 (eudaimonic happiness)
추구하는 웰빙 목표	삶에서의 만족 즐거움의 최대화	자아 표현성(self expressiveness) 의미 있는 자아 실현

주관적 웰빙(Subjective Well-being)

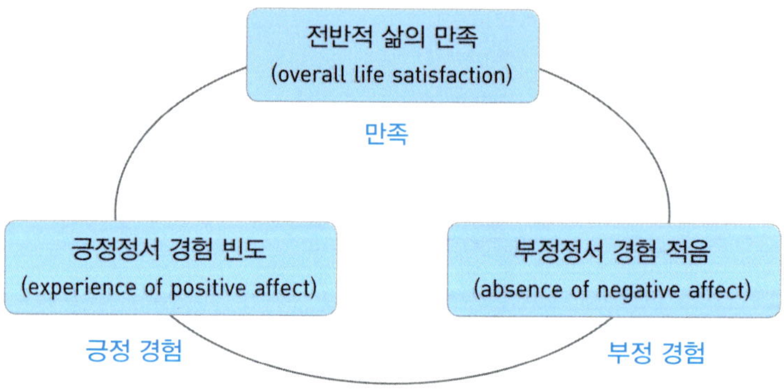

002 전반적 삶의 만족(overall life satisfaction)과 전이 효과(spillover effect)

전반적 삶의 만족은 주관적 웰빙(subjective well-being)의 인지적 측면이다. 전반적 삶의 만족은 전체 삶을 구성하는 여러 생활 영역에 대한 만족의 총합에 의해 형성된다(Andrews and Withey, 1976; Campbell, Converse, & Rogers, 1976). 전반적 웰빙과 생활 영역 만족의 수직적 영향은 하향적 영향(top-down spillover)과 상향적 영향(bottom-up spillover)으로 구분된다. 하향적 영향은 개인의 성격 등에 의하여 전반적 삶의 만족이 여러 생활 영역에 미치는 영향을 말한다. 상향적 영향은 의도적이고 구체적 활동으로 인한 생활 영역에 대한 만족이 전반적 삶의 만족에 미치는 영향을 말한다(Lykken & Tellegen, 1996; Diener et al., 1999; Lyubomirsky, Sheldon, & Schkade, 2005). 이처럼 전반적 삶의 만족과 세부 생활 영역 만족 사이에 상향적 영향과 하향적 영향이 공존하는데 상향적 영향 vs. 하향적 영향의 상대적 크기는 생활 영역별로 다르다(Headey, Veenhoven, & Wearing, 1991).

소비자 웰빙은 다른 생활 영역 만족에도 영향을 주는데 이를 수평적 영향(horizontal spillover)이라 한다. 이러한 개인 내의 수직적 혹은 수평적 영향(spillover effect)는 특정 소비자 내부에서 여러 생활 영역 만족과 전반적 삶의 만족 사이에 주고 받는 영향을 의미한다. 한편 소비자 개인 간의 상호 영향은 교차 효과(cross over effect)라고 칭한다(Bakker et al., 2009). 두 소비자 관계가 물리적으로 가깝거나 밀접한 커뮤니케이션을 할 때 소비자 개인 간의 교차 효과가 크다(Barsade, 2002; Neumann & Strack, 2000).

전반적 삶의 만족

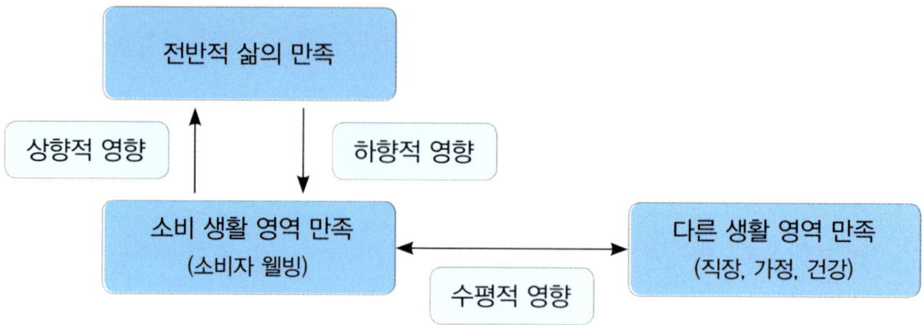

003 전반적 행복감(overall happiness)

전반적 삶의 만족은 주관적 웰빙(subjective well-being)의 정서적 측면이다. 전반적 행복감은 개인이 생활에서 주관적으로 느끼는 긍정정서를 말한다. 정서(affect)는 무드(mood)와 감정(emotion)을 포함하는 느낌의 상태를 말한다. 무드(mood)는 특정 대상이나 자극에 의하지 않은 약한 만연한 정서적 상태를(Gardner, 1985), 감정(emotion)은 특정 대상을 향한 강한 반응의 원인이 되는 정서적 상태를 말한다(Cohen & Areni, 1991).

생활 전반에 대해 느끼는 긍정정서인 전반적 행복감은 행복을 어떻게 정의하느냐에 따라 즐거움과 만족으로 정의하는 쾌락적 행복(hedonic happiness)과 행복을 자아 실현과 의미 있는 자기 발전으로 정의하는 의미 행복(eudaimonic happiness)으로 나누어진다(Peterson, Park, & Seligman 2005). 쾌락적 행복(hedonic happiness)을 추구하는 소비자는 긍정정서의 체험과 만족의 극대화를 추구한다. 이들은 빈번한 긍정정서의 경험, 적은 부정정서의 경험, 그리고 생활 만족을 통하여 쾌락적 행복을 경험한다. 한편, 의미 행복(eudaimonic happiness)을 추구하는 소비자는 새로운 기술과 지식의 학습을 통한 자아 발전, 친밀한 대인관계, 그리고 독립적인 자아를 중시한다(Ryan & Deci, 2000). 이들 자아 발전과 관련된 의미 행복(eudaimonic happiness)에 치중하는 소비자들은 자발적으로 분명한 인생목표를 가지고 어려움에 도전하고 학습하면서 의미 있는 발전을 추구하는 가운데 느끼는 자율성, 효능감, 사회적 관련성 욕구의 충족을 통해 심리적 웰빙을 얻게 된다(Walterman, 1993; Peterson, Park, & Seligman, 2005).

전반적 행복감(overall happiness)

행복	쾌락적 행복 (hedonic happiness)	의미 행복 (eudaimonic happiness)
내용	많은 긍정 경험 적은 부정 경험 소비 생활 만족	자아 발전/성취 사회적 관계 자율성
행복	쾌락적 즐거움 (Hedonic enjoyment)	자아 표현성 (Personal expressiveness)
행복에 대한 태도 (Orientation to happiness)	행복=즐거운 삶	행복=의미 있는 삶
행복 관련 정서	희열, 만족, 행복	성취, 발전, 몰입
관련 행동	평안한 즐김 신나는 체험 걱정되는 일을 잊어버림	분명한 목표를 가짐 어려움에 도전함 많은 노력/학습을 함 몰입을 함 의미 있는 발전을 느낌

자료: Walterman, 1993; Peterson, Park, & Seligman, 2005.

전반적 행복감의 정의

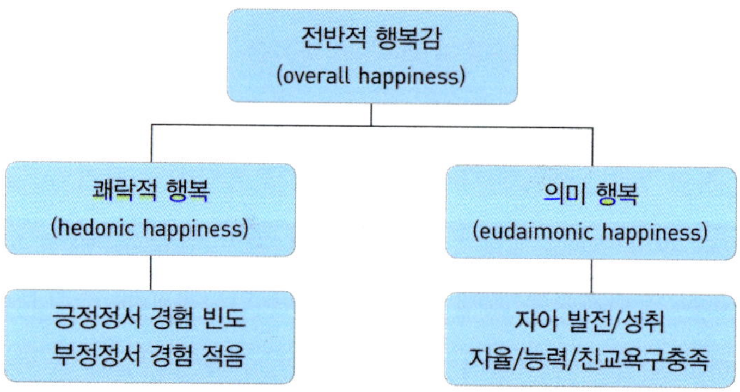

004 소비자 웰빙(consumer well-being)

소비자 웰빙(consumer well-being)은 소비 생활과 관련된 삶의 세부 영역에 대한 만족감 혹은 소비 생활 행복감을 의미한다(Andrew & Withey, 1976; Campbell, Converse, & Rodgers, 1976; Day, 1987; Desmeules, 2002; Frisch et al., 2005; Huebner, 1994). 전반적 삶 전체(overall life)를 다루는 주관적 웰빙과는 다르게 소비자 웰빙은 전반적 삶을 구성하는 한 부분인 소비 생활 영역(consumer life domain)에 그 분석의 초점을 맞춘다. 소비자 웰빙은 전반적 삶이 아닌 소비 생활 영역(consumer life domain)에서의 인지적 평가인 소비 생활 만족도와 정서적 평가인 소비 생활 행복감을 의미한다(Sirgy & Lee, 2006).

소비자 웰빙은 다른 영역의 삶의 만족과 더불어 전반적 삶의 만족에 영향을 미친다. 소비자 웰빙은 소비 생활 영역(consumer life domain)에서의 소비자의 다양한 소비 경험의 누적에 의해 상향적으로 영향을 받는다. 즉 소비 생활 속에서 제품이나 서비스의 구매, 소유, 체험 측면의 다양한 소비 경험이 소비자 웰빙에 영향을 미치게 된다(cf. Cummins, 1996; Schalock, 1996). 소비자 웰빙은 이러한 만족스러운 소비 경험의 누적에 의해 형성된다. 만족스러운 개별 소비 경험의 효과가 비록 오래 지속되지는 못하더라도 이러한 긍정 경험의 지속적인 누적은 소비자 웰빙에 긍정적인 영향을 미친다. 본서에서는 제품/서비스의 소비 경험이 소비자 웰빙에 미치는 상향적 영향과 소비자 웰빙이 소비자의 소비 경험에 미치는 하향적 영향을 실증 연구들을 중심으로 체계적으로 규명하고자 한다.

주관적 웰빙과 소비자 웰빙

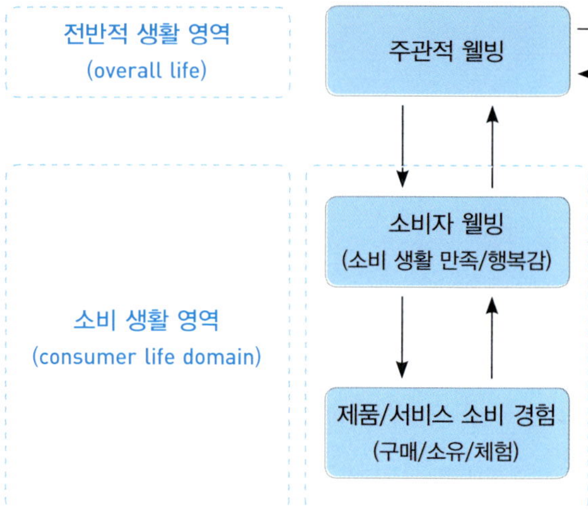

005 소비자 웰빙(consumer well-being)의 개념

소비자 웰빙(consumer well-being)은 소비자가 자신의 소비 생활 영역(consumer life domain)에 대하여 긍정적으로 평가하는 정도를 의미한다(Sirgy & Lee, 2006). 소비자 웰빙은 소비 생활에서의 부정적 소비 경험이 적고 소비 만족 및 긍정적 경험이 빈번한 정도를 의미한다. 삶의 만족 위계 모형(hierarchy of life satisfaction model)에 따르면 전반적 삶의 만족은 여러 삶의 영역 만족(소비, 직장, 건강, 가정 여러 생활 영역의 만족)에 의해 영향을 받는다. 특정 삶의 영역 만족(예: 소비 생활 만족)은 그 특정 생활 안에서의 구체적인 소비 경험(예: 구매/소유/체험 경험)에 의해서 영향을 받는다(Lee et al., 2002).

소비자 웰빙은 전반적 소비자 웰빙(macro consumer well-being)과 구체적 소비자 웰빙(micro consumer well-being)으로 나누어 볼 수 있다. 그 구체적인 내용은 다음과 같다. 첫째, 전반적 소비자 웰빙(macro consumer well-being)은 소비 생활을 통해 경험하는 다양한 제품이나 서비스의 구매, 소유, 체험 경험을 통한 만족의 총합으로 구성된다(Lee et al., 2002). 전반적 소비자 웰빙은 소비 생활 영역에서의 여러 소비 경험의 누적으로 형성되는 소비 생활 전반에 대한 만족과 행복감을 말한다. 전반적 소비자 웰빙은 구체적 소비 경험의 누적과 소득 등의 재무적 만족에 의해 형성되는 소비자 웰빙이며 시간의 흐름에 따라 가변적이지 않아 비교적 안정적인 특징을 가진다. 이처럼 전반적 소비자 웰빙은 소비자가 소비 생활의 전반에 대한 경험의 누적을 회상하면서 사후적으로 평가하는 비교적 안정적인 형태의 소비자 웰빙이다.

둘째, 구체적 소비자 웰빙(micro consumer well-being)은 특정 제품의 구매,

소유, 체험을 통해 소비자들이 느끼는 일시적 소비 생활 만족과 행복감을 말한다. 구체적 소비자 웰빙은 제품이나 서비스의 구매, 소유, 및 체험에 의해 형성되는 특정 소비 상황에서 발생하는 단기적이고 일시적인 긍정정서의 상태를 의미한다(Schuchert-Guler, Eisend, & Lutters, 2001). 구체적 소비자 웰빙은 소비자가 특정 제품의 구매, 소유, 체험을 통하여 실제로 구체적으로 경험하는 실시간으로 발생하는 비교적 일시적인 소비 생활 영역에 대한 긍정적인 정서를 의미한다(cf. Kahneman & Riis, 2005). 이러한 구체적이고 다양한 소비 경험의 다양하고 반복적인 누적은 전반적 소비자 웰빙의 형성에 기여한다. 구체적 소비자 웰빙은 특정 소비 경험이 소비자의 삶에 미치는 영향의 정도를 평가하는 개념이라는 점에서 제품이나 서비스 그 자체를 평가하는 소비 만족(consumption satisfaction)과는 차별화되는 개념이다.

소비자 웰빙의 초기 연구들은 전반적 소비자 웰빙(macro consumer well-being)이 주관적 웰빙(subjective well-being)에 미치는 상향적 영향을 중심으로 많은 연구들이 진행되었다. 최근에는 특정 소비상황에서의 소비 경험에 바탕한 구체적 소비자 웰빙(micro consumer well-being)의 원인과 향상 방안에 대한 연구들이 마케팅과 소비자 행동 분야에서 활발하게 진행되고 있다. 이러한 구체적 소비자 웰빙 향상 관련 연구들이 체계적으로 정리되고 이해되어 마케팅 실행전략과 소비 전략을 이어갈 때 전반적 소비자 웰빙의 향상에 효과적으로 기여하게 된다.

소비자 웰빙의 개념 구조

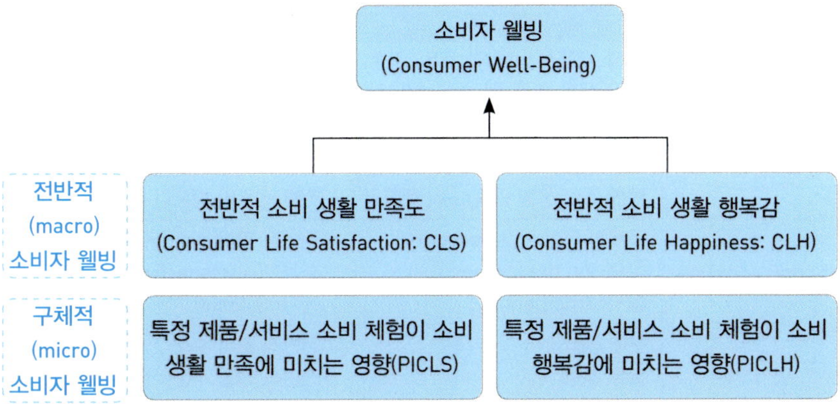

소비자 웰빙의 개념

개념	차원	내용	측정도구
전반적 소비자 웰빙 (macro consumer well-being)	인지적 차원	여러 제품/서비스의 구매, 소유, 체험 경험들에 대한 회상을 통해 판단하는 전반적 소비 생활 만족도	CLS(Consumer Life Satisfaction)
	정서적 차원	여러 제품/서비스의 구매, 소유, 체험 경험들에 대한 회상을 통해 느끼는 전반적 소비 행복감	CLH(Consumer Life Happiness)
구체적 소비자 웰빙 (micro consumer well-being)	인지적 차원	특정 제품/서비스에 대한 구매, 소유, 체험 경험이 소비 생활 만족도에 미치는 영향	PICLS(Product Impact on Consumer Life Satisfaction)
	정서적 차원	특정 제품/서비스에 대한 구매, 소유, 체험 경험이 소비 행복감에 미치는 영향	PICLH(Product Impact on Consumer Life Happiness)

전반적 vs. 구체적 소비자 웰빙의 특징

	구체적 소비자 웰빙 (micro consumer well-being)	전반적 소비자 웰빙 (macro consumer well-being)
정의	특정 제품/서비스의 소비 경험이 소비 생활 만족 및 소비 행복감에 미치는 영향	다양한 제품/서비스들의 소비 경험에 대한 회상에 의해 판단하는 전반적 소비 생활 만족 및 소비 행복감
측정 도구	특정 제품이나 체험의 소비 경험을 통한 소비 생활 만족/소비 행복감	전반적 소비 생활 만족 전반적 소비 행복감
평가 방식	구체적 체험(experienced) 실시간(in the moment) 일시적(momentary)	전반적 평가(evaluative) 회상적(retrospective) 장기적(stable)
평가 기준	구매 경험 소유 경험 소비 체험	전반적 소비 수준 전반적 생활 수준 소득/재무적 만족

006 전반적 소비자 웰빙(macro consumer well-being)

전반적 소비자 웰빙(macro consumer well-being)은 여러 제품이나 서비스의 소비와 관련된 소비 생활에 전반에 대한 누적 만족도 혹은 행복감을 의미한다. 전반적 소비자 웰빙(macro consumer well-being)은 소비자들이 소비 생활 전반에 걸쳐 주관적으로 경험하는 다양한 전반적 소비 생활 만족도와 전반적 소비 행복감에 의해 측정된다. 전반적 소비자 웰빙(macro consumer well-being)은 다음과 같은 특징을 가진다.

첫째, 소비 생활 만족도는 전반적 소비자 웰빙(macro consumer well-being)의 인지적 차원이다. 전반적 소비 생활 만족도는 일정 기간, 일정 지역에서의 한 개인 소비자가 경험한 다양한 제품이나 서비스에 대한 구매, 소유, 체험 만족 경험들의 총합을 말한다(Sirgy & Lee, 2006; Lee & Sirgy, 1995; Lee et al., 2002). 소비 생활에 대하여 소비자가 인지적으로 판단하는 소비 생활 만족도(consumer life satisfaction)는 소비자의 소비 생활에서 긍정정서의 체험이 부정정서의 체험보다 얼마나 많은지에 대한 판단(affect balance)에 의해 형성된다(Schimmack, Oishi, & Diener, 2002). 이는 소비자의 정서적 경험의 빈도가 소비 생활 만족도를 판단하는 정보로서의 역할을 하기 때문이다(Schwarz & Clore, 2007). 소비자의 소득과 재무적 만족도 역시 소비 생활에 대한 만족의 형성에 중요한 역할을 한다. 소비자의 소득 및 재무 만족도는 소비 생활 수준(satisfaction with standard of living)에 대한 만족도를 높여 전반적 소비 생활 만족도에 기여한다. 이처럼 전반적 소비 생활 만족도는 소비 경험을 통한 소비 생활에 대한 긍정정서 경험의 빈도와 소득수준을 포함하는 재무적 만족에 의해 형성된다.

둘째, 소비 행복감은 전반적 소비자 웰빙(macro consumer well-being)의 정서적 차원이다. 전반적 소비 행복감은 소비자의 소비 생활 전반에 있어서의 긍정적인 정서의 경험 빈도를 의미한다. 소비자의 소비 생활에서의 느끼는 소비 행복감의 정도(consumer life happiness)는 행복경험의 강도보다는 긍정정서 경험의 빈도와 지속기간에 의해 영향을 받는다(Diener, Sandvik, & Pavot, 1991; Zhong & Mitchell, 2010). 일반적으로 소비자들이 경험하는 즐겁고 의미 있는 경험의 빈도와 다양성은 그러한 경험의 강도나 지속시간보다 더 중요하다(Kuykendall, Tay, & Ng, 2015). 이는 만족 상황에서의 강한 긍정정서의 경험은 불만상황에서의 강한 부정정서의 경험에 의해 서로 상쇄될 가능성이 크기 때문이다(Diener, Sandvik, & Pavot, 2009). 일반적으로 소비 생활 행복감은 소비자가 소비 생활 속에서 얼마나 자주 긍정정서를 체험하느냐에 따라 결정된다.

셋째, 전반적 소비자 웰빙(macro consumer well-being)은 수많은 제품이나 서비스의 소비 경험을 직접 인지적으로 합산하는 과정을 거치기보다는 소비자가 전반적인 소비 생활의 만족이나 행복감을 추론하거나 재무적 만족을 통해서 대신 유추하는 과정을 거치는 경향이 있다. 소득 만족이나 재무적 만족은 정서적인 소비 행복감보다는 인지적인 소비 생활 만족도의 형성에 더 큰 영향을 미친다(Diener, Kahneman, Tov, & Arora, 2009; Inglehart et al., 2008). 전반적 소비자 웰빙은 소비 생활 전반에 대한 평가로서 비교적 장기적이고 안정적인 패턴을 보인다(Argyle, 1996; Sirgy, 2012).

전반적 소비자 웰빙(macro consumer well-being)

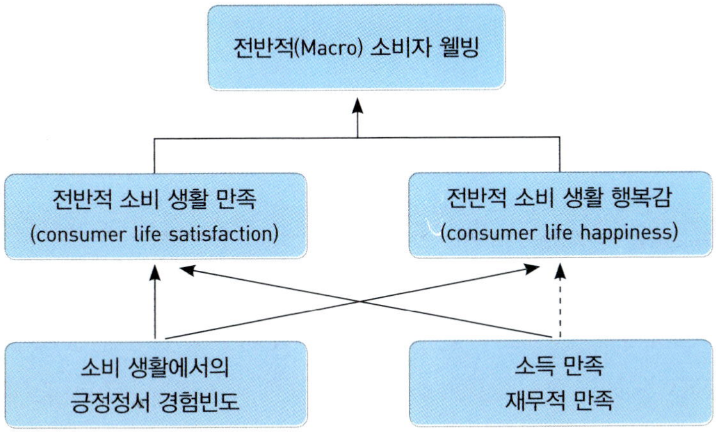

전반적 소비자 웰빙(macro consumer well-being)측정 설문 문항

측정도구	문항	reference
소비 생활 만족도 (Consumer life satisfaction)	나의 전반적인 소비 생활에 대하여: 1. 전반적으로 나는 나의 소비 생활에 만족한다. 2. 나의 소비 생활은 전반적으로 만족스럽다. 3. 나는 나의 소비 생활을 통해 만족을 자주 경험한다. (매우 그러하지 않음/ 매우 그러함)	New
전반적 소비 생활 행복감 (Consumer life happiness)	나의 전반적인 소비 생활에 대하여: 1. 나는 소비 생활 중에 행복감을 자주 느꼈다. 2. 나는 소비 생활은 전반적으로 행복하다. 3. 전반적으로 나의 소비 생활을 통해 소비 행복감을 자주 느낀다. (매우 그러하지 않음/ 매우 그러함)	New
소비 과정 경험 만족도 (Consumption process satisfaction)	내가 구매한 다양한 제품과 서비스 구매 경험이 전반적 소비 생활 만족감에 미치는 영향: 1. 나의 다양한 제품/서비스의 구매 경험이 나의 소비 생활 만족감을 준다. 2. 나의 다양한 제품/서비스의 소유 경험이 나의 소비 생활 만족감을 준다. 3. 나의 다양한 제품/서비스의 서비스 체험 경험이 소비 생활 만족감을 준다. (매우 그러하지 않음/매우 그러함)	Lee et al., 2002 Sirgy & Lee, 2006

소비 단계별 경험 만족과 전반적 소비자 웰빙

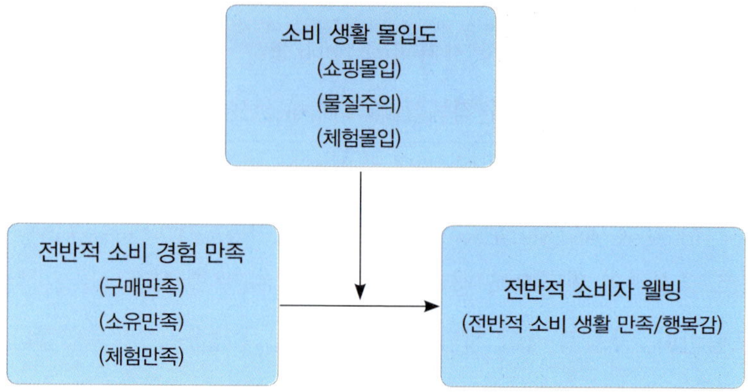

007 구체적 소비자 웰빙(micro consumer well-being)

구체적 소비자 웰빙(micro consumer well-being)은 특정 제품이나 서비스의 체험이 소비자 웰빙에 미치는 영향을 말한다(Sirgy, Lee, & Grzeskowiak et al., 2008; Grzeskowiak, Lee, Yu, & Sirgy, 2014; Bhattacharjee & Mogilner, 2014). 구체적 소비자 웰빙(micro consumer well-being)은 특정 제품이나 서비스의 구매 상황에서 이 제품의 소비를 통하여 소비자들이 느끼는 소비 생활에 대한 만족 및 행복감이다(Nicolao, Irwin, & Goodmann, 2009). 소비 생활 만족은 다양한 제품의 구매(purchase), 소유(possession), 그리고 소비 체험(consumption)에 대한 만족에 의해 영향을 받는다(Lee et al., 2002). 구체적 소비자 웰빙과 유사한 개념으로 브랜드 행복(brand happiness)이 있다. 브랜드 행복은 특정 브랜드의 구매, 소비 등 다양한 경험을 통하여 소비자가 경험하는 비교적 일시적인 긍정정서 경험과 정서적 충족감을 의미한다(Schnebelen & Bruhn, 2018). 구체적 소비자 웰빙에 중요한 영향을 미치는 주요 제품에는 주택(Grzeskowiak, Sirgy, Lee, & Claiborne, 2006), 소비 내구재(Grzeskowiak, Lee, Yu, & Sirgy, 2014), 자동차(Sirgy, Lee, & Kresssman, 2006), 스마트폰(Sirgy, Lee, Karma, & Tidwell, 2008), 의류(Marshall & Meiselman, 2006), 그리고 교육 서비스(Lee & Yu, 2008) 등 다양한 주요 소비 제품과 서비스가 포함된다.

구체적 소비자 웰빙(micro consumer well-being)의 측정을 위하여는 특정 제품이나 서비스의 소비가 얼마나 소비자의 소비 행복감을 증진시키는지, 그리고 얼마나 만족스런 소비인지를 파악하여야 한다. 특정 제품/서비스 관련 소비자 웰빙은 특정 제품의 소비로 인한 소비 생활 만족도와 소비 생활 행복감의 합으로 형성된다. 특정 제품/서비스 관련 소비 생활 만족도는 소비자가 일정기간 경험하는 특정제품 소비 경험의 만족(consumer satisfaction)과 소비 만족이 소비 생활 만족도 미치는 전반적 영향(Perceived Impact on Consumer Life Satisfaction: PICLS)을 의미한다. 특정 제품/서비스 관련 소비 행복감은 특정 제품의 소비 경험이 제공하는 긍정정서의 경험(consumption positive affect)과 긍정정서의 경험이 소비 생활의 행복감에 미치는 전반적 영향(Perceived Impact on Consumer Life Happiness: PICLH)을 의미한다.

특정 제품/서비스 관련 구체적 소비자 웰빙(micro consumer well-being)을 향상하기 위해서는 특정 제품/서비스 관련 소비 생활 만족도 및 특정 제품이나 서비스 관련 소비 행복감에 미치는 영향의 정도를 소비단계별로 파악하고 이를 유지 및 향상시키기 위한 마케팅 전략을 시행하여야 한다. 구체적 소비자 웰빙(micro consumer well-being)의 인지적 차원인 소비 경험이 소비 생활 만족도에 미치는 영향(Perceived Impact on Consumer Life Satisfaction: PICLS)은 소비자의 획득, 소유, 체험의 다양한 소비 경험에 의해 영향을 받는다. 구체적 소비자 웰빙(micro consumer well-being)의 정서적 차원인 긍정정서의 경험이 소비 생활의 행복감에 미치는 영향(Perceived Impact on Consumer Life Happiness: PICLH)은 소비자의 소비 경험 중 물질소유보다는 체험에 더 크게 영향을 받는다(cf. Diener et al., 2009; Inglehart et al., 2008).

특정 제품/서비스 소비 관련한 구체적 소비자 웰빙(micro consumer well-being)

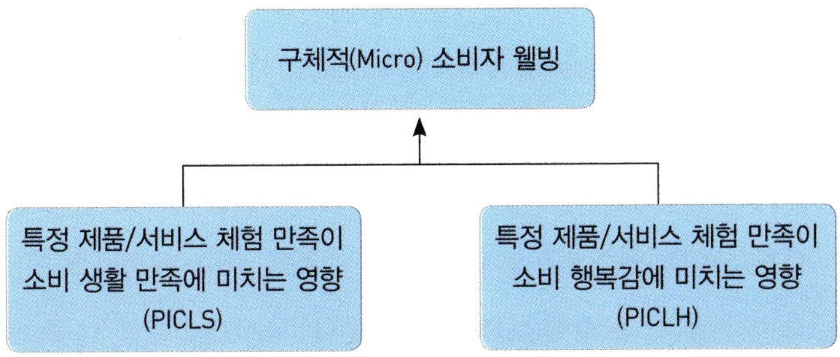

008 특정 소비 경험이 소비 생활 만족도에 미치는 영향(Perceived Impact on Consumer Life Satisfaction: PICLS)

특정 제품이나 서비스의 소비 만족은 구체적 소비자 웰빙(micro consumer well-being)을 향상시키고 이러한 소비자 웰빙은 전반적 소비자 웰빙(macro consumer well-being)의 향상에 기여한다. 만족스런 소비 체험을 통한 소비 만족은 소비자 웰빙에 상향적으로 기여한다. 하지만 물질적 소비 만족의 증가가 소비자 웰빙을 비례적으로 증가시키지는 않는다(Csikszentmihalyi, 2000; Van Boven, 2005). 소비자의 물질적 생활 수준이 낮을 때에는 물질적 소비 만족이 소비자의 단기적 소비 욕구를 충족시키고 소비자의 웰빙 향상에 많은 기여를 한다. 하지만 물질적 소비 만족이 일정수준을 넘어서면 물질적 소비 만족은 만족 적응 효과(hedonic adaptation)로 인하여 소비자 웰빙에 대한 증가가 줄어든다. 오히려 물질적 증가에 대한 지나친 집착은 물질주의를 강화하고 삶에 의미 있는 체험이나 상위목표에 대한 추구를 제한하여 소비자 웰빙에 부정적 영향을 미치기도 한다(Kasser & Ryan, 1993).

소비의 각 단계에서의 만족 체험은 소비 생활에 대한 만족에 영향을 미치고 그 영향의 정도는 각 단계에 대한 소비자의 몰입도에 따라 영향을 받는다. 소비자 몰입은 소비 생활 내에서 각 소비 경험에 대한 중요도를 의미하는 것으로 획득 단계의 쇼핑몰입도, 소유 단계의 물질주의, 체험 단계의 체험 몰입도를 포함한다. 각 단계에서의 소비 몰입도는 소비 단계별 만족도가 소비자 웰빙에 미치는 영향을 증진시킨다.

소비 경험의 만족이 구체적 소비자 웰빙(micro consumer well-being)에 영향을 미치는 이유는 다음과 같다. 첫째, 소비자의 만족스런 구매/소유/체험 경험은 소비자의 다양한 소비 욕구의 충족을 가능하게 한다. 소비자의 특정 욕구만의 충족이 아니라 다양한 하위 및 상위 소비 욕구 충족 등 전반적인 욕구의 충족이 이루어질 때 소비자 웰빙이 향상된다. 소비 생활의 기본적 욕구뿐 아니라 상위적 욕구까지 다양한 욕구를 충족시킬 때 소비자 웰빙은 효과적으로 향상된다(El Hedhli, Chebat, & Sirgy, 2013; Sirgy, 2020). 둘째, 긍정적인 소비 경험은 소비자로 하여금 긍정적인 자아 개념의 형성을 가능하게 한다. 긍정적인 소비 경험은 자율적인 소비자로서의 자아 효능감을 가지게 하는데 이러한 긍정적인 자아 개념이 소비자 웰빙을 향상시킨다. 긍정적인 자아 개념은 해당 영역에서의 생활 만족과 밀접한 관계를 가진다(Campbell, 1981; Diener, 1984). 셋째, 긍정적 소비 경험은 타인과의 사회적 상호작용을 활성화하고 이러한 사회적 연결이 소비자 웰빙을 향상시킨다. 이처럼 소비자의 소비 경험은 소비자의 다양한 소비 욕구를 충족시키고, 긍정적 자아 개념을 활성화하며, 사회적 연결을 활성화시켜 소비자 웰빙 향상에 기여한다(Thomas & Millar, 2013).

특정체험 만족이 소비 생활 만족에 미치는 영향(Perceived Impact on Consumer Life Satisfaction: PICLS)

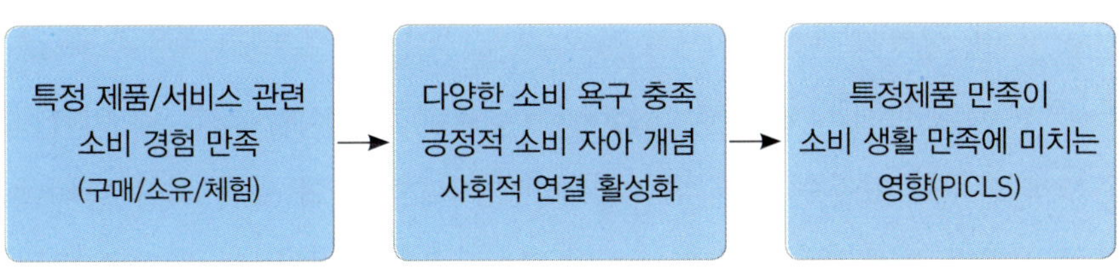

009 특정 소비 경험이 소비 생활 행복감에 미치는 영향(Perceived Impact on Consumer Life Happiness: PICLH)

소비 행복감(consumption happiness)은 소비자들이 특정 제품의 소비 경험을 통해서 느끼는 긍정정서이다. 특정 소비 경험이 소비 생활 행복감에 미치는 영향(Perceived Impact on Consumer Life Happiness: PICLH)은 구체적 소비자 웰빙(micro consumer well-being)의 정서적인 측면이다.

전반적 행복(overall happiness)은 장기적이고 전반적이고 장기적인 긍정정서의 상태를 의미한다(Lyubomirsky, 2001). 전반적 행복감은 개인의 성격, 인구통계적 특성, 그리고 의도적 활동에 의해 영향을 받는다. 소비 생활 속에서의 행복감을 지칭하는 소비 행복감은 소비자가 소비 생활 속에서 얼마나 자주 긍정정서를 체험하느냐에 따라 결정된다. 따라서 강도가 강한 일회성의 긍정 경험보다는 지속적으로 긍정정서를 체험하도록 하는 것이 소비 생활 행복감의 형성에 중요하다.

본서에서는 소비 행복감(consumption happiness)을 특정 제품이나 서비스의 소비 경험이 소비 생활 영역에서의 소비 행복감에 미치는 영향(Perceived Impact on Consumer Life Happiness: PICLH)이라고 정의한다. 연구자에 따라서는 이를 소비 행복감(consumption happiness) 혹은 소비자 행복감(consumer happiness)이라고 칭하기도 한다(Nicolao, Irwin, & Goodman, 2009; Thomas & Millar, 2013). 본서에서 주로 다루는 구체적 소비자 웰빙의 차원으로서의 소비 행복감은 소비자가 특정 제품이나 서비스의 구매, 소유, 체험을 통해 갖게 되는 소비자의 단기적이고 일시적인 긍정정서를 의미한다(Labroo & Patrick, 2009; Labroo & Mukhopadhyay, 2009). 본서에서 다루는 구체적 소비 행복감은 특정 제품이나 서비스의 사용으로 인해 소비자가 느끼는 일시적인 긍정정서 (Perceived Impact on Consumer Life Happiness: PICLH)를 의미한다.

특정체험 만족이 소비 생활 행복감에 미치는 영향(Perceived Impact on Consumer Life Happiness: PICLH)

행복감	전반적 행복감 (overall happiness)	소비 행복감 (consumption happiness)
정의	삶 전반에 대하여 느끼는 긍정정서	특정 제품이나 서비스의 소비 경험이 소비 생활 영역에서의 소비 행복감에 미치는 영향
같은 의미의 용어	Overall Happiness Happiness	Perceived impact on consumer life happiness(PICLH) Consumer happiness
지속기간	장기간 지속	단기적 변화
정서	행복감	희열/즐거움/평온함
영향요인	성격, 인구통계, 의도적 활동 생활영역 행복감	구매, 소유, 체험만족

전반적 행복감과 특정체험 만족이 소비 생활 행복감에 미치는 영향(Perceived Impact on Consumer Life Happiness: PICLH)

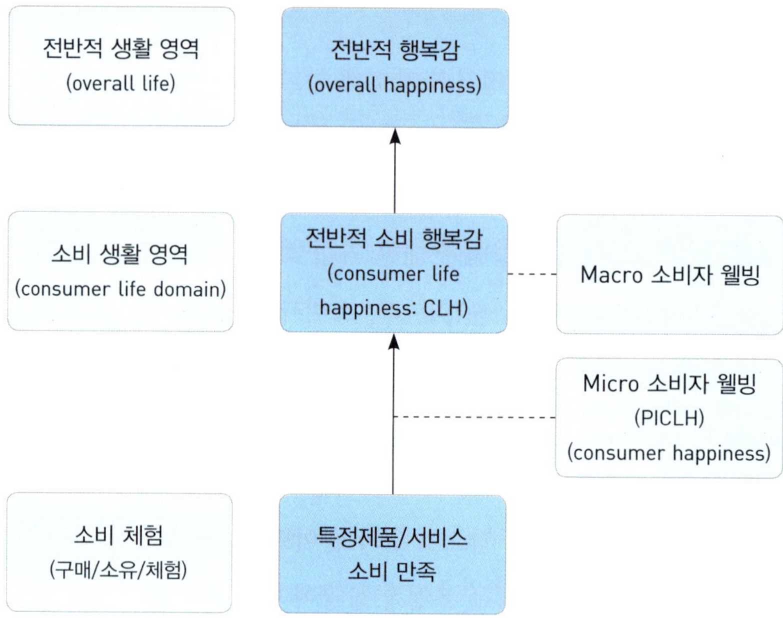

특정 제품 만족이 소비 생활 행복감에 미치는 영향(Perceived Impact on Consumer Life Happiness: PICLH)

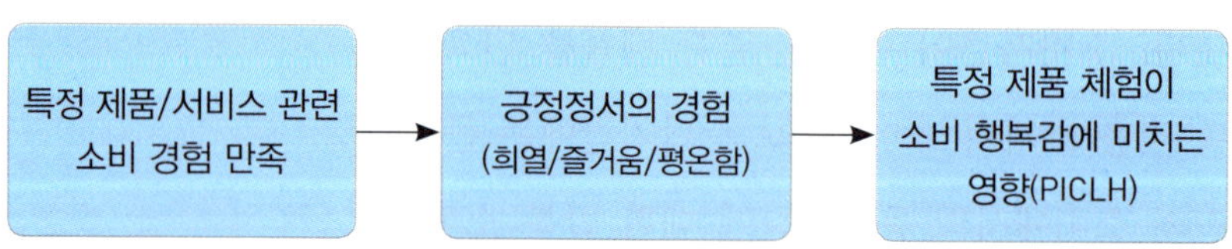

010 소비 행복감(consumption happiness/Perceived impact on consumer life happiness)의 특징

본서에서 주로 다루게 되는 소비 행복감(consumption happiness)은 특정 제품의 구매, 소유, 체험의 소비 경험으로 인하여 소비자들이 가지게 되는 일시적인 행복감을 말한다. 본서에서는 소비 체험이 행복감에 미치는 영향(Perceived impact on consumer life happiness: PICLH)을 줄여서 소비 행복감(consumption happiness)으로 칭한다. 소비 행복감(consumption happiness)과 소비 체험이 행복감에 미치는 영향(Perceived impact on consumer life happiness: PICLH)의 두 가지 용어는 같은 의미로 사용된다. 소비 행복감은 다음과 같은 특징을 지닌다.

첫째, 소비 행복감(consumption happiness)은 특정 제품/서비스로 인한 소비 체험이 행복감에 미치는 영향(Perceived impact on consumer life happiness: PICLH)을 의미하며 특정 체험의 영향이란 점에서 구체적 소비자 웰빙을 의미한다,

둘째, 소비 행복감(consumption happiness)은 소비 경험으로부터 느끼는 행복감으로 일시적이고 긍정정서의 경험이다. 소비 행복감은 소비자 개인이 자신의 전반적 삶에 대해 느끼는 행복감이 아니라 특정 제품이나 서비스의 소비 경험으로부터 느끼는 행복감을 의미한다. 특정 제품의 소비에서 오는 소비 만족감, 타인과의 교류에서의 만족, 긍정적 소비 체험에서 오는 자아에 대한 만족감, 긍정정서의 체험 등이 소비 경험에서 오는 행복감에 포함된다.

셋째, 소비 행복감(consumption happiness)은 소비자의 인지 연령에 따라

서 그 의미가 다르다. 구체적으로 젊은 소비자는 미래 지향적이며 향상적 동기를 가지고 있다. 앞으로 살아갈 시간이 많은 그 젊은 소비자들은 미래에 많은 가치를 두고 신나는 체험(excitement)을 통한 강한 긍정적 정서를 추구한다. 젊은 소비자에게는 일상적이지 않은 강한 체험이 자아 개념에 더 부합하기 때문에 젊은 소비자들은 일상에서 접하지 못한 독특하고 새로운 경험을 통한 강한 긍정정서의 체험을 행복으로 정의한다. 반면 장년 소비자들은 현재 지향적이면서 위험회피적 동기를 가진다. 장년의 소비자들은 일상에서의 조용하고 평화스러운 경험(calm)의 약한 긍정정서를 행복으로 정의한다(Bhattacharjee & Mogilner, 2014; Mogilner, Kamvar, & Aaker, 2011). 이는 장년 소비자의 경우 조용하고 일상적인 경험이 자아 개념에 더 부합하기 때문이다(Bhattacharjee & Mogilner, 2014). 현재 지향적 소비자(present-focused consumer)는 지금 시점의 조용한 행복을, 미래 지향적 소비자(future-focused consumers)는 미래에 기대하는 희열(excitement)을 소비 행복감으로 정의한다(Mogilner, Aaker, & Kamvar, 2012). 이러한 이유로 젊은 소비자는 희열 등의 강한 긍정적 정서를 통한 편익의 최대화를 추구하는 반면 장년 소비자는 조용하고 평화스러운 긍정정서를 통해 부정적 경험을 회피하고자 하는 소비 동기를 가진다.

이처럼 소비 행복감은 고정된 개념이 아니라 소비자의 특성과 소비 상황에 따라 그 의미가 다르게 나타난다. 소비자들이 주관적으로 느끼는 소비 행복감은 측정 및 예측이 가능하고 여러 소비 상황 간의 비교도 가능하다(cf. Diener et al., 1999).

소비 행복감의 정의

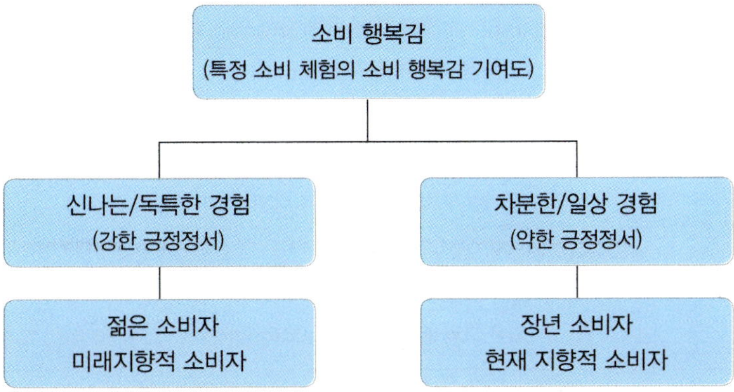

인지 연령에 다른 소비 행복감에 대한 정의

소비 행복감	젊은 소비자의 소비 행복감	장년 소비자의 소비 행복감
정의	신나고 비일상적인 소비 경험으로부터 느끼는 행복감(consumption happiness from exciting & extraordinary experiences)	차분하고 일상적인 소비 경험에서 오는 행복감(consumption happiness from calm & ordinary experiences)
시간적 초점	미래 지향적	현재 지향적
소비 동기	향상 지향적 동기	위험 회피적 동기
추구하는 행복	희열/즐거움 강한 긍정정서	평온함/의미 약한 긍정정서

자료: Bhattacharjee & Mogilner, 2014; Mogilner, Kamvar, & Aaker, 2011.

Micro 소비자 웰빙 측정 설문 문항

측정도구	문항	출처
특정 제품의 소비 생활 만족 기여도 (Perceived Impact on Consumer Life Satisfaction: PICLS)	내가 최근 구매한 특정 제품/서비스에 대하여: 1. 이 제품/서비스의 구매가 나의 소비 생활에 대한 만족감을 주었다. 2. 이 제품/서비스의 소유가 나의 소비 생활에 대한 만족감을 가져다 주었다. 3. 이 제품/서비스의 체험이 나의 소비 생활에 대한 만족감을 가져다 주었다. 4. 이 제품/서비스의 소비 경험이 나의 소비 생활에 대한 만족감을 가져다 주었다. (매우 그러하지 않음/ 매우 그러함)	Grzeskowiak, Lee, Yu, & Sirgy, 2014
특정 제품의 소비 행복감 기여도 (Perceived Impact on Consumer Life Happiness: PICLH)	내가 최근 구매한 특정 제품/서비스의 소비에 대하여: 1. 이 제품/서비스 소비가 나의 기본욕구의 충족을 가져다 주었다 2. 이 제품/서비스 소비가 나의 안전을 지켜주었다. 3. 이 제품/서비스 소비가 사회적 유대를 강화시켜 주었다. 4. 이 제품/서비스 소비가 나에 대하여 긍정적인 생각을 하게 만들었다. 5. 이 제품/서비스 소비가 나의 자아를 실현하는데 도움을 주었다. 6. 이 제품/서비스 소비가 나를 행복하게 만들었다. (매우 그러하지 않음/ 매우 그러함)	Adapted from Lerman & Kachersky, 2012
특정 제품/서비스의 소비 행복감 기여도 (Consumption happiness)	내가 최근 구매한 특정 제품/서비스에 대하여: 1. 이 구매는 당신을 얼마나 행복하게 만드는가? 2. 이번 구매가 당신 삶의 행복에 얼마나 기여하는가? 3. 이번 구매 대신 다른 제품이나 서비스를 구매했더라면 더 좋았을 것이다. (매우 그러하지 않음/ 매우 그러함)	Nicolao, Irwin, & Goodman, 2009 Thomas & Millar, 2013
특정제품/서비스 구매로 인한 소비자 웰빙 (Well-being from purchase)	내가 최근 구매한 제품/서비스에 대하여: 1. 이 구매로 인해 행복하다고 느낀다. 2. 이 구매 비용은 잘 사용한 것이라고 느낀다. 3. 이 구매가 나를 더 행복하게 만들었다. 4. 이 구매가 주변사람들을 더 행복하게 만들었다. (매우 그러하지 않음/ 매우 그러함)	Howell & Hill, 2009

011 소비자 웰빙 모델

구체적 소비자 웰빙(micro consumer well-being)은 특정 제품이나 체험에 대해 소비자들이 느끼는 행복감과 만족감을 의미한다. 구체적 소비자 웰빙(micro consumer well-being)은 특정제품의 구매, 소유, 체험 경험과 관련되는 것으로 다소 일시적이고 지속성이 떨어지는 소비 만족/행복감이다. 반면 전반적 소비자 웰빙(macro consumer well-being)은 이러한 여러 제품이나 서비스 소비를 통하여 소비 생활 전반에 대해 느끼는 지속적이고 안정적인 소비 생활에 대한 만족/행복감이다. 즉, 소비 생활 전반에 대해 느끼는 정서적 행복감과 소비 생활 영역에 대한 인지적 만족을 의미한다.

구체적 소비자 웰빙(micro consumer well-being)을 통한 긍정정서의 경험 빈도가 소비 생활 전반에 대한 소비 만족감과 행복감을 도출하는 기반이 된다. 즉, 소비자가 특정 제품이나 서비스의 소비를 통해 가지게 되는 다양하고 빈번한 긍정정서 경험의 누적은 전반적 소비자 웰빙(micro consumer well-being)의 향상에 기여한다. 이러한 소비 생활에 전반에 대한 전반적 소비자 웰빙은 다른 생활 영역 만족과의 긍정적 균형(positive balance)을 이루면서 전반적 삶 전체에 대한 주관적 웰빙에 영향을 미치게 된다(Sirgy, 2020).

소비자 웰빙과 주관적 웰빙

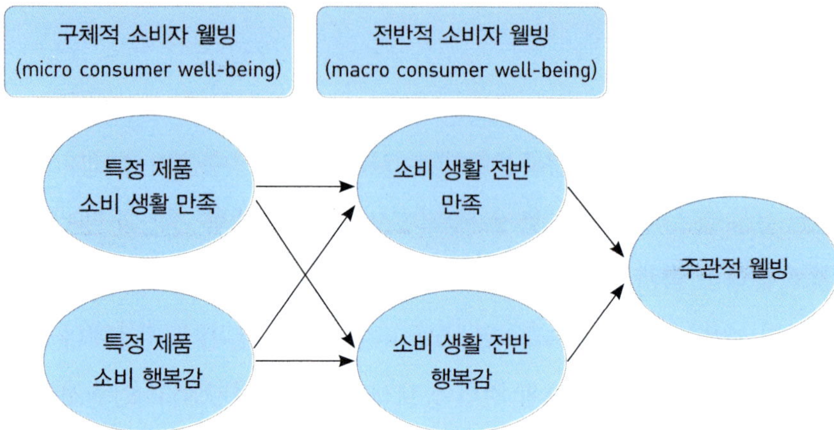

구체적 소비자 웰빙(micro consumer well-being), 전반적 소비자 웰빙 (macro consumer well-being), 주관적 웰빙(sunjective Well-bein)의 관계

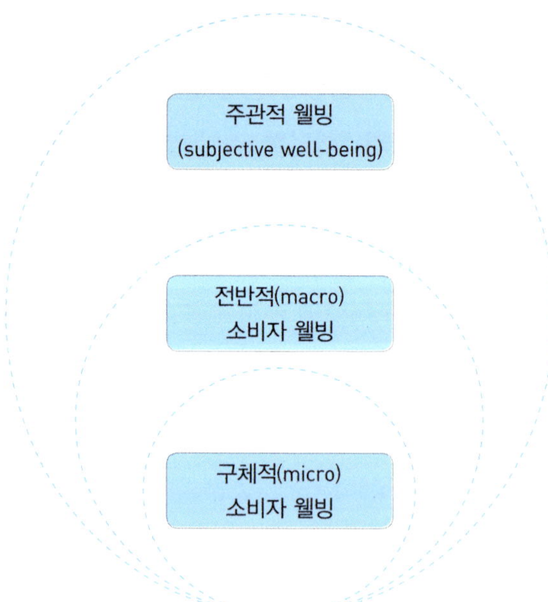

소비자 웰빙 개념과 웰빙 마케팅 전략

- 기업은 소비자의 재무/관계적 성과뿐 아니라 제품이 소비자의 웰빙에 미치는 웰빙 성과를 마케팅 목표로 설정하고 관리하여야 한다. 기업이 제공하는 제품이나 서비스가 소비자 웰빙에 기여하는 정도를 소비자 웰빙으로 측정하고 이를 향상시키기 위한 소비단계별 마케팅 전략을 실행한다. 이를 위해 기업은 단기적인 수익추구보다는 장기적인 고객만족을 통해 소비자 웰빙을 보호하고 향상시키려는 고객지향적이고 친사회적인 마케팅 노력을 하는 것이 필요하다.

- 소비자가 추구하는 소비자 행복의 개념은 소비자마다 다르다. 기업은 소비자 웰빙을 향상하기 위하여 행복에 대한 태도(orientation to happiness: OTH)를 측정하여 목표 고객들이 우선적으로 추구하는 행복의 개념을 우선적으로 파악하여야 한다. 웰빙 마케팅은 목표 소비자가 추구하는 행복에 대한 개념에 대한 이해를 바탕으로 실행되어야 한다.

- 행복에 대한 태도 중에서 쾌락적 행복(hedonic happiness)을 추구하는 소비자에게는 즐거움의 요소가 많은 체험서비스를 제공하는 하는 것이 중요하다. 그런데 쾌락적 행복의 개념은 소비자의 연령에 따라 다르다. 미래의 많은 시간을 가지고 있는 젊은 소비자들은 강한 긍정정서(희열)를 원한다. 이들을 위해서는 강한 긍정정서를 제공하는 독특한 소비 경험을 제공하는 것이 필요하다 반면 현재 지향적인 장년/노년의 소비자에게는 일상의 평범한 경험을 통해서 낮은 긍정정서(평온)를 여러 번 경험하게 하는 것이 소비자의 주관적 웰빙(subjective well-being)에 중요하다. 일회성의 긍정정서보다는 빈번한 긍정정서의 경험이 소비 행복감 제고에 중요하다.

- 행복에 대한 태도 중에서 의미 행복(eudaimonic happiness)을 추구하는 소비자에게는 도전과 노력을 필요로 하는 체험, 학습을 통해 자기의 발전을 목표로 하는 자아 표현적 소비 체험을 제공하는 것이 중요하다. 이러한 자아 표현적 활동 경험을 통해서 소비자는 자기 발전을 경험하고 이러한 자발적인 활동 참여는 자아에 대한 기본적 심리 욕구(자율성/효능감/친교욕구)를 충족시켜주어 심리적 웰빙(psychological well-being)에 긍정적 기여를 한다.

소비자 웰빙 개념 관련 가설

- 소비자의 구체적 소비자 웰빙(micro consumer well-being)과 소비자의 소득 만족은 전반적 소비자 웰빙(macro consumer well-being)과 정(+)의 상관관계를 가진다.
- 소비 체험 만족과 소비 행복감의 정(+)의 상관관계는 쾌락적 행복(hedonic happiness)을 추구하는 소비자의 경우가 의미 행복(eudaimonia happiness)을 추구하는 소비자의 경우보다 더 크다
- 소비 체험에서의 긍정정서의 빈도(frequency)는 소비 행복감(consumption happiness)과 정(+)의 상관관계를 가진다.
- 체험만족과 소비 행복감(consumption happiness)의 정(+) 상관관계는 물건 소유만족과 소비 행복감(consumption happiness)의 정(+) 상관관계보다 더 크다.
- 체험만족과 소비 행복감(consumption happiness)의 정(+) 상관관계는 소비자의 체험 몰입도(flow)가 높을수록 더 크다.
- 소유만족과 소비 행복감(consumption happiness)의 정(+) 상관관계는 소비자의 물질주의(materialism)성향이 높을수록 더 크다.
- 소비 체험에서의 긍정정서의 강도(intensity)와 소비 행복감의 정(+)의 상관관계는 젊은 소비자의 경우가 장년 소비자의 경우보다 더 크다.

Readings

Andrew, F. M., & Withey, S. B. (1976). *Social indicators of well-being.* New York and London: Plenum, 20, 31.

Andrews, F. M., & McKennell, A. C. (1980). Measures of self-reported well-being: Their affective, cognitive, and other components. *Social indicators research, 8*(2), 127-155.

Argyle, M. (1996). Subjective well-being. *In pursuit of the quality of life*, 18-45.

Bakker, A. B., Demerouti, E., & Burke, R. (2009). Workaholism and relationship quality: A spill-overcrossover perspective. *Journal of Occupational Health Psychology*, 14, 23-33

Barsade, S. G. (2002). The ripple effect: Emotional contagion and its influence on group behavior. *Administrative science quarterly, 47*(4), 644-675.

Bhattacharjee, A., & Mogilner, C. (2014). Happiness from ordinary and extraordinary experiences. *Journal of Consumer Research, 41*(1), 1-17

Campbell, A. (1981). *The sense of well-being in America: Recent patterns and trends.* New York: McGraw-Hill.

Campbell, A., Converse, P. E., & Rodgers, W. L. (1976). *The Quality of American Life: Perceptions, Evaluations, and Satisfactions.* New York: Russell Sage Foundation, 131.

Cohen, J. B., & Areni, C. S. (1991). Affect and consumer behavior.

Csikszentmihalyi, M. (2000). The Costs and Benefits of Consuming. *Journal of Consumer Research, 27*(2), 267-272.

Cummins, R. A. (1996). The domains of quality of life: An attempt to order the chaos. *Social indicators research, 38*, 303-328.

Day, R. (1987). Relationship between life satisfaction and consumer satisfaction. In *Marketing and quality-of-life interface*, edited by A. C. Samli, 289-311. Westport, CT: Greenwood.

Deci, E. L., & Ryan, R. M. (2000). The" what" and" why" of goal pursuits: Human needs and the self-determination of behavior. *Psychological inquiry, 11*(4), 227-268.

Desmeules, R. (2002). The impact of variety on consumer happiness: Marketing and the tyranny of freedom. *Academy of Marketing Science Review, 12*(1), 1-18.

Diener, E. (1984). Subjective well-being. *Psychological Bulletin, 95*(3), 542-575.

Diener, E., Kahneman, D., Tov, W., & Arora, R. (2009). Income's differential influence on judgments of life versus affective wellbeing. In E. Diener (Ed.), *Assessing Wellbeing*. London, UK: Springer.

Diener, E. Sandvik, & William Pavot. (2009). Happiness is the frequency, not the intensity of positive versus negative affect. In E. Diener (Ed.), *Assessing well-being* (pp. 213-231) Dordrecht: Springer.

Diener, E. Sandvik, & William Pavot. (1991). Happiness Is the Frequency, Not the Intensity, of Positive Versus Negative Affect. *Subjective Well-being: an Interdisciplinary Perspective, Pergamon.*

Diener, E., Suh, E. M., Lucas, R. E., & Smith, H. L. (1999). Subjective well-being: Three decades of progress. *Psychological bulletin, 125*(2), 276.

El Hedhli, K., Chebat, J. C., & Sirgy, M. J. (2013). Shopping well-being at the mall: Construct, antecedents, and consequences. *Journal of business research, 66*(7), 856-863.

Erreygers, S., Vandebosch, H., Vranjes, I., Baillien, E., & De Witte, H. (2018). Feel Good, Do Good Online? Spillover and Crossover Effects of Happiness on Adolescents' Online Prosocial Behavior. *Journal of Happiness Studies*, 1-18.

Frisch, M. B., Clark, M. P., Rouse, S. V., Rudd, M. D., Paweleck, J. K., Greenstone, A., & Kopplin, D. A. (2005). Predictive and treatment validity of life satisfaction and the quality of life inventory. *Assessment, 12*(1), 66-78.

Gardner, M. P. (1985). Mood states and consumer behavior: A critical review. *Journal of Consumer research, 12*(3), 281-300.

Grzeskowiak, S., Lee, D. J., Grace, B. Y., & Sirgy, M. J. (2014). How do consumers perceive the quality-of-life impact of durable goods? A consumer well-being model based on the consumption life cycle. *Applied Research in Quality of Life, 9*(3), 683-709.

Hagerty, M. R., Cummins, R., Ferriss, A. L., Land, K., Michalos, A. C., Peterson, M., ... & Vogel, J. (2001). Quality of life indexes for national policy: Review and agenda for research. *Bulletin of Sociological Methodology/Bulletin de Méthodologie Sociologique, 71*(1), 58-78.

Headey, B., Veenhoven, R., & Wearing A. (1995). Top-down versus bottom-up theories of subjective well-being. *Social Indicators Research*, 24, 81-100.

Howell, R. T., & Hill, G. (2009). The mediators of experiential purchases: Determining the impact of psychological needs satisfaction and social comparison. *The Journal of Positive Psychology, 4*(6), 511-522.

Huebner, E. S. (1994). Conjoint analyses of the students' life satisfaction scale and the Piers-Harris self-concept scale. *Psychology in the Schools, 31*(4), 273-277.

Inglehart, R., Foa, R., Peterson, C., & Welzel, C. (2008). Development, freedom, and rising happiness: A global perspective (1981-2007). *Perspectives on Psychological Science, 3*, 264-285.

Kahneman, D., & Riis, J. (2005). Living, and thinking about it: Two perspectives on life. *The science of well-being, 1*, 285-304.

Kasser, T., & Ryan, R. M. (1993). A dark side of the American dream: Correlates of financial success as a central life aspiration. *Journal of personality and social psychology, 65*(2), 410.

Kitayama, S., & Markus, H. R. (2000). The pursuit of happiness and the realization of sympathy: Cultural patterns of self, social relations, and well-being. *Culture and subjective well-being, 1*, 113-161.

Kuppens, P., Realo, A., & Diener, E. (2008). The role of positive and negative emotions in life satisfaction judgment across nations. *Journal of personality and social psychology, 95*(1), 66.

Kuykendall, L., Tay, L., & Ng, V. (2015). Leisure engagement and subjective well-being: A meta-analysis. *Psychological bulletin, 141*(2), 364.

Labroo, A. A., & Mukhopadhyay, A. (2009). Lay theories of emotion transience and the search for happiness: A fresh perspective on affect regulation. *Journal of Consumer Research, 36*(2), 242-254.

Labroo, A. A., & Patrick, V. M. (2009). Psychological distancing: Why happiness helps you see the big picture. *Journal of Consumer Research, 35*(5), 800-809.

Lee, D. J. & G. Yu (2008). A model of quality of college life (QCL) of students in Korea. *Social Indicators Research, 87*(2), 269-285.

Lee, D. J., & Sirgy, M. J. (1995). Determinants of involvement in the consumer/marketing life domain in relation to quality of life: A theoretical model and research agenda. *Development in quality of life studies in marketing*, 13-18.

Lee, D. J., Sirgy, M. J., Larsen, V., & Wright, N. D. (2002). Developing a subjective measure of consumer well-being. *Journal of Macromarketing, 22*(2), 158-169.

Lerman, D., & Kachersky, L. (2012). V-positive report. New York, NY: The Center for Positive Marketing at Fordham University. Retrieved January 21, 2013, from http://www. centerforpositivemarketing.org/consumer-value-index

Lucas, R. E., Diener, E., & Suh, E. (1996). Discriminant validity of well-being measures. *Journal of personality and social psychology, 71*(3), 616.

Lykken, D., & Tellegen, A. (1996). Happiness is a stochastic phenomenon. *Psychological science, 7*(3), 186-189.

Lyubomirsky, S. (2001). Why are some people happier than others? The role of cognitive and motivational processes in well-being. *American psychologist, 56*(3), 239.

Lyubomirsky, S., & Lepper, H. S. (1999). A measure of subjective happiness: Preliminary reliability and construct validation. *Social indicators research, 46*(2), 137-155.

Lyubomirsky, S., Sheldon, K. M., & Schkade, D. (2005). Pursuing happiness: The architecture of sustainable change. *Review of general psychology, 9*(2), 111-131.

Marshall, D. W., & Meiselman, H. L. (2006). Limited choice: An exploratory study into issue items and soldier subjective well-being. *Journal of Macromarketing, 26*(1), 59-76.

Mogilner, C., Aaker, J., & Kamvar, S. D. (2012). How happiness affects choice. *Journal of Consumer Research, 39*(2), 429-443.

Mogilner, C., Kamvar, S. D., & Aaker, J. (2011). The shifting meaning of happiness. *Social Psychological and Personality Science, 2*(4), 395-402.

Neumann, R., & Strack, F. (2000). "mood contagion": the automatic transfer of mood between persons. *Journal of Personality and Social Psychology*, 79, 211-223.

Nicolao, L., Irwin, J. R., & Goodman, J. K. (2009). Happiness for sale: Do experiential purchases make consumers happier than material purchases?. *Journal of consumer research, 36*(2), 188-198.

Organ, D. W., & Near, J. P. (1985). Cognition vs affect in measures of job satisfaction. *International Journal of Psychology, 20*(2), 241-253.

Peterson, C., Park, N., & Seligman, M. E. P. (2005). Orientations to happiness and life satisfaction: The full life versus the empty life. *Journal of Happiness Studies, 6*, 25-41.

Ryan, R. M., & Deci, E. L. (2001). On happiness and human potentials: A review of research on hedonic and eudaimonic well-being. *Annual review of psychology, 52*(1), 141-166.

Ryff, C. D., & Singer, B. H. (2008). Know thyself and become what you are: A eudaimonic approach to psychological well-being. *Journal of happiness studies, 9*(1), 13-39.

Schalock, R. L., & Siperstein, G. N. (1996). *Quality of Life. Volume I: Conceptualization and Measurement*. American Association on Mental Retardation, 444 North Capitol Street, NW, Suite 846, Washington, DC 20001-1512.

Schimmack, U., Oishi, S., & Diener, E. (2002). Cultural influences on the relation between pleasant emotions and unpleasant emotions: Asian dialectic philosophies or individualism-collectivism?. *Cognition & Emotion, 16*(6), 705-719.

Schnebelen, S., & Bruhn, M. (2018). An appraisal framework of the determinants and consequences of brand happiness. *Psychology & Marketing, 35*(2), 101-119.

Schuchert-Guler, P., Eisend, M., & Lutters, H. (2001). Consumer and Happiness. an Approach to Integrate the Concept of Happiness Into Marketing Theory. *ACR European Advances*.

Schwarz, N., & Clore, G. L. (2007). Feelings and phenomenal experiences.

Searle, B. (2008). *Well-being: In search of a good life?*. Policy Press.

Sheldon, K. M., & Lyubomirsky, S. (2012). The challenge of staying happier: Testing the hedonic adaptation prevention model. *Personality and Social Psychology Bulletin, 38*(5), 670-680.

Sirgy, M. J. (2012). *The psychology of quality of life: Hedonic well-being, life satisfaction, and eudaimonia* (Vol. 50). Springer Science & Business Media.

Sirgy, M. J. (2020). Positive Balance at the Cognitive Level: Domain Satisfaction. In *Positive Balance* (pp. 53-71). Springer, Cham.

Sirgy, M. J. (2020). The Theory of Positive Balance in Brief. In *Positive Balance* (pp. 1-24). Springer, Cham.

Sirgy, M. J., & Lee, D. J. (2006). Macro measures of consumer well-being (CWB): a critical analysis and a research agenda. *Journal of Macromarketing, 26*(1), 27-44.

Sirgy, M. J., D. J. Lee, and Kressmann, F. (2006), "A Need based Measure of Consumer Well Being (CWB) in Relation to Personal Transportation: Nomological Validation, *Social Indicators Research*, 79(2), 337-367.

Sirgy, M. J., Lee, D. J., Grzeskowiak, S., Chebat, J. C., Johar, J. S., Hermann, A., ... & Su, C. (2008). An extension and further validation of a community-based consumer well-being measure. *Journal of Macromarketing, 28*(3), 243-257.

Sirgy, M. J., Lee, D. J., Kamra, K., & Tidwell, J. (2008). What determines perceived quality-of-life impact of mobile phones? A model based on the consumption life cycle. *Applied Research in Quality of Life, 3*(4), 251-268.

Suh, E., Diener, E., Oishi, S., & Triandis, H. C. (1998). The shifting basis of life satisfaction judgments across cultures: emotions versus norms. *Journal of personality and social psychology, 74*(2), 482.

Thomas, R., & Millar, M. (2013). The effects of material and experiential discretionary purchases on consumer happiness: Moderators and mediators. *The Journal of psychology, 147*(4), 345-356.

Van Boven, L. (2005). Experientialism, Materialism, and the Pursuit of Happiness. *Review of General Psychology, 9*(2), 132-142.

Waterman, A. S. (1993). Two conceptions of happiness: Contrasts of personal expressiveness (eudaimonia) and hedonic enjoyment. *Journal of personality and social psychology, 64*(4), 678.

Zhong, J. Y., & Mitchell, V. W. (2010). A mechanism model of the effect of hedonic product consumption on well-being. *Journal of Consumer Psychology, 20*, 152-162.

Chapter

02

소비자 웰빙 향상의 원칙

소비자의 소비 경험은 소비자 웰빙에 미치는 영향은 긍정적 효과를 가지기도 하고 제한적 효과만을 가지기도 한다. 이를 구체적으로 살펴보면 다음과 같다.

첫째, 소비자의 만족스런 소비 경험(구매/소유/체험)은 소비자 웰빙에 긍정적 영향을 준다. 소비자의 만족스런 소비 경험(구매/소유/체험)은 소비 욕구의 충족, 긍정적 자아 개념과 사회적 상호작용을 통하여 소비자 웰빙에 기여한다. 소비자의 만족스런 소비 경험은 다양한 소비 욕구의 충족을 통해 소비 생활의 만족을 가져다 주고 소비자 웰빙을 향상시킨다(Headey, Muffels, & Wooden, 2008; Leelakulthanit, Day, & Walters, 1991; Samli, Sirgy, & Meadow, 1987; Zhong & Mitchell, 2010). 이러한 소비 생활에서의 다양한 소비 욕구 만족은 긍정적 자아 개념을 형성하는 데에도 도움을 준다. 체험을 통한 소비 만족은 소비자들로 하여금 즐거운 사회적 상호작용을 활성화하고 친교 만족을 가져다 주어 소비자의 긍정정서의 형성에 기여한다.

둘째, 때로는 소비자의 만족스런 소비 경험(구매/소유/체험)이 소비자 웰빙에 제한적인 효과만이 있기도 한다. 소비자의 만족 적응이나 사회적 비교는 소비 경험 만족은 소비자 웰빙에 미치는 긍정적 효과를 감소시킨다. 소비자의 만족 적응이 높은 경우, 소비자의 경험 만족은 소비자에게 일시적 만족만을 제공할 뿐 소비자 웰빙에 지속적 영향을 미치지는 못한다(Brickman & Campbell, 1971). 소비자의 물질주의가 높은 경우, 소비자들은 타인과의 사회적 비교를 자주하게 되고 소비 생활에 만족하지 못하게 된다. 물질주의 소비자들은 물건 구매에 대한 후회의 감정을 가지기 쉽고,

물질에 지나치게 집착한 나머지 과도한 소비를 하거나, 가족이나 친교와 같은 집단적/사회적 가치를 등한시하여 부정적 소비 정서를 경험한다(Burroughs & Rindfleisch, 2002).

이처럼 소비자의 소비 경험은 소비자 웰빙에 긍정적 효과뿐 아니라 부정적 효과를 가지고 있다(Ekici et al., 2018). 소비 경험을 통한 소비 욕구의 만족은 만족 적응 효과나 사회적 비교에 의해 그 효과가 감소되더라도 소비 욕구의 충족의 절대적인 증가를 가져와 소비자 웰빙에 기여한다(Hagerty & Veenhoven, 2003). 결국 소비 만족의 소비자 웰빙에 대한 긍정적 효과를 극대화 하면서도 소비 경험의 부정적인 효과를 줄이는 방향으로 만족스런 체험을 제공하는 것이 효과적인 소비자 웰빙의 향상에 필요하다.

소비 경험 만족과 소비자 웰빙

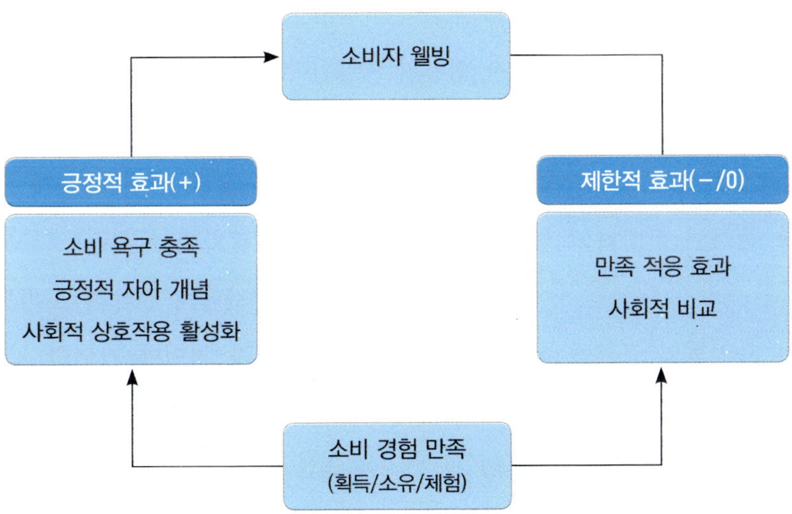

013 소비자 웰빙 향상의 원칙(principles of consumer well-being)

소비 경험은 어떠한 과정을 거쳐 소비자 웰빙으로 이어지는가? 본서에서는 소비 경험이 소비자 웰빙에 이르는 과정을 다섯 가지 원칙을 통해 설명하고자 한다.

첫째, 소비 욕구 충족의 원칙(principle of consumer need satisfaction)은 소비자의 기본적 소비 욕구를 포함하는 다양한 소비 욕구(안전 욕구, 경제적 욕구, 사회/친교 요구, 자존 욕구, 지식 욕구, 심미적 욕구, 자아 실현 욕구)가 충족될 때 소비 행복감이 향상된다는 원칙이다. 소비자 웰빙을 위하여 안전이나 경제적인 기본적이고 기능적인 소비 욕구의 충족이 우선적으로 필요하며 기본 욕구의 충족이 된 이후에는 즐거움 및 체험적 욕구의 충족이 필요하다.

둘째, 긍정적인 자아 개념의 원칙(principle of positive self-concept)은 소비자가 제품의 소유나 체험을 통하여 긍정적인 자아 개념(긍정적 자아 이미지, 자존감, 자아 효능감)을 강화될 때 소비자 웰빙이 향상된다는 원칙이다. 소비 경험이 소비자의 긍정적 자아에 대한 영향이 클 때 소비자 웰빙이 향상된다.

셋째, 사회적 상호작용의 원칙(principle of social interaction)은 소비자가 소비를 통하여 활발하고 친밀한 관계를 형성하고 활발한 사회적 교류를 할 때 소비자 행복감이 증진된다는 원칙이다. 혼자만의 소유나 소비보다는 타인과의 교류를 통한 사회적 만족이 소비자 웰빙에 기여한다는 원칙이다.

넷째, 만족 적응의 원칙(principle of low hedonic adaptation)은 소비자가 만족 경험에 대한 기대 적응이 적을수록 소비자 행복감이 효과적으로 향상된다는 원칙이다. 단순 반복에 의한 소비자의 싫증이 적을 때 소비자의 빈번한 만족 경험이 가능하고 이러한 빈번한 소비 경험이 소비 행복감의 증진으로 이어진다.

다섯째, 사회적 비교의 원칙(principle of social comparison)은 소비자가 타인 혹은 타 대안과의 사회적 비교가 적을수록 소비자 행복감이 향상된다는 원칙이다. 빈번한 타인과의 상향 비교는 소비자의 소비 행복감을 낮추고 타 대안과의 비교는 구매 후회 등 부정정서 경험의 원인이 된다.

소비자 웰빙의 원칙

소비자 웰빙의 원칙	내용
소비 욕구 충족의 원칙(principle of consumer need satisfaction)	다양한 소비 욕구의 충족이 소비 행복감을 향상시킴(principle of consumer need satisfaction). 만족 적응 효과로 인하여 하나의 소비 욕구 충족만으로 소비 행복감을 증진시키는 데에는 한계가 있음(principle of satisfaction limit). 기본적/기능적 소비 욕구의 우선적 충족이 소비자 웰빙에 중요(precedence principle) 기본적이고 기능적인 가치가 충족되면 즐거움의 체험 가치 중요하게 부각됨(principle of hedonic value dominance).
긍정적인 자아 개념의 원칙(principle of positive self-concept)	소비자가 소비 경험을 통하여 긍정적인 자아 개념(긍정적 자아 이미지, 자아 효능감)을 형성할 때 소비 행복감이 향상됨.
사회적 상호작용의 원칙(principle of social interaction)	소비자가 소비를 통하여 활발하고 친밀한 관계를 형성하고 활발한 교류를 할 때 소비자 행복감이 증진됨.
만족 적응의 원칙(principle of low hedonic adaptation)	소비자가 만족 경험에 대한 적응이 적을수록 소비 행복감이 효과적으로 향상됨.
사회적 비교의 원칙(principle of social comparison)	소비자가 타인과의 사회적 비교가 적을수록 소비 행복감이 향상됨. 타인과의 상향 비교가 소비 행복감을 낮추고 타 대안과의 비교는 부정정서인 구매 후회를 야기

014 소비 욕구 충족의 원칙(principle of consumer need satisfaction)

소비 욕구 충족의 원칙(principle of consumer need satisfaction)은 다양한 소비 욕구의 충족이 소비자 웰빙을 향상시킨다는 원칙이다. 개인의 다양한 기본적 욕구 충족은 웰빙에 긍정적 영향을 미친다(Malsow, 1954). 하나의 욕구에만의 집중은 소비 행복감의 증진에 한계를 가지는데 이는 특정 소비 욕구의 충족은 만족 적응 효과로 인하여 소비 행복감에 기여하는 정도의 한계가 있기 때문이다(principle of satisfaction limit). 따라서 소비 경험을 통한 다양한 욕구의 충족이 소비자 웰빙의 향상에 필요하다(El Hedhli, Chebat, & Sirgy, 2013; Samli, Sirgy, & Meadow, 1987).

소비 욕구 충족 원칙의 구체적인 내용은 다음과 같다.

첫째, 소비자들의 다양한 욕구 중에서 기본적이고 기능적인 욕구의 충족이 우선시 되어야 한다. 소비의 기본적인 욕구는 소비 생활에 필요한 안전, 생리적, 경제적 욕구 등으로 소비자 웰빙을 위해서 반드시 우선적으로 충족되어야 하는 욕구이다(Maslow, 1954). 이를 기본적 욕구충족 우선의 원칙이라고 한다(precedence principle)(Berry, 1994). 기본적 욕구는 소비자가 생활에 반드시 필요한 안전 및 기능과 관련된 욕구로서 소비자는 이를 즐거움의 가치보다 우선적으로 충족시키고자 한다. 소비자들의 기본욕구의 충족이 결핍된 상황에서의 소득 및 그로 인한 소비의 증가는 기본적 소비 욕구의 우선적 충족을 가능하게 하고 소비자 웰빙에 긍정적인 영향을 미친다(Veenhoven, 1991). 그러한 이유로 재무적 만족과 웰빙의 긍정적 관계는 소득이 낮은 경우에 더 크게 나타난다(Diener & Diener, 1995). 기본적 욕구의 충족이 소비자 웰빙에 미치는 영향은 낮은 소득과 위험회피적 소비동기

(prevention-focused motivation)를 가진 소비자의 경우에 더 크게 나타난다.

둘째, 소비자들의 기본적이고 기능적인 욕구의 충족이 이루어지고 난 이후에는 즐거움 가치의 충족이 필요하다. 소비자들의 기본적인 소비 욕구가 충족이 되고 나면 소비 만족에 대한 적응 효과가 나타나거나(hedonic adaptation), 만족의 기억이 망각되거나, 소비에 대한 사회적 비교(social comparison)로 인하여 소비 만족의 증가와 소비자 웰빙의 긍정적인 상관 관계가 약화된다. 이처럼 기본적 가치가 필요로 하는 일정 수준(cut-off point) 이상 충족되면 소비자는 즐거움의 가치를 기능적 가치보다 더 우선시하게 되는데 이를 즐거움 가치 우선의 원칙(principle of hedonic value dominance)이라고 한다. 즐거움 욕구의 충족이 소비자 웰빙에 미치는 영향은 향상지향적 소비동기(promotion-focused motivation)를 가진 소비자의 경우에 더 크게 나타난다(Chitturi, Raghunathan, & Mahajan, 2007).

셋째, 소비자 웰빙을 위하여 즐거움의 가치와 더불어 다양한 상위욕구의 충족이 필요하다. 상위 소비 욕구는 사회적 욕구, 자존 욕구, 지식 욕구, 그리고 자아 실현욕구를 포함하며 이러한 소비 경험을 통한 다양한 소비 욕구의 충족이 소비 행복감을 향상시킨다. 기본욕구의 충족은 일정 수준의 충족 이후에는 만족 적응 효과를 겪게 되므로 기본욕구의 충족 이후에는 상위욕구의 충족의 증가는 소비 행복감의 증진에 매우 중요하다. 물질적 소비에 대한 지나친 강조는 소비자 웰빙에 부정적 영향을 가지므로 주의할 필요가 있다. 소비자의 물질에 대한 지나친 집착을 나타내는 물질주의(materialism)는 소비자의 재무적 상태를 악화시키고 부정정서를 오히려 강화한다. 더불어 물질과 경제적 성공 같은 외재적 가치에 대한 지나친 집착은 자아 발전 및 사회적 관계 등의 내재적 가치를 등한시 하여 결과적으로 소비자의 웰빙에 부정적 영향을 미친다(Kasser & Ryan, 1993, 1996).

소비 욕구의 충족과 소비자 웰빙

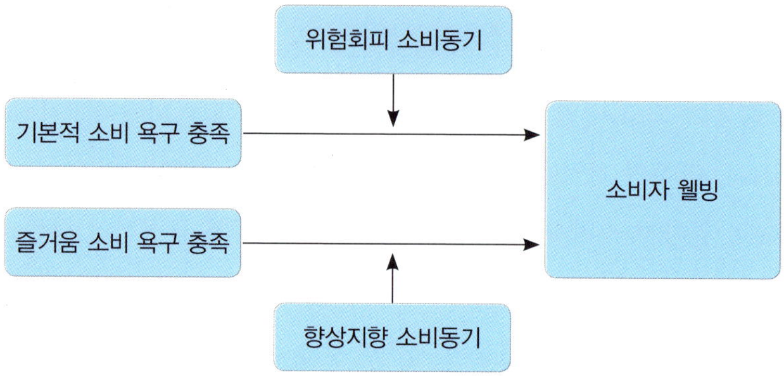

소비 욕구 충족을 위한 웰빙 마케팅 전략

- 기업은 소비자가 중시하는 기본적 가치에 대한 소비자 이해를 바탕으로 소비자의 기대 수준에 맞는 소비 욕구의 충족시켜야 한다. 소비자가 위험회피적 소비동기(prevention-focused motivation)를 가지고 있는 경우 소비자가 반드시 충족되기를 기대하는 소비자의 안전 및 기본적 욕구에 대한 충족을 우선시 하여야 한다. 이를 위해서 기업은 소비자의 안전에 대한 기대를 제품의 기본구성에 포함시키거나, 보증 혹은 선택 옵션의 제공을 통하여 소비자들의 안전과 기본적 욕구 충족의 기회를 제공한다.
- 기업은 소비자들의 안전 및 기본적 가치의 충족 이후에는 제품을 통한 다양한 체험 및 사회적 가치를 제공한다. 기본적 가치가 소비자에게 제공하는 만족이나 긍정정서는 한정되어 있으므로 기업은 고객의 향상지향적 소비동기(promotion-focused motivation)에 부합하는 다양한 체험 및 사회적 가치 제공을 통하여 다양한 소비 욕구의 충족을 가능하게 한다. 고객의 욕구에 맞는 고객화된 소비 욕구의 제공은 소비자의 만족 적응(hedonic adaptation)과 상향적 사회적 비교(upward social comparison)도 줄이고 긍정적 정서 경험의 빈도를 높인다.
- 소비자의 물질적 소유에 대한 집착과 과도한 기대는 소비자 웰빙에 부정적 영향을 미친다. 기업은 물질주의와 과시적 소비를 강화하는 광고를 지양하고, 소비자에게 사회적 상호작용과 자발적 학습을 통한 의미 있는 발전을 기할 수 있는 체험의 기회를 제공하여 긍정적 자아 개념과 소비자 웰빙의 기회를 제공한다.

소비 욕구 충족을 위한 소비 전략

- 기본적 소비 욕구의 미충족은 소비자 웰빙에 미치는 부정적 영향이 매우 크지만 일정 수준 이상의 기본적 소비욕구의 충족이 소비자 웰빙에 미치는 긍정적 영향은 제한적이다. 따라서 소비자는 소비자 웰빙의 향상을 위하여 기본적 소비 욕구의 충족을 우선시 하여야 한다(precedence principle). 소비자는 기본적 욕구가 충족된 이후에 체험적 가치의 충족을 추구한다.
- 특정 소비 욕구의 만족이 소비자 웰빙에 기여하는 정도는 제한적이다. 이를 소비 욕구 한계의 원칙(principle of satisfaction limit)이라고 한다. 소비자는 기본적 욕구의 충족 이후에는 다양한 상위욕구의 충족을 위하여 노력하여야 한다. 여러 소비 욕구 중 특히 긍정적 자아 개념과 밀접한 관계를 가지는 사회적 상호작용, 자기 발전에 대한 욕구, 심미적/지적인 욕구의 충족을 제공하는 체험이 필요하다.

소비 욕구 충족 관련 가설

- 기본적 욕구의 충족이 소비 행복감에 미치는 영향은 위험회피 동기를 가진 소비자(prevention-focused customers)의 경우가 향상지향적 소비동기(promotion-focused customers)를 가진 소비자의 경우보다 더 크다.
- 체험적 욕구의 충족이 소비 행복감에 미치는 영향은 향상지향적 동기의 소비자(promotion focused customers)의 경우가 위험회피 동기의 소비자(prevention-focused customers)의 경우보다 더 크다.
- 다양한 소비 욕구의 충족이 소비 행복감에 미치는 긍정적 영향은 소비자의 물질주의가 낮고 타인과의 사회적 비교가 적을수록 더 크다.
- 기본적 소비 욕구의 충족이 소비 행복감에 미치는 영향은 부정적 비대칭(negatively asymmetric)이다. 기본 소비 욕구의 충족이 소비 행복감을 증진시키는 정도보다 기본 소비 욕구의 미충족이 소비 행복감을 감소시키는 정도의 상대적 크기가 더 크다.
- 상위욕구의 충족이 소비 행복감에 미치는 영향은 긍정적 비대칭(positively asymmetric)이다. 상위욕구의 미충족이 소비 행복감을 감소시키는 정도보다 상위욕구의 충족이 소비 행복감을 증가시키는 정도의 상대적 크기가 더 크다.

015 긍정적인 자아 개념의 원칙(principle of positive self-concept)

긍정적인 자아 개념의 원칙(principle of positive self concept)은 소비자가 소비 경험을 통하여 긍정적인 자아 개념을 형성할 때 소비자 웰빙이 향상된다는 원칙이다. 긍정적인 자아 개념은 소비자가 자신에 대하여 가지는 전반적으로 긍정적인 판단으로 긍정적 자아 이미지, 자아 효능감, 자존감 등을 포함한다. 긍정적 자아 개념의 원칙의 구체적 내용은 다음과 같다.

첫째, 소비자의 만족스런 소비 경험은 소비자로서의 긍정적 자아 개념의 형성을 가능하게 한다. 소비자의 개인 소비 욕구의 충족을 가능하게 하고 소비자로서의 재무적 만족과 사회적 만족을 가능하게 한다. 소비자의 자존감은 이러한 개인 소비 욕구의 충족(Lyubomirsky, Tkach, & DiMatteo, 2006), 재무적 만족 및 사회적 만족에 의해서 영향을 받는다(Diener & Diener, 1995). 이처럼 소비자의 소비 경험을 통한 다양한 소비 욕구의 충족과 재무적 만족은 소비자로서의 자존감을 향상시켜 소비자 웰빙 향상에 기여한다.

둘째, 소비 경험 중에 소비자의 긍정적 자아 개념에 강한 영향(impact on self)을 미치는 체험만족이 소비자 웰빙에 더 크게 기여한다. 단순한 물건의 소유에 비하여 체험은 자아를 표현하고 긍정적 자아 개념에 미치는 영향이 크기 때문에 소비자 웰빙의 향상이 기여하는 정도가 크다(Thomas & Millar, 2013).

셋째, 소비 경험을 통하여 가지게 되는 소비자의 긍정적인 자아 개념은 소비자 웰빙과 정(+)의 상관관계를 가진다(Andrews, 1991; Campbell et al., 1976; Diener & Diener, 1995; Lyubomirsky & Lepper, 1999; Schimmack et al., 2004). 일반

적으로 개인의 자존감과 긍정적 자아 개념은 자신에 대한 수용과 존중을 의미하며(Rosenburg, 1965), 개인의 웰빙을 구성하는 중요한 요소가 된다(Diener & Diener, 1995). 자존감과 긍정적 자아 개념을 가진 개인은 자아 개념이 분명하고(Campbell, 1990), 자신의 능력을 확신하고(Crocker & Major, 1989), 자아 이미지를 잘 보호하며(Spencer et al., 1993), 우울 및 불안과 같은 부정적 정서로부터 영향을 적게 받으면서(Harter, 1993), 긍정정서를 더 자주 경험한다(Wood et al., 2003). 또한 긍정적 자아 개념을 가진 개인은 상황에 대한 통제감이 높고(Crocker & Major, 1989), 상황에 대한 긍정적 기대를 하는 낙관적 성향(optimism)을 가진다(Tennen & Affleck, 1993; Lucas, Diener, & Suh, 1996). 이처럼 소비자의 긍정적 자아 개념은 소비자로서의 자기 확신과 수용을 의미하며, 긍정적 소비관련 아이덴티티의 확립을 가능하게 한다. 긍정적 자아 개념을 가진 소비자는 부정적 소비정서의 영향을 적게 받고 소비관련 긍정정서를 빈번하게 경험한다. 소비자로서의 긍정적 자아 개념은 소비자 웰빙에 긍정적 영향을 미친다.

긍정적 자아 개념과 소비자 웰빙

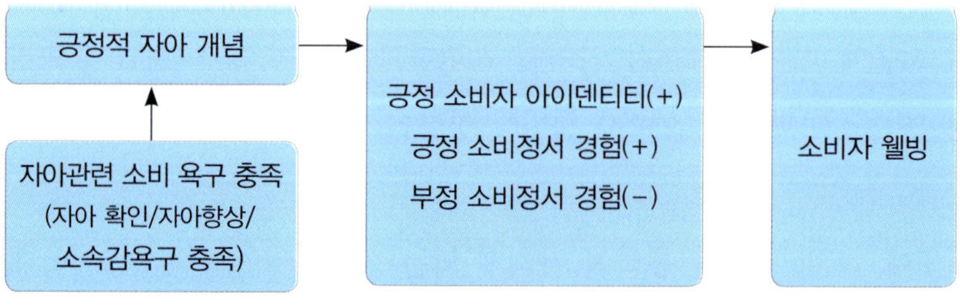

긍정적 자아 개념의 형성/유지를 위한 웰빙 마케팅 전략

- 기업은 목표 소비자의 현저하게 부각되는 자아 개념(salient self-concept)을 파악하고 긍정 자아 개념의 형성과 유지를 돕는다. 기업은 소비자가 선호하는 브랜드 이미지의 관리를 통하여 소비자들이 의미있게 생각하고 중시하는 자아 개념을 잘 표현하고 유지하도록 돕는다.

- 개인주의 문화에서 독립적 자아 이미지가 강한 소비자에게는 소비자의 개성과 자아 개념을 일관되게 유지하여 자아확인의 욕구(self consistency need)를 충족시키고 분명한 자아 개념을 유지하도록 한다. 이들에게는 소비자의 개성과 일관된 자아 개념을 표현할 수 있는 브랜드 이미지가 필요하다. 이상적 자아 이미지를 추구하는 소비자에게는 소비자의 이상적 자아 이미지와 브랜드 이미지를 일치시켜 소비자들의 자아 이미지 향상 욕구(self enhancement need)를 충족시켜 소비자의 긍정적 자아 개념의 유지를 돕는다. 하지만 너무 비현실적으로 이상적인 브랜드 이미지의 설정은 소비자들로 하여금 상향적 사회적 비교를 통한 부정적 자아 이미지를 형성할 수 있으므로 주의를 요한다.

- 집단주의 문화에서 상호의존적 자아 개념이 강한 소비자에게는 집단의 기대와 사회적 자아 이미지에 부합하는 브랜드 제공을 통해 소속감 욕구(social belongingness need)를 충족시켜준다. 이들에게는 일관된 개성이나 스스로 생각하는 자아 이미지의 향상보다 소속집단에서의 규범과 사회적 인정이 중요하다. 사회적으로 인정되는 브랜드에 대한 무난한 선택이 상호의존적 소비자의 긍정적 자아 개념 유지에 중요하다.

긍정적 자아 개념의 형성 유지를 위한 소비 전략

- 소비자는 소비상황에서 자신의 현저한 자아 개념(salient self-concept)을 파악하고 이에 상응하는 브랜드를 선택하고 소비한다. 소비자는 자신에게 의미가 있고 중요하며 자신을 긍정적으로 생각하게 하는 브랜드를 선택하는 것이 좋다.

- 독립적 자아 개념이 현저한 소비자는 브랜드의 선택에 있어서 자신의 개성 및 자아 확인 및 향상 욕구의 충족을 추구한다. 독립적 자아를 가진 소비자는 주변의 상황과 무관하게 자아의 개념을 일관되게 유지하는 브랜드를 선택하는 것이 중요하다. 자아 개념의 향상 혹은 복구가 필요한 소비자는 자신의 이상적 자아 이미지를 표현해 줄 브랜드를 선택한다. 하지만 너무 비현실적으로 높은 이상적 자아 이미지를 추구하는 것은 소비자로 하여금 상향적 사회적 비교(upward social comparison)를 하게 만들어 자아 개념과 소비자 웰빙에 오히려 부정적 영향을 미칠 수 있으므로 주의할 필요가 있다.

- 상호의존적 자아 개념을 가진 소비자는 자신이 속한 집단의 규범을 이해하고 소속감과 사회적 인정을 충족시키는 브랜드를 선택한다. 상호의존적 자아 개념을 가진 소비자는 구매 상황이나 주변 사람이 누구냐에 따라 자아 개념이 달라지는 가변적인 자아 개념(malleable self concept)을 가진다. 이들은 독특하고 일관된 개성을 추구하기보다는 자신이 소속된 집단에서 사회적 인정이 되는 무난한 브랜드를 선택하는 것이 긍정적 자아 개념의 형성 및 유지에 도움이 된다.

긍정적 자아 개념 관련 가설

- 제품 소비를 통한 자아 일치욕구(self consistency need)의 충족이 긍정적 자아 개념(자존감, 자아 효능감)에 미치는 영향은 상호의존적 자아 개념의 소비자의 경우보다 독립적 자아 개념의 소비자의 경우에 더 크다
- 제품 소비를 통한 자아 향상 욕구(self enhancement need)의 충족이 긍정적 자아 개념(자존감, 자아 효능감)에 미치는 영향은 상호의존적 자아 개념의 소비자보다 독립적 자아 개념의 소비자의 경우에 더 크다
- 제품 소비를 통한 소속감 욕구(social belongingness need)의 충족이 긍정적 자아 개념(자존감, 자아 효능감)에 미치는 영향은 독립적 자아 개념의 소비자보다 상호의존적 자아 개념의 소비자의 경우에 더 크다.

016 사회적 상호작용의 원칙(principle of social interaction)

사회적 상호작용의 원칙(principle of social interaction)은 소비자가 소비를 통하여 활발하고 친밀한 관계를 형성하고 활발한 교류를 할 때 소비 행복감이 증진된다는 원칙이다. 소비자 간의 활발한 상호작용은 소비자 간의 긍정정서의 경험을 활성화하고 소비자를 정서적으로 지원하고 부정정서의 극복을 도움으로써 소비자 웰빙에 긍정적 영향을 미친다.

소비자의 친밀한 사회적 상호작용(customer to customer interactions)은 다음과 같은 이유로 소비자 웰빙에 밀접한 관계를 가진다(Argyle, 1987; Diener, 1984). 첫째, 소비자의 친밀한 사회적 상호작용(customer to customer interactions)은 긍정정서의 경험을 활성화한다. 소비자들은 혼자만 경험하는 경우보다 타인과 함께 체험을 할 때 더 큰 긍정정서를 경험한다(Argyle, 1999). 소비자는 타인과 사회적으로 연결된 체험의 과정에서 사회적 상호작용을 하게되고 즐거움의 정서를 경험한다(Davies et al., 1999; Moore & Moore, 2005).

둘째, 소비자의 친밀한 사회적 상호작용은 소비자에게 사회적 유대감을 제공하고 소비자에게 정서적 지원을 제공한다(Myers, 1992). 체험의 결과에 대하여 함께 참여한 사람들이 일치된 긍정 반응을 보일 때 소비자는 참여한 사람들과의 유대감을 가지고 또한 자신의 긍정적 판단에 대한 확신을 가지게 되어 소비자의 체험에 대한 즐거움이 증가된다(Raghunathan & Corfman, 2006).

셋째, 친밀한 사회적 상호작용 속에서의 사회적 유대는 스트레스, 외로움 등 소비자의 부정적 정서를 극복하는 데 도움을 준다(Argyle, 1987; Reis, 1984). 이처럼 활발한 사회적 상호작용을 인한 사회적 연결과 유대(affiliation)는 소비 행복감에 긍정적 영향을 미친다(Lyubomirsky, Tkach, & DiMatteo, 2006).

소비자 웰빙에 긍정적인 고객 간의 상호작용(customer to customer interactions)은 어떤 요인에 의해 활성화되는가? 소비자의 상호작용은 다음과 같은 여러 요인에 의해 영향을 받는다. 첫째, 고객 간 공동 체험이 기회가 많을수록 소비자 간의 상호작용을 활성화한다. 혼자만의 체험이나 단순한 물건의 소유보다는 여럿이 함께 체험하는 서비스 디자인이 체험과정에서의 고객 간의 상호 작용을 높인다. 둘째, 긍정적인 서비스 환경(servicescapes)이 소비자 간의 긍정적 상호작용을 활성화한다(Moore & Moore, 2005). 좋은 서비스 환경은 소비자들의 긍정정서와 소비자 간의 상호작용을 가능하게 한다. 셋째, 고객 간의 온라인/오프라인의 커뮤니티가 서비스 경험에 대한 정보와 의견을 자발적으로 교환하고 상호작용을 활성화한다(Bitner, 1992). 고객의 커뮤니티에 대한 자발적 참여를 위해 기업이 브랜드–소비자 간의 일체감과 브랜드에 대한 소비자의 몰입을 높이는 것이 중요하다.

고객간 사회적 상호작용과 소비자 웰빙

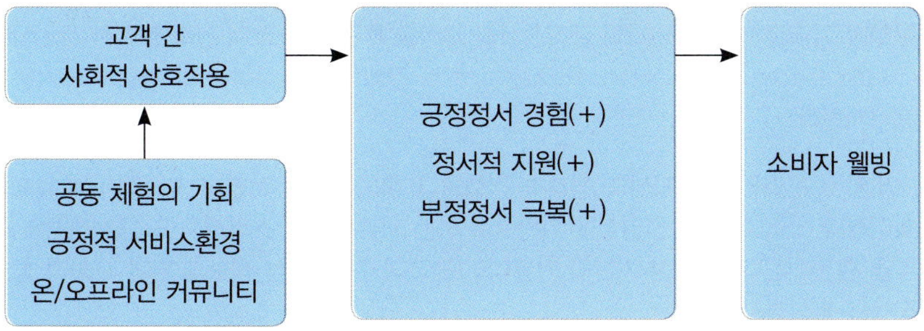

활발한 사회적 상호작용을 위한 웰빙 마케팅 전략

- 기업은 소비자가 혼자하는 소비보다는 여러 사람이 함께 체험하는 기회를 제공하여야 한다. 혼자하는 소비보다는 함께하는 소비가 사회적 친교 욕구를 충족시키며 소비 행복감의 증진에 효과적이다. 소비자의 체험에는 체험 제공자, 소비자 모두가 적극적인 체험 과정을 만들어가는 것이 필요하며 이를 위해 소비자의 의견을 체험 설계의 과정에 반영하고 소비자들이 참여하는 기회를 제공하여야 한다.

- 기업은 소비자 간의 상호작용이 활성화되도록 긍정적인 서비스 환경을 조성한다. 넓고 청결하면서도 기능성과 심미성을 갖춘 시설 등의 서비스 환경은 고객의 긍정정서와 더불어 고객 간의 긍정적 상호작용을 가능하게 한다. 서비스 환경의 유형적 시설과 더불어 서비스 기관의 고객과의 친밀한 소통을 장려하는 고객 지향적 문화도 서비스 전달과정에서의 고객 간의 긍정적 체험을 활성화한다.

- 기업은 소비자 간의 상호작용이 활성화되도록 이루어지도록 온라인와 오프라인에서의 고객 커뮤니티를 지원한다. 기업은 고객이 제품이나 서비스에 대한 지식/의견을 교환하고 정서적으로 상호작용할 수 있는 자발적 커뮤니티를 활성화하고 고객 간의 온라인 오프라인의 모임을 체계적으로 지원한다. 더불어 고객-브랜드 간의 일체감을 높이고 고객의 커뮤니티에 대한 자발적 참여를 지원한다.

활발한 고객 간 상호작용을 위한 소비 전략

- 소비자는 쇼핑의 공동 체험(co-shopping), 소유 및 경험 공유(shared experiences)를 추구하며 이 과정에서 타인과의 긍정정서의 교환을 추구한다. 고객 간의 밀접한 상호작용(customer-to-customer interactions)은 서비스 경험의 일부이며 소비 경험의 즐거움을 증대시킨다.

- 소비자는 온라인에서 자신의 생각과 경험을 표현하고 공유하면서 사회적 네트워크를 확장한다. 소비자 간의 친밀성을 기반으로 하는 커뮤니티는 소비자 간의 긍정정서와 공감을 증진시킨다. 전문성 기반의 커뮤니티도 고객 간 기능적 정보 교환과 사회적 상호작용을 활성화시킨다.

사회적 상호작용 관련 가설

- 소비자 간의 빈번한 사회적 상호작용은 소비 체험을 통한 긍정정서 체험빈도를 높인다. 소비자의 사회적 상호작용의 빈도는 긍정정서 체험빈도와 정(+)의 상관관계를 가진다.

- 소비자가 혼자 하는 체험보다 공동으로 하는 체험이 사회적 상호작용과 긍정정서에 더 큰 긍정적 영향을 미친다.

- 소비자 간의 공동으로 하는 함께하는 체험(co-experience)은 혼자 한 체험에 대한 사후적 공유(sharing of experiences)보다 소비자의 사회적 상호작용 및 긍정정서의 체험에 더 긍정적 영향을 미친다.

017 만족 적응의 원칙(principle of low hedonic adaptation)

많은 사람들이 경험하는 정서의 강도가 매우 오래 지속될 것이라고 믿지만 실제로 그러한 정서는 오래 지속되지 못하고, 소비자들은 새로운 정서 경험에 빠르게 적응하게 된다. 만족 적응의 원칙(principle of low hedonic adaptation)은 소비자가 만족경험에 대한 기대 적응이 적을수록 소비자 웰빙이 효과적으로 향상된다는 원칙이다. 소비자 만족의 증가에 따른 개인의 소비 생활 만족이나 소비 행복감 증가는 영속적이지 못하고 일시적인데 그 이유는 개인들의 기대가 빠르게 적응하기 때문이다(Frederick & Loewenstein, 1999; Kahneman, 1999). 이처럼 기대 적응 효과는 긍정적 혹은 부정적 상황에 대한 소비자의 정서 강도가 점차 줄어드는 것을 의미한다(Frederick & Loewenstein, 1999). 긍정적 혹은 부정적 상황이 행복감의 변화를 가져오지만 개인들은 빠르게 이러한 변화에 적응한다.

소비자의 만족 적응 효과에 영향을 주는 요인은 무엇인가? 만족 적응 효과는 소비자의 구매 패턴, 구매 제품 유형, 제품 평가의 기준, 그리고 추구하는 소비 목표에 따라 다르게 나타난다.

첫째, 소비자들이 매번 동일한 제품을 반복 구매하는 경우 소비자의 만족 적응 효과가 크다. 비교적 단기간에는 큰 문제가 없으나 비교적 장기간의 소비에서의 동일제품에 대한 반복 소비는 소비자 싫증(satiation)을 증가시키고 만족에 대한 민감도를 감소시켜 만족 적응 효과가 크게 나타난다. 반면 소비자의 자아 이미지를 반영하는 제품에 대해서는 소비자가 긍정적 자아 이미지를 유지하려는 욕구를 가지고 있어서 자아 일치도 제품의 반복 소비로 인한 싫증의 속도가 더디게 나타난다(Chugani, Irwin, &

Redden, 2015). 소비자들이 장기간의 소비에서는 여러 다양한 제품을 추구하거나, 구매를 연기하거나, 소비의 시점을 분리하는 경우처럼 단순 반복 구매 패턴에 변화를 주는 경우에도 만족 적응 효과는 줄어든다(Dunn, Gilbert, & Wilson, 2011; Etkin & Mogilner, 2016).

둘째, 만족 적응 효과는 단순소유를 목적으로 하는 유형제품의 경우에 더 자주 나타난다. 유형적 기능 제품의 시간의 흐름에 따라 만족의 정도가 감소하는 적응 효과가 나타난다. 이는 매 구매시마다 동일한 소비 경험이 반복되기 때문이다. 한편 소비자의 참여와 상호작용을 수반하는 체험은 단순 반복이 아닌 매번 다양한 소비자의 경험이 되므로 만족 적응 효과가 상대적으로 적게 나타난다. 특히 소비자가 반복 소비할 수 있는 기회가 적은 체험(Sevilla & Redden, 2014), 감상적(sentimental) 정서를 가지게 하는 체험(Yang & Galak, 2015), 그리고 소비자가 상징적 의미를 부여하는 체험(Chugani, Irwin, & Redden, 2015)에 대해서는 소비자 만족 적응 효과가 상대적으로 적게 나타난다. 하지만 불만족의 경우에는 체험과 물건의 적응 효과는 큰 차이가 없다(Nicolao, Irwin, & Goodman, 2009).

셋째, 만족 적응 효과는 제품 평가의 기준에 따라서 다르게 나타난다. 소비자들이 오감 체험을 통해 본원적으로 평가할 수 있는 제품 속성(inherently evaluable attributes)을 중심으로 제품을 평가하는 경우에는 소비자의 만족 적응 효과가 적다. 소비자가 오감을 통해 본원적으로 체험할 수 있는 속성에 의해 제품을 평가하는 경우에 소비자들은 상대평가를 적게 하고, 반복에 의한 싫증이 적다(Tu & Hsee, 2016.) 예를 들어 쾌적한 방의 온도는 오감 체험을 통해서 알 수 있는 본원적으로 평가가능한 속성인데 이러한 쾌적한 온도의 반복에 대하여 소비자가 싫증을 내지는 않으며 만족 적응 효과도 적다. 반면 소비자들이 높은 수준의 사회적으로 학습하는 제품 속성에 대하여 만족 적응 효과가 크다(Tu & Hsee, 2016). 예를 들어 다이아몬드 사이즈의 크고 작음은 사회적으로 학습된 속성이다. 많은 소비자들이 1캐럿 다이아몬드 반지에 대하여 다른 소비자들이 많이 사용하는 0.3캐럿 혹은 0.5캐럿 다이아몬드 반지에 비교하여 큰 사이즈의 다이아몬드 반지로 인식한다. 비록 소비자가 구매 초기에는 이 다이아몬드 크기의 차이를 비교하여 상대적으로 큰 사이즈에 만족하더라도 일정시간이 지나면 사용하는 다이아몬드의 사이즈에 적응이 되어 크기 차이에 의한 만족을 크게 느끼지 못하게 된다. 이처럼 소비자가 사회적으로 학습된 속성에 의해 제품을 평가하는 경우 소비자는 빠른 만족 적응을 경험한다(Tu & Hsee, 2016).

넷째, 만족 적응 효과는 소비자가 추구하는 소비 목표에 따라 다르게 나타난다. 소비자가 제품의 소비를 통하여 경제적 과시 등의 외적인 동기 목표를 추구할 때 소비자들은 소비 증가에 대하여 만족 적응 효과를 가진다. 이는 소비자의 외재적 소비목표는 지속적인 사회적 비교를 하게 되고 시간이 흐름에 따라 소비자의 기대수준도 올라 적응 효과를 겪게 된다. 반면 소비자가 제품의 소비를 통하여 제품 본연의 품질 등 내재적 소비목표를 추구할 때는 만족 적응 효과가 적다(Kasser & Ryan, 1996).

소비자 만족 적응 효과(hedonic adaptation effect)

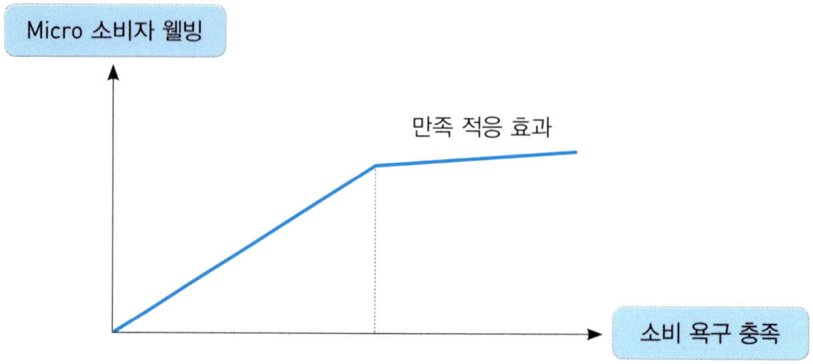

소비자 만족 적응 효과의 영향요인

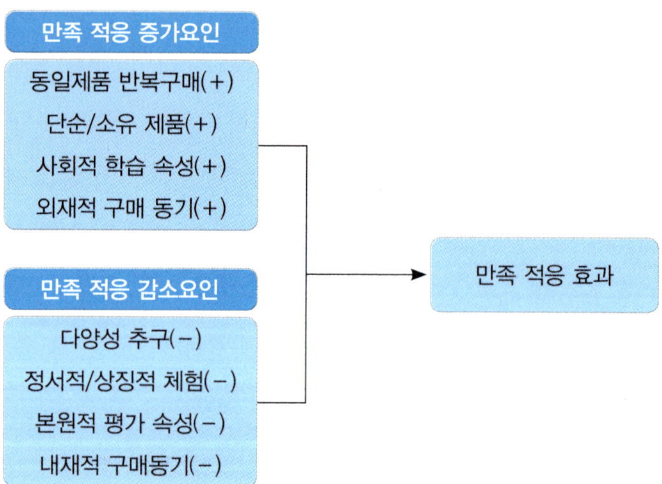

만족 적응 효과(Hedonic adaptation effect)

	높은 만족 적응 효과	낮은 만족 적응 효과
구매 패턴	동일 제품/체험 반복	다양한 활동/체험
제품 유형	단순 소유/사용 제품	정서적/상징적 체험
평가 속성	사회적 학습속성	본원적 평가속성
소비 목표	외재적/경제적 목표	내재적 소비 목표

소비 욕구 충족과 소비자 웰빙: 만족 적응 조절효과

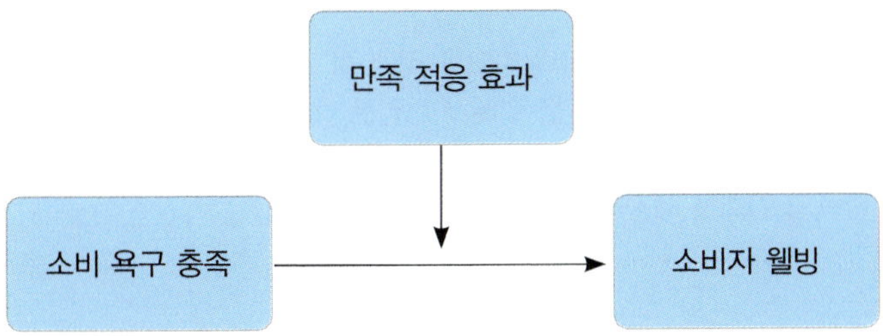

소비자의 만족 적응 효과를 극복하기 위한 웰빙 마케팅 전략

- 기업은 소비자에게 표준화된 서비스를 반복하여 제공하는 것보다는 고객의 욕구에 맞는 고객화된 서비스의 다양한 옵션을 제공하여 소비 경험이 매번 새로운 체험이 되게 한다. 고객의 욕구에 맞는 고객화된 서비스와 서비스 전달과정은 소비자의 소비 욕구를 효과적으로 충족시키고 서비스 체험의 결과물이 달라 고객의 서비스에 대한 만족 적응 효과를 줄인다. 소비자에게 매번 동일한 제험을 제공하기보다는 새로운 체험을 개발하거나 기존의 체험에 대한 옵션 등을 통하여 다양한 변화를 체험하도록 하는 것도 단순 반복에 의한 싫증과 만족 적응 효과를 줄인다.

- 기업은 소비자의 서비스 체험이 만족스럽고 의미 있는 체험이 되도록 한다. 기업은 목표 고객을 위한 체험을 설계함에 있어서 고객에게 감성적 가치와 더불어 상징적 의미를 부여하는 노력을 한다. 고객 혼자만의 체험이 아니라 함께 참여하는 체험이 되게 하여 체험이 의미 있는 사회적 상호작용이 되도록 한다.

- 기업은 소비자들이 경쟁 대안과의 비교를 적게 하고 서비스 품질가치에 대한 오감 체험을 느낄 수 있도록 돕는다. 이를 위해서 기업은 계량적 속성 중심의 비교광고를 적게 하고, 본원적으로 평가가능한 평가 속성을 중심으로 고객 체험을 설계하여 다양한 소비 욕구의 충족의 기회를 제공한다.

소비자 만족 적응 효과를 극복하기 위한 소비 전략

- 소비자는 한 가지 제품 혹은 속성만을 반복하여 구매하기보다는 다양한 제품과 제품 속성을 구매한다. 이러한 소비자의 다양성 추구는 다양한 소비 욕구의 충족을 가능하게 하고 반복구매로 의한 적응 효과를 줄인다.

- 소비자는 제품의 사회적으로 학습된 속성에 의한 비교평가를 지양한다. 소비자는 제품의 구매 이후에 타인과의 사회적 비교를 지양한다. 소비자는 제품의 단순 소유보다는 제품이 제공하는 본연의 체험에 집중하고 체험을 통해서 사회적 교류 및 자아 발전을 도모한다.

- 소비자는 체험을 혼자하기보다는 여럿이 함께하고 체험의 상징적 의미를 유지하여 시간이 지나도 만족이 감소하지 않도록 한다.

소비자의 만족 적응 효과 관련 가설

- 소비 욕구의 만족이 소비자 웰빙에 미치는 긍정적 영향은 소비자의 만족 적응(hedonic adaptation)이 적을수록 크다.
- 제품의 사회적으로 학습된 속성(socially learned attributes)은 본원적으로 평가가능한 체험 속성(inherently evaluable attributes)에 비하여 만족 적응 효과가 더 크다.
- 소비자가 상대평가를 하는 제품의 속성은 소비자가 단일제품에 대한 절대평가를 하는 제품의 속성에 비하여 만족 적응 효과가 크다.
- 소비자가 외재적 가치를 추구하는 유형 제품은 내재적 가치를 추구하는 체험에 비하여 만족 적응 효과가 크다.

018 사회적 비교의 원칙(principle of social comparison)

사회적 비교의 원칙(porinciple of social comparison)은 소비자가 타인과의 사회적 비교가 적을수록 소비자 행복이 향상된다는 원칙이다. 소비자가 구매한 대안을 타 대안과 빈번하게 비교하는 것은 소비자의 구매에 대한 후회 등의 부정적 감정을 야기하여 소비 행복감에 부정적 영향을 미친다. 소비자의 타인과의 빈번한 비교도 소비자의 만족을 낮추어 소비자 웰빙에 부정적 영향을 미친다.

이러한 소비자의 빈번한 사회적 비교는 언제 발생하는가? 소비자의 사회적 비교는 소비자가 평가하는 속성, 제품의 유형, 중시하는 소비가치, 그리고 물질주의에 의해 영향을 받는다. 구체적 내용은 다음과 같다

첫째, 소비자의 사회적 비교는 소비자가 평가하는 대상에 따라 영향을 받는다. 소비자는 구매가격이나 소유가치를 강조하는 물건의 구매 경험에 대하여는 다른 대안이나 타인과의 상대적 비교를 많이 한다. 반면 소비 체험에 대해서는 상대적인 비교를 적게 한다(Hsee, Yang, Li, & Shen, 2009). 체험 중에서도 소비자의 오감 체험에 의해 본원적으로 절대 평가가 가능한 속성에 대해서는 소비자는 상대평가를 적게 하지만 사회적으로 학습된 속성에 대해서는 상대평가를 많이 한다(Tu & Hsee, 2016). 상대적으로 평가하는 속성의 증가는 사회적 비교와 적응 효과로 인하여 행복감의 증가로 이어지지 못한다. 본원적 평가가 어려운 사회적 학습 속성의 경우 사회적 비교를 자주 하게 되고 속성의 증가가 소비 행복감의 증가로 이루어지지 못한다(Tu & Hsee, 2016).

둘째, 소비자는 체험 구매보다는 물건 구매의 경우에 상대 비교를 더

자주 한다(Carter & Gilovich, 2010). 유형의 물건 구매에서는 소비자는 최대화 전략을 사용하여 다양한 대안을 비교하면서 최선의 대안을 선택하는 반면 체험 구매에서는 그 자체에 대한 평가를 통해 만족할 만한 대안을 구매를 하는 경향을 보인다(Carter & Gilovich, 2010) 소비자는 과시적 소유를 목적으로 하는 고가의 제품의 경우에 더 빈번한 사회적 비교를 한다. 이들은 제품 자체의 본원적 속성보다는 타인과 비교가능한 속성에 더 중점을 두고 사회적 비교를 한다. 이 경우 소비자는 하향적 비교보다는 상향적 비교를 더 자주하며 상향적 비교의 영향을 더 크게 받는다(Baumeister, Bratslavsky, Finkenauer, & Vohs, 2001).

셋째, 소비자들이 소유가치를 중시할 때 사회적 비교를 자주한다. 소비자들은 단기적 체험의 사용가치를 중시하는 제품/서비스보다는 장기적 소유가치를 중시하는 유형의 제품에 대하여 사회적 비교를 빈번하게 한다. 소비자는 소유가치를 중시하는 유형의 제품에 대하여 타인과의 구매가격의 비교도 자주한다. 소유가치를 중시하는 물건의 경우에는 만족감이 구매가격과 밀접하게 연결되어 있는 반면 체험 구매를 통한 만족은 구매 가격과의 상관관계가 낮다(Mann & Gilovich, 2016). 이처럼 소비자의 유형 제품에 대해 행해지는 지나치게 빈번한 사회적 비교는 소비 생활에 대한 상대적 불만 및 질투의 부정적 감정을 초래하고(Hill, Martin, & Chaplin, 2012; Suls, Martin, & Wheeler, 2002), 긍정적인 자아 개념을 시켜 소비자 웰빙에 부정적 영향을 미친다.

넷째, 소비자의 물질주의적 성향이 높은 경우 소비자는 타인과의 상향적 비교를 자주 한다(Sirgy, 1998). 물질주의 소비자의 이상적 기준에 의한 상향적 비교는 소비 생활 만족을 낮추어 소비자 웰빙에 부정적 영향을 미친다.

사회적 비교와 소비 행복감

	적은 사회적 비교	빈번한 사회적 비교
제품 속성	본원적 평가 가능 속성(inherently evaluable attributes)	사회적 학습 속성(socially learned attributes)
제품 유형	무형적/체험 서비스	유형적/과시적 고가 제품
중시 소비가치	사용 가치	소유 가치
평가 방식	절대/오감 평가	상대 평가
소비자 물질주의	낮음	높음
행복감에 미치는 영향	부정적 영향 적음	부정적 영향 큼

본원적 평가 속성 vs. 사회적 학습 속성

	본원적 평가 속성 (inherently evaluable attributes)	사회적 학습 속성 (socially learned attributes)
속성의 평가 가능성 (evaluability)	높음	낮음
평가 대안의 수	단일 대안 평가(single evaluation)	복수 대안 평가(joint evaluation)
평가 기준	오감 체험 소비자의 절대적 평가 기준 (self-based)	사회적 비교(other-based), 대안 비교(alternative-based)
예시	적정 온도 방의 개수/크기 음식의 양	다이아몬드 크기 명품 가격
만족 적응 효과	적음	높음
사회적 비교	적음	높음
속성이 행복감에 미치는 영향	속성 증가 – 행복감 비례	속성 증가 – 행복감 비례하지 않음

자료: Tu & Hsee, 2016.

사회적 비교 관련 가설

- 소비자의 구매 제품에 대한 사회적 비교의 빈도는 소비 행복감에 부정적 영향을 미친다
- 소비자는 본원적으로 체감가능한 속성보다는 사회적으로 학습된 속성에 대하여 사회적 비교를 더 자주한다
- 제품의 사용가치를 중시하는 소비자에 비하여 제품의 소유가치를 중시하는 소비자가 사회적 비교를 더 자주한다. 물질주의와 과시적 소비 경향은 사회적 비교의 빈도와 정(+)의 상관관계를 가진다.
- 물질주의가 높은 사람들은 구매한 물건에 대하여 타인과의 상향적 비교를 더 자주한다. 과시적 소비를 하는 사람들은 구매한 물건에 대하여 타인과의 하향적 비교를 자주한다.

Readings

Andrews, F.M. (1991). Stability and change in levels and structure of subjective wellbeing: USA 1972 and 1988, *Social Indicators Research 25*, pp. 1-30.

Argyle, M. (1987). *The Psychology of Happiness*, Methuen, London.

Baumeister, R. F., Bratslavsky, E., Finkenauer, C., & Vohs, K. D. (2001). Bad is stronger than good. *Review of general psychology, 5*(4), 323-370.

Berry, C. J. (1994). *The idea of luxury: A conceptual and historical investigation* (Vol. 30). Cambridge university press.

Bitner, M. J. (1992). Servicescapes: The impact of physical surroundings on customers and employees. *Journal of marketing, 56*(2), 57-71.

Brickman, P., Campbell, D. T., & Appley, M. H. (1971). *Adaptation level theory: A symposium*.

Burroughs, J. E., & Rindfleisch, A. (2002). Materialism and well-being: A conflicting values perspective. *Journal of Consumer research, 29*(3), 348-370.

Campbell, A., Converse, P. & Rodgers, W. (1976). *The Quality of American Life*, Russell Sage Foundation, New York.

Campbell, J.D. (1990). Self-esteem and clarity of the self-concept, *Journal of Personality and Social Psychology 59*, pp. 538-549.

Carter, T. J., & Gilovich, T. (2010). The relative relativity of material and experiential purchases. *Journal of personality and social psychology, 98*(1), 146.

Chitturi, R., Raghunathan, R., & Mahajan, V. (2007). Form versus function: How the intensities of specific emotions evoked in functional versus hedonic trade-offs mediate product preferences. *Journal of marketing research, 44*(4), 702-714.

Chugani, S., Irwin, J. R., & Redden, J. P. (2015). Happily ever after: The effect of identity-consistency on product satiation. *Journal of Consumer Research*, 42(4), 564-577.

Crocker, J., & Major, B. (1989). Social stigma and self-esteem: The self-protective properties of stigma. *Psychological review, 96*(4), 608.

Davies, B., Baron, S., & Harris, K. (1999). Observable oral participation in the servuction system: toward a content and process model. *Journal of Business Research, 44*(1), 47-53.

Diener, E. & Diener, M. (1995). Cross-cultural correlates of life satisfaction and self-esteem, *Journal of Personality and Social Psychology 68*, pp. 653-663.

Diener, E. (1984). Subjective well-being, *Psychological Bulletin 95*, pp. 542-575.

Dunn, E. W., Gilbert, D. T., & Wilson, T. D. (2011). If money doesn't make you happy, then you probably aren't spending it right. *Journal of Consumer Psychology*, 21(2), 115-125.

Ekici, A., Sirgy, M. J., Lee, D. J., Grace, B. Y., & Bosnjak, M. (2018). The effects of shopping well-being and shopping ill-being on consumer life satisfaction. *Applied Research in Quality of Life, 13*(2), 333-353.

El Hedhli, K., Chebat, J. C., & Sirgy, M. J. (2013). Shopping well-being at the mall: Construct, antecedents, and consequences. *Journal of Business Research, 66*(7), 856-863.

Etkin, J., & Mogilner, C. (2016). Does variety among activities increase happiness?. *Journal of Consumer Research, 43*(2), 210-229.

Frederick, S., & Loewenstein, G. (1999). 16 Hedonic Adaptation. *Well-being: The foundations of hedonic psychology*, 302-329.

Hagerty, M. R., & Veenhoven, R. (2003). Wealth and happiness revisited-growing national income does go with greater happiness. *Social indicators research, 64*(1), 1-27.

Harter, S. (1993). Causes and consequences of low self-esteem in children and adolescents, in Baumeister, R.F. (ed), *Self-Esteem: The Puzzle of Low Self-Regard*, Plenum Press, New York, pp. 87-116.

Headey, B., Muffels, R., & Wooden, M. (2008). Money does not buy happiness: Or does it? A reassessment based on the combined effects of wealth, income and consumption. *Social Indicators Research, 87*(1), 65-82.

Hill, R. P., Martin, K. D., & Chaplin, L. N. (2012). A tale of two marketplaces: Consumption restriction, social comparison, and life satisfaction. *Marketing Letters, 23*(3), 731-744.

Hsee, C. K., & Zhang, J. (2010). General evaluability theory. *Perspectives on Psychological Science, 5*(4), 343-355.

Hsee, C. K., Yang, Y., Li, N., & Shen, L. (2009). Wealth, warmth, and well-being: Whether happiness is relative or absolute depends on whether it is about money, acquisition, or consumption. *Journal of Marketing Research, 46*(3), 396-409.

Kahneman, D. (1999). Objective happiness. *Well-being: The foundations of hedonic psychology, 3*(25), 1-23.

Kasser, T., & Ryan, R. M. (1993). A dark side of the American dream: Correlates of financial success as a central life aspiration. *Journal of Personality and Social Psychology, 65*(2), 410.

Kasser, T., & Ryan, R. M. (1996). Further examining the American dream: Differential correlates of intrinsic and extrinsic goals. *Personality and Social Psychology Bulletin*, 22(3), 280-287.

Leelanuithanit, O., Day, R., & Walters, R. (1991). Investigating the relationship between marketing and overall satisfaction with life in a developing country. *Journal of Macromarketing, 11*(1), 3-23.

Lucas, R.E., Diener, E., & Suh, E. (1996). Discriminant validity of well-being measures, *Journal of Personality and Social Psychology 71*, pp. 616-628.

Lyubomirsky, S. & Lepper, H.S. (1999). A measure of subjective happiness: Preliminary reliability and construct validation, *Social Indicators Research 46*, pp. 137-155.

Lyubomirsky, S., Tkach, C., & DiMatteo, M. R. (2006). What are the differences between happiness and self-esteem? *Social Indicators Research, 78*, 363–404.

Mann, T. C., & Gilovich, T. (2016). The asymmetric connection between money and material vs. experiential purchases. *The Journal of Positive Psychology, 11*(6), 647-658.

Maslow, A. H. (1954). *Motivation and personality*. New York: Harper & Row.

Moore, R. and Moore, Melissa L. (2005), "The impact of customer-to-customer interaction in a high personal contact service setting," *Journal of Service Marketing, 19*(7), pp. 482-491

Myers, D.G. (1992). *The Pursuit of Happiness*, William Morrow, New York.

Nicolao, L., Irwin, J. R., & Goodman, J. K. (2009). Happiness for sale: Do experiential purchases make consumers happier than material purchases?. *Journal of consumer research, 36*(2), 188-198.

Raghunathan, R., & Corfman, K. (2006). Is happiness shared doubled and sadness shared halved? Social influence on enjoyment of hedonic experiences. *Journal of Marketing Research, 43*(3), 386-394.

Reis, H.T. (1984). Social interaction and well-being, in S. Duck (ed), *Personal Relationships, 5: Repairing Personal Relationships*, Academic Press, London.

Rosenberg, M. (1965), Society and the Adolescent Self-Image (Princeton University Press, Princeton, NJ, US)

Samli, A. C., Sirgy, M. J., & Meadow, H. L. (1987). Measuring marketing contribution to quality of life. *Marketing and quality of life interface*, 3-14.

Schimmack, U., Oishi, S., Furr, R.M. & Funder, D.C. (2004). Personality and life satisfaction: A facet-level analysis, *Personality and Social Psychology Bulletin 30*, pp. 1062-1075.

Sevilla, J., & Redden, J. P. (2014). Limited availability reduces the rate of satiation. *Journal of Marketing Research, 51*(2), 205-217.

Sirgy, M. J. (1998). Materialism and quality of life. *Social indicators research, 43*(3), 227-260.

Spencer, S.J., Josephs, R.A., & Steele, C.M. (1993). Low self-esteem: The uphill struggle for self-integrity, in R.F. Baumeister (ed), *Self-Esteem: The Puzzle of Low Self-Regard*, Plenum Press, New York, pp. 21-36.

Suls, J., Martin, R., & Wheeler, L. (2002). Social comparison: Why, with whom, and with what effect?. *Current directions in psychological science, 11*(5), 159-163.

Tennen, H. & Affleck, G. (1993). The puzzles of self-esteem: A clinical perspective, in R.F. Baumeister (ed), *Self-Esteem: The Puzzle of Low Self-Regard*, Plenum Press, New York, pp. 241-262.

Thomas, R., & Millar, M. (2013). The effects of material and experiential discretionary purchases on consumer happiness: Moderators and mediators. *The Journal of psychology, 147*(4), 345-356.

Tu, Y., & Hsee, C. K. (2016). Consumer happiness derived from inherent preferences versus learned preferences. *Current Opinion in Psychology, 10*, 83-88.

Veenhoven, R. (1991). Is happiness relative? *Social Indicators Research, 24*, 1-34.

Wood, J.V., Heimpel, S.A., & Michela, J.L. (2003). Savoring versus dampening: Self esteem differences in regulating positive affect, *Journal of Personality and Social Psychology 85*, pp. 566-580.

Yang, Y., & Galak, J. (2015). Sentimental value and its influence on hedonic adaptation. *Journal of Personality and Social Psychology*, 109(5), 767-790.

Zhong, J. Y., & Mitchell, V. W. (2010). A mechanism model of the effect of hedonic product consumption on well-being. *Journal of Consumer Psychology, 20*, 152-162.

P / A / R / T

02

구체적 소비자 웰빙

Micro Consumer Well-Being

구체적 소비자 웰빙은 소비자의 특정 제품이나 서비스의 구매, 소유, 체험과 관련된 경험이 소비 생활 만족이나 소비 행복감에 미치는 영향이다. Part 2에서는 구체적 소비자 웰빙의 형성 영향을 미치는 소비자 구매 경험(Ch.3), 소비자의 유형적 물건이나 브랜드와 관련된 소유 경험(Ch.4), 그리고 소비 체험(Ch.5)을 다룬다.

Chapter

03

구매 경험과 구체적 소비자 웰빙

소비자는 제품 및 서비스의 구매를 통하여 소비 욕구의 만족과 소비 행복감을 체험한다. 본 장에서는 구매유형을 구분하고 소비자의 구매와 관련한 소비자의 다양한 체험이 소비 행복감에 미치는 영향을 살펴본다.

019 구매 유형의 구분

소비자의 구매는 유형의 물질적 제품 구매(product purchase)와 체험 구매(experience purchase)로 나누어진다. 제품 구매는 유형의 물질적 제품에 대한 소유를 목적으로 하는 구매를 말하며, 체험 구매는 삶의 경험의 일부를 경험하기 위한 무형의 서비스 구매를 말한다. 유형의 브랜드 제품 구매를 통해서도 소비자는 정서적·인지적 체험을 경험하고 무형의 체험도 유형적 요소를 가지므로 제품 구매와 체험 구매가 이분법적으로 완전히 구분되지는 않는다(Schmitt, Brakus, & Zarantonello, 2015). 그럼에도 불구하고 제품 구매와 체험 구매는 소비자 웰빙에 관련한 주요 차이점을 보이며 체험 구매가 제품 구매보다 소비자 웰빙에 효과적으로 기여한다(Carter & Gilovich, 2010, 2012; Dunn & Norton, 2014; Nicolao, Irwin, & Goodman, 2009; Van Boven & Gilovich, 2003).

본서에서는 소비자 구매의 주요 목적에 따라 소비자 구매의 대상을 제품 구매(product purchase)와 체험 구매(experience purchase)로 구분한다. 그 구체적 특징은 다음과 같다. 첫째, 제품 구매는 소비자가 기능적 문제의 해결 혹은 즐거움을 위하여 소유를 목적으로 하는 유형 제품에 대한 구매이다. 유형의 물질적 제품은 소비자가 중시하는 소비 가치에 따라 기능적 가치 중심의 기능적 제품(functional products)과 즐거움 가치 중심의 쾌락적 제품(hedonic products)으로 나누어진다. 기능적 제품은 문제 해결을 위한 기능적 가치를 소유의 목적으로 하는 제품으로 기능성 신발, 운동화 등이 이에 해당한다. 쾌락적 제품은 즐거움의 가치를 소유의 목적으로 하는 제품으로 게임기, MP3 플레이어 등이 이에 해당한다.

둘째, 체험 구매는 삶의 일부분을 경험하기 위한 무형의 체험에 대한 구매이다. 무형의 체험 구매도 소비자가 중시하는 소비 가치에 따라 기능적 가치 중심의 기능적 체험(functional experiences)과 즐거움 가치 중심의 쾌락적 체험(hedonic experiences)으로 나누어진다. 기능적 체험은 문제 해결을 위한 기능적 가치를 목적으로 하는 체험으로 다이어트 체험, 건강을 위한 운동(personal training) 체험 등이 이에 해당한다. 쾌락적 체험은 즐거움의 가치를 위한 체험으로 음악 콘서트 및 여행 등이 여기에 해당한다.

제품 구매와 체험 구매

구매 유형 / 소비 가치	제품 구매 (product purchase)	체험 구매 (experience purchase)
기능적 가치 (functional value)	기능적 제품 (functional product) 문제 해결/기능 목적으로 기능적 가치를 중시하는 유형의 소유 제품(예: 기능성 신발)	기능적 체험 (functional experiences) 기능적 목적의 무형의 체험 서비스(예: 헬스 트레이닝, 다이어트 프로그램 참여)
쾌락적 가치 (hedonic value)	쾌락적 제품 (hedonic product) 즐거움 목적의 유형의 소유 제품 (예: 게임기, MP3 플레이어)	쾌락적 체험 (hedonic experiences) 즐거움 목적의 무형의 체험 서비스 (예: 음악 콘서트, 여행)

020 제품 구매(product purchase) vs. 체험 구매(experience purchase)

제품 구매는 소비자가 기능적 문제의 해결 혹은 즐거움을 위하여 소유를 목적으로 하는 유형 제품에 대한 구매이다. 반면, 체험 구매는 삶의 일부분을 경험하기 위한 무형의 체험에 대한 구매이다. 제품의 구매에서도 유형의 제품과 무형의 체험이 함께 공존하지만 소비자가 제품을 구매하는 주요 이유와 소비자가 중시하는 소비가치가 무엇이냐에 따라 두 가지 유형의 구매로 나누어 볼 수 있다(Schmitt, Brakus, & Zarantonello, 2015).

제품 구매와 체험 구매는 다음과 같은 특징을 지닌다. 첫째, 제품 구매는 소비자가 유형물건의 소유를 구매의 목적으로 하는 반면 체험 구매는 삶의 일부에 대한 직접적인 체험을 구매의 주요 목적으로 한다. 제품 구매는 유형의 물건에 대한 장기적인 소유가치 및 교환가치가 중시되는 반면 체험 구매에서는 단기적인 사용가치 혹은 체험가치가 중시된다(Bardhi & Eckhardt, 2017). 둘째, 제품 구매는 가격 및 거래적 가치와 같은 사회적으로 학습된 속성에 의한 상대적 비교를 가치 판단의 기준으로 하는 반면 체험 구매는 삶의 일부에 대한 정서적/인지적/오감 체험을 가치 판단의 기준으로 한다. 셋째, 제품 구매는 구매 이후의 과정에서 타인과의 상호작용이 제한적인 반면 체험 구매는 타인과의 교류가 많다(Schmitt, Brakus, & Zarantonello, 2015). 이 장에서는 제품 구매를 주로 다루고 체험 구매는 별도의 체험 소비를 다루는 장에서 심층적으로 다루기로 한다.

제품 구매 vs. 체험 구매

	제품 구매 (product purchase)	체험 구매 (experience purchase)
구매 목적	유형 물건의 소유	삶의 일부에 대한 체험
중시하는 소비가치	소유가치/교환가치	사용가치/체험가치
가치 판단 기준	상대 비교 (가격/교환 가치)	본원적 체험 (정서/인지/오감체험)
사회적 상호작용	적음	많음

021 제품 구매의 기능적 가치(functional value) vs. 즐거움 가치(hedonic value)

유형의 물질적 제품은 소비자가 중시하는 소비 가치에 따라 기능적 가치(functional value) 중심의 기능 제품(functional products)과 즐거움 가치(hedonic value) 중심의 쾌락적 제품(hedonic products)으로 나누어진다. 기능적 가치와 즐거움의 가치는 다음과 같은 특징을 지닌다.

첫째, 구매 제품의 기능적 가치(functional value)는 제품의 실용적 혜택과 관련된 가치를 의미하는데 기능적 가치에는 제품의 필요, 안전, 편리성, 기능적 유용성, 문제 해결능력 등을 포함한다(Voss, Spangenberg, & Grohmann, 2003). 제품의 기능적 가치는 실용적 혜택과 관련이 있으므로(Batra & Ahtola, 1991) 소비자는 구매정당화가 용이하고(Hsee, 1996; Prelec & Loewenstein, 1998), 구매에 대한 죄의식을 크게 느끼지 않는다(Kivetz and Simonson, 2002). 소비자는 기능적 제품에 대하여 주로 위험이나 부정적 결과를 회피하고자 하는 소비 목표(avoidance goal)를 가진다.

둘째, 구매 제품의 즐거움 가치(hedonic value)는 신남, 희열 등의 긍정정서를 주는 오감 체험과 관련된 가치를 말한다(Dhar & Wertenbroch, 2000; Okada, 2005; Voss, Spangenberg, & Grohmann, 2003). 그런데 이러한 즐거움 가치는 질적인 편익으로서 계량화가 어렵다. 소비자에게 쾌락적 즐거움의 편익은 소비 생활에 필수적이거나 반드시 구매를 하여야 하는 것은 아니므로 소비자는 쾌락적 제품의 구매를 정당화하는 데 어려움을 느끼거나(Prelec & Loewenstein, 1998), 구매에 대한 죄의식을 느낀다(Kivetz & Simonson, 2002). 쾌락적 제품 구매의 정당화를 위하여 소비자는 할인된 가격, 타인을 위한 구매, 혹은 사회에 대한 기부행위를 통해 구매를 정당화한다. 쾌락적 제품의 구매에서 소비자는 즐거움 편익 향상(approach goal)을 주요 소비 목표로 하고 있다. 쾌락적 제품의 경우에 고객이 편익의 향상을 추구하므로 높은 프리미엄 가격 설정의 대상이 되기도 하지만(Dhar & Wertenbroch, 2000), 소비자가 구매의 정당화를 추구한다는 측면에서 가격할인의 대상이 되기도 한다(Chandon, Wansink, & Laurent, 2000). 쾌락적 제품의 가격 설정과 조정은 고객의 편익 추구 경향과 구매 정당화 필요성을 동시에 고려하여야 한다.

제품 구매의 기능적 가치(functional value) vs. 즐거움 가치(hedonic value)

	기능적 가치 (functional value)	즐거움 가치 (hedonic value)
제품	기능적 제품	쾌락적 제품
편익과 소비 죄의식	반드시 필요한 실용적 기능 소비 죄의식 적음	반드시 필요하지 않은 즐거움 소비 죄의식 높음
구매 정당화	계량적 편익으로 정당화 용이 구매 정당화 크게 필요하지 않음	질적 편익으로 정당화 어려움 구매 정당화 필요(선물/기부/할인)
주요 소비 목표	부정적 결과 회피 목표 (avoidance goal)	긍정적 결과 향상 목표 (approach goal)
소비 정서의 체험	위험회피 정서 (prevention emotion)	향상동기 정서 (promotion emotion)
만족 적응 효과	일정 수준 이후 적응 효과	적응 효과 적음

022 제품의 기능적 가치와 소비 정서

기능적 가치는 제품의 기본적 기능과 관련된 가치를 의미한다. 기능적 제품은 기능적이고 실질적인 과업을 달성하기 위하여 인지적이고 수단적이면서 목표 지향적인 소비를 하는 제품을 말한다(Strahilevitz & Myers, 1998). 기능적 가치는 제품의 안전, 편리성, 유용성, 문제해결 능력 등을 포함한다. 소비자는 기능적 제품에 대해서는 생활에 반드시 필요한 제품으로 인식하고 위험 회피 동기(prevention-focused)를 보인다. 소비자는 기능적 가치를 즐거움 가치보다 우선순위에 두는 데 이를 기능적 가치 우선 원칙(precedence principle)이라고 한다(Berry, 1994). 하지만 기능적 가치가 소비자가 필요로 하는 일정 수준(cut-off point)을 넘어서면 소비자는 즐거움 가치를 기능적 가치보다 더 우선시하게 되는데 이를 즐거움 가치 우선 원칙(principle of hedonic value dominance)이라고 한다(Chitturi, Raghunathan, & Mahajan, 2007).

제품의 기능적 가치에 대하여 소비자는 어떠한 소비 정서를 가지는가? 제품이 소비자가 우선시하는 기능적 기대를 충족시키지 못한 경우 소비자들은 구매에서 강한 부정적 감정(예: 분노)을 체험한다. 이러한 이유로 기능적 가치의 미충족은 강한 분노와 부정적 구전의 원인이 된다(Chitturi, Raghunathan, & Mahajan, 2008). 기업은 소비자가 기능적 가치에 대하여는 위험회피 목표(prevention-focused goal)를 가지므로 제품의 기능적 가치를 가장 우선적으로 제공하는 것이 필요하다. 하지만 소비자는 일정 기대수준을 넘어서는 기능적 가치에 대하여 만족의 한계효용이 체감하고 소비자는 기능적 가치의 충족을 당연시하게 된다. 이를 기능적 가치의 기대 적응 효과(adaptation effect)라고 한다. 따라서 기본적 소비 욕구의 충족 이후에는 기능적 가치 증가가 소비자 긍정정서의 경험과 웰빙에 기여하는 정도는 제한적이다. 이처럼 기능적 가치의 증가에 대하여 소비자의 만족이 일정 수준을 유지하면서 고객의 행복감을 크게 증진시키지 못한다.

023 제품의 즐거움 가치(hedonic value)와 소비 정서

제품의 즐거움 가치는 정서적인 즐거움과 관련된 가치를 말한다(Dhar & Wertenbroch, 2000; Okada, 2005). 소비자는 가장 중시하는 기능적 가치가 일정 정도 충족된 이후에는 즐거움 가치를 중시한다(Berry, 1994). 즐거움 가치의 미충족은 실망과 같은 약한 부정정서를 유발하는 반면 즐거움 가치의 충족은 희열과 같은 강한 긍정정서를 유발한다(Chitturi, Raghunathan, & Mahajan, 2007). 즐거움 가치의 충족은 강한 긍정정서와 더불어 긍정적 구전의 원인이 된다(Chitturi, Raghunathan, & Mahajan, 2008). 소비자는 즐거움 가치에 대하여 구체적 소비 경험에 대하여 전반적이고 통합적 판단을 하며 향상적 목표(promotion-focused goal)를 가진다(Chitturi, Raghunathan, & Mahajan, 2008). 이처럼 소비자는 즐거움 가치를 통해 강한 긍정정서를 느끼고 즐거움 가치의 증가는 소비자 웰빙에 긍정적 영향을 미친다. 소비자들이 체험하는 즐거움 가치는 소비자의 오감체험에 의해 형성되는 가치이고 경험 때마다 즐거움 가치를 다르게 인식하기 때문에 반복에 의한 기대 적응 효과가 적다. 소비자들이 체험하는 즐거움 가치는 강한 긍정정서를 수반하여 소비자 웰빙에 미치는 영향이 크다. 기업은 기능적 가치가 소비자의 기대를 충족시킨 이후에는 기능적 가치를 계속 증대시키기보다 즐거움 가치의 증대를 통해서 소비자의 긍정정서를 증대시키는 것이 구체적 소비자 웰빙(micro consumer well-being)의 향상에 더 효과적이다.

기능적 가치(functional value)와 위험회피 정서(Prevention-focused emotion)

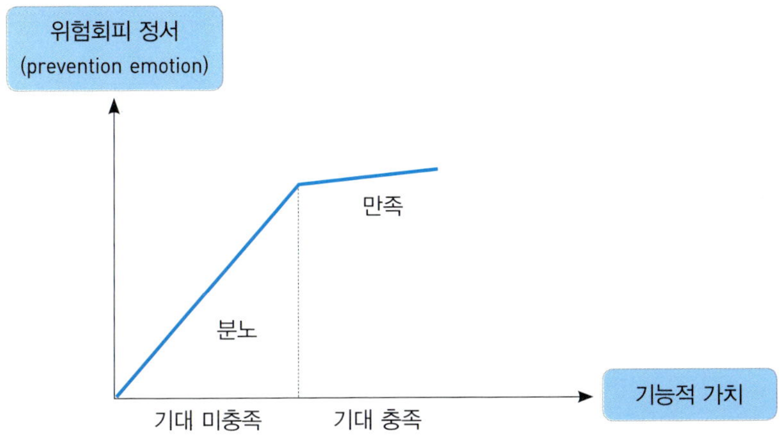

즐거움 가치(hedonic value) 와 향상동기 정서(Promotion-focused emotion)

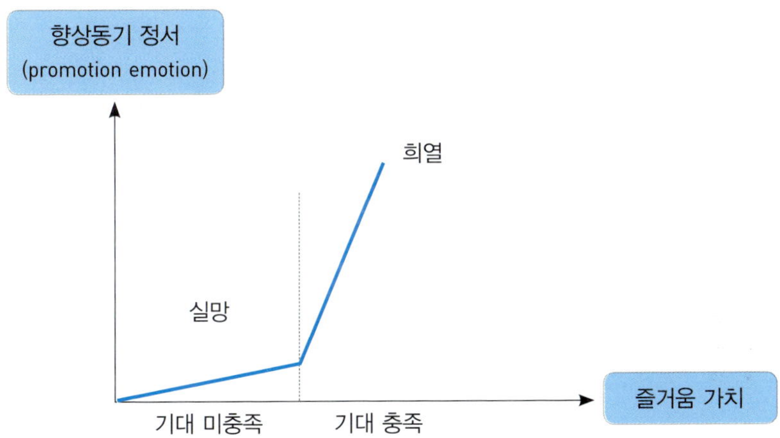

기능적/즐거움 가치와 소비자 웰빙

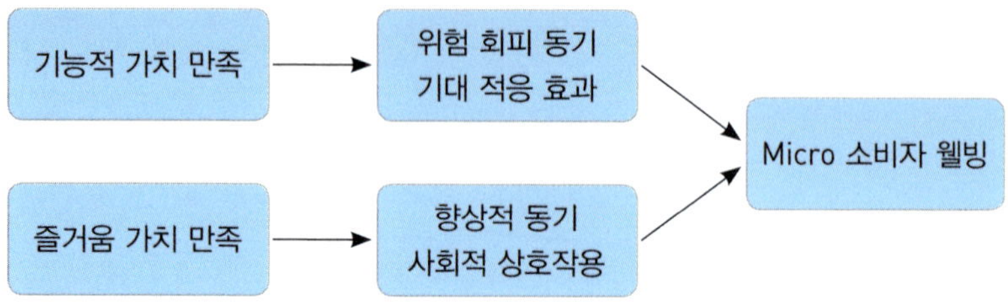

기능적/즐거움 가치 관련 웰빙 마케팅

- 기업은 소비자가 기능적 가치에 대하여 가지는 최소기대 수준을 파악하고 이를 최우선적으로 충족하여 주어야 한다. 기능적 가치에 대한 우선 충족의 방법으로는 기능적 가치를 모든 소비자에게 제품의 기본구성으로 하거나, 제품의 기본구성으로 하되 소비자가 원하지 않는 경우에 선택하지 않은 비선택옵션(opt-out)을 제시하거나, 소비자가 원하는 경우에 선택할 수 있도록 선택 옵션(opt-in)으로 제시하는 방법 등이 있다. 최소 기대수준을 넘어서는 기능적 가치에 대해서는 별도의 기능을 제공하거나 새로운 비교의 기준을 제공하여 기능적 가치 충족에 대한 적응 효과를 줄인다.

- 기본제품(main product)에 포함된 기능적 가치를 추가로 제공하는 기능적 가치 옵션은 본 제품에 대한 기능적 가치를 오히려 부족하게 느끼는 효과(range effect)가 있다. 예를 들어 컴퓨터의 메모리 용량은 기본적인 기능인데 이를 확장하는 선택옵션을 제공하면 소비자는 기본제품에 제공된 메모리가 오히려 부족할 수도 있다는 걱정을 하고 결과적으로 기본제품에 대한 부정적 평가를 하게 된다. 소비자는 기능적 가치에 대해서는 안전을 추구하고 위험회피의 소비동기를 가지는데 소비자들이 가지는 기능적 가치에 대해서 기업은 제품의 기본제품 구성에 포함시키거나 보증을 통하여 기능적 가치가 우선적으로 충분히 충족하도록 하는 것이 필요하다.

- 소비자들은 기업의 기능적 편익에 대한 기대를 충족시킨 이후에는 기존의 기능적 편익의 단순 증가에 대하여 적응 효과를 보인다. 기업은 더 안전하고 편리하게 기능적 편익을 제공하기 위한 노력을 계속하여야 한다. 소비자의 기능적 가치가 충족된 이후에는 기업은 소비자의 오감체험을 통하여 즐거움의 가치제공에 집중한다. 즐거움 가치의 제공함에 있어서 다양한 접점에서의 오감체험이 일관된 개념을 가지도록 한다. 또한 사회적 상호작용을 통한 즐거운 경험을 제공하되 익숙함과 새로움의 균형을 유지하여 즐거운 경험에 대한 적응 효과를 줄이도록 한다.

기능적/즐거움 가치 관련 가설

- 기능적 가치의 충족이 소비자 웰빙에 미치는 긍정적 영향은 향상추구 소비자(promotion-focused customers)보다는 위험회피 소비자(prevention-focused customers)의 경우에 더 크게 나타난다.

- 기능적 가치의 충족이 소비자 웰빙에 미치는 긍정적 영향은 소비자의 제품 지식이 적거나 구매 불확실성이 큰 경우에 더 크게 나타난다.

- 사회적 상호작용 만족과 즐거움 가치의 충족이 소비자 웰빙에 미치는 긍정적 영향은 위험회피 소비자보다는 향상추구 소비자의 경우에 더 크게 나타난다.

024 쾌락적 제품(hedonic product)의 구매/소비

쾌락적 제품은 즐거움의 소비가치가 강조되는 제품이다. 쾌락적 제품은 소비를 통해 즐거움이나 희열을 제공하는 제품을 말한다(Okada, 2005). 무절제한 쾌락적 제품에 대한 소비는 과도하고 무절제한 소비를 유발하여 소비자 웰빙에 부정적 영향을 미칠 수도 있다. 하지만 적당한 수준의 쾌락적 제품에 대한 정기적 소비는 소비 욕구를 충족시키고 즐거움의 긍정정서를 유발하여 소비자 웰빙에 긍정적 영향을 미친다(Oropesa, 1995; Zhong & Mitchell, 2010).

쾌락적 제품의 소비가 소비자 웰빙에 긍정적 영향을 미치는 이유는 소비 욕구의 충족과 긍정정서를 창출하기 때문이다. 첫째, 쾌락적 제품의 소비는 소비자에게 즐거움을 제공하고 소비 욕구의 충족을 가져와 소비자 웰빙에 기여한다. 주관적 웰빙의 상향적 전이 이론(bottom-up spillover theory)에 의하면 소비를 통한 즐겁고 만족스런 경험은 소비자 웰빙에 상향적 영향을 미친다(Diener, 1984; Sirgy, 2002). 둘째, 쾌락적 제품은 즐거움을 제공하고 긍정정서를 창출하는 데 기여한다(Hirschman & Holbrook, 1982). 쾌락적 제품을 통한 즐거움과 긍정정서는 소비자 웰빙을 구성하는 중요한 요소가 된다.

소비자 웰빙의 향상을 위해서는 쾌락적 제품에 대한 만족의 빈도가 쾌락적 제품을 통한 만족의 강도보다 중요하다. 즐거움을 주는 쾌락적 제품의 빈번한 구매가 커다란 즐거움을 주는 쾌락적 제품의 일회성 구매보다 소비자 웰빙에 더 큰 영향을 미친다(Zhong & Mitchell, 2010). 그 이유는 다음과 같다. 첫째, 쾌락적 제품이 주는 즐거움은 단기적이고 일시적이다.

커다란 즐거움도 시간이 지남에 따라 그 효과가 소멸되어 잊혀지고 한계 효용이 체감하므로 일시적 즐거움보다는 여러 시점에 걸쳐 반복되는 즐거움이 전체적인 소비자 웰빙에 더 큰 효과를 준다. 둘째, 소비자가 특정 시점에 느낄 수 있는 긍정 경험의 강도가 정해져 있어서 일정 수준을 넘어서는 강한 강도의 긍정 경험은 이보다 작은 긍정 경험과 유사한 경험으로 인지된다(Linville & Fischer, 1991). 즉 특정 시점에 느낄 수 있는 긍정 경험의 강도에 대한 한도가 정해져 있으므로 한번의 커다란 즐거움보다는 여러 번에 걸친 작은 즐거움이 소비자 웰빙 증진에 효과적이다(Zhong & Mitchell, 2010). 셋째, 소비자는 여러 번에 걸친 쾌락적 제품의 선호가 가능하도록 소비 자원을 효율적으로 분배한다. 소비자는 고가의 일회성 쾌락적 제품보다는 저가의 빈번한 쾌락적 제품 소비를 더 선호한다. 소비자의 이러한 쾌락적 제품에 대한 효율적 자원분배는 즐거움의 빈도를 높여 소비자 웰빙을 향상시킨다.

쾌락적 제품의 구매/소비와 소비자 웰빙

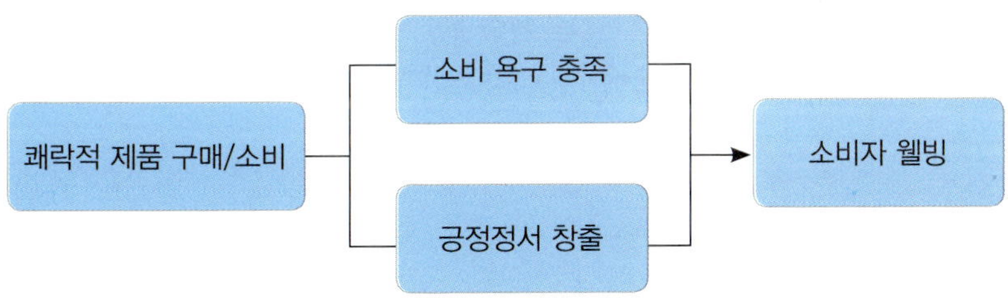

쾌락적 제품 구매/소비의 결정 요인

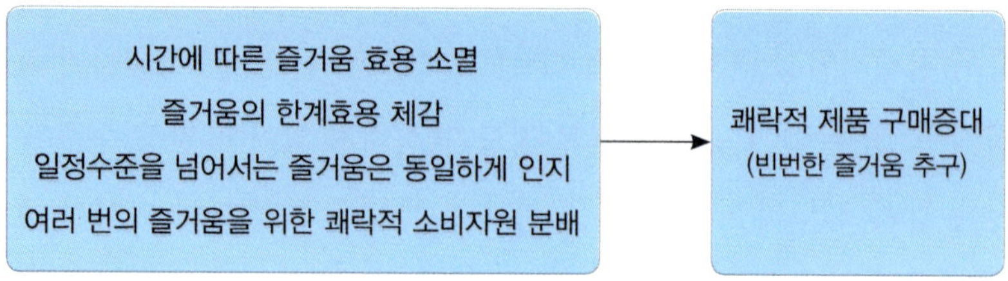

쾌락적 제품 빈번한 구매와 소비자 웰빙

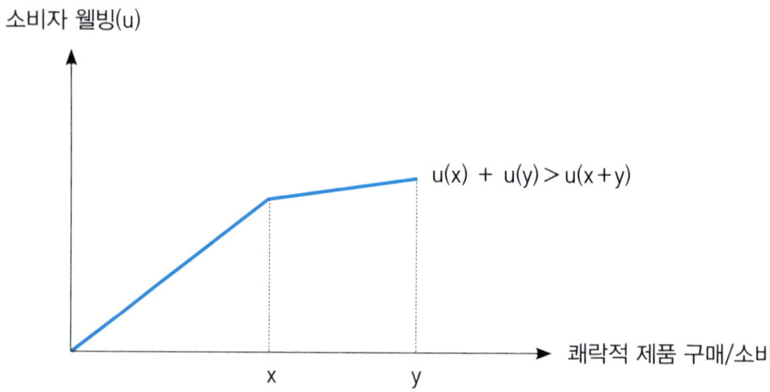

쾌락적 제품을 나누어 구매/소비하는 경우[u(x)+u(y)]가 쾌락적 제품을 한꺼번에 구매/소비하는 경우[u(x+y)]보다 소비자 웰빙에 미치는 영향이 더 큼

쾌락적 제품 구매와 웰빙 마케팅 전략

- 기업은 쾌락적 제품의 즐거움을 나누어 여러 번에 걸쳐 제공한다. 한번의 커다란 이득보다는 시점 혹은 항목별로 이득을 분리하여 소비자에게 제공한다. 소비자의 행복감은 즐거움의 강도보다는 즐거움의 빈도에 의해 영향을 크게 받는다. 따라서 기업은 소비자의 즐거움을 여러 번에 걸쳐 나누어 제공하는 것이 좋다. 젊은 소비자는 강력한 즐거움을 행복으로 인지하지만 장년의 소비자는 일상의 평온한 즐거움을 행복으로 인지한다.
- 소비자는 일정수준을 넘어서는 강도의 즐거움을 동일하게 인식한다. 기업은 소비자가 동일하게 인지하는 즐거움의 정도(threshold)를 파악하고 그 범위 이내의 이득/즐거움을 제공한다. 소비자의 일정 정도를 넘어서는 즐거움에 대하여 민감도가 떨어지는 적응 효과를 줄이기 위해 기업은 동일한 즐거움의 반복보다는 다양한 즐거움을 제공하는 것이 더 좋다.
- 소비자는 즐거움 이득보다는 불만 손실에 더 민감하다. 기업은 소비자의 만족의 증대보다 불만 방지에 우선적인 노력을 한다. 기업이 사정상 소비자에게 이득과 손실을 동시에 제공하여야 하는 경우에는 손실 이후에 이득을 제공한다.

쾌락적 제품 구매관련 가설

- 쾌락적 즐거움의 빈도가 쾌락적 즐거움의 강도보다 소비자 웰빙에 미치는 긍정적 영향이 더 크다.
- 쾌락적 제품을 여러 번에 나누어 소비하는 경우가 쾌락적 제품을 한꺼번에 소비하는 경우보다 소비 욕구 충족도와 소비자 웰빙에 미치는 영향이 더 크다.
- 쾌락적 제품에 대한 만족이 소비자 웰빙에 미치는 영향보다 쾌락적 제품의 불만이 소비자 웰빙에 미치는 영향이 더 크다

025 쇼핑몰에서의 다양한 소비 욕구의 충족(shopping well-being at the mall)

소비자들은 쇼핑몰에서의 쇼핑을 통하여 다음과 같은 다양한 소비 욕구를 충족시켜 다양한 긍정정서를 체험하게 하여 소비자 웰빙을 향상시킨다. 쇼핑은 소비자의 기능적 소비 욕구(안전, 편리성, 효율성)뿐 아니라 쾌락적 소비 욕구(휴식, 즐거움), 사회적 욕구(사회적 상호작용 및 자아 표현)를 충족시켜 소비자의 웰빙에 기여한다(El Hedhli, Chebat, & Sirgy, 2013; Maggioni, Sands, Kachouie, & Tsarenko, 2019). 쇼핑은 소비자에 쾌락적 즐거움 같은 긍정정서뿐 아니라 기능적이고 사회적인 욕구 충족의 기회를 제공한다(Babin, Darden, & Griffin, 1994; El Hedhli, Chebat, & Sirgy, 2013). 소비자는 쇼핑을 통해 소비자는 자신이 원하는 제품에 대한 자발적인 선택을 하고, 효율적 선택에 관련된 제품 정보와 기술을 습득하고, 타인과의 활발한 상호작용을 한다. 이처럼 쇼핑은 소비자에게 기능적, 쾌락적, 사회적 욕구의 충족기회를 제공하여 소비자 웰빙에 기여한다. 쇼핑을 통한 다양한 소비 욕구의 충족을 구체적으로 살펴보면 다음과 같다.

첫째, 쇼핑은 소비자에게 기능적 욕구 충족의 기회를 제공하여 소비자 웰빙에 기여한다. 쇼핑은 소비 생활에 필요한 물질의 획득에 관련된 기본적이고 기능적 욕구를 충족시켜 주어 긍정정서의 체험을 가능하게 한다. 원하는 물건이나 서비스에의 접근 용이성, 안전하고 편리한 쇼핑, 빠른 서비스 등은 소비자의 쇼핑에 관련된 기능적 욕구의 충족을 가능하게 한다. 기능적 가치는 쇼핑 효율성을 추구하거나 가격에 민감한 고객에게서 더 크게 나타난다(Maggioni, Sands, Kachouie, & Tsarenko, 2019). 기능적 욕구의 충족은 어떠한 긍정정서의 체험으로 이어지는가? 조절 초점이론(regulator focus theory)(Higgins, 1997)에 의하면 기능적 욕구의 충족은 안도/만족과 같은 위험회피적 정서(prevention-focused emotions)의 경험으로 이어진다. 소비자의 노력이나 시간을 덜어주는 물건의 구매를 통한 기능적 욕구의 충족이 소비자의 안도감과 같은 위험 회피적 긍정정서의 경험을 통하여 행복감 향상에 기여한다(Chitturi, Raghunathan, & Mahajan, 2008).

둘째, 쇼핑은 소비자에게 쾌락적 욕구충족의 기회를 제공하여 소비자 웰빙에 기여한다. 소비자들은 쇼핑을 통하여 오감의 만족과 획득의 즐거움을 체험하게 된다. 쇼핑이 제공하는 오감의 만족과 즐거움의 체험은 소비자의 쾌락적 욕구의 충족을 가능하게 한다. 쇼핑이 본질적으로 체험적이면서 즐거움을 제공하는 활동이므로 쇼핑몰이 소비자 웰빙에 기여하는 정도는 기능적 욕구보다 쾌락적 욕구의 충족의 경우에 더 크다(El Hedhli, Zourrig, & Chebat, 2016). 소비자는 즐거움 가치의 만족을 통하여 즐거움 및 희열 등의 향상적 감정(promotion emotion)을 체험하고 이러한 긍정정서의 경험이 소비 행복감을 높인다(Chitturi, Raghunathan, & Mahajan, 2008). 소비자들은 기능적 가치가 충족이 되면 쾌락적 가치에 중요성을 높이고 쾌락적 가치의 충족을 통해 희열 등의 향상적 감정을 경험한다(Chitturi, Raghunathan, & Mahajan, 2007). 즐거움을 추구하는 쾌락적 욕구는 기능적 욕구에 비해 반드시 필요하지 않는 것을 구매한다는 죄의식을 동반하며 이 경우 구매에 대한 정당화를 필요로 한다.

셋째, 쇼핑은 소비자에게 사회적 욕구 충족의 기회를 제공하여 소비자 웰빙에 기여한다. 소비자에게 사회적 상호작용과 친교를 통해 사회적 욕구의 충족 수단이 된다. 쇼핑을 통한 활발한 사회적 상호작용은 소비자 자아에 중요한 영향을 미치며 사회적 만족의 기회를 제공한다. 쇼핑을 즐기는 소비자에게 소비자와의 상호작용 및 서비스 전달과정에서의 품질을 강조하는 것이 쇼핑몰 관련 소비 행복감 증진에 중요하다(De Keyser & Lariviere, 2014). 사회적으로 고립되었거나 정서적으로 외로운 소비자들은 오프라인 및 온라인의 다양한 채널을 통해 타인 및 커뮤니티와의 사회적 상호작용을 추구하는데 쇼핑이 이 경우 중요한 사회적 상호작용과 연결감정(affiliation emotion)을 제공하는 중요한 수단이 되고(Dennis et al., 2016), 이러한 사회적 욕구의 충족이 소비자 웰빙의 향상에 기여한다.

쇼핑몰 관련 소비 욕구

	기능적 욕구	쾌락적 욕구	사회적 욕구
쇼핑 동기	시간/노력/비용 절약	즐거움/새로움	친교/자아 표현
특징	과업 중심 쇼핑 인지적 쇼핑	여가 중심 쇼핑 정서적 쇼핑	여가 중심 쇼핑 정서적 쇼핑
쇼핑몰 정책	편리(정보/위치) 저렴한 가격(가격비교) 다양한 구색	제품 체험 분위기 체험(음악/향기) 즐거움/이벤트	휴식 공간 사회적 지위 이미지
체험 긍정정서	Prevention emotion (안도/만족)	Promotion emotion (희열/즐거움)	Affiliation emotion (사회적 연결/유대)

쇼핑몰 관련 소비 욕구의 충족

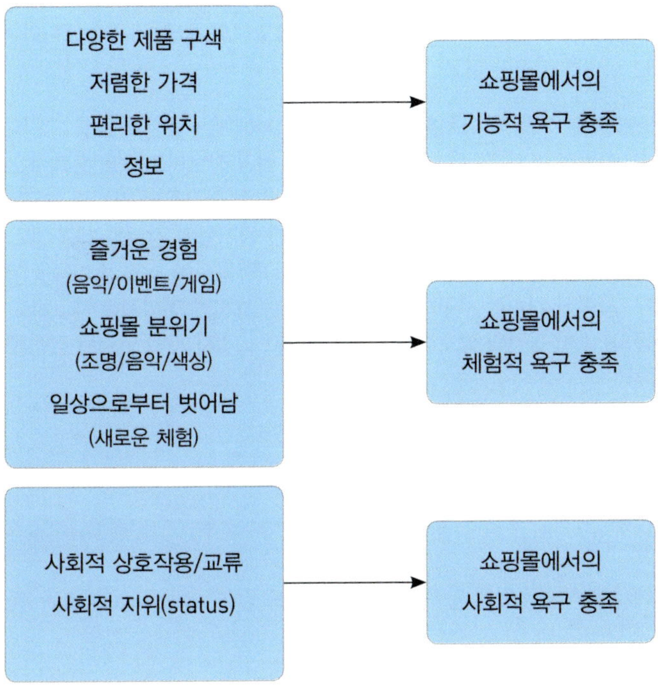

쇼핑몰이 소비자 웰빙에 미치는 영향

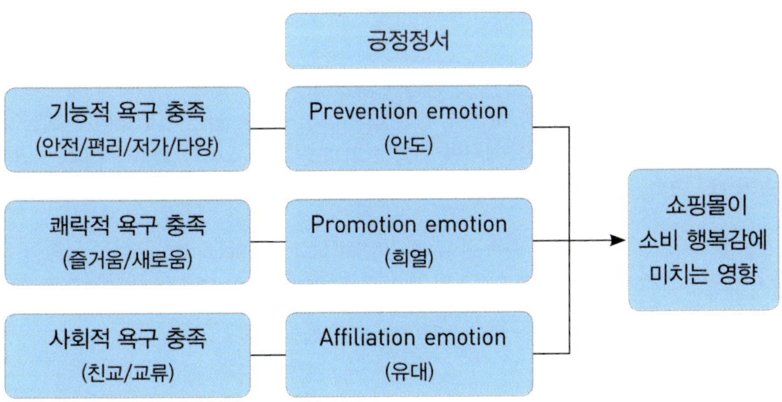

쇼핑몰 소비 가치를 위한 웰빙 마케팅

- 쇼핑몰 관리자는 쇼핑몰의 목표고객이 쇼핑에서 추구하는 주요 소비 욕구를 파악하고 이를 충족시키는 마케팅 노력이 필요하다. 목표고객의 소비 욕구 중요도와 우선순위에 부합하는 쇼핑몰 관리가 필요하다.

- 쇼핑몰 관리자는 기능적 가치를 추구하는 소비자에게는 효율적 쇼핑과 안도의 감정을 제공한다. 기능적 가치 추구 소비자에게는 효율적인 정보의 탐색을 통해 최소의 노력으로 원하는 물건을 쇼핑할 수 있도록 돕는다. 쾌락적 즐거움의 가치를 추구하는 소비자에게는 서비스 전달과정에서의 오감체험을 통한 즐거움의 감정을 제공한다. 쇼핑몰 분위기와 환경, 쾌적한 서비스 환경(servicescapes)을 통하여 쇼핑 즐거움을 제공하는 데 집중한다. 사회적 가치를 추구하는 소비자에게는 쇼핑몰 이미지를 제고하고 휴게 공간 등을 통하여 소비자 간의 상호작용을 활성화하고 소비자 간의 연결된 감정을 체험할 기회를 제공한다.

쇼핑몰 소비 가치 관련 가설

- 쇼핑몰에서의 기능적 가치 충족은 소비자의 안도 감정(prevention emotion)에 긍정적 영향을 미친다.

- 쇼핑몰에서의 기능적 가치 충족이 소비자 웰빙에 미치는 영향은 부정적 비대칭(negatively asymmetric)의 패턴을 보인다. 쇼핌몰에서의 기능적 가치 만족이 소비자 웰빙에 미치는 영향의 크기보다 쇼핑몰에서의 기능적 가치 불만족이 소비자 웰빙에 미치는 영향의 크기가 더 크다.

- 쇼핑몰에서의 체험적 가치 충족은 향상 감정(promotion emotion)에 긍정적 영향을 미친다.

- 쇼핑몰에서의 체험적 가치 충족이 소비자 웰빙에 미치는 영향은 긍정적 비대칭(positively asymmetric)의 패턴을 보인다. 쇼핑몰에서의 체험적 불만족이 소비자 웰빙에 미치는 영향의 크기보다 쇼핌몰에서의 체험적 가치 만족이 소비자 웰빙에 미치는 영향의 크기보다 크다.

- 쇼핑몰에서의 사회적 가치 충족은 유대 감정(affiliation emotion)에 긍정적 영향을 미친다. 쇼핑몰에서의 사회적 가치 충족이 소비자 웰빙에 미치는 영향은 비례적으로 증가하는(positively symmetric) 패턴을 보인다.

026 쇼핑 관련 긍정적 자아 개념을 강화하는 쇼핑 욕구 충족

쇼핑을 통한 소비 욕구의 충족은 소비자 웰빙을 증대시킨다. 하지만 모든 쇼핑 욕구의 충족이 소비자 웰빙에 동일한 영향을 미치기보다는 소비자가 중요시하는 쇼핑 관련 자아 개념에 부합하는 쇼핑만족이 소비자의 긍정적 자아 개념을 형성하고 소비자 웰빙을 향상시킨다.

소비자들이 중시하는 쇼핑 관련 자아 개념은 어떠한 유형이 있는가? 쇼핑에 대한 태도에 따라 쇼핑 고객을 과업 중심의 구매자(task-oriented shopper)와 여가 중심 구매자(recreational shopper)로 구분해 볼 수 있다(Arnold, & Reynolds, 2003: Dawson, Bloch, & Ridgway, 1990). 과업 중심의 쇼핑 고객은 쇼핑을 좋아하지는 않지만 필요한 기능적 과업으로 인식하고 쇼핑에 대한 편리성과 효율성을 추구한다. 과업 중심의 쇼핑 고객은 가장 적은 시간, 노력, 금액의 투입으로 쇼핑에서의 편리성과 효율성을 추구한다. 반면 여가 중심의 쇼핑 고객은 둘러보는 쇼핑을 즐거운 경험으로 인식하고 그 과정 자체를 즐긴다(Kaltcheva & Weitz, 2006). 이들은 다양한 채널을 통한 쇼핑 과정에서의 오감 만족과 사회적 상호작용을 즐기며 쇼핑 체험에 대한 만족도와 몰입도가 높다(Babin, Darden, & Griffin, 1994). 쇼핑을 즐기는 이러한 소비자의 자아 개념의 일부가 되어 자아를 표현하는 수단이 된다(Guiry, Mägi, & Lutz, 2006).

쇼핑몰에서의 다양한 소비 욕구의 만족은 쇼핑 관련 긍정적 자아 개념을 강화하고 소비자 웰빙에 긍정적 영향을 미친다. 특정 쇼핑 욕구의 충족이 소비자 웰빙에 미치는 영향은 소비자의 쇼핑 관련 자아 개념에 따라 달라진다. 특정 쇼핑 욕구의 충족이 소비자의 쇼핑 관련 자아 개념과 부합되는 정도가 높을 때 소비자 웰빙에 긍정적 영향을 미친다. 쇼핑과 관련된 자아 개념(identity)은 다음과 같은 유형으로 구분할 수 있다.

첫째, 효율 쇼핑 아이덴티티(smart shopper identity)를 가진 소비자는 쇼핑을 기능적 과업으로 인지하고 쇼핑의 효율을 추구하는 소비자이다. 이들 소비자에게는 쇼핑 관련 기능적 욕구의 만족이 소비자의 긍정적 자아 개념과 소비자 웰빙에 중요하다. 이들은 쉽게 제품 정보를 찾고 효율적 동선으로 최단시간 안에 원하는 물건을 가장 좋은 가격에 구매하는 것에 큰 비중을 둔다. 이들 소비자들은 대안 간의 유사한 속성보다는 차이점에 집중하고 계량적 비교를 선호한다. 그래서 이들은 쇼핑 안내와 가격 비교의 정보를 잘 활용하여 효율적 쇼핑에 집중한다.

둘째, 여가 쇼핑 아이덴티티(recreational shopper identity)를 가진 소비자는 쇼핑을 여가 활동으로 간주하고 즐거움의 가치를 추구하는 소비자이다(Guiry, Mägi, & Lutz, 2006). 이들은 쇼핑을 체험으로 인식하고 쇼핑과정 전체를 즐긴다. 이들 소비자에게는 쇼핑이 신나고 즐거운 경험이 될 수 있도록 다양한 여유로운 쇼핑환경을 조성하는 것이 중요하다. 이를 위해서 다양한 소비자의 다양한 즐거운 체험 기회를 제공하고 충분한 휴게 및 체험 공간을 여유롭게 제공하여야 한다.

셋째, 교류 쇼핑 아이덴티티(attachment shopper identity)를 가진 소비자는 쇼핑을 사회적 교류의 기회로 활용하고 타인과의 사회적 연결을 통한 사회적 만족을 추구하는 소비자이다. 이들 소비자에게는 쇼핑을 통해 사회적 교류를 추구하는 자아 개념(attachment shopper identity)에게는 쇼핑을 통한 사회적 교류를 활성화하여야 한다. 이들 고객에게는 사회적 상호작용이 많은 체험 서비스를 제공하고, 친절하고 고객화된 서비스를 통하여 사회적 만족을 제공한다. 반면 타인과의 접촉이나 사교적 관계를 선호하지 않는 교류회피 자아 개념(attachment avoidance shopper identity)을 가진 소비자에 대해서는 대면 접촉을 최소화하고 인터넷 혹은 모바일에서의 편리한 구매가 가능하도록 비대면 구매 환경을 설계하는 것이 중요하다(Mende, Bolton, & Bitner, 2013).

이처럼 소비자의 자아 개념에 부합하는 쇼핑 가치의 제공은 소비자의 긍정적 자아 개념을 강화하고 이러한 긍정적 소비 자아 개념이 소비자의 웰빙을 증가시킨다. 쇼핑에 대한 소비 목표와 소비자의 쇼핑 자아 개념이 일치하는 정도가 높을 때 쇼핑 목표의 달성이 소비자 웰빙에 긍정적 영향을 미친다.

쇼핑몰이 Micro 소비자 웰빙에 미치는 영향: 쇼핑 관련 Identity 조절 효과

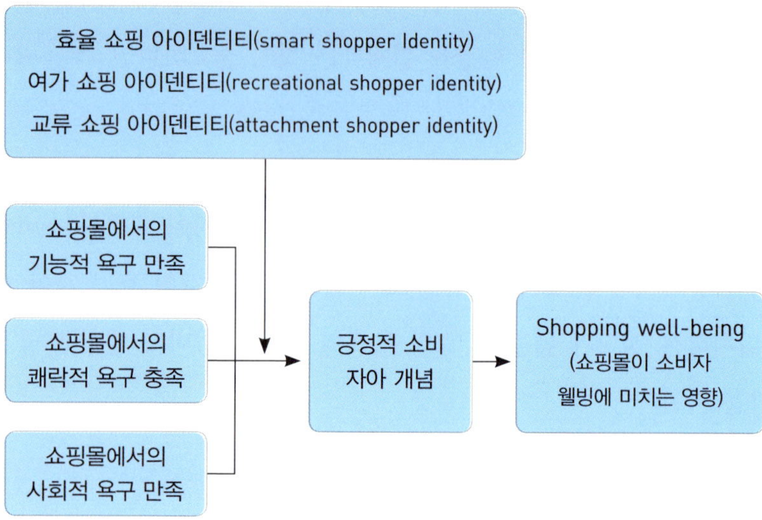

쇼핑 관련 자아 개념(Shopper Identity)

아이덴티티 (Identity)	효율 쇼핑 아이덴티티 (Smart Shopper Identity)	여가 쇼핑 아이덴티티 (Recreational Shopper Identity)	교류 쇼핑 아이덴티티 (Attachment Shopper identity)
추구하는 쇼핑 가치	효율성 빠르고 편리한 쇼핑	즐거움/새로움 추구 오감 체험	사회적 상호작용 친교
중시하는 쇼핑 가치	기능적 가치 (Value shopping) 목적 지향적 쇼핑	즐거움 가치 (Recreational shopping) 즐거움 지향 쇼핑	사회적 가치 (Social shopping) 사회적 교류 쇼핑
중시하는 제품 정보	계량적 차별적 정보	포괄적 편익 정보	자아 표현적 정보
예시	• 반드시 필요한 제품이 있을 때만 신속 구매 • 무인/비대면 인터넷 쇼핑	• 매장을 오래 둘러보면서 쇼핑 • 오감 체험/즐거움 추구	• 타인과 사회적 교류/연결 • 상호작용이 많은 체험 서비스 쇼핑

자아 개념에 부합하는 쇼핑 만족을 위한 웰빙 마케팅

- 효율적 쇼핑 중시하는 자아 개념(smart shopper identity)을 가진 고객에게는 기능적 가치의 제공에 집중한다. 기업은 고객이 쉽게 제품 정보를 찾고 효율적 동선으로 최단시간 안에 원하는 물건을 가장 좋은 가격에 구매할 수 있도록 공간을 설계하고 쇼핑의 안내와 가격비교 정보를 제공한다. 기업은 효율 쇼핑을 중시하는 소비자에게 신속한 의사결정에 도움이 되는 계량적 차별적 속성 정보를 제공한다.

- 여가 쇼핑을 추구하는 자아 개념(recreational shopper identity)을 가진 소비자에게는 쾌락적 즐거움 가치의 제공에 우선순위를 둔다. 이들에겐 쇼핑이 신나고 즐거운 오감체험이 될 수 있도록 다양한 여유로운 쇼핑환경을 조성하는 것이 중요하다. 여가 쇼핑을 추구하는 소비자에게는 여유로운 공간 배치를 하여 쇼핑 공간 밀집도(perceived crowdedness)를 낮추고 너무 빠르지 않은 템포의 음악 등을 시간적 여유와 즐거움이 있는 쇼핑 환경을 조성하는 것이 필요하다. 기업은 여가 쇼핑을 중시하는 소비자에게는 전반적인 혜택 중심의 정보를 제공한다.

- 사회적 교류 쇼핑을 추구하는 자아 개념(attachment shopper identity)을 가진 소비자에게는 타인과의 사회적 교류와 상호작용이 활성화되는 쇼핑환경을 제공한다. 이들에게는 많은 휴게/레저 공간과 다양한 이벤트를 통하여 사회적 상호작용을 활성화한다. 한편 접촉을 회피하는 고객에게 접촉이 최소화되는 비대면을 통해 필요한 정보를 확인 가능하도록 하되, 필요 시에는 대면 접촉도 선택할 수 있도록 온라인과 오프라인에서의 다양하고 편리한 접점을 설계하는 것이 필요하다. 이 경우 유용한 정보의 제공 및 고객 배려 서비스 등을 통하여 충분한 가치를 제공하여 접촉회피 소비자의 자발적 참여와 사회적 교류를 유도하는 것이 필요하다.

자아 개념에 부합하는 쇼핑 만족 관련 가설

- 쇼핑에서의 기능적 가치, 체험적 가치 그리고 사회적 상호작용 만족은 쇼핑을 하는 소비자의 긍정적 자아 개념에 긍정적 영향을 미친다.

- 쇼핑에서의 기능적 가치만족이 쇼핑 웰빙에 미치는 긍정적 영향은 효율 쇼핑 자아 개념 소비자의 경우가 여가 쇼핑 자아 개념 소비자의 경우보다 더 크다.

- 쇼핑에서의 체험적 가치만족이 쇼핑 웰빙에 미치는 긍정적 영향은 여가 쇼핑 자아 개념 소비자의 경우가 효율 쇼핑 자아 개념 소비자의 경우보다 보다 더 크다.

- 쇼핑에서의 사회적 상호작용 만족이 쇼핑 웰빙에 미치는 긍정적 영향은 교류회피 성향(attachment avoidance tendencies)이 낮은 소비자의 경우가 교류회피 성향(attachment avoidance tendencies)이 높은 소비자의 경우보다 더 크다.

027 거래적 가치와 구체적 소비자 웰빙

특정 제품의 구매 및 소비를 통해 형성되는 구체적 소비자 웰빙(micro consumer well-being)에는 거래적 가치가 중요한 역할을 한다. 준거가격(reference price)은 특정 제품/서비스의 가격에 대한 판단 기준이 되는 가격을 말한다. 준거가격에는 정가, 판매 권장가, 경쟁가격처럼 소비자의 외부에서 주어지는 외부 준거가격(external reference price)과 소비자의 가격 기억 혹은 판단에 의해 정해지는 내부 준거가격(internal reference price)이 있다. 외부 준거가격은 내부 준거가격의 형성뿐 아니라 실제 판매 가격의 설정에도 영향을 미친다. 판매가격이 준거가격보다 낮으면 소비자는 이를 이득으로 인식하고 판매가격이 준거가격보다 높으면 소비자는 이를 손실로 인식한다. 이처럼 준거가격과 판매가격의 차이를 거래적 가치(transactional value)라 한다(Grewal, Monroe, & Krishnan, 1998). 특정 제품/서비스 구매를 통해 소비자가 인지하는 거래적 가치는 구체적 소비자 웰빙(micro consumer well-being)에 긍정적 영향을 미친다. 소비자는 직접 체험에 대해서는 절대평가를 통해 소비 행복감을 판단하는 반면, 가격 그리고 구매에 대하여는 상대 평가에 의하여 소비 행복감을 판단한다(Hsee, Yang, Li, & Shen, 2009). 소비자가 특정 제품의 구매에서 기준가격보다 낮게 제품을 구매한 경우 이를 재무적 이득으로 인지되며 재무적 이득은 소비 행복감에 긍정적인 영향을 미친다.

소비자가 인지하는 거래적 가치는 다음과 같은 이유로 소비자 웰빙에 긍정적 기여를 한다. 첫째, 소비자가 인지하는 재무적 이득은 효율적이고 경제적인 구매에 대한 거래만족감을 높이고 동시에 현명한 소비자로서의 자아 효능감을 높인다. 둘째, 소비자가 인지하는 거래적 이득은 소비자로 하여금 구매로 인한 재무적 스트레스를 줄이는데 기여하고 이는 소비자 웰빙에 긍정적 영향을 미친다. 셋째, 특정 제품에 대한 거래적 이득은 소비자로 하여금 만족스러운 제품/서비스를 반복하여 구매하는 것을 가능하게 하며 소비자의 소비 욕구를 지속적으로 충족시킨다. 넷째, 준거가격보다 낮은 가격으로 구매한 거래에 대하여 소비자는 이를 거래적 가치의 이득으로 인식하며 이러한 거래적 가치 이득에 대하여 소비자로 하여금 거래 만족 등의 긍정정서를 경험하게 한다.

거래적 가치의 형성

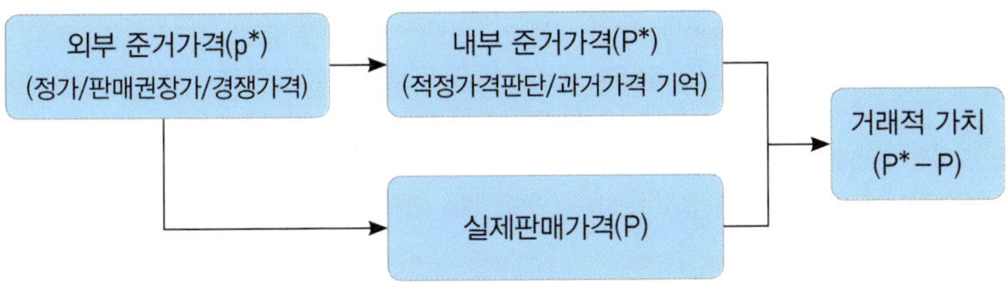

거래적 가치와 Micro 소비자 웰빙

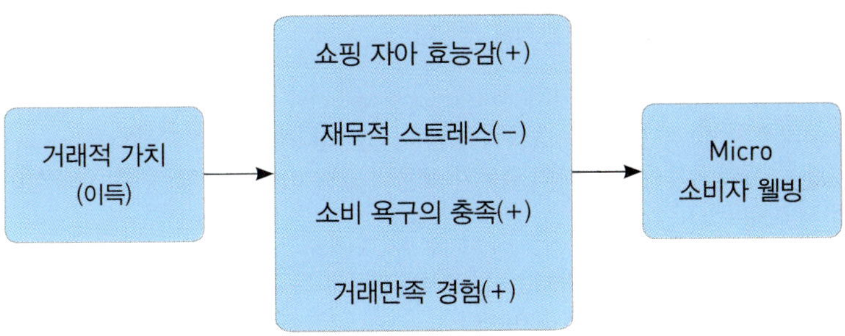

거래적 가치와 웰빙 마케팅 전략

- 기업은 소비자에게 가격을 제시할 때 비교의 기준이 되는 외부 준거가격(p*)을 동시에 제공하여 거래적 가치를 인지하도록 돕는다. 많은 경우, 소비자들은 가격을 잘 모르거나 기억하지 못하는데 정가 등의 외부 준거가격의 제시는 소비자가 판매가격(p)과의 비교를 통해 거래적 가치(p* − p)를 인식하는 데 도움을 준다 기업은 준거가격을 제시할 때 소비자가 믿을 만하고 공정하다고 판단되는 가격을 제시하고 지나치게 과장된 가격을 제시하지 않아야 한다. 기업은 준거가격을 소비자의 기억이나 판단에만 의지하지 않도록 구체적인 정상적 판매가 혹은 경쟁가격을 명시적으로 제시하여야 한다. 이렇게 인식된 거래적 가치는 소비자의 구매 불확실성과 재무 스트레스를 줄이고 소비자의 자아 효능감을 높여 소비자 웰빙에 기여한다.

- 기업이 실제 판매가격(P)을 자주 변동시키지 않는 것도 필요하다, 빈번한 판매가격의 할인은 기업이 제시하는 준거가격(P*)을 떨어뜨리는 효과를 가져와서 거래적 가치(P* − P)를 제고시키지 못하는 결과를 가져온다. 기업은 빈번한 가격할인을 하는 대신 구매조건이나 추첨에 의한 가격할인, 혹은 할인가 한정판매 등을 통하여 가격할인의 대상이나 기한을 제한하여 할인된 가격이 언제나 구매가능한 일반적인 경우가 아닌 오히려 불확실(uncertain)하고 예외적(atypical)인 경우로 인식되게 함으로써 정가로서의 준거가격을 유지하려는 노력이 필요하다.

- 기업의 거래적 가치를 높이기 위한 제품 가격의 할인은 제품 품질에 대한 불안 혹은 낮은 평가를 야기하기도 한다. 할인가격으로 인한 품질에 대한 불안은 소비자가 품질에 대한 지식이 적거나 브랜드 명성이 낮은 경우에는 크게 나타난다. 기업은 가격할인을 통한 거래적 가치를 제공함에 있어서 품질에 대한 평가정보를 제공하거나, 제품 품질에 대한 보증이나 교환옵션을 제공하여 소비자의 품질에 대한 불안을 줄여주는 것이 필요하다.

거래적 가치 관련 가설

- 소비자가 인지하는 거래적 가치는 소비자의 쇼핑에 대한 자아 효능감에 긍정적 영향을 미친다. 소비자가 인지하는 거래적 가치(transactional value)는 쇼핑 관련 자아 효능감(self efficacy)과 정(+)의 상관관계를 가진다.

- 소비자가 인지하는 거래적 가치(transactional value)와 쇼핑 관련 자아 효능감(self efficacy)의 정(+)의 상관관계는 효율적 쇼핑 아이덴티티에 대한 현저성(salience in smart shopper identity)이 큰 소비자의 경우가 효율적 쇼핑 아이덴티티에 대한 현저성이 작은 소비자의 경우보다 더 크다.

- 소비자가 인지하는 거래적 가치는 소비자의 재무적 욕구를 충족시키고 거래에 대한 만족을 증대시켜 소비자 웰빙에 기여한다.

028 비교 대안의 수

소비자가 선택할 수 있는 만족할 만한 대안의 수가 증가함에 따라 소비자의 소비 욕구를 잘 충족시킬 수 있는 대안의 선택이 가능하며 소비자의 선택만족도 증가한다. 많은 비교대안의 수는 소비자로 하여금 자신의 기호에 잘 맞는 선택을 할 수 있게 하고(Baumol & Ide, 1956), 제품지식이나 경험이 부족한 소비자에게 가능한 대안 옵션들을 제시하여 주고(Hoch et al., 1999), 다양성을 추구하는 소비자에게는 싫증을 줄여주는 역할을 한다(McAlister & Pessemier, 1982). 이처럼 소비자가 선택 가능한 대안의 증가는 개인의 자발적 선택을 가능하게 하며(autonomy), 소비자의 선호에 맞는 선택을 통해 소비 욕구를 보다 잘 충족시키며(need satisfaction), 소비자의 개성을 표현하는 것(self-expressiveness)을 가능하게(Deci & Ryan, 2000) 소비자의 웰빙에 긍정적 영향을 준다.

하지만 선택 대안의 수가 많은 것이 소비자 웰빙에 미치는 영향이 항상 긍정적이지는 않다(Markus & Schwartz, 2010). 너무 많은 선택 대안은 소비자의 정보과부화를 초래하고 구매 불확실성을 높여 선택 만족을 낮춘다. 또한 선택하지 않은 대안의 매력도가 선택한 대안의 매력도를 낮춘다. 비교적 긴 시간 동안의 다양한 체험이 소비자의 웰빙을 향상시키지만 짧은 시간 동안의 너무 다양한 체험은 오히려 소비자 웰빙에 부정적 영향을 미친다(Etkin & Mogilner, 2016)

그렇다면 언제 많은 선택 대안이 소비자 웰빙에 긍정적인 기여를 하는가? 많은 선택 대안의 수는 다음과 같은 상황에서 소비자 웰빙에 긍정적인 기여를 한다.

첫째, 많은 대안의 수는 독립적 자아를 가진 소비자의 웰빙 향상에 효과적이다. 독립적 자아 개념(independent self concept)을 가진 소비자는 자율적 선택을 통해 자신의 개성을 표현하는 것을 중시한다. 이들은 많은 대안을 자율적 선택을 통해 자신의 개성을 적극적으로 표현하고 효용을 극대화하는 기회로 인지한다. 반면 상호의존적 자아 개념(interdependent self concept)을 가진 소비자는 다양한 대안보다는 일반적으로 소속집단에서 잘 받아들여지는 무난한 선택을 선호한다. 이들은 선택하는 자율적 선택을 그리 중시하지 않으며 주변의 의견을 반영된 소수의 무난한 대안을 더 선호한다(Markus & Schwartz, 2010).

둘째, 많은 선택 대안은 소비자의 제품에 대한 지식이 많고 제품 몰입도가 높은 소비자에게 효과적이다. 소비자의 인지적 욕구(high need for cognition)가 높을 때 많은 대안의 수는 소비자에게 선택의 자유와 긍정정서를 제공한다. 하지만 소비자의 제품에 대한 지식이 많지 않고 인지적 욕구와 정보처리에 대한 동기부여가 너무 높지 않은 상태에서 선택 대안의 수가 너무 많아지게 되면 소비자에게 정보 과부하가 되어 소비자의 혼돈, 걱정, 스트레스 등의 부정정서 경험의 원인이 되고 소비자 웰빙에 부정적 영향을 미친다(Iyengar & Lepper, 2000; Tang, Hsieh, & Hiu, 2017). 또한 너무 많은 대안은 선택하지 않은 대안들에 대한 아쉬움과 후회가 선택의 만족을 줄여 소비자 웰빙에 부정적 영향을 미치게 된다(Desmeules, 2002).

셋째, 소비자가 구매 초기의 평가 단계에 있을 때에는 많은 대안을 제시하여 소비자의 자율적 선택을 보장하고 소비자의 욕구를 가장 잘 충족시켜줄 대안을 선택하도록 하는 것이 중요하다. 하지만 소비자가 선택 단계에 있을 때에는 대안의 수를 줄여 비교 가능성을 높이고, 정보 과부화를 줄여 선택 만족을 높이는 것이 필요하다.

많은 선택 대안이 소비자 웰빙에 미치는 효과

	많은 대안이 소비자 웰빙에 미치는 긍정 효과(+)	많은 대안이 소비자 웰빙에 미치는 부정 효과(-)
소비자 웰빙에 미치는 영향	다양한 소비 욕구 충족 소비자 자율성 욕구 충족 소비자 개성 표현	소비자의 정보 과부화 초래 선택하지 않은 대안으로 인한 후회 구매 불확실성 증대
발생 상황	독립적 자아 소비자 향상목표 소비자 높은 제품 지식/몰입도 초기 탐색단계	상호의존적 소비자 위험회피 소비자 낮은 제품지식/몰입도 제품 선택단계

대안 비교와 Micro 소비자 웰빙

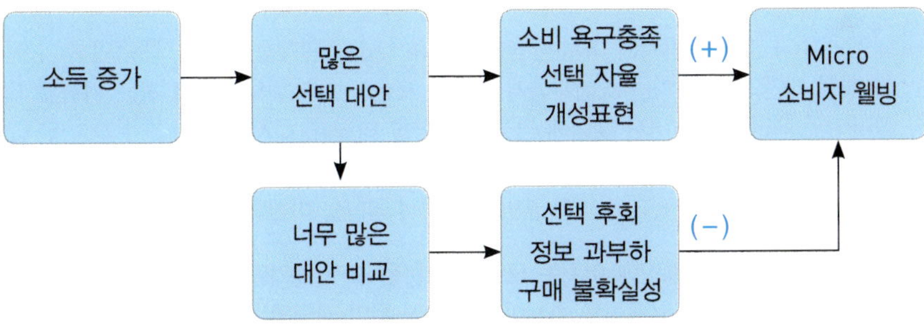

대안의 수가 소비 행복감에 미치는 긍정적 영향

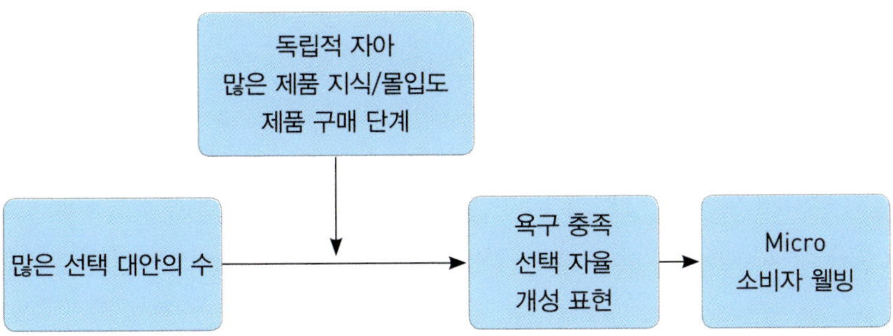

대안의 수 제시 관련 웰빙 마케팅

- 기업은 구매 초기단계의 소비자, 제품 지식이 많은 소비자, 그리고 개성을 중시하는 독립적 자아 개념의 소비자에게는 다수의 대안을 제시한다. 소비자에게 다수의 대안을 제공하되 세부적인 속성보다는 전반적인 편익과 질적인 정보를 중심으로 소비자의 선호에 맞는 편익의 최대화가 가능하도록 한다.

- 기업은 선택 단계의 소비자, 제품 지식이 제한적인 소비자, 그리고 집단 동화가 중요한 상호의존적 소비자에게는 소비자의 선호에 맞는 소수의 대안을 제시한다. 소비자에게 선택가능한 소수의 대안을 계량적 속성을 중심으로 비교가 용이하도록 제시하여 소비자의 선택에 대한 불안함을 줄여준다. 기업은 이들에게 소비자가 중시하는 속성에서 덜 중요한 속성의 순서로 대안을 구분하여 제시하여 소비자의 정보과부화를 줄여준다.

대안의 수 제시 관련 가설

- 대안의 수가 소비자 만족에 미치는 영향은 Inverted-U 관계를 가진다. 대안의 수가 적을 때의 대안의 수 증가는 소비자에게 개성을 표현하고 자율적 선택을 하는 기회를 제공하여 선택만족과 소비자 웰빙에 긍정적 영향을 미친다. 하지만 대안의 수가 너무 많을 때의 대안의 수 증가는 소비자에게 정보 과부화를 가져오고 구매 불확실성과 구매후회를 증가시켜 선택만족과 소비자 웰빙에 부정적 영향을 미친다.

- 대안의 수가 소비자 웰빙에 미치는 긍정적 영향은 구매 초기단계의 소비자, 제품 지식이 많은 소비자, 그리고 개성을 중시하는 독립적 자아 개념의 소비자의 경우에 크게 나타난다.

- 대안의 수가 소비자 웰빙에 미치는 부정적 영향은 선택 단계의 소비자, 제품 지식이 제한적인 소비자, 그리고 집단 동화가 중요한 상호의존적 소비자의 경우에 크게 나타난다.

029 소비자 자아 개념과 비교 대안의 수

소비자 선택만족의 향상을 위해 소비자의 선택 자유를 보장하고 다양성 추구를 가능하게 하도록 많은 선택 대안의 수를 제공하는 것이 필요하다. 하지만 너무 많은 선택 대안은 정보 과부화 혹은 후회로 인해 선택만족에 부정적 효과가 있음도 유의할 필요가 있다. 적정 대안의 수는 소비자의 자아 개념에 따라 다르다.

소비자의 자아 개념은 독립적 자아 개념과 상호의존적 자아 개념으로 구분해볼 수 있다(Markus & Schwartz, 2010). 독립적 자아 개념(independent self concept)을 가진 소비자는 상황과 무관하게 정의되는 독립적이고 일관된 자아 개념을 가진 소비자로서 선택을 통한 개성과 자율을 추구한다. 상호의존적 자아 개념(interdependent self concept)을 가진 소비자는 사회적 상황 속에서의 정의되는 융통성 있고 가변적인 자아 개념을 가진 소비자로서 무난한 선택을 통한 집단에서의 유대와 동화를 추구한다. 이처럼 소비자의 자아 개념에 따라 소비자의 선택 목표와 기준이 다르기 때문에 선호하는 대안의 수도 다르다.

첫째, 독립적 자아를 가진 소비자에게는 다수의 대안과 옵션을 제공하는 것이 필요하다. 독립적 자아 개념을 가진 소비자는 상황과 무관하게 독립적이고 일관된 자아 개념을 가지고 있으며 이들은 자신의 개성의 자유로운 표현을 통해 자존감을 높이고자 한다. 이들에게는 개성을 반영한 선택의 자율과 자유가 매우 중요하므로 기업은 다수의 대안의 제시를 통한 소비자의 내적 기준과 개성에 맞는 선택의 기회를 제공하는 것이 좋다.

둘째, 상호의존적 소비자에겐 소수의 대안을 제시하는 것이 필요하다. 상호의존적 자아 개념을 가진 소비자는 사회적 상황 속에서의 정의되는 융통성 있고 가변적인 자아 개념을 가지고 있으며 사회적 규범에 기준하여 무난한 선택을 통하여 선택 위험을 최소화하려고 한다. 이들에게는 집단내의 동화와 유대감이 중요하므로 사회적 규범에 부합하는 소수의 대안 제시를 통하여 무난한 선택이 되도록 돕는 것이 중요하다.

소비자의 자아 개념과 비교 대안의 수

	독립적 자아 (independent self-concept)	상호의존적 자아 (interdependent self-concept)
자아 개념	상황과 무관하게 정의되는 독립적이고 일관된 자아 개념 (inside-out)	사회적 상황 속에서의 정의되는 융통성 있고 가변적인 자아 개념 (outside-in)
문화	개인주의 문화	집단주의 문화
선택의 의미	자율(autonomy) 자유(freedom)	집단내 동화(harmony) 소속감/유대감
제품 선택 기준	개성/독특성 개인 자존감	사회적 규범 원만한 관계
소비 목표	선호에 맞는 선택 (approach goal)	무난한 선택 (avoidance goal)
선호하는 비교 대안의 수	다수	소수

자료: Markus & Schwartz, 2010

소비자 자아 개념과 웰빙 마케팅

- 독립적 자아를 가진 소비자에게는 독특한 개성을 강조하고 제품을 고객화하는 다수의 대안과 옵션을 제공한다. 독립적 자아를 가진 소비자에게 일관된 브랜드의 이미지를 유지하고 보다 분명하고 동질적인 목표 고객을 유지하여야 한다. 독립적 자아를 가진 소비자에게는 다수의 대안의 제시를 통한 개성에 맞는 선택의 기회를 제공하는 것이 좋다.
- 상호의존적 소비자에겐 소비 상황에 대한 이해를 바탕으로 상황에 적합한 사회적 규범에 기준하여 무난한 선택이 되는 제품 라인을 제공하고 선택 위험을 최소화하도록 소수의 대안을 제시하는 것이 필요하다. 상호의존적 자아 개념을 가진 소비자의 가변적인 소비자의 자아 개념을 소비 상황별로 파악하고 그에 맞는 다양한 이미지의 브랜드를 관리하여야 한다. 상호의존적 소비자에게는 집단내 소속감과 유대감을 강화해주는 무난한 선택 대안을 제공하는 것이 좋다.

소비자 자아 개념과 비교 대안의 수 관련 가설

- 대안의 수의 증가가 소비자 웰빙에 미치는 긍정적 영향은 선택에서의 자율을 추구하는 독립적 자아 개념(independent self concept) 소비자의 경우에 더 크게 나타난다.
- 대안의 수의 증가가 소비자 웰빙에 미치는 부정적 영향은 무난한 선택을 추구하는 상호의존적 자아 개념(interdependent self concept) 소비자의 경우에 더 크게 나타난다.
- 대안의 수의 증가가 소비자 웰빙에 미치는 긍정적 영향은 무난한 선택을 추구하려는 목표(avoidance goal)를 가진 소비자의 경우가 선호에 맞는 선택하려는 목표(approach goal)를 가진 소비자의 경우보다 더 크게 나타난다.

030 최적화(optimization) vs. 최대화(maximization) 선택 전략

소비자의 선택 전략은 대안에 높은 기대를 가지고 최선의 대안을 끊임없이 추구하는 최대화 선택 전략(maximization strategy)과 대안 중에서 만족할 만한 수준의 대안을 선택하겠다는 최적화 선택 전략(optimization strategy)으로 구분해 볼 수 있다(Schwartz et al., 2002). 최대화 전략(maximization strategy)은 모든 대안을 검토하고 최상의 대안을 선택하는 전략을 말한다. 최적화 전략(optimization strategy)은 품질에 대한 만족할 만한 사전 기대 수준을 설정하고 이를 넘어서는 최초의 대안을 바로 선택하는 전략을 말한다. 소비자의 선택 전략은 구매 대상에 따라 다른데 일반적으로 주요 내구 소비재와 같은 유형적 제품의 구매의 경우에는 소비자는 최고의 대안에 집착하면서 구매 최대화의 전략을 사용하려는 경향을 보이는 반면, 체험 구매에 대해서는 무난한 선택을 추구하는 최적화 전략을 자주 사용하는 경향이 있다(Carter & Gilovich, 2010).

소비자의 최대화 전략은 소비자 웰빙에 부정적 영향을 미치는 반면 소비자의 최적화 전략은 소비자 웰빙에 긍정적 영향을 미친다. 최대화 전략 및 최대화 전략의 소비자 웰빙에 미치는 영향을 구체적으로 살펴보면 다음과 같다.

첫째, 최대화 전략이 대안을 수동적으로 받아들이기보다는 최선의 대안을 찾으려는 적극적인 노력을 수반한다는 긍정적인 측면도 있다. 하지만 소비자가 최대화(maximization) 선택 전략을 가진 경우, 소비자들은 매우 높은 사전 기대를 가지고 탐색 활동을 하게 되고, 빈번하게 상대적이고 상향적인 비교를 하게 되어(Lyubomirsky & Ross, 1997), 구매에 대한 후회 및 실망의 부정적 감정을 가지게 된다. 최대화 전략은 결과적으로 구매 행복감을 낮춘다(Carmon, Wertenbroch, & Zeelenberg, 2003; Iyengar, Wells, & Schwartz, 2006; Schwartz, 2000; Schwartz et al., 2002).

둘째, 소비자가 여러 대안 중에 무난한 대안을 선택하겠다는 최적화(optimization) 선택전략을 가진 경우에는 적정한 사전 기대를 가지며 대안에 대한 과도한 탐색이나 비교를 지양하여 선택에 대한 만족과 구매 행복감이 높다. 최적화 전략을 가진 소비자는 긍정정서의 최대화 혹은 부정정서의 최소화를 추구하기보다는 자아 욕구에 비교하여 수용가능한 범위에서 만족스런 대안을 절대 평가하여 선택한다(Schwartz et al., 2002). 이러한 긍정정서의 빈번한 경험이 소비자 웰빙의 향상에 기여한다(Sirgy, 2012).

대안의 수 증가와 소비자 웰빙: 긍정 및 부정 효과

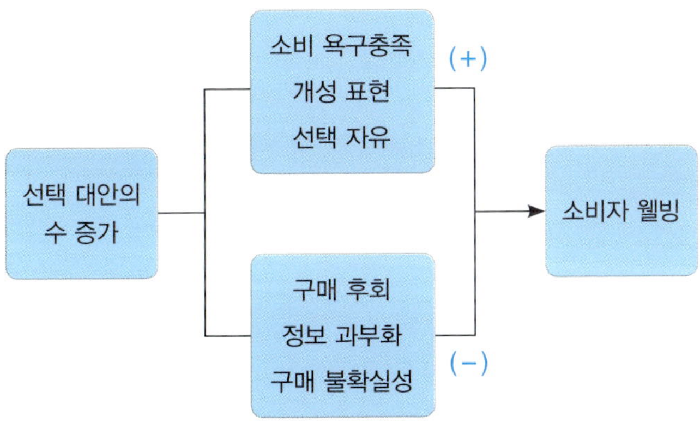

소비자 선택 전략과 소비자 웰빙

	최대화 전략 (Maximization)	최적화 전략 (Optimization)
목표	가능한 최선의 대안을 탐색하고 선택	최선은 아니더라도 만족스러운 수준의 대안 선택
탐색	가능한 모든 대안 최대의 탐색 노력	선택 가능한 수준의 대안 적정 탐색 노력
기대수준과 평가 방식	최고/이상적 수준의 대안 상대평가	만족스런 수준의 대안 절대평가
대안간/사회적 비교	빈번	적음
구매 후회	높음	낮음
소비 행복감	낮음	높음

자료: Schwartz, Ward, Monterosso, Lyubomirsky, White, & Lehman, 2002.

최대화 선택 전략과 후회 설문문항

	설문 문항
Maximization strategy (최대화 선택 전략)	1 . 나는 쇼핑을 할 때 하나만을 구매할 때에도 가능한 모든 옵션을 다 둘러본다. 2. 나는 쇼핑을 할 때 내가 사용하는 브랜드에 비교적 만족하더라도 다른 브랜드도 살펴본다. 3. 나는 최적의 대안을 찾을 때까지 여러 제품을 사용해본다. 4. 특정 브랜드에 대한 만족도와 무관하게 더 나은 대안을 찾아보는 것은 내 권리라고 생각한다. 5. 나는 시장에서 여러 제품에 순위 매기는 것을 좋아한다. 6. 나는 친구들을 위해 선물을 구매하는 것이 어렵다고 생각한다. 7. 쇼핑에서 내가 정말 좋아하는 옷을 찾기는 쉽지 않다. 8. 제품을 구매할 때 최고의 대안을 선택하기 위해 많은 노력을 기울인다. 9. 무엇을 하든지 나는 내 자신을 위한 매우 높은 기준을 가지고 있다. 10. 나는 두 번째로 좋은 것으로 만족하지 못한다. 11. 나는 선택을 할 때 비록 지금 존재하지 않더라도 가능한 모든 대안을 고려하여 평가하려고 노력한다. (1 = 전혀 그렇지 않음, 7 = 매우 그러함)
Regret scale (후회)	1. 나는 선택을 할 때마다 내가 다른 선택을 하면 어떤 결과가 나올지 궁금해 한다. 2. 나는 선택을 할 때마다 다른 대안이 어떤 결과를 가져올지 알고 싶어한다. 3. 내가 좋은 결과의 선택을 하였더라도 다른 대안이 더 좋은 결과를 가져온다면 나의 선택을 실패라고 생각한다. 4. 내가 얼마나 잘 살아오고 있는지를 판단할 때 내가 놓친 기회를 생각하고 한다. 5. 나는 한번 결정을 하고 나면 다시 돌아보지 않는다.(R) (1 = 전혀 그렇지 않음, 7 = 매우 그러함) R = reverse coded

자료: Schwartz, Ward, Monterosso, Lyubomirsky, White, & Lehman, 2002.

최대화 전략, 사회적 비교, 소비자 웰빙

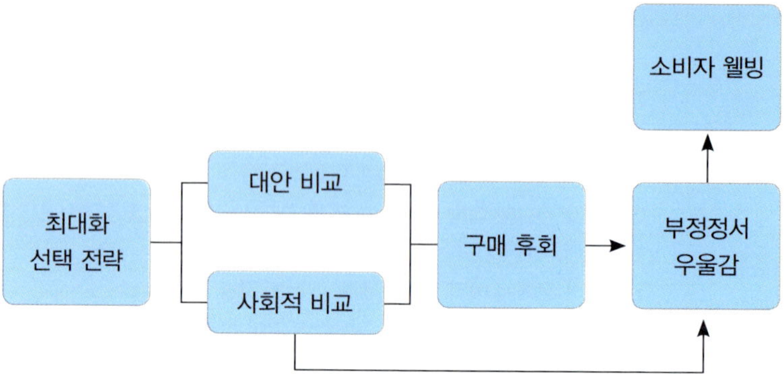

최대화/최적화 전략 관련 웰빙 마케팅 전략

- 모든 대안을 검토하고 최상의 선택을 추구하는 최대화(maximization) 전략의 소비자에게는 다양한 많은 대안을 주요 편익을 중심으로 대안별로 제시하여야 한다. 많은 대안을 제공하되 전반적인 속성이나 편익을 중심으로 의사결정이 이루어지도록 돕는다. 기업은 너무 많은 대안의 비교를 통한 정보과부화가 발생하지 않도록 대안을 소비자가 중시하는 편익을 중심으로 그룹화하여 순차적으로 제시한다. 너무 많은 대안, 유사한 대안, 모호한 속성은 소비자의 선택에 대한 확신과 만족을 낮춘다.

- 최적화(optimization)전략을 사용하는 소비자에게는 너무 다양한 대안을 제시하기보다는 소비자의 욕구와 기대 수준을 우선적으로 만족시키는 대안들을 제시한다. 기업은 이들 소비자의 우선적인 구매 목표를 이해하고 이에 부합하는 대안을 제시하여 소비자의 선택 노력을 줄이고 정확한 선택을 돕는다. 최적화 전략 소비자에게는 소비자의 소비 목표와 욕구를 잘 충족시켜주는 소수의 대안들에 대하여 축약된 정보를 제공한다.

최대화/최적화 관련 가설

- 최대화(maximization) 선택 전략을 사용하는 소비자는 최적화(optimization) 선택 전략을 사용하는 소비자에 비하여 선택만족이 낮다.
- 최대화 선택 전략을 사용하는 소비자는 최적화 선택 전략의 소비자에 비하여 구매와 관련하여 더 빈번한 사회적 비교와 대안 비교를 한다.
- 최대화 선택 전략을 사용하는 소비자는 최적화 전략의 소비자에 비하여 구매후회의 감정이 크다.

031 구매 후회와 소비자 웰빙

구매에 대한 소비자의 후회(regret)는 소비자 웰빙을 저하시킨다. 후회는 이전에 다르게 행동했더라면 현재 상황이 달라졌을 것이라는 인식이나 깨달음에 근거한 인지적인 부정정서이다(Zeelenberg, 1999). 후회는 소비자 자신의 잘못된 선택 결정에 대한 자책(self blame)과 이미 발생한 사실이 달랐더라면 하고 생각하는(counterfactual thinking) 과정에서 경험하는 부정정서이다(Kahneman & Miller, 1986; Zeelenberg, van Dijk, & Manstead, 1998). 소비자들은 체험의 구매할 때보다는 유형의 물건을 구매할 때, 최선의 대안을 찾고자 하는 최대화 전략을 사용하며 이미 선택이 이루어진 이후에도 추가적으로 많은 시간을 들여 다른 대안을 살펴보는 경향이 있다. 일반적으로 체험의 경우보다 유형의 물건의 경우 소비자의 상대 비교를 통한 후회가 크다(Carter & Gilovich, 2010). 유형의 물건의 경우에 조금만 기대를 벗어난 경우에도 후회를 경험하지만 체험에 대해서는 보다 폭넓은 수용의 구간을 가진다(Jampol & Gilovich, 2014).

소비자의 구매 선택에 대한 후회는 올바른 선택을 못한 경우보다 잘못된 선택을 실제로 한 경우에 후회가 크다(Gilovich & Medvec, 1995). 또한 더 아는 대안이 있음을 나중에 안 경우(Zeelenberg, 1999), 흔히 일반적으로 잘 발생하지 않은 잘못된 선택을 한 경우(Simonson, 1992), 그리고 경미한 차이로 실패한 경우(Medvec, Madey, & Gilovich, 1995)에 선택 후회의 감정이 더 크다. 소비자들은 매력적인 대안의 선택 기회를 놓친 경우에는 이후의 다소 덜 매력적인 대안의 선택은 하지 않으려는 지속적 비선택 경향(inaction inertia)을 보인다. 예를 들어, 특정 제품에 대한 70%의 대폭적인 가격 할인의 기회를 놓친 소비자가 동일 제품에 대한 이전보다 못하지만 여전히 매력적인 30% 가격 할인의 기회가 주어졌을 때 이 가격 할인 제품을 구매하지 않으려는 비선택 경향을 보인다. 소비자는 대신 유사한 다른 브랜드로 전환을 함으로써 잃어버린 기회에 대한 후회를 줄이고자 한다(Zeelenberg & Putten, 2005). 이처럼 잃어버린 기회로 인한 후회의 감정을 회피하기 위한 지속적인 비선택(inaction inertia)은 소비자의 만족과 웰빙에 부정적 영향을 준다.

구매 후회와 소비자 웰빙

	선택 후회 (Action regret)	비선택 후회 (Inaction regret)
내용	신규 제품의 구매와 같이 새로운 선택을 함으로 인한 후회 (예: 잘못된 선택)	선택 기회의 상실과 같은 선택을 하지 않음으로 인한 후회 (예: 좋은 선택 기회를 놓침)
장기 vs, 단기 후회	단기적 후회 (단기적으로는 선택 후회의 감정이 큼)	장기적 후회 (장기적으로는 비선택 후회의 감정이 큼)
후회 감소 전략	기존 구매결정의 철회기회 제공 (교환/환불/보증)	새로운 구매기회 제공

구매 후회와 소비자 웰빙

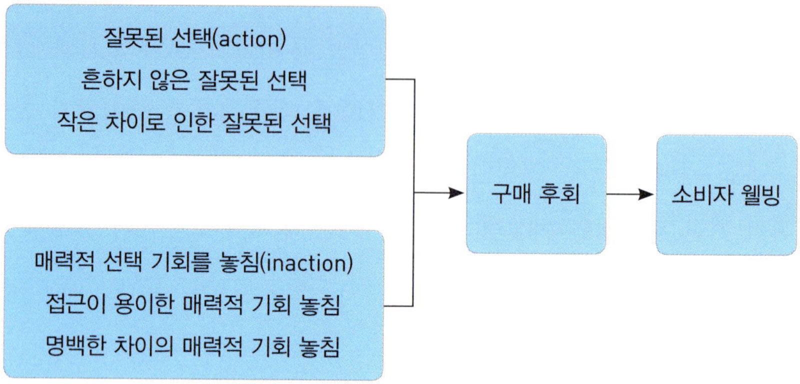

구매 후회와 웰빙 마케팅 전략

- 기업은 소비자의 잘못된 선택으로 인한 후회(action regret)에 대하여 소비자에게 사전에 충분한 정보를 제공하여 구매 후회가 발생하지 않도록 돕는다. 소비자의 흔하지 않은 잘못된 선택에 대해서는 소비자에게 교환/환불 등 의사결정을 번복할 기회를 제공함으로써 소비자의 후회의 감정과 부정정서를 줄인다.

- 기업은 소비자의 선택기회를 놓친 후회(inaction regret)에 대하여 장기적인 관계 관리를 통하여 비구매에 대한 아쉬움이 미래의 구매로 이어지도록 한다. 소비자가 판촉기회에 구매를 하지 못한 경우 추가적으로 매력적인 구매 기회를 제공하여 지속적인 비선택 경향(inaction inertia)이 발생하지 않도록 한다.

구매 후회와 소비 전략

- 소비자는 구매로 인한 후회를 회피하려는 전략보다는 구매로 인한 편익을 최대화하려는 접근 방식이 필요하다. 구매 이후에는 구매 제품 자체에 대한 본원적 체험에 집중하고 다른 대안과의 비교 혹은 사회적 비교를 줄이는 것이 좋다.

- 소비자는 좋은 구매의 기회를 놓친 경우에도 이미 지나가버린 과거의 기회를 기준으로 구매 후회의 감정에 집중하기보다는 현재 시점에서의 가능한 대안을 중심으로 구매 편익을 증대시키는 것에 집중하는 노력이 필요하다.

구매 후회 관련 가설

- 소비자가 흔하지 않은 잘못된 선택을 한 경우가 흔한 잘못된 선택을 한 경우보다 소비자의 구매선택에 대한 후회 감정(action regret)이 더 크다
- 소비자가 작은 차이로 잘못된 선택을 한 경우가 커다란 차이로 잘못된 선택을 한 경우보다 소비자의 구매선택에 대한 후회의 감정(action regret)이 더 크다.
- 소비자가 확실하게 매력적인 구매기회를 놓친 경우가 구매 매력도가 덜 확실한 구매기회를 놓친 경우보다 소비자의 비구매로 인한 후회의 감정(inaction regret)이 더 크다.
- 소비자가 구매가 용이했던 매력적 기회를 놓친 경우가 소비자가 구매가 용이하지 않았던 구매기회를 놓친 경우보다 비구매로 인한 후회(inaction regret)의 감정이 크다.
- 매력적인 구매 기회를 놓쳐 소비자의 비구매 후회감정이 큰 경우의 소비자는 이전의 매력적 구매기회보다 덜 매력적인 대안에 대하여 비구매 유지경향(inaction inertia)을 가진다. 비구매 후회(inaction regret)는 비구매 유지(inaction inertia)와 정(+)의 상관관계를 가진다.

쇼핑 웰빙: 쇼핑 자아 개념과 쇼핑 전략의 영향

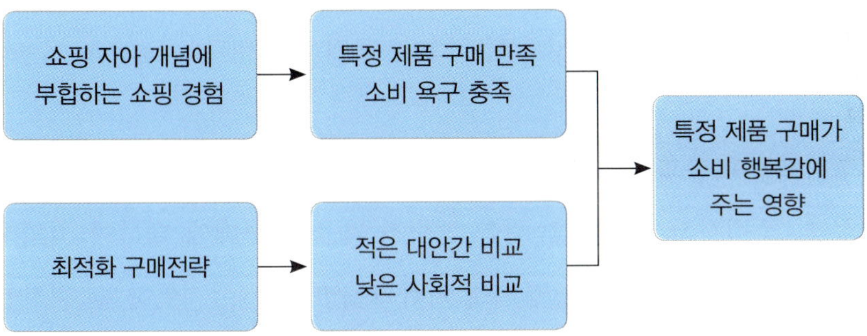

032 타인을 위한 이타적 구매(pro-social spending)의 선행요인

이타적 구매는 소비자가 비용을 지출하되 그 목적이 타인의 이득을 증진시키기 위한 구매를 말한다. 타인을 위한 소비에는 공익연계 제품 구매와 공익 기부 등이 있다. 공익연계 제품은 소비자의 구매액의 일정 정도를 공익에 기부하되 판매 회사도 추가로 참여하여 이를 공익에 기부하는 제품을 말한다. 공익 기부는 회사나 소비자가 공익단체에 직접 기부하는 것을 말한다. 이러한 타인을 위한 이타적 구매는 소비자 행복을 높이는 데 중요한 기여를 한다(Dunn, Aknin, & Norton, 2008; Geenen et al., 2014).

실증 조사에 의하면 소비자는 자신을 위한 소비보다 타인을 위한 이타적 소비의 경우에 더 높은 정도의 긍정정서를 경험한다(Aknin et al., 2020). 이처럼 타인을 위한 이타적 구매가 소비자 행복에 미치는 영향은 소비자의 소득수준과 무관하게 나타나는데 이는 소득수준보다는 소비를 어떻게 하느냐가 행복감에 더 중요한 역할을 하기 때문이다(Dunn, Aknin, & Norton, 2014).

소비자는 다음과 같은 경우에 이타적 구매 캠페인에 적극 참여한다.

첫째, 소비자가 자신만을 위한 쾌락적 제품의 구매에 대하여 죄의식(guilty feeling)을 가지고 있는 경우에 이타적 구매에 적극적이다. 소비자들은 본인만을 위해 구매한 제품의 소비에 대해 죄의식을 느낄 때 이타적 구매에 적극적으로 나선다. 자신을 위한 쾌락 제품의 소비 혹은 낭비에 죄의식을 느끼며 타인을 위한 구매를 통해 자신의 구매를 정당화하고자 한다.

둘째, 소비자가 회사에서 주도하는 공익 캠페인에 공감하는 경우 이타적 구매에 적극적이다. 소비자가 회사가 제시하는 공익의 필요성, 지원 대상, 지원방식에 대해 공감하는 경우에 공익을 위한 이타적 구매에 적극 참여한다.

셋째, 소비자의 도덕적 자아(moral identity)가 자아 개념에서 중요한 위치를 차지할 때 소비자는 이타적 구매에 적극적으로 참여한다. 도덕적 자아가 현저한 소비자의 경우 사회 내의 타인의 문제를 자신의 문제로 공감하는 정도가 크고 타인을 위한 도움 제공에 적극적이다. 도덕적 자아가 현저한 소비자는 사회 공동체에 대한 책임감과 도덕적 의무감이 크다(Sääksjärvi, Hellén, & Desmet, 2017).

넷째, 소비자의 소속집단이 이타적 구매를 권장하는 사회적 규범을 가지고 있어 많은 사람들이 참여하고 있으며, 소비자가 타인과의 관계를 중시하는 상호의존적 자아 개념을 가지고 있을 때, 소비자는 이타적 구매에 적극적으로 참여한다.

033 이타적 구매와 소비자 웰빙

타인을 위한 이타적 소비는 소비에 대한 죄의식을 줄이고 소비자 자신에 대한 긍정평가와 긍정정서의 경험을 가능하게 한다(Dolan, Peasgood, & White, 2008). 소비자의 이타적 소비 행동은 그 행동의 수혜자보다 행동을 하는 사람들에게 더 큰 정서적 혜택과 행복감 증진을 제공한다(Sääksjärvi, Hellén, & Desmet, 2017; Schwartz et al., 2003).

이타적 구매가 소비자 웰빙을 증진시키는 이유는 다음과 같다.

첫째, 이타적 구매는 소비자로 하여금 타인의 삶에 구체적인 긍정적인 영향을 미쳤다는 믿음(prosocial impact)을 가지게 한다. 소비자의 이러한 믿음은 소비자의 긍정정서와 긍정적 자아 개념에 기여한다(Aknin et al., 2013). 이타적 구매를 통하여 다른 소비자의 삶에 긍정적인 영향을 미칠 때 소비자의 긍정정서와 행복감은 증가한다(Liu & Aaker, 2008). 타인을 위한 소비를 통한 소비 행복감은 타인과의 관계를 중시하는 상호의존적 자아 개념을 가진 소비자의 경우에 더 크게 나타난다(Aknin et al., 2012).

둘째, 이타적 구매는 소비 죄의식을 줄인다. 소비자의 이타적 구매는 자신만을 위한 쾌락적 소비로 인한 죄의식(guilty feeling)을 줄이고 소비 행복감을 증진시킨다. 자신만을 위한 반드시 필요하지 않은 쾌락적 제품에 대한 구매는 소비자에게 쾌락적 즐거움을 제공하지만 동시에 소비자로 하여금 구매에 대한 죄의식과 후회 등의 불편한 감정을 가지게 한다(Okada 2005). 이기적 소비로 인한 심리적 불편함은 소비에 대한 자아 통제력이 강한 소비자일수록 강하게 나타나서 구매 정당화를 필요로 한다(Petersen, Dretsch, & Loureiro, 2018). 쾌락적 제품의 구매액의 일정 비율을 공익에 기부하는 공익연계 제품의 구매도 소비자 죄의식을 줄이며 구매를 정당화하는 역할을 한다. 타인의 삶에 긍정적 영향을 미치는 이타적 구매가 소비자의 소비 죄의식을 줄이며 구매를 정당화하여 소비 행복감에 기여를 한다(Dolan, Peasgood, & White, 2008).

셋째, 이타적 소비는 소비자로 하여금 긍정적 자아 개념을 가지도록 하여 소비 행복감을 증대시킨다. 이타적 소비는 소비자로 하여금 긍정정서를 자주 체험하게 하며 생생한 기억으로 남게 되어 이타적 소비로부터의 긍정정서는 시간의 흐름에 따른 망각이나 적응 효과가 낮다(O'Brien & Kassirer, 2019). 적극적인 노력과 참여를 수반하고(예: 시간 노력) 소비자의 삶에 대한 긍정적인 변화를 수반하는 이타적 소비를 통하여 소비자는 긍정적 자아 개념을 가지게 되며 소비 행복감이 증가한다(Ellen, Mohr, & Webb, 2000; Mogilner, Chance, & Norton, 2012).

넷째, 이타적 소비는 타 소비자와의 사회적 연결과 친밀감을 활성화하여 소비 행복감을 높인다. 타인을 위한 소비의 과정에서 타인과의 긴밀한 사회적 상호작용과 정서적 유대가 형성된다. 가까운 사람의 경우 그리고 그들과 함께 시간을 보내는 경우의 이타적 구매가 전혀 모르는 사람에게 단순히 물건만 보내는 형태의 이타적 구매의 경우보다 소비자 웰빙에 미치는 영향이 더 크다. 타인을 위한 구매에서 그 대상이 정서적 교류가 있는 사회적으로 가까운 사람일 때 이타적 구매의 긍정적 영향을 구체적으로 잘 알 수 있어 소비자 웰빙에 미치는 영향이 더 크다(Aknin, Sandstrom, Dunn, & Norton, 2011).

이러한 이타적 소비 행동은 소비자의 공감과 몰입이 높을 때 큰 행복감을 제공한다. 이타적 구매는 회사 등에 의해서 의무적으로 참여할 때보다 소비자가 자발적으로 참여할 때 소비자 웰빙에 더 긍정적 영향을 미친다(Harbaugh, Mayr, & Burghart, 2007). 이는 기관 등의 요청에 의한 수동적 혹은 강제적인 참여는 소비자의 심리적 반발이나 부정정서를 유발하는 반면 자발적인 계획에 의한 능동적 참여가 긍정적인 정서를 유발하기 때문이다(Aknin et al., 2013).

자기 중심적 구매 vs. 이타적 구매

	자기중심적 구매 (자신을 위한 소비구매)	이타적 구매 (공익 연계 구매/기부)
구매 목적	소비 욕구의 충족	타인과의 상호작용/연결
소비자 웰빙에의 영향	소비 욕구 만족을 통한 긍정정서의 체험	타인을 위한 구매 의미 있는 사회적 관계
웰빙 효과	단기적 효과	장기적 효과 (감사/호혜적 관계)

이타적 구매의 선행 요인

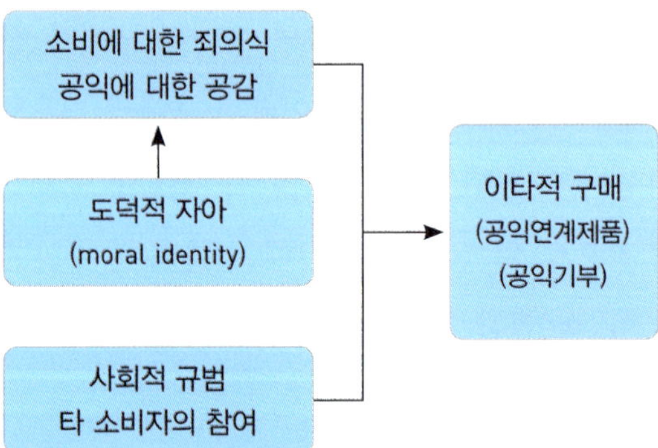

이타적 구매와 소비자 웰빙

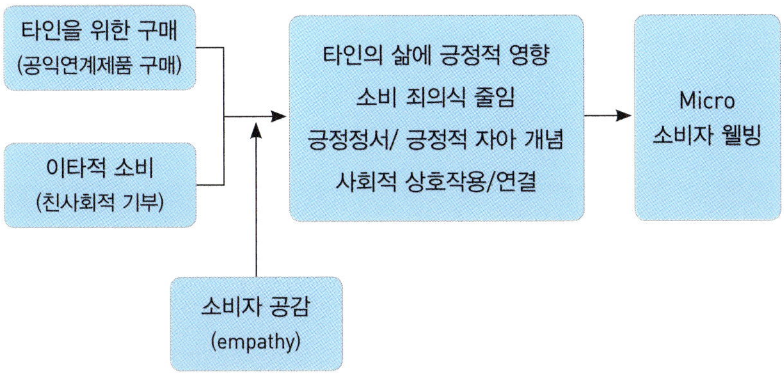

이타적 구매에 대한 웰빙 마케팅 전략

- 소비자는 자신의 이타적 구매가 수혜자의 삶에 긍정적인 영향을 준다고 생각될 때 긍정적 자아 개념과 행복감을 느낀다. 기업은 소비자에게 자신만을 위한 소비보다는 사회적 공익을 위한 이타적 소비의 기회를 제공한다. 예를 들어 소비자가 과도한 소비에서 죄의식을 느끼는 쾌락적 제품에 대하여 사회적 공익에 대한 기부 캠페인을 시행하거나 매출 수익의 일정 비율을 기부로 연계시키는 공익연계 마케팅을 실시한다. 기부 활동이나 공익연계 마케팅의 경우 소비자가 공감하고 회사의 이미지와 일치하는 공익을 선정한다.

- 매출과 공익기부를 연계하는 공익연계 마케팅(cause-related marketing)의 경우 기업은 높은 가격을 통하여 소비자에게 비용 부담을 전가하지 않고 고객의 기여에 상응하는 혹은 그 이상의 기부를 제공하여야 한다. 소비자의 사회공익에 대한 이타적 기부는 기부액의 일부를 회사와 공동으로 부담하는 공익연계 마케팅의 경우보다 더 이타적으로 인식된다.

- 이타적 구매는 소비자가 도덕적 자아 개념(moral identity)이 큰 경우에 효과적이다. 독립적 자아를 가진 소비자에게는 공익연계 마케팅 혹은 기부행위에 대한 소비자 태도(attitude)를 변화시키려는 마케팅 노력이 필요하다. 상호의존적 자아의 개념을 가진 소비자에게는 공익연계 마케팅 혹은 기부행위에 대한 다른 소비자들의 참여도 및 사회적 규범(social norm)을 강조하는 것이 더 효과적이다. 이 두 가지 경우 모두 이타적 구매에 대한 소비자의 공감이 우선되어야 한다.

- 기업은 이러한 공익 활동의 결과에 대해 참여 소비자에게 알려야 한다. 공익에의 기부 금액, 수혜 대상 및 기간 그리고 무엇보다도 이러한 이타적 구매가 공익의 대상인 타인에게 어떠한 수혜를 주었는지 그리고 그들의 삶을 어떻게 변화시켰는지에 대한 결과 피드백이 필요하다.

이타적 구매와 소비자 웰빙 관련 가설

- 소비자의 이타적 구매는 긍정적 자아 개념(positive self concept)과 사회적 연결(social connection)의 매개 효과를 통해 소비자 웰빙에 긍정적 영향을 미친다.
- 이타적 구매가 긍정적 자아 개념에 미치는 긍정적 영향은 타인에게 긍정적 영향을 미친다는 믿음(impact on others)을 가지고 있는 소비자의 경우가 그러한 믿음이 없는 소비자의 경우보다 더 크다.
- 이타적 구매가 긍정적 자아 개념에 미치는 긍정적 영향은 도덕적 자아(moral identity)가 현저한 소비자의 경우가 도덕적 자아가 덜 현저하게 부각된 소비자의 경우보다 더 크다.
- 소비자의 대한 공익연계 마케팅에의 참여는 소비자의 쾌락적 제품 구매에 대한 죄의식(guilty feeling)을 줄여주어 긍정적 자아 개념에 기여한다.
- 이타적 구매가 사회적 연결에 미치는 긍정적 영향은 독립적 자아 개념(independent self concept)의 소비자보다 상호의존적 자아 개념(interdependent self concept)의 소비자의 경우에 더 크다.

034 타인을 위한 선물(gift) 구매

타인을 위한 선물의 구매는 소비자 구매의 중요한 부분을 차지한다. 선물은 주고받는 사람들 사이에서 기호의 유사성 그리고 상호관계에 대한 관심을 나타낸다(Larsen & Watson, 2001). 선물을 주는 사람은 선물의 선택을 통하여 자신의 자아 표현적 가치를 나타낸다(Belk & Coon, 1993). 타인을 위한 선물 구매는 다음과 같은 이유로 소비자 웰빙에 기여한다.

첫째, 타인을 위한 선물의 구매는 사회적 친교욕구의 충족을 통해 소비자 행복에 기여한다. 타인에게 선물을 주는 것은 타인에 대한 호의적 의향(goodwill)을 나타내는 행위이다. 선물을 받는 사람은 받은 선물에 대한 보답을 함으로써 호혜적 관계를 발전시킨다. 선물이 사회적 친밀함을 만들기도 하지만 사회적 친밀함이 빈번한 선물의 교환으로 이어지기도 한다(Beatty, Kahle, & Homer, 1991). 이처럼 선물을 주는 행위는 선물을 제공하는 사람과 선물을 받는 사람 간의 소비자 간의 심리적 거리를 줄이고 사회적 연결을 강화하고 선물을 구매하는 소비자의 사회적 친교 욕구(relatedness need)를 충족시켜 소비자 웰빙의 향상으로 이어진다.

둘째, 타인을 위한 선물 구매는 선물을 제공하는 소비자의 긍정정서를 통하여 소비 행복감을 향상시킨다. 타인을 위한 선물의 구매는 받는 사람의 기쁨을 통하여 선물을 제공하는 소비자에게도 많은 기쁨을 경험하게 한다. 이타주의(altruism)와 배려(benevolence) 등과 같은 자기초월적 가치(self transcendent value)를 가진 소비자는 자신을 위한 소비보다 타인을 위한 소비에 더 많은 행복감을 느낀다.

셋째, 타인을 위한 선물 구매는 선물을 받는 사람의 긍정정서를 증대시킨다. 물건 선물보다는 체험 선물이 선물을 받은 사람에게 더 오래 기억되며 강한 긍정정서를 제공한다(Chan & Mogilner, 2017). 선물은 받는 이에게 특별한 사람이나 이벤트를 기억하게 하는 정서적 가치(sentimental value)를 담고 있어 만족 적응 효과가 적다. 즉, 선물이 담고 있는 특별한 추억이나 상징적 의미와 같은 정서적 가치는 선물을 받는 사람이 오래도록 긍정정서를 유지하도록 한다(Yang & Galak, 2015). 이처럼 선물을 받은 소비자의 긍정정서는 선물을 제공하는 사람의 긍정정서로 이어지고 이러한 긍정정서의 교환은 소비자의 소비 행복감을 증진시킨다.

타인을 위한 선물(Gift) 구매와 소비자 웰빙

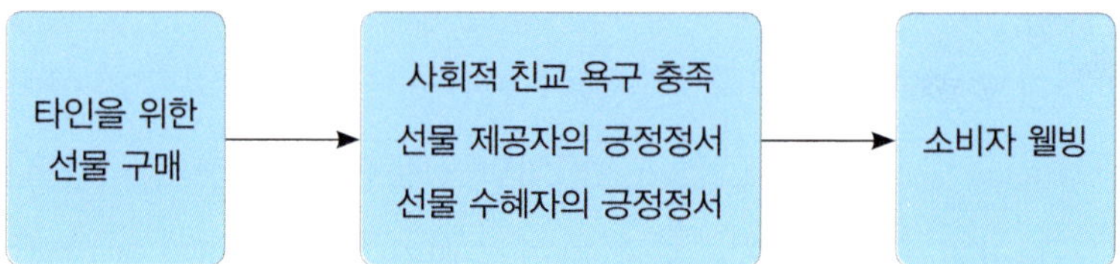

선물 구매와 웰빙 마케팅

- 기업은 보다 강한 정서와 행복감을 제공하는 체험 선물에 대한 마케팅 노력을 증대시킨다. 물건 선물의 경우에도 단순소유보다는 체험적 측면을 강조하는 마케팅 노력이 필요하다. 체험 중심의 선물의 교환을 통하여 소비자들은 긍정정서를 교환하고 행복감이 증진된다.

- 기업은 선물을 받는 사람이 기대하는 즐거움을 최대화하는 제품을 제공한다. 선물을 받는 사람은 전혀 예상치 못한 선물을 받았을 때보다는 자신의 희망 리스트에 있는 선물을 받았을 때 더 큰 기쁨을 체험한다(Gino & Flynn, 2011; Ward & Broniarczyk, 2016). 단순히 가격적으로 비싸기만 한 선물보다는 선물을 받는 사람의 편익을 최대화하는 선물이나 정서적으로 의미가 있는 선물이 선물 수혜자의 행복감 증진에 더 효과적이다(Flynn & Adams, 2009; Yang & Galak, 2015). 기업은 소비자가 받는 사람들이 원하고 그들의 편익을 최대화하는 선물을 선택할 수 있도록 선물의 선택을 돕고 원하지 않는 선물에 대한 관대한 교환 정책 등 고객지향적 판매전략을 실행한다.

- 기업은 선물이 마음에 들지 않는 경우에 대비하여 선물 품목에 대하여는 관대한 반품과 교환의 정책을 시행하여야 한다. 지나치게 엄격한 교환 정책은 선물 제공자에게 신중한 선택을 강요하게 되고 이는 선물 구매 의향의 하락으로 이어지기 쉽다. 또한 지나치게 엄격한 교환 정책은 선물을 받는 사람이 자신의 소비 욕구에 맞는 제품을 받는 기쁨 체험의 기회를 제한하는 결과를 초래하므로 주의할 필요가 있다.

035 친환경 제품의 구매

많은 제품의 소유가 항상 행복감에 연결되는 것은 아니다(Hirsch, 1976). 많은 소비자들은 소비 관련 기본적 욕구가 충족된 이후에는 많은 물건의 소유나 과도한 소유보다 반드시 필요한 만큼만 소비하려는 노력, 적게 소비하려는 노력, 친환경적 소비와 재활용 노력, 그리고 타인과의 공유들을 통해 친환경적인 소비를 하려는 노력을 한다. 소비자들이 물질주의에 기반한 과도한 소비를 지양하고 적은 소비(anti-consumptioin)를 추구하기도 한다. 이러한 적은 소비를 추구하는 소비자들은 소비에 대한 통제력이 높고, 물질적 욕구가 적고, 사회적 이슈에 대하여 관심이 많으며, 내재적인 행복을 추구한다(Lee & Ahn, 2016).

친환경적 구매는 소비자들이 환경을 중시하는 태도를 가지고 있고, 환경의 문제를 자신과 사회문제로 공감하는 공동체의식과 도덕적 자아 개념(moral identity)을 가지고 있을 때 크게 나타나며, 환경의 문제에 대한 사회적 규범과 타인이 친환경 소비에 참여하는 정도에 의해 영향을 받는다. 이러한 소비자들의 친환경적 구매는 친사회적 가치를 구현하고 소비 생활을 더 의미 있는 것으로 만들어 소비 행복감을 증대시킬 수 있다(Donnelly et al., 2017; Veenhoven, 2004). 친환경적인 제품이나 서비스를 구매하고 재활용에 적극적인 소비자들은 소비자 웰빙이 높다(Xiao & Li, 2011).

친환경적 소비가 소비 행복감을 증진시키는 이유는 다음과 같다.

첫째, 친환경적 소비는 소비자의 긍정적 자아 개념의 형성을 돕는다. 친환경적 소비는 환경에 기여하는 의식있는 소비자로서의 긍정적인 자아 개념의 형성을 가능하고 이러한 긍정적 자아 개념이 소비 행복감을 증진시킨다. 친환경적 제품의 구매, 에너지 절약, 재활용, 친사회적 소비는 사회와 타인을 위해서 의미 있는 일을 했다는 느낌을 준다. 물질적이고 외재적인 동기의 충족 중심의 일반 제품 소비와는 달리 친환경적 소비는 사회적으로 바람직한 내재적 가치의 충족을 가능하게 한다(Brown & Kasser, 2005). 친환경 소비를 통하여 사회에 기여하는 인식은 소비자의 긍정정서의 체험을 가능하게 하고 긍정적 자아 개념의 형성에 영향을 준다(Welsch & Kuhling 2010; Leonidou, Leonidou, & Kvasova, 2010).

둘째, 친환경 소비는 소비로 인한 죄의식 및 부정정서를 줄인다. 소비자들은 환경에 부정적 영향을 주는 소비 혹은 반드시 필요하지 않은 쾌락적 제품의 과도한 소비에 대하여 죄의식(guilty feeling)을 가진다. 친환경적인 소비를 통해 반드시 필요한 만큼의 소비, 소비 이후의 재활용, 공유소비 등의 친환경적 소비는 소비 관련 부정정서의 경험과 죄의식을 줄여준다.

친환경 제품의 구매의향

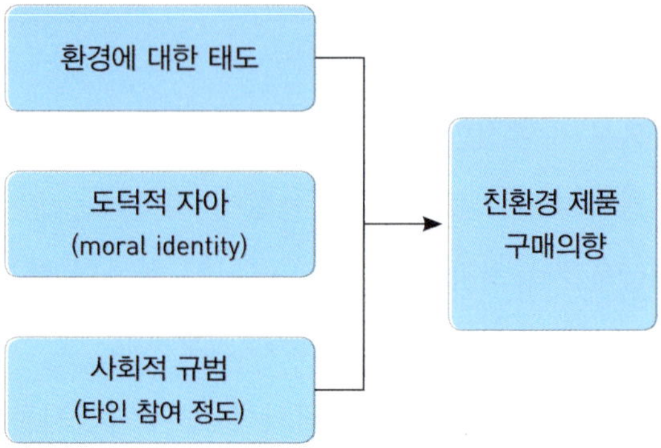

친환경적 구매와 소비자 웰빙

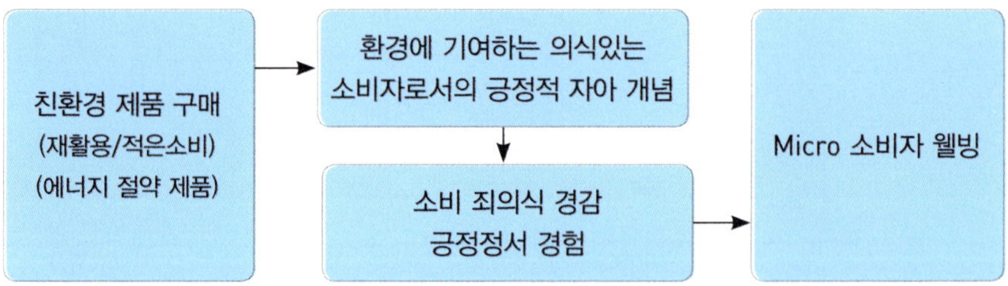

친환경적 구매와 웰빙 마케팅

- 기업은 친환경적인 제품에 대하여 품질정보 제공, 이력 추적 시스템, 인증제도 등을 통하여 친환경 제품에 대한 소비자 신뢰를 확보하고 친환경 제품을 구매하는 소비자로 하여금 친환경적 가치를 존중하는 의식있는 소비자로서의 자부심을 가지도록 돕는 것이 중요하다.
- 기업은 친환경적 가치가 소비자에게 가격부담으로 전가되지 않도록 하고 친환경적 제품의 마케팅이 지속가능하도록 계획하여야 한다. 과시적이거나 일회성의 이벤트가 아닌 지속가능한 친환경 구매를 위하여 기업은 친환경 목표와 기업성과 목표를 동시에 추구하여야 한다.
- 기업은 친환경 캠페인에 대한 참여를 높이기 위하여 목표 고객이 독립적 자아를 가진 소비자의 경우에는 개인의 친환경에 대한 문제 인식 및 친환경적 구매의 중요성 등 소비자의 태도의 변화에 캠페인의 노력을 집중한다. 상호의존적 자아를 가진 소비자의 경우에는 친환경적인 집단 규범의 강화 및 참여 고객의 수 등 친환경적 구매 캠페인에 대한 규범을 강조하는 것이 고객의 참여 증진에 효과적이다.

친환경적 구매 관련 가설

- 친환경 제품에 대한 구매는 의식있는 소비자로서의 긍정적 자아 개념(positive self-concept)을 강화하고 소비자 웰빙을 향상시킨다.
- 친환경 제품에 대한 구매는 소비자의 환경에 대한 죄의식(guilty feeling)을 줄여주어 소비자 웰빙에 기여한다. .
- 친환경 제품에 대한 구매의 자아 개념에 대한 긍정적인 영향은 소비자의 도덕적 자아 개념이 현저한(salient moral identity) 소비자의 경우가 소비자의 도덕적 자아 개념이 덜 현저한 소비자의 경우보다 더 크다.

036 충동구매(impulsive buying)와 소비자 웰빙

충동구매는 신중한 구매에 대한 숙고없이 즉흥적으로 이루어지는 비계획적인 구매를 말한다(Kacen & Lee, 2002). 소비자의 충동구매는 부정정서의 극복을 위해 심사숙고나 재무 계획이 없이 이루어지는 경우가 많으므로 소비자의 소비통제의 어려움을 가중시키고 재무 스트레스의 원인이 되기도 한다. 이처럼 충동구매는 과도한 소비로 인해 재무상황을 악화시키고 사회적 관계와 부정정서를 야기하여 소비자 웰빙에 부정적 영향을 미친다(Bearden & Haws, 2012; Silvera, Lavack, & Kropp, 2008). 충동구매는 다음과 같은 원인에 의해 자주 발생한다.

첫째, 충동구매는 소비자의 충동성(impulsivity)과 외적인 자극추구 경향(sensation seeking tendencies)에 의해 영향을 받는다. 충동구매는 소비자들이 현재의 즉각적인 즐거움에 치중하면서 충동적 구매 행동이 가져올 미래의 영향에 대한 고려를 하지 않을 때 자주 발생한다(Sneath, Lacey, & Kennett-Hensel, 2009). 충동구매는 결국 외적 자극에 의한 순간적인 구매 욕구에 대해 통제를 하지 못함에서 기인한다(Baumeister, 2002).

둘째, 충동구매는 소비자의 긍정 무드(positive mood)에 의해 영향을 받는다. 소비자가 시간과 금전적 여유가 있고 긍정 무드를 가진 경우 충동구매가 자주 발생한다. 또한 충동구매는 소비자가 제품의 구매를 통해서 이상적 자아를 표현하고자 하는 경우(Dittmar & Bond, 2010), 그리고 소비에 대한 규범적 통제가 적은 독립적 자아 개념 소비자의 경우에 빈번하게 발생한다(Zhang & Shrum, 2009).

셋째, 충동구매는 소비자의 물질주의에 의해 영향을 받는다. 이들은 물건의 획득과 소유를 통해 행복감을 얻으려고 하지만 이러한 외재적 가치의 추구는 소비자 웰빙에 오히려 부정적 영향을 미친다. 충동구매가 일시적으로 부정정서를 경감시켜 주지만 반복적인 충동구매는 장기적으로 재무 상태를 악화시키고 부정정서를 증가시키며 소비자의 자존감을 악화시킨다.

충동구매의 원인

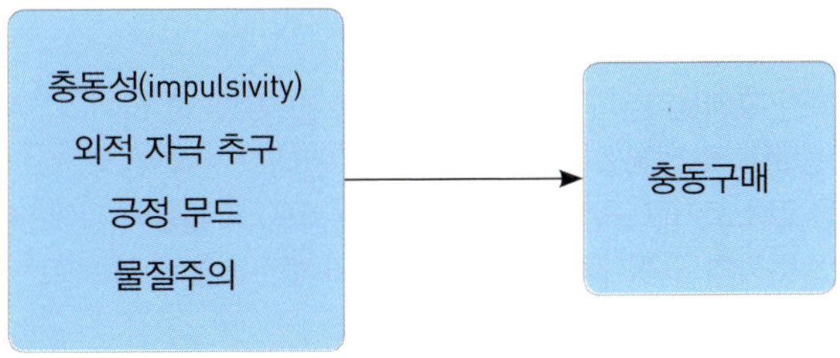

충동구매와 소비자 웰빙

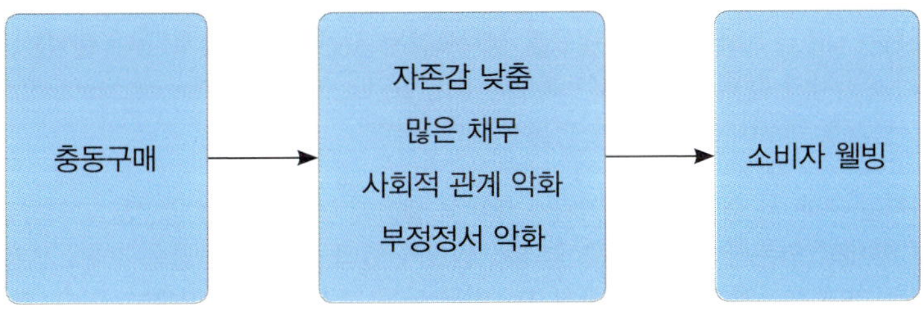

충동구매와 웰빙 마케팅 전략

- 기업은 소비자의 빠른 구매 결정을 유도하기보다는 소비자가 시간적 여유를 가지고 쇼핑을 할 수 있도록 충분한 시간을 제공하고 소비자의 계획 구매를 돕는다. 소비자에게 구매 전에 제품이나 서비스를 체험할 기회를 체험공간을 통하여 제공하는 것도 충동적 구매를 줄이는 데 도움이 된다.

- 소비자는 제품의 구매로 편익이 오래 지속될 것이라고 미래편익을 과대 평가하며, 구매로 인한 미래의 비용지불 노력에 대해서는 과소평가하는 경향이 있다. 이러한 미래에 대한 예측 오류를 극복하는 것이 충동구매를 줄이는 데 도움이 된다. 소비자의 예측오류를 줄이기 위해 기업은 소비자에게 구매의 장기적 영향 그리고 구매에 필요한 전체적인 비용 등의 정보를 정확하고 자세하게 제공한다. 기업이 소비자의 구매시점마다 소비자의 구매액과 누적 소비액을 고지하는 것도 효과적이다.

- 기업은 즉각적인 구매보다는 시간을 두고 구매를 결정하도록 하거나, 구매 이후에 취소 및 반품이 가능하도록 정책을 수립한다. 기업의 관대한 반품 정책은 소비자의 구매 시점에의 위험을 감소시키고 구매 후회를 줄이고 소비자의 웰빙에 기여한다. 또한 관대한 반품 정책은 소비자의 구매위험을 줄여 주어 추가적인 매출에 기여하는 효과도 있다.

충동구매와 소비 전략

- 소비자는 구매에 대한 즉흥적 결정을 내리기보다는 제품의 필요 및 구매에 따르는 재무적 결과를 신중하게 판단하고 장기적인 결정을 하는 것이 필요하다. 충동적으로 제품을 구매하는 대신 그러한 제품의 필요를 심사숙고는 시간을 가지면서 구매 결정을 하도록 한다. 소비자의 현재소비를 위한 과도한 시간할인(hyperbolic time discounting)을 경계하고 장기적 계획에 의한 구매결정을 하여야 한다.

- 소비자는 구매 시 충동구매가 미치는 재무적 웰빙에 대한 부정적 영향을 고려하고 특히 개인 부채에 의존한 충동구매를 경계할 필요가 있다. 소비자는 충동구매로 인한 미래 편익은 과대 평가하고 미래에 들어가는 비용 등을 과소평가하는 경향이 있다. 소비자는 이러한 미래편익의 지속가능성과 구매로 인한 비용지출, 그리고 재무적 영향 등을 종합적으로 고려하여 신중한 의사결정을 내리도록 한다.

충동구매 관련 가설

- 소비자의 충동구매는 소비통제에 대한 자존감을 낮추고 재무 스트레스를 높여 소비자 웰빙에 부정적 영향을 준다.
- 소비자의 충동구매가 소비자 웰빙에 미치는 부정적 영향은 만족 적응이 빠른 경우가 만족 적응이 느린 구매의 경우보다 더 크다.
- 소비자의 충동구매가 소비자 웰빙에 미치는 부정적 영향은 소비자가 구매 정당화를 하기 어려운 쾌락적 제품의 경우가 구매 정당화를 하기 쉬운 기능적 제품의 경우보다 더 크다.

037 강박적 구매(compulsive buying)와 소비자 웰빙

소비자가 구매에 대한 자제력을 잃어버리고 구매가 가져오는 부정적인 결과를 알고 있으면서도 통제가 불가능한 주기적이고 반복적인 구매를 하게 될 때 이를 강박적 구매라고 칭한다(Ridgway, Kukar-Kinney, & Monroe, 2008; Dittmar, 2005). 강박적 구매(compulsive buying)는 소비자가 지속적인 구매 욕구를 가지면서 구매에 대한 자제력을 잃어버린 상태를 말하는 것으로 이는 심리적 장애의 일종으로 간주된다. 강박적 구매는 소비자에게 더 큰 재무적 어려움과 부정적 감정의 악화를 초래하므로 심리적 치료를 필요로 한다(Faber & O'Guinn, 1992).

강박적 구매는 다음과 같은 원인에 의해 발생한다.

첫째, 소비자들이 우울 불안 등의 부정적 정서를 가지고 있는 경우 강박구매가 나타난다. 소비자들은 우울/불안 등의 부정적 감정으로부터 벗어나기 위하여 지속적으로 물건을 구매한다(O'Guinn & Faber, 1989; Ridgway et al., 2008). 충동구매가 외적인 자극에 의해 주로 발생하지만, 강박구매는 소비자의 우울/불안 등 내적인 부정적 정서상태로부터 벗어나기 위하여 지속적으로 물건을 구매하고 새로운 자극을 추구하는 과정에서 발생한다(Mowen & Spears, 1999).

둘째, 소비자들이 물질구매를 통해서 자아의 모습을 복구 또는 향상시키려는 동기가 큰 경우에 강박구매가 나타난다. 소비자들은 제품의 소비를 통하여 현실적 자아와 이상적 자아의 괴리를 극복하고 이상적인 자아의 모습을 표현하고자 할 때 이상적 자아 이미지를 표현하는 물건을 지속적으로 구매한다. 낮은 자존감을 복구하고 타인에게 보여지는 이상적 자아 개념의 복구 및 향상을 위해 제품을 구매한다(Dittmar, Long, & Bond, 2007).

셋째, 소비자들의 물질주의(materialism)가 강한 경우에 강박구매가 나타난다. 강박구매는 소비자들이 물질적인 소유를 중시하고 이를 통해서 행복과 사회적 성공을 나타내려는 물질주의적 성향에 기인한다. 물질에 대한 중시가 없다면 물질 제품의 구매를 통해서 자아 개념의 회복 혹은 정서적인 복구를 추구하려는 노력은 현저히 줄어든다(Dittmar, Long, & Bond, 2007). 온라인에서의 반복적이고 강박적인 구매의 원인을 규명한 실증 연구에 의하면 강박적 인터넷 구매는 물질을 중시하고 이를 통해 심리적 위안을 얻으려는 물질주의에 기반하고 있다(Dittmar, Long, & Bond, 2007).

강박구매는 정서적, 사회적, 재무적 소비자 웰빙에 부정적인 영향을 미친다(O'Guinn & Faber, 1989). 강박구매가 비록 소비자에게 일시적인 안정감 혹은 심리적 위안을 주지만, 소비자들이 실제로 물품을 사용하지는 않은 경우도 많으며 이러한 반복적 구매 행위는 장기적으로는 부정정서를 더욱 악화시키고 소비자의 자존감을 낮추어, 사회적 관계와 재무적 상태에 더 부정적 영향을 미치게 된다. 강박적 구매를 하는 소비자는 단조로움, 슬픔, 걱정과 같은 부정정서를 경험하는 경우가 많으며(Faber & Christenson, 1996), 재무적 상태와 과소비의 결과에 무관심하여 더 많은 채무를 가지게 된다(Lo & Harvey, 2011). 이러한 강박구매에 대한 치료방법으로는 강박구매의 주 원인인 낮은 자존감에 대한 상담치료, 스트레스와 우울에 대한 대응 능력을 향상시키는 것, 그리고 친교와 사회적 만족을 강화하는 것 등 다양한 방법이 있다.

충동구매 vs. 강박구매

	충동구매 (impulsive buying)	강박구매 (compulsive buying)
구매 결정	비계획적/빠른 구매결정	통제 불능의 지속적이고 반복적 구매
구매 원인	외적 자극에 대한 스릴 추구	부정정서 극복
소비자 성향	충동적 성향	통제력 상실
소비자 웰빙에의 영향	부정적 영향 (부정정서 강화)	부정적 영향 (낮은 자존감/재무 스트레스)

자료: Kacen & Lee, 2002; Jones, Reynolds, Weun, & Beatty, 2003; Ridgway, Kukar-Kinney, & Monroe, 2008; Rook & Gardner, 1993.

강박구매의 원인

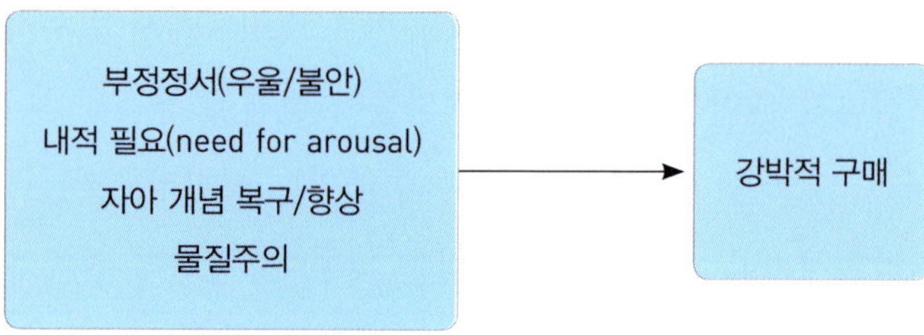

온라인 강박구매의 원인

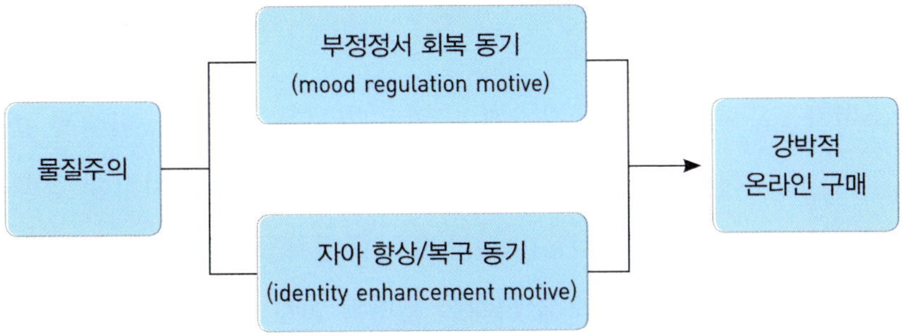

자료: Dittmar, Long, & Bond, 2007

강박구매와 소비자 웰빙

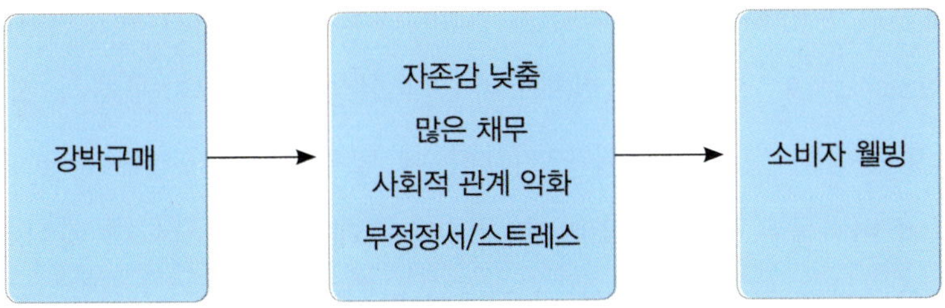

038 현재소비 선호(present bias)와 소비자 웰빙

소비자들은 현재 일어난 사건에 더 많은 가치를 부여하고 미래에 일어날 사건에 대해서는 상대적으로 낮은 가치를 부여한다. 이러한 경향을 시간할인이라고 한다(Ainslie & Haslam, 1992). 소비자들은 현재의 소비에 더 많은 가치를 부여하기 때문에 미래의 소비를 과도하게 할인을 해서라도 현재의 소비를 하기 원하는데 이를 과도한 시간할인(hyperbolic time discounting)이라고 한다.

소비자의 현재소비 선호 현상은 왜 발생하는가? 소비자가 과도한 현재가치 할인을 해서라도 현재소비를 선호하는 것은 현재소비가 구체적이고 개별적인 반면 미래의 소비는 추상적이고 전반적이기 때문이다(Trope & Liberman, 2003). 소비자의 현재소비 선호현상은 현재의 구체적 정서가 미래의 추상적 정서보다 더 크기 때문에 발생한다(Dunn, Gilbert, & Wilson, 2011). 소비자들은 현재의 소비에 대하여 미래의 소비보다 더 강한 긍정정서를 느끼고 현재의 소비를 더 선호한다.

현재소비 선호 현상은 언제 발생하는가? 소비자들의 현재소비 선호현상(present bias)은 현재와 가까운 미래의 사이에서 크게 발생한다. 소비자들은 현재(t=0)와 가까운 미래(t=1)에서는 아주 많은 할인을 해서라도 현재의 소비를 원한다. 하지만 가까운 미래(t=1)와 먼 미래(t=2)에서는 소비자들이 이 둘을 모두 미래로 간주하고 그들 사이의 주관적 시간차이를 크게 인식하지 않으므로 상대적으로 낮은 할인을 보인다. 현재와 가까운 미래의 소비에서는 기다림이 매우 현저하게 드러나서 기다리지 못하고 조급함을 보이지만 미래소비들 간의 결정에서는 기다림이 현저하게 부각되지 아니하고 기다림에 대한 조급함이 줄어든다. 즉, 소비자는 기다리는 시간이 증가함에 따라 현재소비에 대한 조급함이 줄어든다(declining impatience).

소비자의 과도한 현재소비 선호는 소비자의 웰빙에 부정적 영향을 미친다. 과도한 현재소비 선호는 비계획적이고 충동적인 구매로 이어져 재무적 어려움의 원인이 된다. 또한 절제하지 못한 소비는 소비자에게 소비 죄의식 및 구매 후회 등의 부정적 정서 경험을 가져오고 자아 효능감이나 자존감의 하락을 가져와서 소비자 웰빙에 부정적 영향을 미친다. 여행 소비자 관련 실증조사에 의하면 여행 소비자들의 현재소비 선호 현상은 소비자들의 비계획적인 과도한 소비로 이어져(Nguyen, 2016) 소비자 웰빙에 부정적인 영향을 가져온다.

현재소비 선호(present bias)

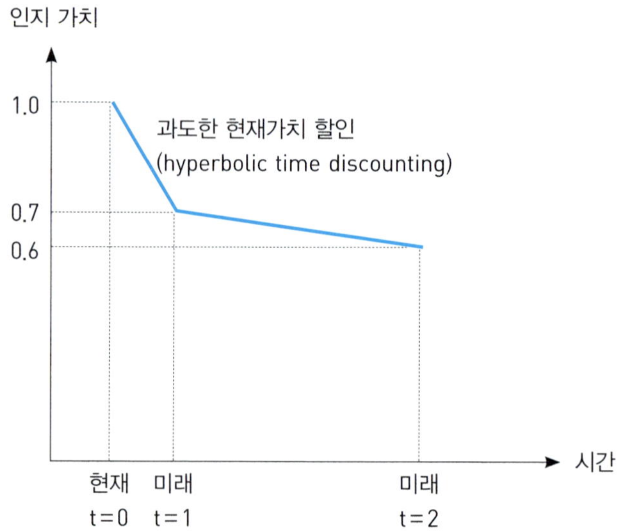

현재소비를 위해 미래(t=1)에 대하여 매우 높은 할인율 적용(e.g., 30%)
미래소비(t=1 vs. t=2)에서는 과도한 할인이 나타나지 않음(e.g., 10%)

현재소비 선호와 소비자 웰빙

039 현재소비에 대한 통제

소비에 관한 자기통제는 행복한 소비 생활에 필요한 중요 요소이다(Vohs & Baumeister, 2004). 소비 관련 자기통제는 스스로 설정한 소비 기준을 바탕으로 현재의 소비상태를 비교하고 그 차이를 줄여 설정한 소비 기준을 유지하려는 노력이다. 이러한 현재소비에 대한 자기통제는 소비자로 하여금 소비로 인한 후회나 죄의식을 줄이고, 긍정적 자아 개념을 극복하는 것을 가능하게 하고 재무적 안정에 기여하여 소비자 웰빙에 긍정적 영향을 미친다.

많은 소비자들이 현재소비에 대한 통제를 하지 못하고 습관적이고 자동적인 충동구매를 하는 경향을 보인다(Soman, Xu, & Cheema, 2010). 소비자가 이러한 자동적이고 충동적인 소비를 통제하기 위한 방법은 다음과 같다.

첫째, 현재소비를 통제하기 위하여 소비자는 사전에 설정한 장기적이고 궁극적인 소비통제 목표에 집중한다(Ülkümen & Cheema, 2011). 소비통제의 목표에는 합리적인 소비를 통해 소비자 웰빙을 향상시키려는 전체적인 상위 목표(end-goal)와 이를 달성하는 데 필요한 수단적인 하위 목표(sub-goal)의 두 가지로 구분할 수 있다. 소비통제를 위한 상위 목표는 소비통제를 하여야 하는 궁극적인 이유를 반영하는 추상적 목표이며 장기적인 소비통제와 저축목표 달성 등 보다 근본적인 목표들이 포함된다. 소비통제를 위한 하위 목표는 소비통제의 구체적 방법을 반영하는 목표이며 단기적인 예산을 초과하지 않는 지출 소비 등이 포함된다. 많은 경우 하위 세부목표의 실패가 전체적인 상위 목표에의 몰입을 약화시키는 결과를 가져온다(Devezer et al., 2014). 소비자는 비록 세부 실행을 의미하는 하위 목표의 달성에 실패하더라도 전체적인 상위 목표를 포기하지 않아야 한다. 장기적인 상위 목표를 유지하면서 세부 실행목표의 실패를 방지하는 노력을 하는 것이 필요하다.

둘째, 현재소비를 통제하기 위하여 지출손실이 부각되도록 한다. 예를 들어 현금 등의 지출은 지출에 대한 손실이 지출시점에 부각되어 소비통제에 도움이 된다. 반면 신용카드 자동이체, 후불 등의 지불방식은 잔액이 줄어드는 것이 잘 보이지 않으므로 소비통제가 어렵고 결과적으로 더 많은 소비로 이어지기 쉽다. 특히 신용카드는 많은 시간이 지난 후에 소비 비용이 합쳐져서 청구되므로 구매시점에서 항목별 예산통제를 어렵게 하고 신용한도를 사용가능한 예산으로 착각하게 만들어 과도한 소비를 조장하는 부작용이 있다(Morewedge, Holtzman, & Epley, 2007). 소비자들은 특정 제품을 구매할 때 유사 제품의 과거 지출을 기준으로 비용 지출의 적합성을 판단하려는 경향이 있다. 따라서 과거 지출에 대한 기억이 중요한데 신용카드의 경우 덜 부각되어 기억을 잘하지 못한다. 과거 지불가격에 대한 기억이 희미한 것도 비용지출을 어렵게 하는 원인의 하나가 되므로 신용카드를 결제할 때 서명하기 전에 지출 비용을 매번 확인하는 절차를 거치도록 하는 것이 미래의 유사품목의 소비통제에 도움이 된다(Soman, 2001).

셋째, 현재소비를 통제하기 위하여 심적 계좌별 목표 관리를 한다. 소비자가 지출 용도별 예산을 사전에 수립하고 각각의 심적 계좌로 분리하여 목표 관리를 하면 소비 지출의 관리가 용이해진다(Thaler, 1999). 자금의 용도가 불분명하면 소비 계좌에 합산되어 다른 지출 항목과 더불어 지출되기 쉽다(Soman & Cheema, 2001).

소비 목표와 소비통제

	장기적 소비 목표	단기적 소비 목표
해석수준	높음(high)	낮음(low)
절약 목표	추상적 (절약/소비통제를 해야 하는 궁극적 이유)	구체적 (절약/소비통제를 하는 구체적 방법)
목표 순위	상위 목표(end-goal)	하위 목표(sub-goal)
소비통제 동기부여 및 소비통제 효과	높음	낮음

소비통제 선행 요인

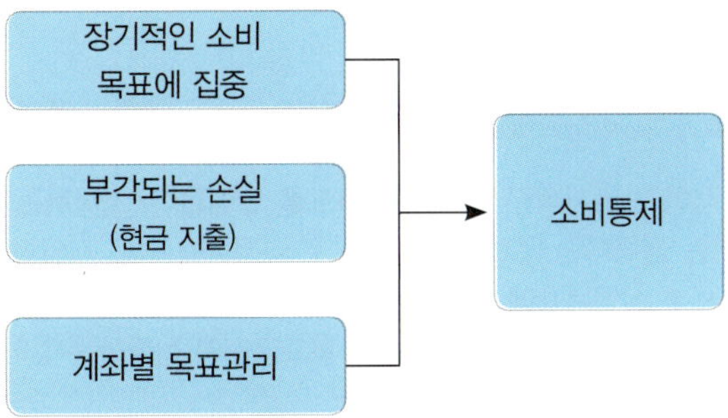

소비통제와 소비자 웰빙

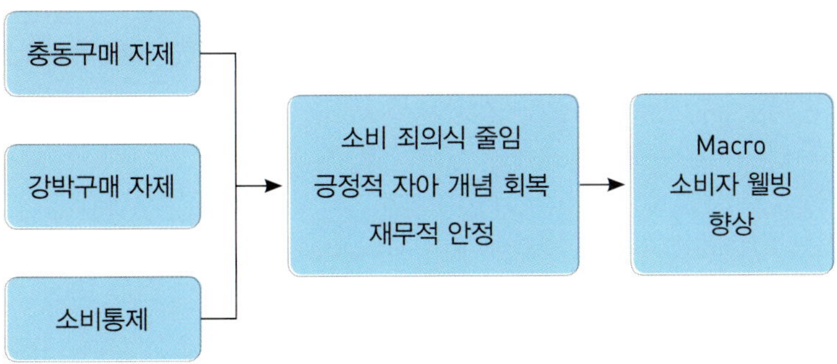

소비통제를 위한 웰빙 마케팅 전략

- 기업은 소비자들에게 계좌별 분명한 저축목표를 설정하도록 돕는다 소비자에게 한 계좌에 모든 현금을 통합하여 관리하기보다는 계좌별로 분명하고 구체적인 자금 목표를 설정하게 한다. 동일 계좌에 여러 목표를 설정하면 목표 달성에 집중하기 어렵고 목표 갈등이 생긴다.

- 소비자는 예상하지 못한 소득에 대한 소비 비율이 높다. 기업은 소비자의 사전 약정에 의한 저축을 하게 하여 소비를 통제하도록 돕는다 소비자의 사전 약정에 의한 저축이 비계획적 소비를 줄이고 소비통제를 가능하게 한다.

- 기업은 소비자의 소비내역을 실시간으로 공지하여 사용 정도를 미리 파악하도록 한다. 기업은 소비자의 구매와 현금흐름에 대한 분석 정보를 제공하며 반복되는 구매의 경우 기존 구매내역을 소비자와 공유하여 소비자가 계획소비에서 크게 벗어나지 않도록 돕는다.

소비통제를 위한 소비 전략

- 소비자는 장기적이고 명시적인 소비통제 목표를 설정한다. 소비자는 절약이나 소비통제를 하여야 하는 궁극적인 목표를 명시적으로 설정하고 이를 지키기 위하여 노력하여야 한다. 비록 세부 실행목표에서의 단기적인 실패가 있더라도 장기적으로 소비통제와 저축을 하는 궁극적인 상위목표를 유지하고 목표달성에 집중하는 것이 중요하다.

- 소비자는 소비통제를 위하여 손실이 부각되는 지출수단을 사용한다. 신용카드 자동이체, 후불 등 손실이 덜 부각되는 암묵적 지출 수단보다는 체크카드, 현금 등 소비지출이 소비자에게 부각되는 지출수단을 사용한다. 매 소비시점마다 사용액과 잔액이 통지되도록 한다.

- 소비자는 심리계좌별로 목표를 설정하고 계좌별 목표관리를 한다. 소비자는 소비예산 전체를 단일 계좌에 넣어두고 필요에 따라 사용하기보다는 목적별로 계좌를 분리하여 관리한다. 소비자가 설정한 각 비용 계좌별로 분명하고도 구체적인 소비 목표를 설정하도록 한다.

소비통제 관련 가설

- 소비통제에 대한 추상적 상위 목표(예: 절약을 하여야 하는 궁극적 이유)를 위해 노력하는 소비자의 경우가 소비통제에 대한 구체적 하위 목표(예: 절약의 구체적 방법)를 위해 노력하는 소비자의 경우보다 소비통제를 잘하며 충동구매/강박구매가 적다.
- 소비자의 계좌별 목표관리 및 손실이 부각되는 지출수단의 사용은 소비통제에 긍정적 효과를 가진다.
- 소비자의 소비통제 실패는 소비 죄의식과 재무 스트레스를 높이고, 소비자로서의 자존감에 부정적 영향을 주어 소비자 웰빙에 부정적 영향을 미친다.

040 소비자의 구매 선택에서의 평가오류 및 선택오류

소비자의 구매선택이 항상 소비자의 행복을 극대화하지 못한다. 그 이유는 소비자가 각 대안의 행복에 대한 기여를 정확하게 예측하지 못하거나(평가오류) 혹은 정확하게 예측하였더라도 소비 행복을 극대화해 주는 대안을 바르게 선택하지 않기 때문이다(선택오류).

많은 소비자가 구매에서 경험하는 대안 평가오류와 선택오류를 좀더 자세히 구체적으로 살펴보면 다음과 같다.

첫째, 선택대안의 행복에 대한 기여 예측을 정확하게 하지 못하는 오류를 대안 평가오류(evaluation bias)라고 한다. 대안 평가오류에는 미래의 이득을 과대 평가하는 효과오류(impact bias), 구매시점에서 실제 소비시점의 환기 수준에 대한 예상을 정확하게 하지 못하는 것에서 발생하는 예상오류(projection bias), 대안 간의 차이를 과대평가하는 차이오류(distinction bias), 체험에 대한 기억상의 오류(memory bias), 과학적 근거가 없는 개인적 믿음에 의한 평가로 인한 신념오류(belief bias) 등의 다양한 형태가 있다(Hsee & Hastie, 2006).

둘째, 소비 행복을 극대화해 주는 대안을 선택하지 못하는 오류를 선택오류(choice bias)라고 한다. 선택오류에는 충동적 결정에 의한 오류(impulsivity), 편익이 아닌 다른 규칙에 의한 선택으로 인한 선택오류(rule-based decisions), 과학적 근거가 없는 초보적 합리성에 의한 선택으로 인한 오류(lay rationalism), 경험 편익보다 금전적 수단을 더 우선시하는 경향(medium maximization)에 따른 선택오류 등이 있다(Hsee & Hastie, 2006).

이러한 평가과정과 선택과정에서 소비자들의 오류는 소비자들의 구매 평가와 선택이 바로 소비 행복에 직결되지 못하는 원인이 되므로 이들을 명확하게 이해하고 오류들을 줄이기 위한 노력들이 필요하다.

소비 행복을 증대시키지 못하는 평가오류와 선택오류

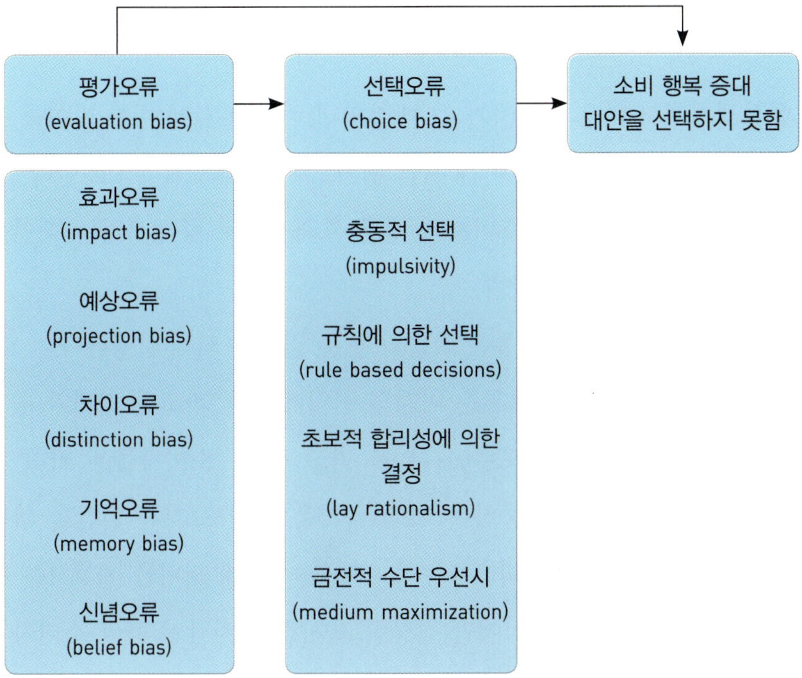

041 소비자의 대안 평가오류(evaluation bias)

현실세계에서 많은 소비자가 각 대안의 소비 행복감에 대한 기여를 정확하게 예측하지 못하는데 이를 대안 평가오류(evaluation bias)라고 한다. 이러한 평가오류로 인하여 소비자 웰빙을 효과적으로 증대시키는 대안을 선택하지 못하는 경우가 많다.

소비자들의 대안 평가오류는 다음과 같은 원인에 의해 발생한다.

첫째, 소비자들의 평가오류는 미래의 편익에 대한 과도한 기대와 평가에 기인하는데 이를 효과오류(impact bias)라고 한다. 소비자들은 미래 체험에서 긍정 체험에만 집중하여 미래 즐거움의 빈도/지속 기간을 과대평가하는 경향이 있다. 효과오류는 소비자들이 미래 소비를 예상하는 평가 시점에서는 긍정적 편익에만 집중하고 시간이 지남에 따라 소비자가 즐거움에 금방 적응되는 것을 인지하지 못하기 때문이다. 소비자들이 미래 소비를 예상할 때에는 오로지 측정 행동의 긍정적인 측면에만 집중하여(focalism), 미래 즐거움을 과대 평가하지만 실제 소비 및 체험 시점에서 소비자들은 긍정 및 부정의 여러 측면을 동시에 경험하게 된다(Wilson et al., 2000). 예를 들어 여행을 계획할 때 많은 소비자들이 예상되는 즐거움에 집중하지만 실제 여행의 체험 중에는 즐거운 체험뿐 아니라 즐겁지 못한 체험들도 동시에 경험하게 된다. 또한 소비자가 미래의 즐거움 편익이 오래 지속될 것이라고 지속기간에 대한 과대평가를 하지만 실제로는 소비자들은 즐거움에 금방 적응하여 즐거움이 오래 지속되지 않는다(immune neglect)(Gilbert et al., 1998). 계획중인 해외여행의 행복감이 매우 오래 갈 것으로 예상하지만 실제 체험하는 만족은 그리 높지 않다. 또한 그러한 즐거움은 금방 적응되어 소비자의 일상 복귀 이후에는 행복감이 그 여행 이전의 수준으로 빠르게 복귀하고 만다(Nawjin et al., 2010). 이러한 효과오류는 불확실한 미래를 예상할 때에 지나간 과거를 회상할 때보다 더 크게 나타나고(Caruso, Gilbert, & Wilson, 2008; Van Boven & Ashworth, 2007), 구매상황의 소비자로 하여금 먼 미래의 사용의 즐거움을 구체적으로 생각하게 하면 적응으로 인한 즐거움 감소를 고려하게 되어 효과오류가 줄어든다(Wang, Novemsky, & Dhar, 2009).

둘째, 소비자들은 미래 소비를 예상할 때와 실제 소비를 할 때의 정서적 환기 수준(arousal state)이 다르기 때문에 평가오류가 발생한다. 소비자들이 미래 소비의 경우에 실제 소비의 경우보다 높은 몰입과 환기수준을 가지기 때문에 발생하는 평가상의 오류를 예상오류(projection bias)라고 한다. 소비자들은 미래의 높은 편익에 대해 높은 몰입과 환기 수준(arousal state)를 가지고 있어 미래 편익에 대해 높은 수준의 만족을 기대하고 예상한다. 그런데 소비자의 예상할 때의 환기 상태와 체험할 때의 환기 상태(arousal state)가 달라 예상오류가 발생한다. 많은 즐거움을 예상했으나 실제 재미없는 경우가 과대 예상오류(overestimated projection bias)의 예이며 전혀 기대하지 않았으나 의외로 즐거운 경우가 과소 예상오류(underestimated projection bias)의 예이다. 소비자들이 배고플 때의 음식물에 대한 쇼핑은 환기수준이 높아 맛있는 음식을 기대하고 많은 식품 재료를 구매하지만 실제 체험하는 음식은 소비자의 환기수준이 낮고 맛도 없는 경우가 많다. 이처럼 예상오류는 예상시점과 소비시점의 소비자 환기수준 및 기대수준의 차이로 인해 발생하는 평가오류이다.

셋째, 소비자들이 구매 이전에는 여러 대안을 상대평가하면서 대안 간의 차이가 클 것으로 판단하지만 실제 사용 중에는 단일 대안을 절대평가를 하기 때문에 그 차이를 못 느낀다. 이처럼 소비자들이 대안 간의 차이가 클 것을 예상하지만 실제 사용을 통해서는 그러한 차이를 인지하지 못하는 것을 차이오류(distinction bias)라고 한다. 예를 들어 소비자가 대형 자동차를 신규 구매하는 경우 기존의 작은 자동차에 비해 매우 커다란 차이를 보일 것으로 예상하지만 실제로 새로 구매한 대형 자동차를 사용하게 되면 크기에 금방 적응되어 대안간 크기 차이를 크게 느끼지 못하게 된다. 이는 구매 이전에는 대안 간의 비교평가를 하지만 사용 중에는 선택한 단일 제품을 절대평가하면서 소비자가 그 제품의 크기에 금방 적응이 되어버리기 때문이다.

넷째, 소비자의 제품/서비스의 사용 경험에 대한 기억이 불완전한 경우가 많은데 이를 기억오류(memory bias)라고 한다. 소비자들은 극적인 경험 혹은 최근의 경험을 여러 체험 중의 중간 경험보다 더 잘 기억한다. 또한 소비자들은 제품/서비스를 사용하면서 경험한 긍정 경험 빈도만을 기억하고 그 강도는 기억하지 못하는 경우가 많다(memory bias). 이러한 불완전한 기억이 소비자의 일정기간의 객관적 소비 경험을 온전히 반영하지 못하는 경우가 많다. 따라서 기억오류를 줄이기 위하여 경험을 실시간으로 기록하는 것도 필요하다.

다섯째, 소비자들은 자신이 믿는 신념에 의하여 대안을 평가하지만 이러한 신념이 소비 상황에서 적용되지 않는 경우가 있어서 평가오류가 발생한다. 이처럼 구체적 소비상황에서 소비자의 일반적 신념이 적용되지 못하는 것을 신념오류(belief bias)라고 한다. 예를 들어 선택 대안이 많을수록 좋다는 소비자의 일반적인 신념은 소비자의 구체적 소비 상황에서는 정보과부화와 후회 감정을 초래하는 등 그 신념이 잘 적용되지 않는 경우들이 있다.

소비자의 평가오류(evaluation bias)

평가오류	오류 내용	실제 소비자 웰빙 결과
효과오류 (Impact bias)	미래 체험에서 긍정 체험에만 집중하여(focalism) 미래 즐거움의 빈도/지속 기간을 과대평가	실제 체험에서는 긍정/부정 경험을 모두 경험하여 낮은 만족도 실제 체험에서의 즐거움이 오래 지속되지 않음(immune neglect)
예상오류 (projection bias)	미래의 높은 편익에 대해 높은 몰입과 환기 수준(arousal state)을 가지고 미래의 높은 수준의 만족을 예상	낮은 몰입과 환기 수준(arousal)으로 실제 만족도 낮음
차이오류 (distinction bias)	계량 속성에 의한 상대 평가 대안 간 차이가 매우 클 것으로 판단	계량 속성에 의한 대안이 그 차이만큼의 만족을 제공하지 못함
기억오류 (memory bias)	극적인 경험 혹은 가장 최근 경험만을 기억(peak-end rule) 실제 경험의 강도보다는 빈도를 기억	실제로는 사용 경험에 대한 부정확한 기억/낮은 만족도 가짐
신념오류 (belief bias)	소비자가 가지는 일반적 믿음에 의해 대안을 평가 일반적 믿음이 실제 소비의 특수 상황에서는 적용되지 않음	잘못된 신념에 의한 평가는 최적의 대안이 선택되지 못하고 낮은 만족도로 이어짐

자료: Hsee & Hastie, 2006.

미래 즐거움에 대한 효과오류(impact bias)

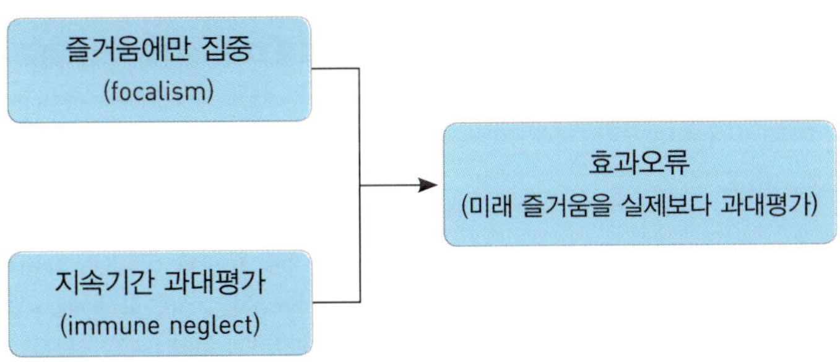

미래 즐거움에 대한 효과오류: 구매시점에는 미래의 즐거움에 집중하고 즐거움 지속기간을 과대평가(실제 사용 시점: 즐거움 적응 효과 경험, 긍정 및 부정 경험)

미래 즐거움에 대한 효과오류(impact bias)와 웰빙 마케팅 전략

- 소비자들은 미래의 즐거움을 과대하게 예상하는 경향이 있는데 이는 미래의 즐거움 편익에만 집중(focalism)을 하기 때문이다. 기업은 소비자가 가지게 되는 긍정 및 부정의 체험에 대하여 모두 구체적으로 설명함으로써 미래의 즐거움에만 집중하여 판단을 하지 않도록 도와야 한다. 기업은 소비자의 미래 체험의 즐거움에 대하여 객관적인 설명을 하고 과장 광고를 하지 않는다. 기업은 미래 체험에 대한 즐거움에만 집중하는 것(focalism)을 줄이기 위하여는 소비자에게 제품이나 서비스를 사전에 실제로 체험하는 기회를 제공하는 것이 효과적이다.

- 소비자는 즐거움이 반복되면 추가적인 즐거움을 당연시되어 즐거움이 오래가지 않는다(immune effect). 기업은 고객에게 제공되는 즐거움의 체험을 여러 번에 걸쳐 나누어 제공하여 기준점을 환기시키거나, 다양한 고객 체험을 제시하여 고객의 즐거움에 대한 면역효과를 줄인다.

- 소비자가 내부적으로 가지고 있는 평가 기준보다 외부에서 주어지는 평가 기준이 소비자의 체험 평가에 더 큰 영향을 미친다. 기업은 소비자가 기억이나 판단으로 가지고 있는 내적 준거점에 대하여 대안 중심의 평가 기준, 그리고 과거 기준의 평가 기준점 등 외적 기준점을 제시하여 고객의 내적 준거점을 환기시키고 면역효과를 줄인다.

미래 즐거움에 대한 효과오류(impact bias)와 소비 전략

- 소비자는 미래의 체험에 대한 구매를 할 때 전반적 즐거움에만 집중하기보다는 구매에 수반되는 구체적인 긍정 및 부정적 요소를 종합적으로 고려하여야 한다. 소비자가 구매를 하기 전에 미래의 즐거움이 얼마나 지속될 것인지를 미리 생각해보는 것도 효과오류를 줄이는 데 도움이 된다. 소비자는 제품의 사용 혹은 체험 후기에서 수반되는 타 소비자들의 만족 및 불만에 대한 구전 및 사전 평가들을 면밀하게 살피고 신중한 구매 결정을 하여야 한다.

- 소비자는 신규 구매로 인한 즐거움에 대하여 빠른 적응 효과를 보인다. 소비자의 즐거움에 대한 적응 효과를 줄이기 위해서는 소비자가 적극적인 참여를 통해 체험 구매를 자신을 위한 독특한 체험으로 만들고 체험 시마다 다양하고 새로운 체험들을 시도한다.

미래 즐거움에 대한 효과오류(impact bias) 관련 가설

- 미래 체험에 대한 긍정적 측면에의 집중(focalism)과 미래 즐거움 지속성에 대한 과대평가(immune neglect)가 소비자의 효과오류(impact bias)를 증가시킨다. 긍정적 측면에의 집중(focalism)과 미래 즐거움 지속성에 대한 과대평가(immune neglect)는 소비자의 효과오류(impact bias)와 정(+)의 상관관계를 갖는다.
- 소비자의 효과오류는 위험회피적 소비자(prevention-focused customers)보다 향상지향적 소비자(Promotion focused customers)의 경우에 더 크다
- 특정 체험의 미래 즐거움에 대한 소비자의 효과오류는 소비자의 그 체험에 대한 기대를 높여 소비자 웰빙에 미치는 영향에 부정적 영향을 미친다.
- 소비자의 효과오류가 소비자 웰빙에 미치는 영향은 물건 구매보다 체험 구매의 경우에 더 크다.

미래 소비 상황 환기수준에 대한 예상오류(projection bias)

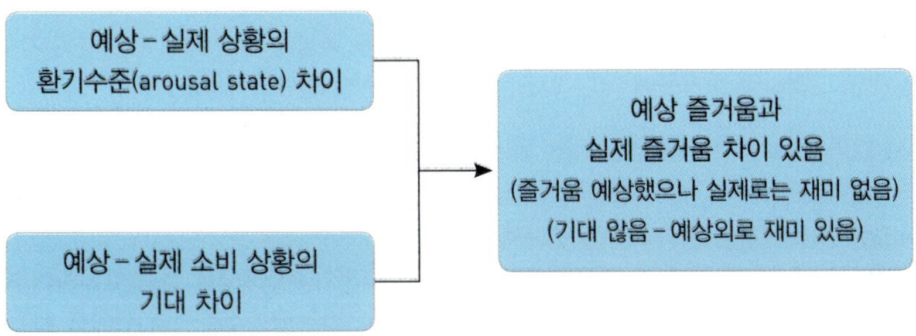

미래 소비 상황 환기수준에 대한 예상오류: 구매시점과 실제 사용시점의 환기수준이 다름

과대 예상오류(overestimated projection bias): 많은 즐거움을 예상했으나 실제 재미 없음

과소 예상오류(underestimated projection bias): 전혀 기대하지 않았으나 의외로 즐거움

소비 환기수준에 대한 예상오류(projection bias)와 웰빙 마케팅 전략

- 고객이 구매하는 시점의 제품에 대한 기대와 실제 사용하는 시점의 제품 체험이 다를 수 있다. 따라서 기업은 고객이 일반적으로 사용하는 시점의 실제 체험을 중심으로 제품에 대한 기대를 설정하고 지나치게 낙관적인 기대 설정을 지양하여야 한다. 기업은 소비자가 예상하는 체험에 대한 긍정 평가와 부정 평가에 대한 정보를 모두 제공하여 미래의 즐거움에 대한 예상오류를 줄인다.

- 기업은 소비자의 구매시점과 실제 소비상황에서의 환기수준의 차이가 발생하는 이유를 분석하여야 한다. 구매 시점에서는 높은 몰입도를 보이지만 실제 소비에서는 몰입도가 낮다면 기업은 실제 사용하는 시점의 소비자의 제품 체험에 대한 몰입을 높이는 노력을 하여야 한다. 구매시점에서의 고객이 미리 체험을 경험할 수 있도록 하거나, 커뮤니티를 통하여 실제 체험에 대한 소비자의 구매 후기를 구매 시점에 미리 볼 수 있도록 하는 것도 구매-소비상황에서의 환기수준의 차이를 줄이는 방법이 될 수 있다.

소비 환기수준에 대한 예상오류(projection bias)와 소비 전략

- 소비자는 미래의 즐거움을 예상하는 상황에서의 자신의 환기수준(arousal)을 즐거움에 대한 예상에 반영할 필요가 있다. 미래의 즐거움을 예상함에 있어서 자신의 환기수준 상태를 고려하여 즐거움에 대한 과도한 기대를 조절할 필요가 있다.

- 소비자는 미래의 소비 상황에 대한 예상과 실제 소비에서의 상황을 고려하여 구매 의사결정을 하여야 한다. 매우 높은 환기수준(arousal)에서 구매한 충동구매 제품은 실제 소비되는 상황에서는 환기수준이 낮아져서 기대 이하의 만족을 가져오는 경우가 많다. 소비자는 구매시점의 자신의 정서 환기수준과 소비시점의 예상환기시점을 고려하여 지나치게 낙관적인 예상을 지양하는 것이 좋다. 반대로 낮은 환기수준으로 구매를 하지 않았으나 나중에 구매를 하지 않은 아쉬움(drop loss)이나 비구매 후회(inaction regret)가 발생할 수 있음도 고려할 필요가 있다.

소비 환기수준 차이에 따른 예상오류(projection bias) 관련 가설

- 소비자의 구매 불확실성이 클수록 소비자의 환기수준에 따른 예상오류(projection bias)가 크다. 소비자의 제품경험/지식이 증가함에 따라 제품사용에서의 환기수준의 차이와 그로 인한 예상오류가 줄어든다
- 미래의 소비상황에 대한 과대 예상오류(overestimated projection bias)는 소비자의 만족에 대한 기대를 높여 소비자의 체험 만족에 부정적 영향을 미친다.
- 미래의 소비상황에 대한 과대 예상오류(overestimated projection bias)는 소비자의 충동구매를 증가시키고 소비통제를 어렵게 한다. .
- 미래의 소비상황에 대한 과소 예상오류(underestimated projection bias)는 소비자의 만족에 대한 기대를 낮추어 구매의향에 부정적 영향을 가진다.

대안간 차이에 대한 차이오류(distinction bias)

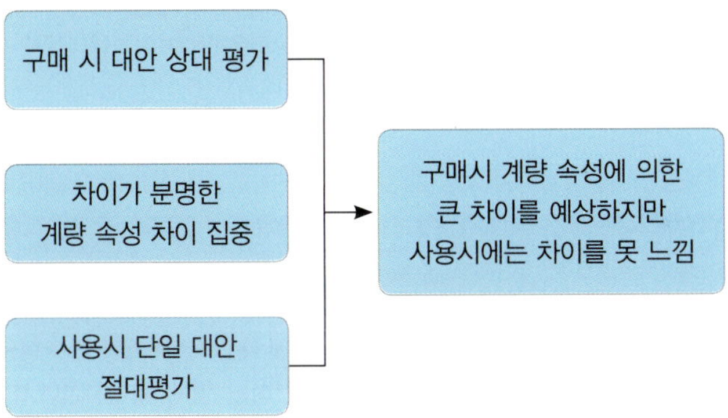

대안간 차이오류(distinction bias)

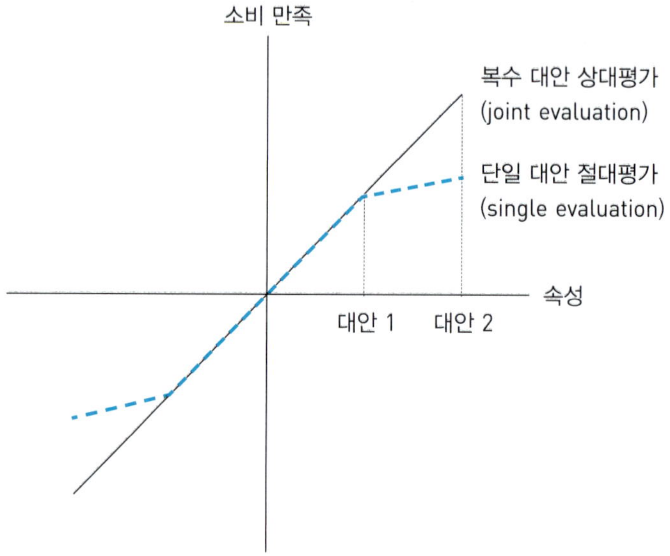

구매시점 복수 대안 상대평가(joint evaluation) = 대안간 차이 큼(대안2 – 대안1)
사용시점 단일 대안 절대평가(single evaluation) = 대안간 차이 없음(대안2 – 대안1)

대안간 차이오류(distinction bias)와 웰빙 마케팅 전략

- 기업은 구매 시점에 대안별로 고객이 가지게 될 체험의 차이를 설명해 준다. 구매시점에서는 소비자가 복수 대안을 상대평가하기 때문에 대안 간의 계량적 속성의 차이가 클 것이라고 판단한다. 하지만 단일 제품을 절대평가하는 실제 체험시점에서는 소비자가 구매 시점에 인지하는 속성차이를 별로 인지하지 못하게 된다. 대안간 차이오류를 줄이기 위하여 기업은 구매시점에 a) 대안간 차이에 대한 체험을 소비자에게 사전에 충분히 설명하거나, b) 기존 구매 고객의 사용후기 정보를 제공하여 고객이 제품 구매 후의 대안 간의 차이를 미리 예상할 수 있도록 돕거나, c) 소비자에게 선택할 제품을 미리 시용 혹은 체험할 기회를 제공한다.

- 대안간 차이오류는 사회적으로 학습된 계량 속성(socially learned attributes)에서 많이 발생한다. 기업은 체험의 디자인에 있어서 고객이 오감에 의해 본원적으로 평가가 가능한 체험 속성(inherently evaluable attributes)의 비중을 확대하여 대안간 차이오류(distinction bias)를 줄인다.

대안간 차이오류(distinction bias)와 소비 전략

- 소비자는 대안간 차이오류의 원인이 되는 적응 효과를 줄이기 위해 노력한다. 이를 위해 소비자는 계량적 속성보다는 질적인 속성을 제품 구매의 기준으로 구매한다. 상대적으로 비교가 용이한 계량적 속성의 차이에 의한 구매보다는 예상되는 실제 주관적 오감 체험과 질적인 속성에 더 많은 비중을 두고 구매한다.

- 소비자의 제품 비교의 기준을 변화시키는 것도 필요하다. 소비자는 제품에 대한 구매판단의 기준을 다른 대안과의 상대 비교(alternative-based evaluation)에서 벗어나 자신이 선택할 제품을 사용할 시점에 체험이 소비자 욕구를 충족시켜줄 자아 중심의 평가(self-based evaluation)로 판단한다.

대안간 차이오류(distinction bias) 관련 가설

- 소비자들이 구매시점에 사회적으로 학습된 계량 속성에 의하여 제품을 평가할수록 사용시점에서는 대안 간의 차이를 느끼지 못한다. 사회적 학습속성에 의한 평가 빈도와 사용시점의 차이오류(distinction bias)는 정(+)의 상관관계를 가진다

- 소비자들이 구매시점에 본원적으로 평가가능한 속성에 의하여 제품을 절대평가할수록 사용시점의 차이오류(distinction bias)가 크지 않다. 본원적으로 평가가능한 속성에 의한 평가 빈도와 사용시점의 차이오류(distinction bias)는 부(−)의 상관관계를 가진다.

- 소비자들이 구매시점에 대안간 상대비교를 많이 할수록 사용시점에서는 대안 간의 차이를 느끼지 못한다. 사회적 비교의 빈도와 차이오류(distinction bias)는 정(+)의 상관관계를 가진다.

- 물질주의가 높은 소비자는 구매시점에 대안간 상대 비교를 많이하므로 차이오류가 크다. 소비자의 물질주의와 차이오류(distinction bias)는 정(+)의 상관관계를 가진다.

- 소비자의 제품지식 및 체험의 증가는 소비자의 차이오류를 줄인다. 소비자의 제품 지식은 차이오류(distinction bias)는 부(−)의 상관관계를 가진다.

기억오류(memory bias)

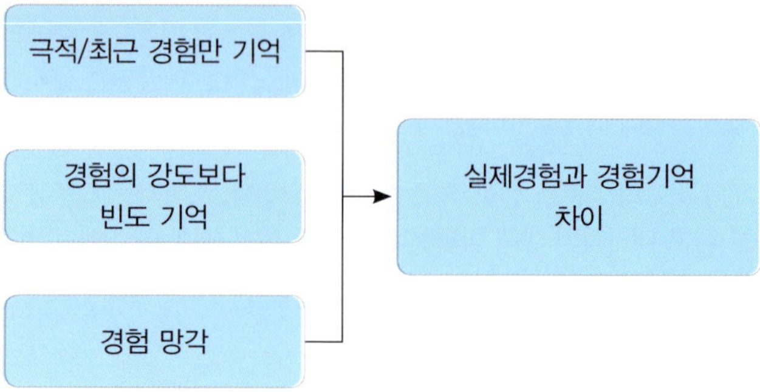

기억오류: 실제 경험과 기억하는 경험은 다름(경험을 망각, 최근/극적 경험만 기억, 경험기억의 재구성)

기억오류(memory bias)와 웰빙 마케팅 전략

- 소비자의 만족스런 경험은 만족의 강도(intensity)보다는 만족의 빈도(frequency)로 기억된다. 따라서 기업은 소비자에게 커다란 일회성 만족보다는 작은 여러 번의 만족을 일관되게 제공하여 만족의 빈도를 높이는데 집중한다.

- 기업은 소비자에게 기억에 오랫동안 남을 만한 체험(memorable experiences)을 제공하여 고객의 만족에 대한 경험이 기억에서 망각되지 않도록 한다. 젊은 소비자는 극적이고 신나는 경험을 행복으로 인식한다. 따라서 기업은 이러한 극적인 체험을 제공하여 극적인 체험이 소비자에게 기억되도록 하는 것이 중요하다. 하지만 장년의 소비자는 일상의 잔잔한 기쁨을 행복으로 인식한다. 기업은 장년의 소비자에게 일상의 잔잔한 경험을 빈번하게 제공하여 경험에 대한 기억오류를 줄이도록 한다. 또한 소비자는 능동적 체험을 대하여 오래 기억한다. 기업은 체험에서의 적극적인 참여와 활발한 상호작용을 수반하는 능동적 체험을 설계하고 소비자에 제공한다.

- 소비자들은 여러 명이 상호작용하는 체험에 대하여는 전반적 정보처리(top-down information processing)를 하는 경향을 보인다. 여럿이 동시에 경험하는 체험에 대하여는 처음의 긍정적인 경험으로 첫인상을 잘 형성하는 것이 중요하다. 소비자들은 혼자만의 체험에 대하여는 분석적 정보처리(bottom-up information processing)를 하므로 최근의 긍정적 경험을 더 잘 기억한다. 기업은 서비스에 대한 체험이 점점 더 개선되는 서비스를 제공함으로써 소비자들이 긍정적인 경험에 대한 기억을 간직할 수 있도록 돕는다.

- 소비자의 경험에 대한 긍정적 기억은 소비자의 현재의 경험에 대한 긍정적 태도를 반영한다. 기업은 구매 경험에 대한 지속적인 측정 및 관찰(follow-up), 제품 정보와 애프터서비스의 제공, 커뮤니티 관리 등 장기적인 관계 관리를 통하여 소비자의 경험에 대한 태도를 긍정적으로 유지하기 위해 노력한다.

기억오류(memory bias)와 소비 전략

- 소비자는 체험에 대한 기억오류를 줄이기 위하여 체험과정에서 경험을 실시간으로 기록하거나(experience sampling method) 혹은 체험을 기억하는 데 도움이 되는 기념품(commemorative goods)이나 사진을 보관하여 기억에 대한 오류를 줄인다.
- 소비자는 적극적인 참여 혹은 사회작용이 많은 체험이 소비자의 기억에 오래 남고 기억오류가 적다. 소비자는 체험에 대하여 적극적으로 참여하고 활발한 상호작용을 함으로써 체험 만족의 기억오류를 줄이고 소비자 웰빙에 미치는 긍정적 효과를 높일 수 있다. 체험의 설계 및 전달 과정에 적극적으로 참여하고 체험에 대하여 몰입하는 것이 필요하다.

기억오류(memory bias) 관련 가설

- 소비자의 체험으로부터 시간이 경과할수록 실제 경험과 기억하는 경험의 차이를 의미하는 기억오류가 증가한다.
- 체험에 대한 기억은 체험에 대한 현재의 태도를 반영한다. 실제 체험 이후 소비자의 체험에 대한 태도가 변화한 경우 소비자의 기억오류가 크다.
- 소비자의 체험에 대한 실시간 기록(experience sampling), 체험 정서를 기억하게 하는 기념품(commemorative goods)의 구입, 소셜 미디어를 통한 체험의 공유(experience sharing)가 만족경험에 대한 기억오류를 줄인다.
- 소비자가 능동적으로 참여하고 상호작용이 활발한 체험에 대해서는 기억오류가 적다. 체험에서의 소비자의 자발적 참여와 사회적 상호작용의 정도는 기억오류와 부(−)의 상관관계를 가진다.

신념오류(belief bias)

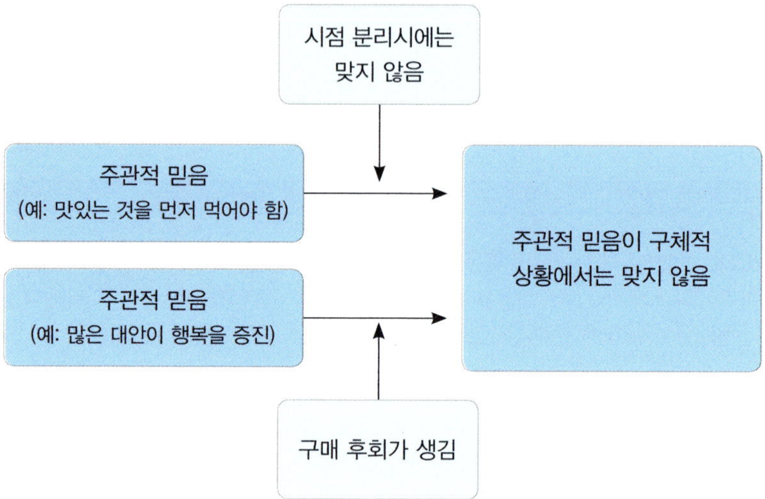

신념오류: 소비자들이 암묵적으로 가지는 주관적 믿음이 구체적 소비 상황에서는 적용되지 않음

신념오류(belief bias)와 웰빙 마케팅 전략

- 기업의 판매 관리자는 고객이 대안평가와 선택에 암묵적으로 사용하는 주관적 신념이 무엇인지를 파악한다. 고객들이 암묵적으로 가지고 있는 대안평가 관련 믿음과 그러한 믿음들의 구매상황에서의 적용가능성을 확인한다. 예를 들어 여러 개에 대한 시음 중에서 가장 맛있는 것을 먼저 먹어야 한다는 주관적 신념은 시음 순서의 대조효과 때문이다. 이는 유사한 제품에 대한 연속적 시음의 경우에는 가장 처음의 것이 오래 기억에 남고 이후의 유사한 시음들은 망각된다. 이를 감각 습관화 효과(sensory habituation effect)라고 한다. 하지만 여러 개의 시음 중에서 시음 제품이 매우 상이한 것이라면 새로운 음료들이 이전의 기억을 대체하고 결과적으로 나중에 먹은 음료가 기억에 가장 오래 남는다. 이를 감각기억 소멸효과(sensory trace fading effect)라고 한다. 기업은 고객들이 암묵적으로 가지는 주관적 신념들이 이해하고 이러한 신념이 적용가능한 구매 상황과 예외가 적용되는 구매 상황을 고객에게 설명한다.

- 일반적으로 많은 대안이 소비자의 행복을 증진시킨다는 믿음은 편익 최대화 동기를 가진 소비자(promotion-focused customers)가 구매초기에 대안별 평가를 할 때 적용이 가능한 신념이다. 하지만 위험회피 동기를 가진 소비자(prevention-focused customers)가 최종 선택단계에서 소수의 대안에 대해 위험을 최소화하는 결정을 내리고 있는 상황에서는 많은 대안은 오히려 정보의 과부화와 대안에 대한 구매후회를 야기한다. 기업은 고객이 중시하는 속성과 욕구를 반영하여 선택 대안을 범주화하여 제시함으로써 소비자의 정보 과부화 및 선택 후회를 관리하여야 한다.

신념오류(belief bias)와 소비 전략

- 소비자들은 자신이 구매의사결정과 관련하여 가지고 있는 암묵적인 신념들을 구체화하여 이러한 믿음의 타당성을 소비자의 구체적 소비 상황에 맞추어 확인할 필요가 있다. 소비자는 자신들이 가지는 일반적인 신념이 구체적인 소비상황에서 항상 적용되는 것은 아님을 이해하고 일반적 신념의 무분별한 적용을 경계할 필요가 있다. 소비자의 선호가 불확실한 상황에서의 많은 대안은 정보과부화와 구매 후회로 인해 소비자 웰빙에 오히려 부정적일 수 있다.
- 소비자가 선택의 최적화 전략(optimization)을 추구할 때에는 다수의 대안보다는 소수의 대안에 대한 신중한 선택이 소비자의 구매후회를 줄이고 소비 욕구의 충족을 통해 소비자 웰빙에 긍정적 영향을 미친다. 소비자가 최대화 전략(maximization)을 추구하고 있을 때에는 전반적이고 정서적인 편익을 중심으로 다수의 대안을 검토하는 것이 필요하다.

신념오류(belief bias) 관련 가설

- 소비자의 제품에 대한 지식과 사용 경험이 증가할수록 신념오류(belief bias)가 줄어든다. 소비자의 제품에 대한 지식(product knowledge)과 친숙성(familiarity)은 소비자의 신념오류와 부(−)의 상관 관계를 가진다.
- 소비자의 구매 환경의 불확실성이 크고 구매상황의 특수성이 클수록 신념오류가 크다. 구매 상황의 불확실성(uncertainty)과 구매상황의 특수성(atypticality)은 소비자의 신념오류와 정(+)의 상관관계를 가진다.
- 소비자의 신념오류는 소비 경험 만족에 부정적 영향을 미친다.

042 소비자의 선택오류(selection bias)

소비자들이 소비자 웰빙 효과에 대한 대안 평가를 바르게 하더라도 실제 선택은 평가와 다르게 이루어지는 경우가 많다. 소비자 웰빙에 긍정적 영향을 주는 대안을 선택을 하지 않아서 효율적인 소비자 웰빙의 향상을 기여하지 못하는 소비자의 선택을 선택오류(selection bias)라고 한다. 이러한 선택오류로 인하여 소비자는 소비자 웰빙에 장기적으로 긍정적 영향을 주는 대안을 선택하지 못하게 된다.

소비자 웰빙에 효과적으로 기여하지 못하는 선택오류의 유형에는 다음과 같은 것이 있다.

첫째는 충동적 선택(impulsivity)에 의한 오류이다. 충동적 선택에 의한 오류는 장기적으로 많은 편익을 주는 대안보다 단기적 만족을 주는 대안을 선택하는 선택오류이다. 소비자는 비록 대안 평가의 오류가 없다고 하더라도 소비자는 장기적이고 안정적 편익보다 단기적이고 일시적인 편안함을 주는 대안을 충동적으로 선택하기도 한다. 이러한 단기 충족을 추구하는 충동적 구매는 소비자 웰빙에 부정적 영향을 주는 선택오류가 된다.

둘째는 규칙에 의한 선택(rule-based decisions)에 의한 선택오류이다. 규칙에 의한 선택으로 인한 선택오류는 본인이 막연하게 설정한 규칙에 의한 선택을 하여 결과적으로 소비자 웰빙이 효율적으로 향상되지 못하게 되는 것을 말한다. 예를 들어 두 개의 콘서트 티켓을 구매하였는데 우연히 공연 날짜가 겹쳐져서 그중 한 가지 공연의 참가를 포기해야 할 때 고가의 공연 티켓을 포기하지 못하는 것은 낭비를 하지 않아야 한다는 소비자 나름의 규칙 때문이다. 이처럼 개인의 규칙에 의한 즐겁지 않은 고가 티켓의 선택은 소비자 웰빙을 증진시키는 더 즐거운 저가 공연 티켓을 포기하는 결과를 가져온다. 이러한 막연한 규칙에 의한 선택은 효율적 소비자 웰빙의 향상에 저해가 되는 선택오류이다.

셋째는 초보적 합리성(lay rationalism)에 의한 선택오류이다. 초보적 합리성에 의한 선택은 자신의 선호보다 계량적 속성 차이를 더 중시하는 대안 선택이다. 예를 들어 소비자가 스피커를 구매할 때 계량적 속성(출력)을 소비자가 체험하는 질적 속성(음질)보다 더 중시하는 결정이다. 이는 정서적 요인보다 인지적 요인에 의해 선택 의사결정을 하는 경향을 말한다(lay rationalism)(Hsee et al., 2015). 초보적 합리성에 의한 선택은 소비자 웰빙의 향상에 더 중요한 질적 속성을 간과하여 소비자 웰빙의 향상에 저해요인이 된다.

넷째는 금전적 수단 최대화(medium maximization)로 인한 선택오류이다. 가격에 의한 결정은 소비자가 중요한 편익이나 체험 선호도보다 제품의 가격이 더 중시되는 선택을 말한다. 예를 들어 고객 사은행사에서 아이스크림 1개를 무료로 선물 받을 때, 자신은 좋아하지만 가격이 싼 바닐라 아이스크림보다 가격이 비싼 덜 선호하는 맛의 아이스크림을 선택하는 결정이다(Hsee et al., 2003).

소비자 선택오류(selection bias)

선택오류	오류 내용	실제 웰빙 결과
충동적 선택 (Impulsivity)	장기적으로 많은 편익을 주는 대안보다 단기적 만족을 주는 대안을 선택	단기적 대안을 충동적으로 선택하여 장기적 편익 낮음
규칙에 의한 선택 (rule-based decisions)	실제 예상되는 즐거움 체험보다 규칙에 의한 대안 선택	즐거움 기준보다 규칙(예: 절약) 기준으로 대안을 선택하여 즐거움 포기
초보적 합리성에 의한 결정 (lay rationalism)	인지적/계량적 속성을 정서적/질적 속성보다 중시하여 선택	질적 선호보다 계량적 속성 차이에 의해 대안을 선택하여 낮은 체험만족
선호보다 가격에 의한 선택 혹은 포기 결정 (medium maximization)	가격차이에 의한 대안 선택 (좋아하는 대안보다 가격이 비싼 대안을 선택) 저렴하되 즐거운 대안보다 비싸지만 덜 재미있는 대안을 선택	체험/선호보다는 비싼 대안을 선택하여 낮은 체험만족

자료: Hsee & Hastie, 2006.

충동적 선택(impulsivity)

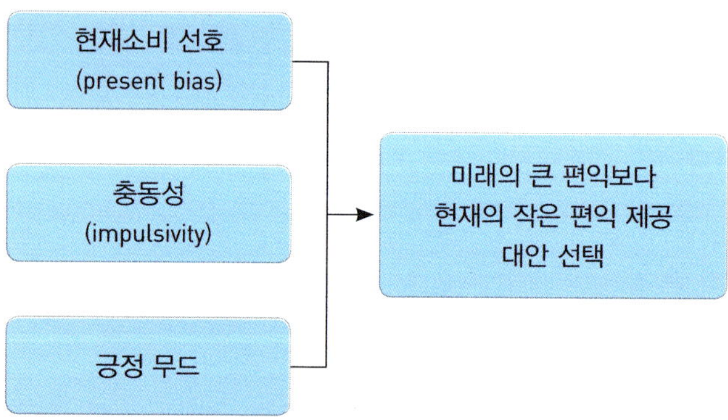

충동적 선택: 소비자들이 장기적 편익보다 단기적 충동에 의해 선택

충동적 선택오류와 웰빙 마케팅 전략

- 기업은 소비자들이 장기적인 관점에서 대안을 선택하도록 돕는다. 지금 시점의 비교뿐 아니라 고객에게 전체 사용기간 전체에 걸친 미래의 편익을 모두 제공한다.
- 기업은 소비자들은 즉각적인 판단을 요구하거나 압박판매를 하기보다는 고객이 시간을 가지고 장기적 편익과 비용을 충분히 심사 숙고할 수 있는 기회를 제공한다. 기업은 즉각적인 구매보다는 시간을 두고 구매를 결정하도록 하거나 구매 이후에 취소 및 반품이 가능하도록 정책을 수립한다.
- 소비자의 충동적 선택오류를 줄이기 위해 기업은 소비자에게 장기적 영향 그리고 구매에 필요한 전체적인 비용 등의 정보를 정확하고 자세하게 제공한다. 기업이 소비자의 구매시점마다 소비자의 구매액과 누적 소비액을 고지하는 것도 효과적이다.

충동적 선택오류와 소비 전략

- 소비자는 구매에 대한 즉흥적 결정을 내리기보다는 제품의 필요 및 구매에 따르는 재무적 결과를 신중하게 판단하고 장기적인 결정을 하는 것이 필요하다. 충동적인 구매 대신에 그러한 제품의 필요를 심사 숙고하고 시간을 가지면서 구매 결정을 하도록 한다.
- 소비자는 현재소비 현상이나 무드에 따른 충동적 선택에 따른 부정적 영향을 고려하되 특히 부채에 의존한 충동구매를 경계할 필요가 있다. 소비자는 미래 편익의 지속가능성과 구매로 인한 비용 지출, 그리고 재무적 영향 등을 종합적으로 고려하여 신중한 의사결정을 내리도록 한다.

충동적 선택오류 관련 가설

- 소비자의 충동적 선택은 구매 후회와 재무 스트레스를 높여 소비자 웰빙에 부정적 영향을 준다.
- 소비자의 충동적 선택이 소비자 웰빙에 미치는 부정적 영향은 쾌락적 제품 구매의 경우가 기능적 제품 구매의 경우보다 더 크다.
- 소비자의 충동적 선택이 소비자 웰빙에 미치는 부정적 영향은 소비자의 구매 정당화가 어려운 경우가 소비자의 구매 정당화가 용이한 경우보다 더 크다.
- 소비자의 충동적 선택이 소비자 웰빙에 미치는 부정적 영향은 충동적으로 선택한 제품이 자아에 미치는 영향(impact on self)이 큰 경우가 자아에 미치는 영향이 적은 경우보다 더 크다.

규칙에 의한 선택(rule-based decision)

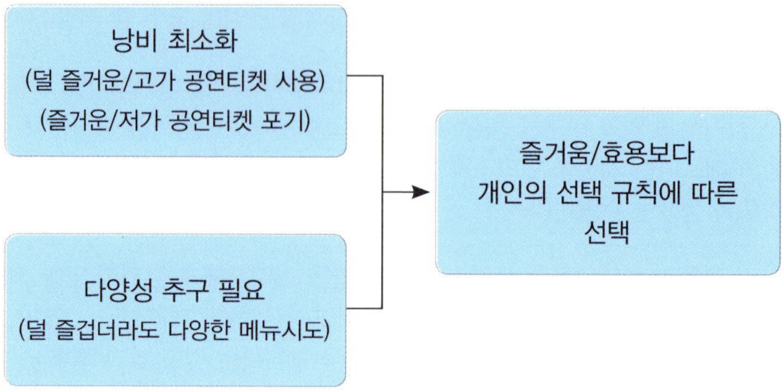

규칙에 의한 선택: 소비자들이 즐거움/효용의 극대화보다 나름의 암묵적 규칙에 의한 선택

규칙에 의한 선택과 웰빙 마케팅 전략

- 기업의 판매 관리자는 소비자가 암묵적으로 적용하는 구매 의사결정의 규칙을 파악하고 이에 대한 대안을 제시하여야 한다. 소비자가 자신의 체험 만족보다는 가격에 의한 결정을 하려는 경우 기업은 소비자가 경험하게 될 즐거움/효용 중심의 결정을 권고하는 것이 중요하다. 예를 들어 단지 비싸다는 이유로 자신이 덜 좋아하는 무료 경품이나 체험을 선택하는 것은 체험 편익을 떨어뜨려 소비자 웰빙에 부정적 영향을 준다. 또 본인이 원하는 편익이 아님에도 불구하고 브랜드 명성에 의해서 과시적인 제품을 선택하는 것도 소비자 웰빙에 부정적 영향을 줄 수 있다. 소비자 선호에 맞는 소비 욕구를 잘 충족시켜줄 때 소비자 웰빙이 증대된다.

- 소비자가 비슷한 정도의 편익을 제공하는 다양한 제품/서비스에 대해서 다양성을 추구하는 것은 만족의 적응 효과를 줄인다는 측면에서 소비자 웰빙에 긍정적 효과가 있다. 하지만 기업은 다양성을 추구하는 제품들로부터 소비자가 체험 만족을 얻지 못하는 대안이라면 반드시 다양성을 추구할 필요는 없다. 기업은 소비자의 다양성 추구 경향이 소비자 편익과 소비자 웰빙에 긍정적 영향을 미치는지를 검토하고 이를 구매 상황의 소비자에게 설명해줄 필요가 있다.

규칙에 의한 선택과 소비 전략

- 소비자는 본인의 선호를 고려하여 소비 결정을 내려야 한다. 단지 준거가격 대비 저렴하다는 이유만으로 필요하지 않거나 좋아하지 않은 제품을 구매하는 것은 지양하는 것이 좋다. 본인의 선호와 다르게 단지 가격적인 요소 때문에 구매 의사결정을 내리는 것은 소비자의 편익을 증대시키지 못하고 결과적으로 소비자 웰빙의 향상에 도움이 되지 못한다.
- 본인의 효용과 무관한 가격에 의한 선택, 다양성을 추구해야 한다는 규칙에 의한 선택 등은 소비자 웰빙에 긍정적으로 기여하지 못한다. 소비자는 본인이 무의식적으로 설정한 규칙을 검토하여야 한다. 소비자는 본인의 암묵적인 소비 결정 규칙을 구매 상황에 맹목적으로 적용하기보다는 구체적인 소비 상황을 고려하여 소비자 웰빙이 향상되는 방향의 선택 결정을 하여야 한다

규칙에 의한 선택 관련 가설

- 규칙에 의한 선택(소비자들이 자신의 즐거움/효용의 극대화보다 나름의 암묵적 규칙에 의한 선택)은 소비자가 선호하지 않은 대안을 선택할 확률을 높인다.
- 물질주의가 높은 소비자와 거래적 가치를 중시하는 소비자는 규칙에 의한 선택(소비자들이 즐거움/효용의 극대화보다 나름의 암묵적 규칙에 의한 선택)을 할 가능성이 높다.
- 품질 체험가치를 중시하는 소비자가 거래적 가치를 중시하는 소비자보다 체험 만족도가 더 높다.

초보적 합리성(lay rationalism)

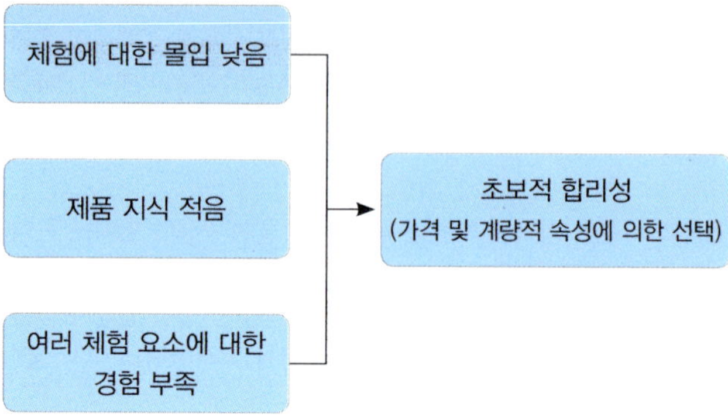

초보적 합리성: 제한된 지식의 소비자들이 나름의 초보적 합리성을 기준으로 선택하지만 결과적으로 합리적 선택이 이루어지지 않음

초보적 합리성 추구와 웰빙 마케팅 전략

- 소비자의 체험에 대한 몰입이 낮거나 제품에 대한 지식과 경험이 부족한 경우 기업은 기능적/계량적인 속성을 강조하기보다는 제품의 체험에서 나오는 편익을 쉽게 설명하는 것이 필요하다. 기업은 소비자에게 제품에 대한 객관적인 정보를 제공하여 초보적인 합리성에의 의존을 줄이도록 돕는다.

- 계량정보와 관련한 초보적 합리성을 추구하는 소비자는 계량적 차이에 근거한 선택이 더 객관적이고 합리적이라고 판단한다. 기업은 소비자의 계량적 속성에 대한 지나친 의존을 줄이기 위하여 소비자에게 사전 체험의 기회를 늘린다. 많은 경우 고객은 제품에 대한 사전 체험을 통해 계량적 차이가 사용 시점의 실제 편익에 미치는 영향이 그리 크지 않음을 파악할 수 있다.

초보적 합리성 추구와 소비 전략

- 소비자는 구매 단계의 계량적 속성(quantitative attributes) 차이를 과대평가하지 말고 그러한 계량 속성의 차이가 어떠한 체험 편익 차이(experience benefits) 결과로 나오는지를 고려하여야 한다. 구매 후 시간이 지남에 따라 계량적 속성보다 질적 속성의 중요성이 더 커진다. 따라서 소비자는 제품 구매시 제품의 계량적 속성에만 의존하지 말고 소비자의 사용 경험, 구전 등의 질적인 정보를 의사결정에 반영하여야 한다.
- 소비자가 초보적 합리성만을 선택 기준으로 활용하기보다는 제품의 여러 요소에 대한 지식과 경험을 축적하면서 소비 목표와 제품의 편익을 고려한 선택을 한다. 소비자는 구매단계에서의 양적인 차이를 과장되게 해석하지 않고 체험으로 인한 편익도 고려하는 것이 필요하다.

초보적 합리성 관련 가설

- 질적/체험적 속성보다는 계량적인 속성에 더 높은 가중치를 두고 선택을 하는 경향(초보적 합리성 경향)은 체험 구매보다 제품 구매의 경우에 더 자주 발생한다.
- 소비자의 제품에 대한 지식이나 경험이 적은 경우, 질적인 속성보다는 계량적 속성에 더 높은 가중치를 두고 제품을 선택하는 경향(초보적 합리성)이 자주 발생한다. 소비자의 초보적 합리성 경향은 소비자의 제품에 관한 지식 및 경험과 부(−)의 상관관계를 가진다.
- 소비자가 많은 대안 중에서 선택을 하는 경우 상대 비교가 어려운 체험적 속성보다는 상대적 비교가 용이한 계량적인 속성에 더 높은 가중치를 두고 선택을 한다. 소비자의 초보적 합리성 경향은 소비자가 가지는 대안의 수와 정(+)의 상관관계를 가진다.

금전적 수단 최대화(medium maximization)

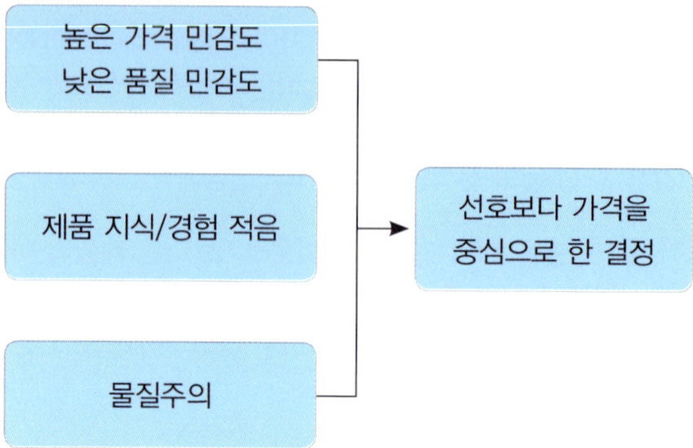

금전적 수단 최대화: 만족을 많이 주는 대안보다 비싼 대안을 선택. 만족/효용보다 가격을 중심으로 선택

금전적 수단 최대화와 웰빙 마케팅 전략

- 금전적 수단의 최대화는 금전적 가치(가격)과 소비자의 선호가 일치하지 않을 때 주로 발생한다. 금전적 도구의 최대화에 의한 선택을 줄이기 위해서는 가격 설정에 있어서 소비자 체험에 대한 고객 선호도를 반영하여야 한다. 기업은 목표고객의 선호도가 높은 품목에 대해 높은 가격을 설정한다.

- 금전적 수단의 최대화는 소비자가 사용가치보다 교환가치에 더 높은 비중을 두기 때문에 발생한다. 기업은 소비자가 금전적 가치의 상대평가보다는 사용에 있어서의 절대가치에 의해 제품/서비스를 선택하도록 돕는다.

- 금전적 수단의 최대화는 소비자가 물질주의적 성향이 높고 금전적 가치에 대해 높은 가치를 부여하는 경우에 발생한다. 기업은 구매시점의 외재적 금전 가치를 강조하기보다는 사용에 있어서의 내재적 체험가치를 강조한다.

금전적 수단 최대화와 소비 전략

- 소비자는 금전적 수단의 가격/포인트 등의 상대비교를 통하여 금전적 수단의 최대화를 추구하기보다는 본인의 만족을 최대화하는 것을 구매 의사결정의 기준으로 삼아야 한다. 단순 소유가 목적인 고가의 물건보다는 소비자의 다양한 소비 욕구를 잘 충족시켜 주는 체험 제품을 선택하여야 한다. 즉, 소비자들은 가격 중심의 결정을 하기보다는 품질에 대한 민감도를 높여 그 제품이 주는 체험 효용을 통해 소비자 웰빙을 높이는 의사결정을 하여야 한다.
- 소비자는 제품이나 체험을 선택함에 있어서 그 본질적이고 내재적인 가치를 추구하는 것이 외재적인 금전 가치를 추구하는 것에 우선하여야 한다. 물질주의에 의한 외재적 가치의 추구는 빈번한 상향적 비교를 통한 자존감의 하락, 내재적 가치와의 충돌로 인하여 소비자 웰빙에 부정적 영향을 미친다.

금전적 수단 최대화(medium maximization) 관련 가설

- 물질주의가 높고 금전적 가치를 중시하는 소비자는 체험 만족을 많이 주는 대안보다 비싼 대안을 선택(금전적 수단 최대화)한다. 소비자의 물질주의와 금전적 수단 최대화(medium maximization) 경향은 정(+)의 상관관계를 가진다
- 소비자가 품질-가격 연관성에 대한 믿음이 클수록 소비자는 체험만족을 많이 주는 대안보다 가격이 비싼 대안을 선택(금전적 수단 최대화)한다. 소비자의 가격-품질 연관성에 대한 믿음(belief on price quality association)과 금전적 수단 최대화(medium maximization) 경향은 정(+)의 상관관계를 가진다.
- 소비자가 제품에 대한 지식/경험이 적고 구매 불확실성이 클수록 금전적 수단 최대화(medium maximization) 경향이 크다. 소비자의 제품에 대한 지식/경험 및 구매 불확실성은 금전적 수단 최대화 경향과 부(−)의 상관관계를 가진다.
- 금전적 수단 최대화 경향은 소비자 체험 만족을 낮추어 소비자 웰빙에 부정적 영향을 미친다.

구매 경험 관련 웰빙 마케팅 전략

- 쇼핑몰의 관리자는 쇼핑과 관련한 기능적 욕구, 체험적 요구, 사회적 욕구를 파악하여 그 상대적 중요도와 충족도에 근거하여 쇼핑몰의 가치를 제공한다. 쇼핑 관련 의사결정을 함에 있어서 소비자의 쇼핑 관련 자아 개념을 파악하는 것이 필요하다. 목표 소비자가 여가 쇼핑 관련 자아 개념(recreational shopper identity)을 가진 경우에는 쇼핑몰의 오감 즐거움 가치, 휴게/휴식 공간을 늘리는 것이 중요하다. 효율적 쇼핑을 추구하는 소비자의 경우(smart shopper identity)에는 최소의 노력으로 원하는 물건을 효율적으로 쇼핑하고 가격비교가 가능하도록 정보제공과 배치에 더 많은 노력이 필요하다. 고객들이 판매자와의 접촉을 꺼리는 경우(attachment avoidance shopper)에는 무인 안내/주문, 무인 체크 아웃 등 접촉을 최소화하면서도 필요한 정보를 얻을 수 있도록 설계하는 것이 필요하다.

- 오프라인 쇼핑에서의 소비 대안의 수의 증가는 소비자에게 더 많은 선택의 자유를 주지만 동시에 정보 과부화 및 구매 후회를 초래하므로 소비자들이 비교가 용이한 정도의 대안의 수를 유지하는 것이 중요하다. 하지만 인터넷 쇼핑의 경우에는 이러한 구매의 후회 발생이 상대적으로 적고 구매 취소 및 반품이 용이하므로 대안의 수를 더 늘리는 것이 효과적일 수 있다.

- 소비자에게 제공하는 제품/서비스의 경우 제품의 단순 제공보다 체험의 비중을 높이는 것이 중요하다. 혼자만의 단순 소유제품보다는 체험을 공유하거나 여럿이 함께 함으로써 사회적 상호작용이 많은 제품을 제공하는 것이 소비자 웰빙의 향상에 효과적이다.

- 쾌락적 제품의 소비로 인한 죄의식을 줄이고 소비 행복감을 높이기 위해 제품의 구매와 공익을 연계하거나, 친사회적 기부를 하는 기회를 높임으로써 친사회적 구매를 통한 소비자 웰빙의 향상을 기할 수 있다. 타인을 위한 선물의 비중을 높이는 것도 소비자 웰빙 향상에 효과적이다.

- 소비자들의 충동적 구매 혹은 강박적 구매를 줄이고 계획소비를 할 수 있도록 돕는 것이 필요하다. 소비자의 누적 소비 금액을 알려주어 계획소비를 돕거나, 소비자들이 가지는 대안평가/구매에서의 오류를 줄이도록 돕거나, 단기적 충족보다 장기적으로 만족을 제공하는 제품을 제공함으로써 소비자 웰빙을 향상시킬 수 있다.

- 소비자들이 평가과정과 선택과정에서 소비자들의 오류는 소비자들의 구매 평가와 선택이 바로 소비자 행복에 직결되지 못하는 원인이 되므로 이들을 명확하게 이해하고 오류들을 줄이기 위한 노력들이 필요하다.

구매 만족과 소비자 웰빙

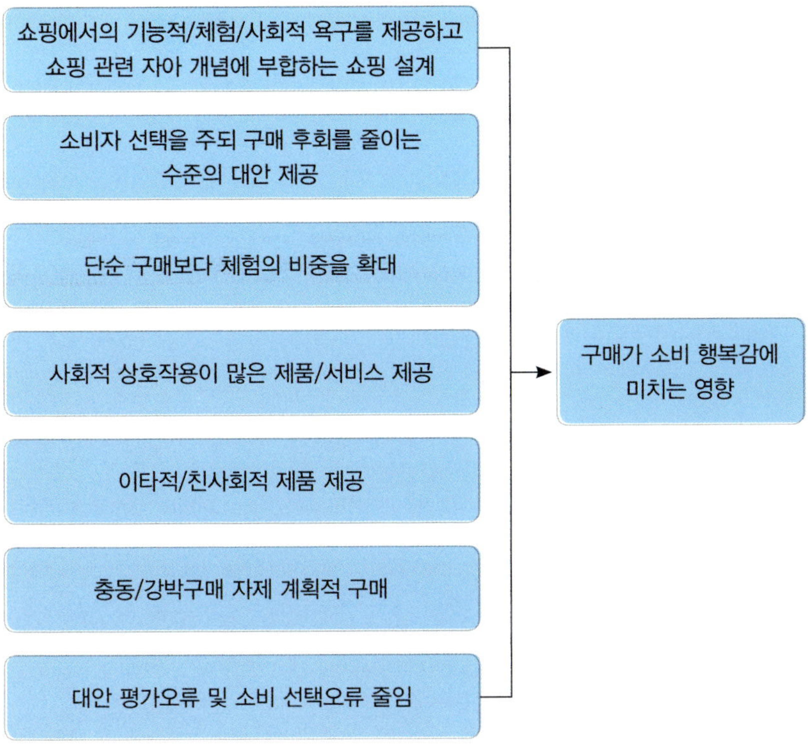
쇼핑에서의 기능적/체험/사회적 욕구를 제공하고 쇼핑 관련 자아 개념에 부합하는 쇼핑 설계
소비자 선택을 주되 구매 후회를 줄이는 수준의 대안 제공
단순 구매보다 체험의 비중을 확대
사회적 상호작용이 많은 제품/서비스 제공
이타적/친사회적 제품 제공
충동/강박구매 자제 계획적 구매
대안 평가오류 및 소비 선택오류 줄임
구매가 소비 행복감에 미치는 영향

Readings

Ainslie, G., & Haslam, N. (1992). *Hyperbolic discounting*. In G. Loewenstein & J. Elster (Eds.), *Choice over time* (p. 57-92). Russell Sage Foundation.

Aknin, L. B., Dunn, E. W., & Norton, M. I. (2012). Happiness runs in a circular motion: Evidence for a positive feedback loop between prosocial spending and happiness. *Journal of Happiness Studies, 13*(2), 347-355.

Aknin, L. B., Dunn, E. W., Proulx, J., Lok, I., & Norton, M. I. (2020). Does spending money on others promote happiness?: A registered replication report. *Journal of Personality and Social Psychology*

Aknin, L. B., Dunn, E. W., Whillans, A. V., Grant, A. M., & Norton, M. I. (2013). Making a difference matters: Impact unlocks the emotional benefits of prosocial spending. *Journal of Economic Behavior & Organization, 88*, 90-95.

Arnold, M. J., & Reynolds, K. E. (2003). Hedonic shopping motivations. *Journal of retailing, 79*(2), 77-95.

Babin, B. J., Darden, W. R., & Griffin, M. (1994). Work and/or fun: measuring hedonic and utilitarian shopping value. *Journal of consumer research, 20*(4), 644-656.

Bardhi, F., & Eckhardt, G. M. (2017). Liquid consumption. *Journal of Consumer Research, 44*(3), 582-597.

Batra, R., & Ahtola, O. T. (1991). Measuring the hedonic and utilitarian sources of consumer attitudes. *Marketing letters, 2*(2), 159-170.

Baumeister, R. F. (2002). Yielding to temptation: Self-control failure, impulsive purchasing, and consumer behavior. *Journal of Consumer Research, 28*(4), 670-676.

Baumol, W. J., & Ide, E. A. (1956). Variety in retailing. *Management Science, 3*(1), 93-101.

Bearden, W. O., & Haws, K. L. (2012). How low spending control harms consumers. *Journal of the Academy of Marketing Science, 40*(1), 181-193.

Beatty, S. E., Kahle, L. R., & Homer, P. (1991). Personal values and gift-giving behaviors: A study across cultures. *Journal of Business Research, 22*(2), 149-157.

Belk, R. W., & Coon, G. S. (1993). Gift giving as agapic love: An alternative to the exchange paradigm based on dating experiences. *Journal of consumer research, 20*(3), 393-417.

Berry, C. J. (1994). *The idea of luxury: A conceptual and historical investigation* (Vol. 30). Cambridge university press.

Botti, Simona and Sheena S. Iyengar (2004), "The Psychological Pleasure and Pain of Choosing: When People Prefer Choosing at the Cost of Subsequent Outcome Satisfaction," *Journal of Personality and Social Psychology*, 87 (September), 312-26.

Brown, K. W., & Kasser, T. (2005). Are psychological and ecological well-being compatible? The role of values, mindfulness, and lifestyle. *Social indicators research, 74*(2), 349-368.

Carmon, Z., Wertenbroch, K., & Zeelenberg, M. (2003). Option attachment: When deliberating makes choosing feel like losing. *Journal of Consumer research, 30*(1), 15-29.

Carter, T. J., & Gilovich, T. (2010). The relative relativity of material and experiential purchases. *Journal of personality and social psychology, 98*(1), 146.

Carter, T. J., & Gilovich, T. (2012). I am what I do, not what I have: The differential centrality of experiential and material purchases to the self. *Journal of personality and social psychology, 102*(6), 1304.

Caruso, E. M., Gilbert, D. T., & Wilson, T. D. (2008). A wrinkle in time: Asymmetric valuation of past and future events. *Psychological Science, 19*(8), 796-801.

Chan, C., & Mogilner, C. (2017). Experiential gifts foster stronger social relationships than material gifts. *Journal of Consumer research, 43*(6), 913-931.

Chandon, P., Wansink, B., & Laurent, G. (2000). A benefit congruency framework of sales promotion effectiveness. *Journal of marketing, 64*(4), 65-81.

Chitturi, R., Raghunathan, R., & Mahajan, V. (2007). Form versus function: How the intensities of specific emotions evoked in functional versus hedonic trade-offs mediate product preferences. *Journal of marketing research, 44*(4), 702-714.

Chitturi, R., Raghunathan, R., & Mahajan, V. (2008). Delight by design: The role of hedonic versus utilitarian benefits. *Journal of marketing, 72*(3), 48-63.

Dawson, S., Bloch, P. H., & Ridgway, N. (1990). Shopping motives, emotional states, and. *Journal of retailing, 66*(4), 408-427.

De Keyser, A., & Lariviere, B. (2014). How technical and functional service quality drive consumer happiness. *Journal of Service Management.*

Dennis, C., Alamanos, E., Papagiannidis, S., & Bourlakis, M. (2016). Does social exclusion influence multiple channel use? The interconnections with community, happiness, and well-being. *Journal of Business Research, 69*(3), 1061-1070.

Desmeules, R. (2002). The impact of variety on consumer happiness: Marketing and the tyranny of freedom. *Academy of Marketing Science Review, 12*(1), 1-18.

Devezer, B., Sprott, D. E., Spangenberg, E. R., & Czellar, S. (2014). Consumer well-being: Effects of subgoal failures and goal importance. *Journal of Marketing, 78*(2), 118-134.

Dhar, R., & Wertenbroch, K. (2000). Consumer choice between hedonic and utilitarian goods. *Journal of marketing research, 37*(1), 60-71.

Diener, E. (1984). Subjective well-being. *Psychological Bulletin, 95*, 542–575.

Dittmar, H. (2005). Compulsive buying-a growing concern? An examination of gender, age, and endorsement of materialistic values as predictors. British Journal of Psychology, 96(4), 467-491.

Dittmar, H., & Bond, R. (2010). I want it and I want it now: Using a temporal discounting paradigm to examine predictors of consumer impulsivity. *British Journal of Psychology, 101*(4), 751-776.

Dittmar, H., Long, K., & Bond, R. (2007). When a better self is only a button click away: Associations between materialistic values, emotional and identity-related buying motives, and compulsive buying tendency online. Journal of social and clinical psychology, 26(3), 334-361.

Dolan, P., Peasgood, T., & White, M. (2008). Do we really know what makes us happy? A review of the economic literature on the factors associated with subjective well-being. *Journal of economic psychology, 29*(1), 94-122.

Donnelly, G. E., Lamberton, C., Reczek, R. W., & Norton, M. I. (2017). Social recycling transforms unwanted goods into happiness. *Journal of the Association for Consumer Research, 2*(1), 48-63.

Dunn, E., & Norton, M. (2014). *Happy money: The science of happier spending*. Simon and Schuster.

Dunn, E. W., Aknin, L. B., & Norton, M. I. (2008). Spending money on others promotes happiness. *Science, 319*(5870), 1687-1688.

Dunn, E. W., Aknin, L. B., & Norton, M. I. (2014). Prosocial spending and happiness: Using money to benefit others pays off. *Current Directions in Psychological Science, 23*(1), 41-47.

Dunn, E. W., Gilbert, D. T., & Wilson, T. D. (2011). If money doesn't make you happy, then you probably aren't spending it right. *Journal of Consumer Psychology, 21*(2), 115-125.

El Hedhli, K., Chebat, J. C., & Sirgy, M. J. (2013). Shopping well-being at the mall: Construct, antecedents, and consequences. *Journal of Business Research, 66*(7), 856-863.

El Hedhli, K., Zourrig, H., & Chebat, J. C. (2016). Shopping well-being: Is it just a matter of pleasure or doing the task? The role of shopper's gender and self-congruity. *Journal of Retailing and Consumer Services, 31*, 1-13.

Ellen, P. S., Mohr, L. A., & Webb, D. J. (2000). Charitable programs and the retailer: do they mix?. *Journal of retailing, 76*(3), 393-406.

Etkin, J., & Mogilner, C. (2016). Does variety among activities increase happiness?. *Journal of Consumer Research, 43*(2), 210-229.

Faber, R. J., & O'Guinn, T. C. (1992). A clinical screener for compulsive buying. Journal of consumer Research, 19(3), 459-469.

Flynn, F. J., & Adams, G. S. (2009). Money can't buy love: Asymmetric beliefs about gift price and feelings of appreciation. *Journal of Experimental Social Psychology, 45*(2), 404-409

Geenen, N. Y., Hohelüchter, M., Langholf, V., & Walther, E. (2014). The beneficial effects of prosocial spending on happiness: work hard, make money, and spend it on others?. *The Journal of Positive Psychology, 9*(3), 204-208.

Gilbert, D. T., Pinel, E. C., Wilson, T. D., Blumberg, S. J., & Wheatley, T. P. (1998). Immune neglect: a source of durability bias in affective forecasting. *Journal of personality and social psychology, 75*(3), 617.

Gilovich, T., & Medvec, V. H. (1995). The experience of regret: what, when, and why. *Psychological review, 102*(2), 379.

Gino, F., & Flynn, F. J. (2011). Give them what they want: The benefits of explicitness in gift exchange. *Journal of Experimental Social Psychology, 47*(5), 915-922.

Grewal, D., Monroe, K. B., & Krishnan, R. (1998). The effects of price-comparison advertising on buyers' perceptions of acquisition value, transaction value, and behavioral intentions. *Journal of marketing, 62*(2), 46-59.

Guiry, M., Mägi, A. W., & Lutz, R. J. (2006). Defining and measuring recreational shopper identity. *Journal of the Academy of Marketing Science, 34*(1), 74-83.

Harbaugh, W. T., Mayr, U., & Burghart, D. R. (2007). Neural responses to taxation and voluntary giving reveal motives for charitable donations. *Science, 316*(5831), 1622-1625.

Higgins, E. T. (1997). Beyond pleasure and pain. *American psychologist, 52*(12), 1280.

Hirsch, F. (1976). *Social limits to growth*. London: zuerst, 1976, 78.

Hirschman, E. C., & Holbrook, M. B. (1982). Hedonic consumption: emerging concepts, methods and propositions. *Journal of marketing, 46*(3), 92-101.

Hoch, S. J., Bradlow, E. T., & Wansink, B. (1999). The variety of an assortment. *Marketing Science, 18*(4), 527-546.

Hsee, C. K., & Hastie, R. (2006). Decision and experience: why don't we choose what makes us happy?. *Trends in cognitive sciences, 10*(1), 31-37.

Hsee, C. K., Yang, Y., Li, N., & Shen, L. (2009). Wealth, warmth, and well-being: Whether happiness is relative or absolute depends on whether it is about money, acquisition, or consumption. *Journal of Marketing Research, 46*(3), 396-409.

Hsee, C. K., Yang, Y., Zheng, X., & Wang, H. (2015). Lay rationalism: Individual differences in using reason versus feelings to guide decisions. *Journal of Marketing Research, 52*(1), 134-146.

Hsee, C. K., Yu, F., Zhang, J., & Zhang, Y. (2003). Medium maximization. *Journal of Consumer Research, 30*(1), 1-14.

Iyengar, S. S., & Lepper, M. R. (2000). When choice is demotivating: Can one desire too much of a good thing?. *Journal of personality and social psychology, 79*(6), 995.

Iyengar, S. S., Wells, R. E., & Schwartz, B. (2006). Doing better but feeling worse: Looking for the "best" job undermines satisfaction. *Psychological Science, 17*(2), 143-150.

Jampol, L., & Gilovich, T. (2014). Surprise! Purchase Type Determines Whether Expectation Disconfirmation Is Fun Or Upsetting. *ACR North American Advances.*, 42, 788-788

Jones, M. A., Reynolds, K. E., Weun, S., & Beatty, S. E. (2003). The product-specific nature of impulse buying tendency. *Journal of bushiness research, 56*(7), 505-511

Kacen, J. J., & Lee, J. A. (2002). The influence of culture on consumer impulsive buying behavior. *Journal of consumer psychology, 12*(2), 163-176.

Kahneman, D., & Miller, D. T. (1986). Norm theory: Comparing reality to its alternatives. *Psychological review, 93*(2), 136.

Kaltcheva, V. D., & Weitz, B. A. (2006). When should a retailer create an exciting store environment?. *Journal of marketing, 70*(1), 107-118.

Kivetz, R., & Simonson, I. (2002). Earning the right to indulge: Effort as a determinant of customer preferences toward frequency program rewards. *Journal of Marketing Research, 39*(2), 155-170.

Larsen, D., & Watson, J. J. (2001). A guide map to the terrain of gift value. *Psychology & Marketing, 18*(8), 889-906.

Lee, M. S., & Ahn, C. S. Y. (2016). Anti-consumption, materialism, and consumer well-being. *Journal of Consumer Affairs, 50*(1), 18-47.

Leonidou, L. C., Leonidou, C. N., & Kvasova, O. (2010). Antecedents and outcomes of consumer environmentally friendly attitudes and behaviour. *Journal of Marketing Management, 26*(13-14), 1319-1344.

Linville, P. W., & Fischer, G. W. (1991). Preferences for separating or combining events. *Journal of personality and social psychology, 60*(1), 5.

Liu, W., & Aaker, J. (2008). The happiness of giving: The time-ask effect. *Journal of consumer research, 35*(3), 543-557.

Lo, H. Y., & Harvey, N. (2011). Shopping without pain: Compulsive buying and the effects of credit card availability in Europe and the Far East. Journal of Economic Psychology, 32(1), 79-92.

Lyubomirsky, S., & Ross, L. (1997). Hedonic consequences of social comparison: a contrast of happy and unhappy people. *Journal of personality and social psychology, 73*(6), 1141.

Maggioni, I., Sands, S., Kachouie, R., & Tsarenko, Y. (2019). Shopping for well-being: The role of consumer decision-making styles. *Journal of Business Research, 105*, 21-32.

Markus, H. R., & Schwartz, B. (2010). Does choice mean freedom and well-being?. *Journal of Consumer Research, 37*(2), 344-355.

McAlister, L., & Pessemier, E. (1982). Variety seeking behavior: An interdisciplinary review. *Journal of Consumer research, 9*(3), 311-322.

Medvec, V. H., Madey, S. F., & Gilovich, T. (1995). When less is more: counterfactual thinking and satisfaction among Olympic medalists. *Journal of personality and social psychology, 69*(4), 603.

Mende, M., Bolton, R. N., & Bitner, M. J. (2013). Decoding customer-firm relationships: how attachment styles help explain customers' preferences for closeness, repurchase intentions, and changes in relationship breadth. *Journal of Marketing Research, 50*(1), 125-142.

Mogilner, C., Chance, Z., & Norton, M. I. (2012). Giving time gives you time. *Psychological Science, 23*(10), 1233-1238.

Morewedge, C. K., Holtzman, L., & Epley, N. (2007). Unfixed resources: Perceived costs, consumption, and the accessible account effect. *Journal of Consumer Research, 34*(4), 459-467.

Mowen, J. C., & Spears, N. (1999). Understanding compulsive buying among college students: A hierarchical approach. Journal of Consumer Psychology, 8(4), 407-430.

Nawijn, J., Marchand, M. A., Veenhoven, R., & Vingerhoets, A. J. (2010). Vacationers happier, but most not happier after a holiday. *Applied Research in Quality of Life, 5*(1), 35-47.

Nguyen, Q. (2016). Linking loss aversion and present bias with overspending behavior of tourists: Insights from a lab-in-the-field experiment. *Tourism Management, 54*, 152-159.

Nicolao, L., Irwin, J. R., & Goodman, J. K. (2009). Happiness for sale: Do experiential purchases make consumers happier than material purchases?. *Journal of consumer research, 36*(2), 188-198.

Okada, E. M. (2005). Justification effects on consumer choice of hedonic and utilitarian goods. *Journal of marketing research, 42*(1), 43-53.

Oropesa, R. S. (1995, June). Consumer possessions, consumer passions, and subjective well-being. In *Sociological Forum* (Vol. 10, No. 2, pp. 215-244). Kluwer Academic Publishers-Plenum Publishers.

O'Brien, E., & Kassirer, S. (2019). People are slow to adapt to the warm glow of giving. *Psychological Science, 30*(2), 193-204.

O'Guinn, T. C., & Faber, R. J. (1989). Compulsive buying: A phenomenological exploration. Journal of consumer research, 16(2), 147-157.

Petersen, F. E., Dretsch, H. J., & Loureiro, Y. K. (2018). Who needs a reason to indulge? Happiness following reason-based indulgent consumption. *International Journal of Research in Marketing, 35*(1), 170-184.

Prelec, D., & Loewenstein, G. (1998). The red and the black: Mental accounting of savings and debt. *Marketing science, 17*(1), 4-28.

Ridgway, N. M., Kukar-Kinney, M., & Monroe, K. B. (2008). An expanded conceptualization and a new measure of compulsive buying. *Journal of consumer Research, 35*(4), 622-639.

Rook, D. W., & Gardner, M. P. (1993). In the mood: Impulse buying's affective antecedents. *Research in consumer behavior, 6*(7), 1-28.

Ryan, R. M., & Deci, E. L. (2000). Intrinsic and extrinsic motivations: Classic definitions and new directions. *Contemporary educational psychology, 25*(1), 54-67.

Ryan, R. M., & Deci, E. L. (2000). Self-determination theory and the facilitation of intrinsic motivation, social development, and well-being. *American psychologist, 55*(1), 68.

Schmitt, B., Brakus, J. J., & Zarantonello, L. (2015). From experiential psychology to consumer experience. *Journal of Consumer Psychology, 25*(1), 166-171.

Schwartz, B. (2000). Self-determination: The tyranny of freedom. *American psychologist, 55*(1), 79.

Schwartz, B., Ward, A., Monterosso, J., Lyubomirsky, S., White, K., & Lehman, D. R. (2002). Maximizing versus satisficing: Happiness is a matter of choice. *Journal of personality and social psychology, 83*(5), 1178.

Schwartz, C., Meisenhelder, J. B., Ma, Y., & Reed, G. (2003). Altruistic social interest behaviors are associated with better mental health. *Psychosomatic Medicine, 65*(5), 778-785.

Silvera, D. H., Lavack, A. M., & Kropp, F. (2008). Impulse buying: the role of affect, social influence, and subjective wellbeing. *Journal of Consumer Marketing, 25*(1), 23-33.

Sirgy, M. J. (2002). *The psychology of quality of life*. Dordrecht, the Netherlands: Kluwer Academic

Sirgy, M. J. (2012). *The psychology of quality of life: Hedonic well-being, life satisfaction, and eudaimonia* (Vol. 50). Springer Science & Business Media.

Sneath, J. Z., Lacey, R., & Kennett-Hensel, P. A. (2009). Coping with a Natural Disaster: Losses, Emotions, and Impulsive and Compulsive Buying. *Marketing Letters, 20*(1), 45-60. Retrieved from http://www.jstor.org/stable/27744244

Soman, D. (2001). Effects of payment mechanism on spending behavior: The role of rehearsal and immediacy of payments. *Journal of Consumer Research, 27*(4), 460-474.

Soman, D., & Cheema, A. (2011). Earmarking and partitioning: Increasing saving by low-income households. *Journal of Marketing Research, 48*(SPL), S14-S22.

Soman, D., Ainslie, G., Frederick, S., Li, X., Lynch, J., Moreau, P., ... & Wertenbroch, K. (2005). The psychology of intertemporal discounting: Why are distant events valued differently from proximal ones?. *Marketing Letters, 16*(3-4), 347-360.

Soman, D., Xu, J., & Cheema, A. (2010). Decision points: A theory emerges. *Rotman Magazine*, 64-68.

Sääksjärvi, M., Hellén, K., & Desmet, P. (2017). The "You and I" of Happiness: Investigating the Long-Term Impact of Self-and Other-Focused Happiness-Enhancing Activities. *Psychology & Marketing, 34*(6), 623-630.

Tang, Y. C., Hsieh, Y. C., & Chiu, H. C. (2017). Purchase decision: does too much choice leave us unhappy?. *European Journal of Marketing*.

Thaler, R. H. (1999). The end of behavioral finance. *Financial Analysts Journal, 55*(6), 12-17.

Trope, Y., & Liberman, N. (2003). Temporal construal. *Psychological review, 110*(3), 403.

Van Boven, L., & Ashworth, L. (2007). Looking forward, looking back: Anticipation is more evocative than retrospection. *Journal of Experimental Psychology: General, 136*(2), 289.

Van Boven, L., & Gilovich, T. (2003). To do or to have? That is the question. *Journal of personality and social psychology, 85*(6), 1193.

Veenhoven, R. (2003). Hedonism and happiness. *Journal of happiness studies, 4*(4), 437-457.

Veenhoven, R. (2004). Sustainable consumption and happiness.

Vohs, K. D., & Baumeister, R. F. (2004). Understanding self-regulation: An introduction. *Handbook of self-regulation: Research, theory, and applications*, 1-9.

Voss, K. E., Spangenberg, E. R., & Grohmann, B. (2003). Measuring the hedonic and utilitarian dimensions of consumer attitude. *Journal of marketing research, 40*(3), 310-320.

Wagner, T. (2007). Shopping motivation revised: a means-end chain analytical perspective. International Journal of Retail & Distribution Management, 35(7), 569-582.

Wang, J., Novemsky, N., & Dhar, R. (2009). Anticipating adaptation to products. *Journal of Consumer Research, 36*(2), 149-159.

Ward, M. K., & Broniarczyk, S. M. (2016). Ask and you shall (not) receive: Close friends prioritize relational signaling over recipient preferences in their gift choices. *Journal of Marketing Research, 53*(6), 1001-1018.

Welsch, H., & Kühling, J. (2010). Pro-environmental behavior and rational consumer choice: Evidence from surveys of life satisfaction. *Journal of Economic Psychology, 31*(3), 405-420.

Wilson, T. D., Wheatley, T., Meyers, J. M., Gilbert, D. T., & Axsom, D. (2000). Focalism: A source of durability bias in affective forecasting. *Journal of personality and social psychology, 78*(5), 821.

Xiao, J. J., & Li, H. (2011). Sustainable consumption and life satisfaction. *Social indicators research, 104*(2), 323-329.

Yang, Y., & Galak, J. (2015). Sentimental value and its influence on hedonic adaptation. *Journal of personality and social psychology, 109*(5), 767.

Zaichkowsky, J. L. (1985). Measuring the involvement construct. *Journal of consumer research, 12*(3), 341-352.

Zeelenberg, M. (1999). Anticipated regret, expected feedback and behavioral decision making. *Journal of behavioral decision making, 12*(2), 93-106.

Zeelenberg, M., & Putten, M. V. (2005). The dark side of discounts: An inaction inertia perspective on the post-promotion dip. *Psychology & Marketing, 22*(8), 611-622.

Zeelenberg, M., van Dijk, W. W., & Manstead, A. S. (1998). Reconsidering the relation between regret and responsibility. *Organizational behavior and human decision processes, 74*(3), 254-272.

Zhang, Y., & Shrum, L. J. (2009). The influence of self-construal on impulsive consumption. *Journal of Consumer Research, 35*(5), 838-850.

Zhong, J. Y., & Mitchell, V. (2010). A mechanism model of the effect of hedonic product consumption on well-being. *Journal of Consumer Psychology, 20*(2), 152-162.

Ülkümen, G., & Cheema, A. (2011). Framing goals to influence personal savings: The role of specificity and construal level. *Journal of Marketing Research*, 48(6), 958-969

Chapter

04

소유 경험과 구체적 소비자 웰빙

소비자는 유형적 물건 및 브랜드의 소유를 통하여 다양한 소비 욕구의 만족과 소비 행복감을 체험한다. 본 장에서는 소비자의 소유 경험이 소비 행복감에 미치는 다양한 영향을 살펴본다.

043 자아 개념에 부합하는 물건 소유와 소비자 웰빙

소비자의 자아 개념에 부합하는 물건의 소유는 다양한 자아관련 소비 욕구의 충족을 가능하게 하고 이는 긍정적인 자아 개념의 형성과 긍정정서 경험을 통하여 소비자 웰빙에 긍정적 영향을 미친다. 소비자의 자아 개념은 자신의 신체적 특성, 성격, 습관, 가치관에 따라 스스로에 대해 갖는 느낌의 총체를 말한다. 소비자의 자아 개념은 다양한 아이덴티티(identity)로 구성되어 있고 개인의 특성 및 상황에 따라 특정 아이덴티티가 현저하게 부각된다(Stryker & Burke, 2000)

소비자의 자아 개념에는 현실적 자아, 이상적 자아, 사회적 자아, 도덕적 자아, 물질적 자아 등 다양한 아이덴티티(Identity)가 포함되어 있다. 자아 개념 안에서 특정 아이덴티티가 현저해지는 것은 개인의 특성 혹은 구매 상황에 의해 결정된다(Reed II et al., 2012). 개인의 강한 믿음이나 특정 상황에 의해서 현저하게 부각된 아이덴티티(salient identity)는 개인의 인지와 정서에 강한 영향을 미치게 되고 소비자는 이러한 자아 개념에 부합하는 소비 욕구의 충족을 추구한다(Aquino et al., 2009; Sedikides & Strube, 1995). 소비자는 현실적 자아 일치를 통하여 자아 이미지의 확인과 일관성 욕구를 추구하며, 이상적 자아 일치도를 통하여 자아 향상과 자아 이미지 복구를 지향하고, 사회적 자아 일치를 통하여 사회적 소속감과 인정을 추구한다(Sirgy, 1982; Stryker & Burke, 2000). 도덕적 자아는 공동체를 위한 윤리적이고 도덕적 행동을 추구하며(Aquino et al., 2009), 물질주의적 자아는 물질을 통한 행복과 성공을 추구한다(Belk 1988). 소비자의 구매 상황에 현저하게 부각되는 자아 개념에 부합하는 유형 물건의 소유는 이러한 다양한 소비 욕구의 충족을 가능하게 하고 긍정적 자아 개념과 자존감의 향상을 가능하게 하여 소비자 웰빙에 긍정적으로 기여한다. 하지만 물건 소유에 대한 과도한 중요도를 부여하는 물질주의는 소비자 웰빙에 부정적 영향을 미친다.

자아 개념(Self-Concept)의 구조

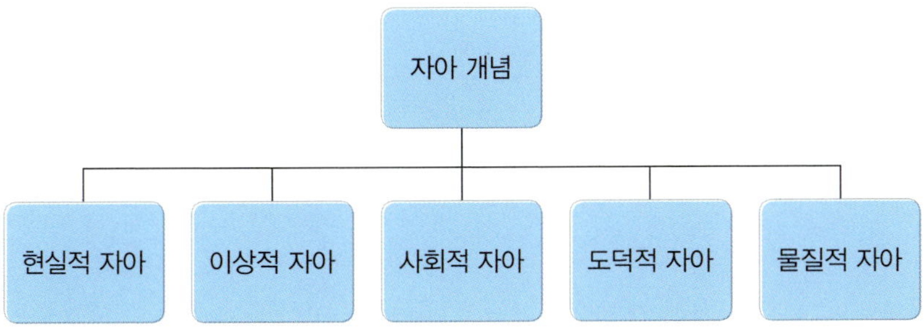

자아 개념의 차원(Identity)

자아 개념의 차원	정의	현저해지는 상황	Reference
현실적 자아 (Actual identity)	자신이 생각하는 실제 자아 이미지	개인주의 문화 독립된 자아 확인 및 유지	Stryker & Burke, 2000 Sirgy, 1982
이상적 자아 (Ideal identity)	자신이 이상적으로 되고 싶어하는 자아 이미지	개인주의 문화 독립된 자아 이미지 향상	Stryker & Burke, 2000 Sirgy, 1982
사회적 자아 (Social identity)	집단 속에서 타인에게 보여지는 자아 이미지	집단주의 문화 상호의존적 자아	Stryker & Burke, 2000 Sirgy, 1982
도덕적 자아 (Moral identity)	도덕적 기준에 의한 자아 이미지	윤리적/도덕적 상황	Aquino et al., 2009
물질적 자아 (Material identity)	물질적 소유에 의한 자아 이미지	물질주의 문화	Belk, 1988

자아 개념에 부합하는 물건 소유와 소비자 웰빙

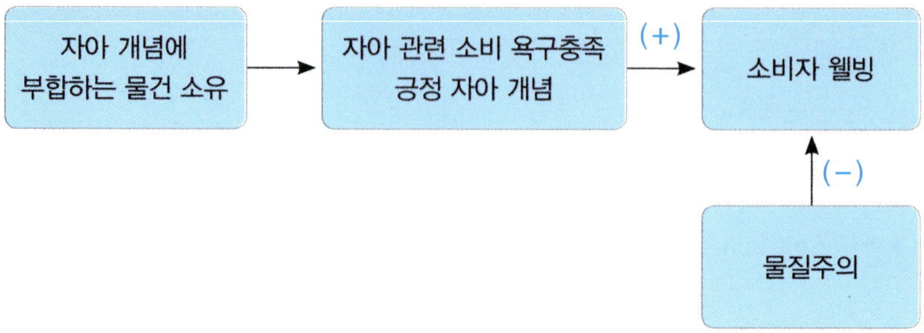

044 자아 일치도(self congruity)와 소비자 웰빙

소비자의 유형 제품 소유는 소비자 자아 이미지를 상징적으로 표현하는 수단이 된다(Csikszentmihalyi & Rochberg-Halton, 1981; Richins, 1994). 이처럼 특정 소유 제품의 이미지가 소비자의 자아 이미지를 표현하는 정도를 소비자 자아 일치도(self congruity)라 한다(Sirgy, 1982). 자아 일치도는 브랜드의 상징이나 소유자의 이미지가 소비자의 자아 개념과 일치하는 정도이다(Kressmann et al., 2006).

소비자는 자아 일치도가 높은 제품의 소유를 통하여 자아 확인 욕구, 자아 향상 욕구, 소속감 욕구를 충족한다. 소비자는 자아 일치도가 높은 제품을 통하여 긍정정서를 경험하며 자아 개념을 긍정적으로 강화한다. 그런데 소비자는 자아 일치도가 높은 브랜드를 실제로 소유하지 않고도 고객화 과정 참여를 통하여 소비자가 그 제품의 전체 혹은 부분이 심리적으로 나의 것이라고 생각하는 심리적 소유(psychological ownership)의 경우에도 소비자는 그 제품과 자아 개념이 강하게 연결되었다고 느낀다. 이처럼 소비자는 자신이 원하는 자아 개념을 반영하는 제품에 대한 물리적 소유뿐 아니라 그리고 심리적 소유를 통해서 자신에 대한 긍정적 자아 개념과 긍정정서를 강화하고 이러한 긍정적 자아 개념/긍정정서가 소비자 웰빙에 긍정적 영향을 미친다(Pierce et al., 2003).

소비자-브랜드의 자아 일치도는 소비자 웰빙에 긍정적 영향을 미친다. 그 구체적 이유는 다음과 같다. 첫째, 소비자는 자아 일치도 브랜드에 대하여 긍정정서를 경험한다. 소비자의 자아 이미지 일치도(self congruity)는 기능적 품질 기대의 충족(functional congruity) 및 브랜드와의 정서적 유대관계(brand relationship quality)를 강화하여 브랜드 충성도에 기여한다(Kressmann et al., 2006). 자아 일치도는 소비자가 희망하는 소비 목표가 소유 브랜드를 통하여 차이가 없이 달성됨을 의미하며 이러한 소비자의 소비 목표의 달성은 소비자의 브랜드 품질에 대한 만족(Kleine, Kleine, & Allen, 1995)을 가능하게 한다. 또한 소비자는 자아 일치 브랜드를 통하여 브랜드에 대한 애정, 친밀감, 유대감 등의 긍정적 정서의 경험을 할 기회를 가진다(Fournier, 1998; Job, Langens, & Brandstätter, 2009). 반면 소유 제품이 현저한 자아 개념과 상이할 때 소비자는 소비 생활에서의 부정정서를 경험하게 한다(Higgins, Shah, & Friedman, 1997).

둘째, 소비자는 자아 일치도 브랜드를 통하여 긍정적 자아 개념을 유지하고 강화한다, 자아 일치도는 브랜드의 상징적 이미지와 소비자의 자아 개념이 밀접하게 연결되는 것을 의미하며, 긍정적 브랜드 이미지와 자아 개념의 연결은 긍정적 자아 개념의 형성에 기여한다. 자아 일치도 브랜드를 통한 소비자의 자아 이미지의 확인, 자아 이미지의 향상, 그리고 소속감 욕구의 충족 등 다양한 소비 욕구의 충족은 소비자의 긍정적 자아 개념을 강화한다. 이처럼 소비자는 자아 일치 브랜드를 통하여 긍정적 자아 이미지를 표현하고(Richins, 1994), 동시에 긍정적 자아 개념을 유지 강화한다(Lyubomirsky et al., 2006).

자아 일치 제품의 소유와 소비자 웰빙

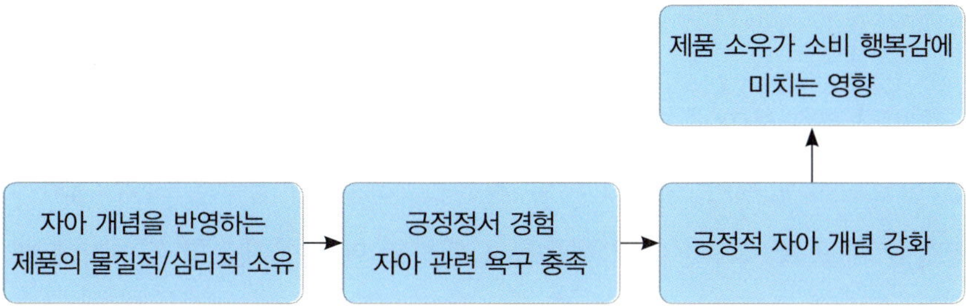

자아 개념 관련한 소비 욕구

자아 관련 아이덴티티	자아 관련 욕구	소비 예시
현실적 자아 (actual self)	자아 확인 욕구 (self confirmation need)	현실적 자아 이미지와 독특한 개성을 확인시켜 주는 제품 구매/소유
	자아 일관성 욕구 (self consistency need)	현실적 자아 이미지를 일관되게 유지하는 제품 구매/소유
이상적 자아 (ideal self)	자아 향상 욕구 (self enhancement need)	이상적 자아 이미지를 표현하는 고가 혹은 희소 브랜드 구매/소유
	자아 복구 욕구 (self recovery need)	이상적 자아 이미지로 복구하는데 도움이 되는 제품 구매/소유
사회적 자아 (social self)	소속감 욕구 (belongingness need)	특정 고객 집단에의 소속을 나타내는 제품 구매/소유
	사회적 인정 욕구 (social approval need)	사회적 인정을 받을 수 있는 제품 구매/소유

045 현실적 자아 이미지를 반영하는 제품 소유

소비자들은 자아에 대한 확신(self certainty)을 가지고 싶어한다. 내가 어떤 사람인지에 대한 자아에 대한 확신은 소비자의 긍정적 자아 개념에 영향을 주고 소비자가 어떤 제품을 선택하고 어떻게 행동할 것인지에 대한 의사결정의 기준이 된다(Baumgardner, 1990). 자아에 대한 불확실성은 불편한 감정을 수반하며 소비자는 자아에 대한 불확실성을 줄이기 위하여 자신을 확신시켜줄 능력을 최대화하기 위해 노력하거나, 특정 가치나 태도에 몰입하거나, 혹은 자신을 표현하는 집단에 소속되고자 한다(Hogg et al., 2007). 자아의 확장으로서 특정 제품을 소유하여 자아에 대한 확신을 증가시키려고 하기도 한다.

이처럼 소비자는 자아 개념과 유사한 유형 제품에 대한 소유를 통해 자아의 이미지를 표현하고자 한다. 소비자는 자신의 실제 이미지(actual self)와 비슷한 이미지를 가지는 제품의 소유를 통해 자신의 개성과 타인과 차별화되는 자아 이미지를 표현하고자 한다(Tian, Bearden, & Hunter, 2001). 현실적 자아 일치도를 추구하는 소비자들은 자존감이 강하고 남들과 다른 자신의 개성을 반영하는 독특한 제품의 소유를 통해 개성있는 자아 이미지를 일관되게 유지하고자 한다.

현실적 자아 이미지는 소비자가 자존감(self esteem)이 강하고 제품에 대한 정서적 몰입도도 강하여 자신의 개성을 제품의 이미지를 통하여 표현하고 싶을 때 매우 중요하다(Malär, Krohmer, Hoyer, & Nyffenegger, 2011). 이처럼 소비자들은 자신의 실제 이미지(actual self)와 이미지를 가지는 제품의 소유를 통해 자아 확인 욕구(self confirmation need)와 자아 일관성 욕구(self consistency need)를 충족시킨다(Sedikedes & Strube, 1995). 현실적 자아 이미지를 반영하는 제품의 소유는 소비자의 자존감을 높이고(Burke & Stets, 2009), 사회적 상호작용을 활성화시키며(Sirgy, Lee, & Yu, 2017), 제품에 대한 몰입을 높인다(Kressman et al., 2006). 이처럼 현실적 자아 이미지를 반영하는 제품의 소유는 자아 확인 및 자아 일관성의 욕구를 충족시켜 긍정적 자아 개념과 소비자 웰빙에 긍정적인 영향을 미친다. 이러한 자아 확인 및 자아 일관성의 욕구 충족이 긍정적 자아 개념과 소비자 웰빙에 미치는 영향은 자아 개념이 상황에 따라 가변적인 상호의존적 자아 개념의 소비자보다는 자아 개념이 상황과 무관하게 자아 개념 일관성(self concept consistency)을 중시하는 독립적 자아 개념의 소비자의 경우에 더 크다(Cross, Gore, & Morris, 2003).

현실적 자아 일치도 선행 요인

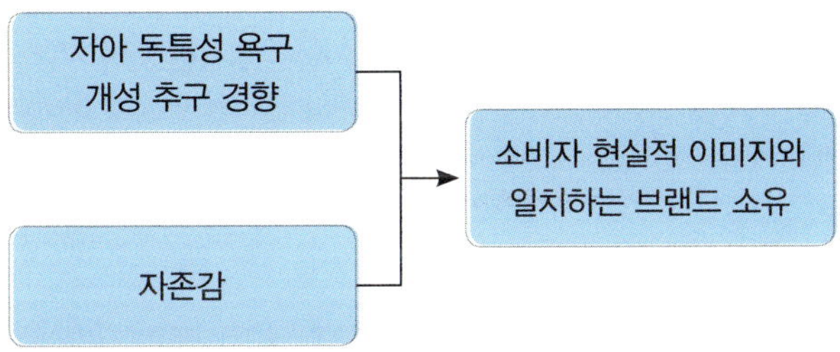

현실적 자아 이미지와 소비자 웰빙

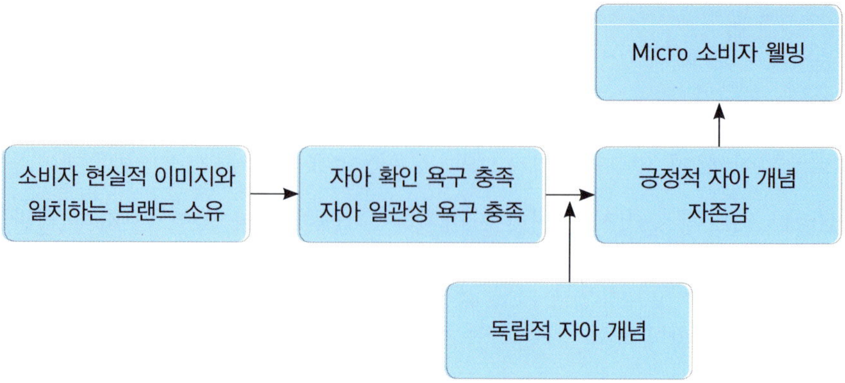

현실적 자아 일치도와 웰빙 마케팅 전략

- 기업은 개성이 강하고 타인을 크게 의식하지 않는 소비자에 대하여 브랜드의 독특한 특성을 중심으로 소비자의 현실적 자아 일치도를 높이는 노력을 한다. 브랜드 인기보다는 브랜드의 희소성을 중심으로 고객화된 제품을 제공하여 소비자가 일관된 자아 개념을 확인하고 긍정적 자아 개념을 가지도록 한다.
- 독립적 자아 개념을 가진 소비자의 경우, 자아 개념 일관성(self-concept consistency)이 소비자의 자존감 및 웰빙에 긍정적 영향을 미친다. 기업은 독립된 자아 개념을 가진 소비자가 일관된 자아 개념을 유지하도록 돕고 빈번하거나 급격한 브랜드 이미지의 변화를 지양하여야 한다. 기업은 신제품의 개발 시 소비자의 브랜드 자아 일치도를 측정 관리한다.

현실적 자아 일치도 관련 가설

- 브랜드-소비자 간의 현실적 자아 일치도가 소비자의 자아 확인의 욕구와 자아 일관성 욕구의 충족을 가져다 주어 긍정적 자아 개념을 향상시킨다.
- 브랜드-소비자 간의 현실적 자아 일치도는 소비자의 브랜드에 대한 정서적 애착(emotional brand attachment)과 일체감(identification)에 기여한다.
- 현실적 자아 일치도가 긍정적 자아 개념에 미치는 영향은 독립적 자아 개념을 가진 소비자의 경우가 상호의존적 자아 개념을 가진 소비자의 경우보다 보다 더 크다.

046 이상적 자아 이미지를 반영하는 제품 소유

이상적 자아 이미지를 반영하는 제품의 소유는 소비자 웰빙에 긍정적 기여를 한다. 소비자들은 소유 제품이 전달하는 의미를 통해 자신이 이상적으로 생각하는 이미지를 표현하고 이를 통해 자아 이미지를 향상하고자 한다(Sedikedes & Strube, 1995). 소비자들은 주로 유명 브랜드 제품에 대한 소유를 통해 이상적 자아 이미지를 표출하거나(Kapferer & Bastien, 2009; Vigneron & Johnson, 2004), 자신의 이미지를 복구하려는 노력을 한다. 소유 제품을 통해 자아 이미지의 향상을 추구하는 소비자들은 스스로의 이미지에 대한 많은 관심을 가지고 있다. 이들은 고가 혹은 희소한 브랜드의 과시적 소유를 통하여 자신의 사회적 지위를 전달하고 자신에 대한 긍정적 이미지를 강화하려는 노력을 한다(Eastman et al., 1999; Han, Nunes, & Dreze, 2010). 이상적 자아 이미지는 현실적 실제 모습과 다른 비교적 추상적 자아 이미지를 표현하고자 하는 경우에 중요하다. 이상적 자아 일치도는 자신의 지금 현재 모습과는 거리가 있는 비교적 추상적 이미지로서 제품에 대한 몰입도가 떨어져 실제 모습을 구체적 표현할 필요가 적거나, 현재의 실제 모습에 대한 자존감이 떨어지거나, 자아 개념의 복구가 필요한 경우에 중요하다(Malär, Krohmer, Hoyer, & Nyffenegger, 2011).

이렇게 형성된 이상적 자아 일치도는 소비자의 자아 이미지 향상 욕구(self enhancement need)와 자아 이미지 복구 욕구(self recovery need)의 충족을 가능하게 한다. 이러한 소비 욕구의 충족이 소비자 자신에 대한 긍정적 자아 개념 및 긍정정서를 가지게 하고 결과적으로 소비자 웰빙에 긍정적인 영향을 미친다(Hudders & Pandelaere, 2012). 하지만 때로는 물질주의 성향의 소비자는 비현실적으로 높은 이상적 자아 이미지를 위해 과시적 소비를 하기도 한다. 물질주의적 성향의 소비자는 고가 브랜드가 사회적 성공을 나타내고 행복을 가져다 줄 것으로 생각하면서 물질에 많은 중요성을 부여한다(Richins & Dawson, 1992). 이러한 소비자의 과시적 소비는 재무적 스트레스를 동반하게 되어 인지적 부조화와 소비자 자신에 대한 긍정적 믿음을 오히려 약화시켜 소비자 웰빙에 부정적 영향을 준다(Sirgy, 1985, 1998).

소비자들이 이상적으로 생각하는 자아 이미지의 표현은 반드시 고가의 희소제품의 소유만으로 이루어지지는 않는다. 때로는 소비자는 더 많은 비용을 지불해서라도 친환경적인 제품을 구매함으로써 사회적으로 의미 있는 친환경적 가치에 기여하는 의식있는 소비자로서의 이상적 이미지를 표현하고자 하기도 한다(Griskevicius, Tybur, & Van den Bergh, 2010).

이상적 자아 일치도 선행 요인

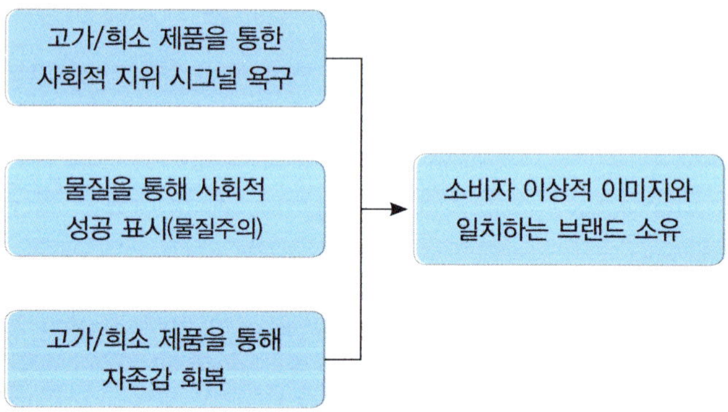

이상적 자아 이미지와 소비자 웰빙

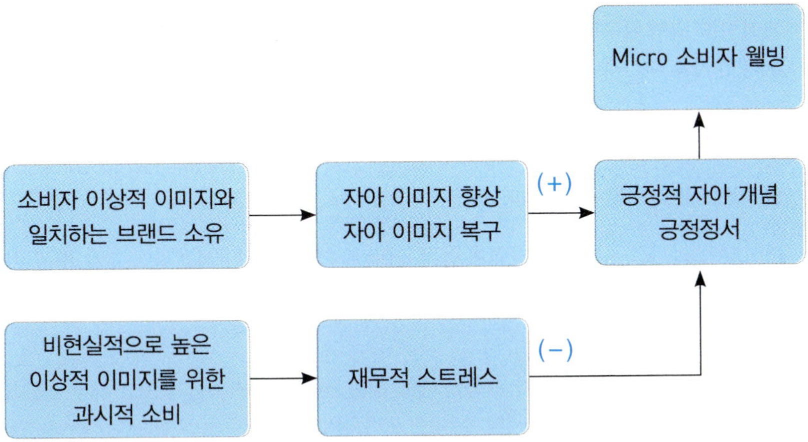

이상적 자아 일치도와 웰빙 마케팅 전략

- 기업은 목표고객의 이상적 자아 이미지를 파악하고 그에 상응하는 브랜드의 이미지를 구축한다. 기업의 브랜드 이미지는 기업의 핵심가치나 역량에 기초하여야 하고 기업은 차별적 품질 혹은 광고/홍보 활동을 통하여 소비자가 이상적으로 생각하는 브랜드 이미지를 구축한다. 목표고객은 이상적 자아 이미지를 표현하는 브랜드 사용이나 소유를 통하여 목표고객의 자아 이미지를 향상 욕구(self enhancement need) 혹은 자아 이미지 복구 욕구(self recovery need)를 충족할 수 있으며 이러한 소비 욕구의 충족이 긍정적 자아 개념과 긍정정서 체험을 가능하게 한다. 기업은 소비자가 이상적 자아 개념을 기준으로 구매하는 제품 혹은 쾌락적 체험 제품/서비스의 경우에는 이상적 자아 일치도를 높일 수 있도록 브랜드를 마케팅한다.

- 소비자가 현실적 자아에 대한 개성이나 자존감이 강하지 않거나 자아 이미지의 복구를 필요로 하는 경우, 혹은 제품에 대한 몰입도가 적거나 소비자가 이상적 이미지를 추구하는 제품의 경우에 기업은 브랜드 이미지를 소비자의 이상적 자아에 일치시켜야 한다.

- 기업은 목표 고객의 도달 가능한 수준의 이상적 자아 이미지를 파악하고 이에 브랜드 이미지를 일치시키도록 브랜드 이미지를 관리한다. 소비자들이 도달할 수 없는 수준의 비현실적으로 높은 이상적 이미지(unrealistically ideal self-image)와 브랜드 이미지를 일치시키려는 노력은 소비자로 하여금 걱정 실망과 같은 부정정서를 갖게 한다. 지나친 물질주의적 소비 혹은 과시적 소비를 통해 물질주의를 조장하는 것을 지양하여야 한다.

이상적 자아 일치도 관련 가설

- 소비자-브랜드에 대한 이상적 자아 일치도(ideal self congruity)는 자아 이미지 향상 및 자아 이미지의 복구의 매개 효과를 통하여 긍정적 자아 개념(positive self concept)에 긍정적 영향을 미친다.
- 물질주의가 높은 소비자는 과도하게 이상적인 자아 이미지를 추구하면서 과시적 소비를 한다. 소비자의 물질주의(materialism)는 과시적 소비(conspicuous consumption)와 정(+)의 상관관계를 가진다.
- 소비자의 과시적 소비는 지나치게 높은 기준에 의한 빈번한 사회적 비교를 하게 한다. 소비자의 과시적 소비는 사회적 비교의 빈도(frequency of social comparison)와 정(+)의 상관관계를 가진다.
- 소비자의 과시적 소비는 고가 제품 구매에 대한 소비통제를 어렵게 하고 재무 스트레스를 증가시킨다. 소비자의 과시적 소비는 소비자의 재무 스트레스(financial stress)와 정(+)의 상관관계를 가진다
- 소비자의 고가제품을 통한 과시적 소비는 소비자의 긍정적 자아 개념과 소비자 웰빙에 부(-)의 상관관계를 가진다.

047 사회적 자아 일치도(social self congruity) 높은 제품 소유

사회적 자아 일치도 높은 제품의 소유가 소비자 웰빙에 기여한다. 사회적 자아는 주변의 중요한 사람들에 의해서 판단되고 보여지는 자아 이미지이다. 많은 소비자들이 제품의 소유를 통해서 주변의 중요한 사람들에게 긍정적으로 인정받는 이미지를 형성하고 이들과 동일한 집단에 소속된 느낌을 가지고 싶어한다.

어떤 소비자들이 사회적 자아 일치도가 높은 제품의 소유를 추구하는가? 사회적 자아 일치도가 높은 제품의 소유를 추구하는 소비자는 다음과 같은 특징을 가진다.

첫째, 사회적 자아 일치도를 추구하는 소비자는 타인의 시선을 의식하면서 빈번한 사회적 비교(social comparison)를 하는 소비자이다. 이들은 사회적 지위, 명성, 성공과 같은 상징적 이미지를 전달하는 제품의 소유를 선호하며 타인과의 상대적 비교를 자주 하는 소비자이다. 이들 소비자의 소유 만족은 제품 브랜드의 외적 이미지에 의해 크게 영향을 받는다(Sirgy et al., 2017).

둘째, 사회적 자아 일치도를 추구하는 소비자는 제품의 유행을 따르거나 소속 집단의 규범(group norm)에 충실히 따르는 사람들이다. 이들은 개인의 태도나 개성보다는 소속 집단의 규범을 따르며 상호의존적 자아 개념을 가진 경우가 많다(Markus & Kitayama, 1991). 이들 소비자들의 사회적 자아 일치도 높은 제품의 소유는 소비자의 집단 소속 욕구(social belongingness need)와 사회적 인정 욕구(social approval need)가 충족되게 하고 소비자의 긍정적 자아 개념과 소비자 웰빙의 향상에 기여한다.

사회적 자아 일치도 선행 요인

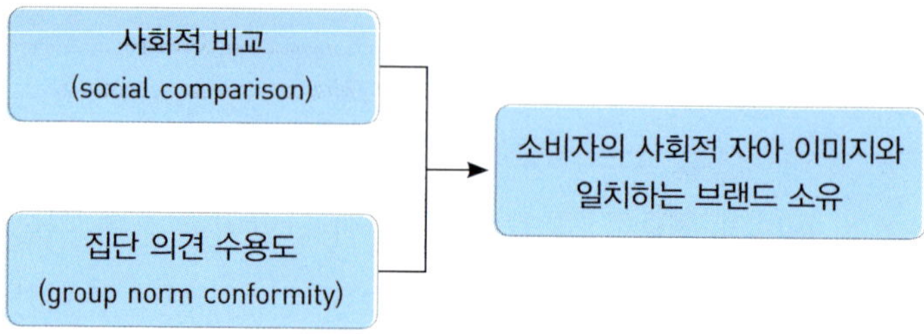

사회적 자아 이미지와 소비자 웰빙

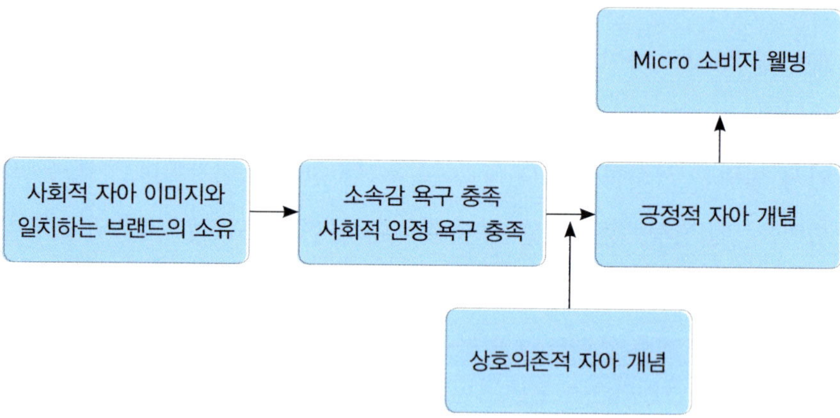

사회적 자아 일치도와 웰빙 마케팅 전략

- 사회적 자아 일치도는 상호의존적 자아 개념을 가진 고객의 여러 사람 앞에서 사용되는 사회적 제품의 경우에 특히 중요하다. 이러한 경우 기업은 목표 고객 집단에서의 사회적 인정 욕구(social approval need)와 소속감 욕구(social belongingness need)가 충족되도록 브랜드의 명성 및 브랜드가 가지는 사회적 상징을 통하여 차별화하는 것이 필요하다.

- 사회적 자아 일치도를 추구하는 소비자는 자신의 개성이나 이상적 이미지를 표현하는 향상적 동기(promotion-focused motives)보다는 소속집단의 규범에 맞추어 무난한 선택을 추구하는 위험 회피적 동기(prevention-focused motives)를 가진다. 기업은 상호의존적 소비자들이 희망하는 집단의 구매 기준이나 규범을 이해하고 소비자에게 무난한 선택이 되는 다수가 선택한 제품을 제공한다.

- 사회적 자아 일치도를 추구하는 소비자들이 자신들이 속한 집단에의 소속감뿐만 아니라 고객 집단 내에서의 수용가능한 수준의 독특성 욕구도 동시에 추구한다. 기업은 상호의존적 자아 개념을 가진 집단이 선호하는 제품 라인을 통하여 집단 소속감을 제공하면서도 선택가능한 옵션을 동시에 제공하여 집단내 개인의 독특성 욕구도 충족시킬 수 있도록 한다. 하지만 이 경우에도 고객 집단의 동질성은 유지하여 브랜드 명성과 상징은 일관되게 관리하는 것이 중요하다.

사회적 자아 일치도 관련 가설

- 브랜드 – 소비자 간의 사회적 자아 일치도는 소비자의 사회적 인정 욕구(social approval need)와 소속감 욕구(social belongingness need)의 충족을 통해 긍정적 자아 개념과 소비자 웰빙을 향상시킨다.

- 사회적 자아 일치도가 긍정적 자아 개념에 미치는 영향은 상호의존적 자아 개념(interdependent self concept)을 가진 소비자의 경우가 독립적 자아 개념(independent self concept)을 가진 소비자의 경우보다 보다 더 크다.

- 사회적 자아 일치도가 긍정적 자아 개념에 미치는 영향은 위험 회피적 동기(prevention-focused customers)를 가진 소비자의 경우가 향상적 동기를 가진 소비자(promotion-focused customers)의 경우보다 더 크다.

소유 제품 자아 일치도와 소비자 웰빙

	현실적 자아 일치도	이상적 자아 일치도	사회적 자아 일치도
내용	소유 브랜드 이미지와 실제 소비자의 자아 이미지와 일치	소유 브랜드 이미지와 소비자가 이상적으로 생각하는 자아 이미지와 일치	소유 브랜드 이미지와 소비자의 주변사람들이 소비자에 대해 생각하는 이미지와 일치
충족 소비 욕구	자아 확인 욕구 자아 일치 욕구	자아 향상 욕구 자아 복구 욕구	소속감 욕구 사회적 인정 욕구
자아 개념	독립적 자아	독립적 자아	사회적 자아 상호의존적 자아
중시되는 상황	개인주의 문화	개인주의 문화	집단주의 문화

자료: Sirgy, Lee, & Yu, 2017.

소유 제품 자아 일치도와 소비자 웰빙

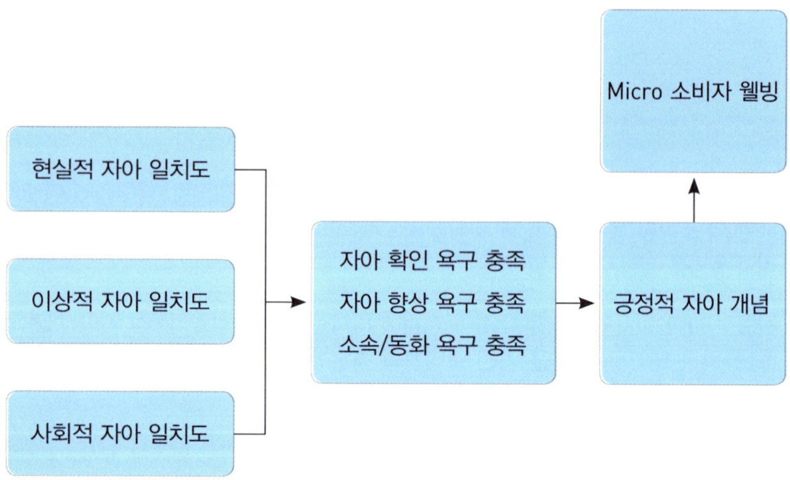

소비자들이 비록 제품에 대한 실질적 혹은 법적인 소유를 하지는 않았지만 소비자들이 제품의 전부 혹은 일부를 소유했다고 생각하는 상태를 심리적 소유(psychological ownership)라고 한다(Pierce et al., 2003). 심리적 소유는 제품에 대한 법적/실질적 소유와 무관하게 소비자의 상상 및 심리적 연결에 의해 제품을 소유했다고 생각하는 것을 의미한다(Van Dyne & Pierce, 2004). 소비자의 제품을 만지는 행위(haptic), 제품에 시간과 노력을 투자하는 행위(예: 고객화 과정 참여, 제품 아이디어 제안, 지식 학습), 제품의 장기 대여는 소비자가 제품에 대해 실제로 소유했다고 느끼는 심리적 소유감을 가지게 한다. 한 실증 연구에 의하면 소비자의 컴퓨터 키보드나 마우스를 통한 간접 터치(Touch) 보다는 터치 스크린(Touch-screen)을 통한 직접적인 터치가 판매 제품/서비스에 대한 소비자의 심리적 소유감 및 구매의욕을 더 높이는 것으로 나타났다(Brasel & Gips, 2014). 특정 제품에 대한 소비자가 주관적으로 느끼는 심리적 소유감은 법적/실질적 소유와 무관하게 그 심리적 소유 제품에 대해 더 높은 가치를 부여하고 소유 손실을 회피하고자 하는 소유 효과(endowment effect)를 생기게 한다(Reb & Connolly, 2007).

소비자들의 심리적 소유감(psychological ownership)은 소비자 웰빙에 긍정적 영향을 미치게 된다. 소비자의 심리적 소유감이 소비자 웰빙에 미치는 영향은 다음과 같다.

첫째, 심리적 소유감을 가진 소비자는 해당 심리적 소유 제품에 대해 긍정적 태도를 가지며 제품이 더 가치 있는 것으로 평가한다(Huang et al., 2009; Kahneman et al., 1991). 특정 제품에 대한 심리적 소유감은 제품에 대한 긍정적 평가 및 구매 의향에 긍정적 영향을 미친다(Kamleitner, 2011).

둘째, 자아 중심적 분류 이론(ego-centric classification theory)에 의하면 심리적 소유는 소비자로 하여금 해당 제품을 자아(self) 개념의 카테고리 안에 있는 제품으로 분류하고 이를 자아 이미지를 반영하는 제품으로 인식하게 한다(Weiss & Johar, 2013). 소비자들은 디지털 제품의 소유를 통해서도 긍정적 자아 개념을 형성한다(Belk, 2013). 이처럼 소비자의 심리적 소유도 제품에 대한 긍정적 평가와 더불어 자아 연관성을 높임으로써 긍정적 자아 개념을 유지 강화하고 결과적으로 소비자 웰빙을 향상시킨다.

심리적 소유감과 소비자 웰빙

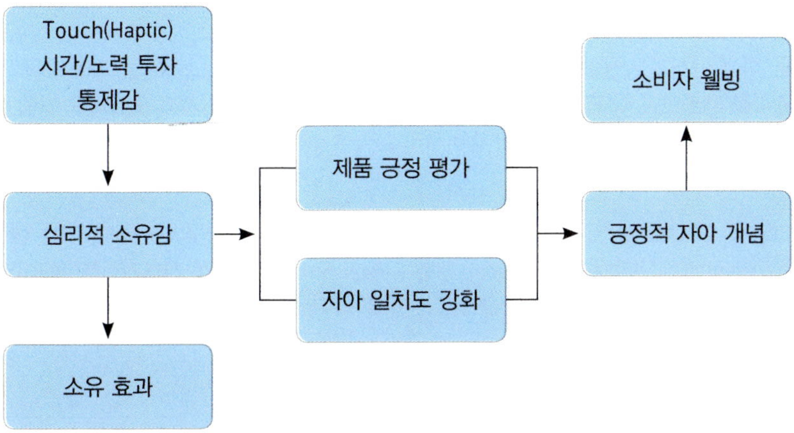

심리적 소유감 vs. 법적 소유

	법적 소유 (legal/physical ownership)	심리적 소유감 (Psychological ownership)
소유	법적 소유(Title) 물적 소유	심리적 소유 (내 것이라는 판단/상상)
선행 요인	구매	Touch(Haptic) 시간/노력 투자(제안/고객화) 통제감(장기 대여)
심리적 소유감 측정 도구		Van Dyne & Pierce, 2004 1. 나는 이 물건이 내 것이라고 느낀다. 2. 나는 이 물건에 대해 강하게 개인 소유라고 느낀다. 3. 나는 이 물건과 연결되어 있다고 느낀다. 4. 나는 이 물건이 내 것이라 생각되지는 않는다 (reverse). 5. 이 물건이 나로 하여금 내 것이라고 느끼게 하지는 않는다(reverse).

심리적 소유와 웰빙 마케팅 전략

- 소비자가 가지고 있음을 상상하거나 제품을 만지는 것으로도 제품에 대한 심리적 소유감이 생긴다. 기업은 온라인과 오프라인의 체험공간을 통하여 소비자로 하여금 신제품을 직접 만지고 사용해볼 수 있는 기회와 제품에 대한 심리적 소유감을 가질 수 있는 기회를 제공한다. 오프라인에서도 소비자들이 자유롭게 직접 만지고 오감으로 느낄 수 있는 샘플 제품을 비치하는 것이 소비자의 심리적 소유감을 통한 정서적 애착의 형성에 중요하다.

- 기업은 소비자에게 일정기간 무료로 사용할 수 있는 무료 사용(free trial), 무료 렌탈(free rental), 고객화(customization), 반환 가능한 구매 등의 제품 사용기회를 제공하여 소비자들이 심리적 소유감을 가질 수 있는 기회를 제공한다.

심리적 소유 관련 가설

- 소비자가 제품을 직접 터치(Touch)하면서 체험해 본 소비자가 터치(Touch) 없이 보기만 한 소비자의 경우보다 제품에 대한 심리적 소유감(psychological ownership)이 더 높다. 소비자의 제품에 대한 터치(Touch) 경험의 정도는 심리적 소유감과 정(+)의 상관관계를 가진다.

- 소비자가 제품을 소유하기 위해 투자한 시간과 노력(고객화 과정 참여, 제품 아이디어 제안, 지식 학습)은 소비자의 그 제품에 대한 심리적 소유감과 정(+)의 상관관계를 가진다.

- 제품에 대한 무료 사용이나 무료 렌탈의 경험이 있는 소비자가 사용이나 렌탈 경험이 없는 소비자의 경우보다 제품에 대한 심리적 소유감(psychological ownership)이 더 크다. 소비자의 제품에 대한 사용이나 렌탈 경험은 심리적 소유감과 정(+)의 상관관계를 가진다.

- 소비자의 심리적 소유감은 제품에 대한 긍정 평가와 제품에 대한 자아 일치도에 긍정적 영향을 미친다.

049 과시적 소비(conspicuous consumption)와 소비자 웰빙

과시적 소비는 타인에게 자신의 사회적 지위를 표현하기 위한 목적의 소비를 말한다(Veblen, 1899). 과시적 소비는 사회적 지위의 유지 향상을 위하여 공개적으로 소비되는 고가 브랜드 제품을 통해서 자신의 부나 사회적 지위를 시그널하는 소비 행태를 말한다(Sundie et al., 2011; Trigg, 2001). 과시적 소비는 소비자로 하여금 자신의 상대적으로 우월한 사회적 지위에 대한 표현을 통해 일시적으로 긍정정서를 체험하게 하고(Hudders & Pandelaere, 2012), 결핍의 감정을 일시적으로 극복하게 한다(Jaikumar, Singh, & Sarin, 2018). 자신의 경제적 성공을 과시하기 위한 소비는 소비자로 하여금 경제적 성공을 위하여 더욱 노력하도록 동기부여하는 효과도 있다(Sirgy et al., 2019). 하지만 과시적 소비는 소비자 웰빙에 대한 약간의 긍정 효과에도 불구하고 전반적으로는 소비자 웰빙에 대하여 부정적 효과를 가진다(Herberholz & Prapaipanich, 2019). 과시적 소비가 소비자 웰빙에 부정적 영향을 미치는 이유는 다음과 같다.

첫째, 고가 명품에 집착하는 과시적 소비의 긍정적 효과는 단기적이며 제한적이다. 구매 시점에서의 소비자의 긍정정서는 적응 효과를 가지며 시간이 지나면서 구매 당시의 즐거움과 희열은 지속적으로 감소한다(Shrum et al., 2013; Richins, 2013).

둘째, 고가 명품에 대한 과시적 소비는 물질적 가치에 지나치게 치중하면서 높은 이상적 기준에 의한 상향적 비교를 빈번하게 함으로써(Sirgy, 1998), 자신의 소비 생활에 대한 불만이나 질투의 부정적 감정을 초래하고(Hill, Martin, & Chaplin, 2012; Suls, Martin, & Wheeler, 2002), 결과적으로 소비자 웰빙에 부정적인 영향을 준다. 소비자가 긍정적 자아 이미지에 너무 강하게 집착하는 나르시시즘(narcissism) 성향이 있을 때 소비자는 지나치게 상징적인 가치에만 집착하고 반드시 충족되어야 하는 기능적 가치를 소홀히 하거나 과소비로 인하여 부정적인 재무적 상태를 가지기 쉽다. 그러한 이유로 과시적 명품 소비의 소비자 웰빙에 대한 부정적 영향은 긍정적 자아 이미지에 집착하는 나르시시즘 소비자(Sedikides et al., 2007)와 물질적 성공을 추구하는 물질주의 소비자에게서 더 크게 나타난다(Richins & Dawson, 1992). 높은 가격 등의 외재적 가치에 치중하는 과시적 소비는 고가일수록 수요가 더 증가하고 많은 소비자들의 모방 소비를 초래한다. 과시적 소비는 소비자들을 제품 본연의 체험보다는 빈번한 상향적 비교를 통해 자아 개념에 부정적 영향을 준다.

셋째, 타인에게 긍정적 인상을 주기 위한 고가 명품에 대한 과시적 소비는 소비자를 자발적으로 동기부여하지 못한다(Zhang, Howell, & Caprariello, 2013). 명품브랜드의 과시적 소비는 외재적 가치에 대한 지나친 몰입을 통하여 내재적 가치 추구를 등한시 하게 하며 결과적으로 소비자 웰빙에 부정적 영향을 미친다 볼 수 있다. 과시적 소비는 자신이 남들보다 우월하다고 과도하게 확신하면서 남들도 이를 인정해주기를 바라는 나르시시즘(narcissism) 성향의 소비자에게서 자주 나타난다(Sedikides et al., 2007). 나르시시즘 성향의 소비자들은 고가의 제품의 획득 및 소유를 통해 주변에 자신의 사회적 지위를 과시하면서 지나치게 긍정적인 자아에 대한 믿음을 강화하려고 한다. 이러한 이유로 나르시시즘 성향의 소비자에게는 기능적 속성보다 제품이 가지는 상징적 속성이 중요시된다.

명품 브랜드 소유와 소비자 웰빙

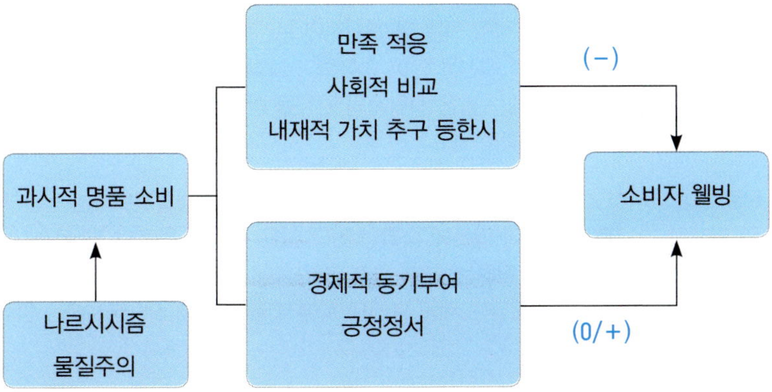

과시적 소비가 소비자 웰빙에 미치는 영향

	차원	내용	Reference
부정 효과	적응 효과	과시적 소비로부터의 만족은 오래 지속되지 못하고 적응 효과를 거침	Shrum et al., 2013 Richins, 2013
	사회적 비교	이상적 기준에 의한 빈번한 사회적 비교를 하여 불만/질투의 부정적 감정을 경험함	Hill, Martin, & Chaplin, 2012 Suls, Martin, & Wheeler, 2002
	내재적 가치 추구 등한시	자아 발전에 대한 자발적 동기부여를 하지 못하고 내재적 가치의 추구를 등한시하게 함	Zhang, Howell & Caprariello, 2013
긍정 효과	긍정정서 경험	과시적 브랜드의 소비를 통해 긍정정서를 경험함 상대적 결핍의 감정을 극복하게 함	Hudders & Pandelaere, 2012 Hill, Martin, & Chaplin, 2012
	경제적 동기부여	경제적 성공을 표현하기 위한 고가 브랜드의 소비는 경제적으로 소비자를 동기부여하여 더 노력하게 함	Sirgy et al., 2019

과시적 소비와 웰빙 마케팅 전략

- 기업은 개성과 자기 표현을 중시하는 독립적 자아 소비자의 경우 지나치게 과시적 브랜드보다는 한정적인 수량의 희소성이 있는 덜 과시적인 브랜드를 제공하는 것이 소비 행복감 제고에 효과적이다. 사회적 시선을 많이 의식하고 사회적 자아가 중요한 상호의존적 자아 개념의 소비자의 경우에는 많은 사람들의 인정을 받는 무난한 브랜드를 제공하는 것이 소비 행복감 제고에 효과적이다.
- 명품 브랜드의 과시성 소비는 제품 본연의 품질에 대한 가치를 중시하기보다는 높은 가격 등의 외재적 가치를 중시하기 때문에 나타난다. 기업은 수익성 위주의 지나치게 높은 가격의 설정, 물질주의를 조장하는 비교 광고, 지나치게 과시적이고 커다란 로고의 사용을 지양한다. 지나친 과시보다는 제품 본연의 차별적 품질과 체험을 중시하는 방식으로 브랜드를 차별화한다.

과시적 소비 관련 가설

- 소비자의 나르시시즘(narcissism)과 물질주의(materialism)는 소비자의 과시성 소비(conspicuous consumption)의 정도와 정(+)의 상관관계를 가진다.
- 소비자의 과시성 소비는 소비자로 하여금 빈번한 사회적 비교를 하게 하고 외재적 가치에 집중하게 하여 긍정적 자아 개념과 소비자 웰빙에 부정적 영향을 미친다. 소비자의 과시성 소비(conspicuous consumption)는 소비자의 사회적 비교 빈도(frequency of social comparison) 및 외재적 가치 추구 정도(extrinsic value seeking)와 정(+)의 상관관계를 가진다.
- 소비자의 과시성 소비는 소비자를 경제적으로 동기부여한다. 과시성 소비와 소비자의 경제적 동기부여(economic motivation)는 정(+)의 상관관계를 가진다.
- 전반적으로 소비자의 과시성 소비는 소비자 웰빙과 부(−)의 상관관계를 가진다.

물질주의는 물질적 소유물에 대해 중요한 가치를 부여하는 정도를 의미하는 것으로 정의된다(Belk, 1985). 물질주의는 소비자가 유형의 소비 물건, 금전적 자산, 그리고 물질적 목표를 중요하게 생각하는 정도를 의미한다. 즉, 소비자의 물질적 생활 영역에 대한 몰입도라고 볼 수 있다(Sirgy et al., 1998). 초기 물질주의에 대한 연구는 물질주의를 자신의 소유물을 가지려고 하고(possessiveness), 타인과의 나눔을 싫어하고(non-generosity), 타인의 물질적 성공이나 소유에 대한 질시(envy)를 포함하는 소비자의 성격(personality)으로 파악하였다(Belk, 1985). 한편 Richins & Dawson(1992)은 물질주의는 어린 시절 형성되어 변화하지 않는 성격이 아니라 삶에 있어서 물질이 매우 중요하다고 믿고 있는 개인의 가치관(value)으로 보았다. 물질주의는 얼마나 물질적 획득이 삶에 중요한가(centrality), 개인의 소유한 물질에 의해 성공을 정의하는 정도(success), 그리고 물질이 개인의 행복을 가져다 준다는 믿음(happiness)의 세 가지 물질의 중요성에 대한 가치로 정의된다(Richins & Dawson, 1992). 요약하면 물질 소유가 개인의 소비 생활에서 차지하는 중요도에 대한 믿음을 물질주의라고 칭한다(Sirgy, 1998). 물질주의는 물건 소유 혹은 돈에 대한 지나친 집착을 의미하는 개인중심의 가치이며 타인에 대한 배려, 타인과의 밀접한 관계를 중시하는 집단주의적 가치 등에 배치된다.

물질주의적 가치관의 형성 요인은 무엇인가? 물질주의 가치관은 사회적 고립, 외로움 어린 시절의 물적 결핍과 경제적 불안감(Inglehart, 1990; Ahuvia & Wong, 2002), 물질적 TV 광고에의 빈번한 노출(Sirgy et al., 1998a;

Shrum, Burroughs, & Rindfleisch, 2005), 친구 및 부모에 의한 물질 중시 가치의 사회화 과정(Benmoyal-Bouzaglo & Moschis, 2010; Goldberg, Gorn, Peracchio, & Bamossy, 2003), 부모간 갈등과 미래에 대한 불확실성(Flouri, 2004; Rindfleisch, Burroughs, & Denton, 1997), 낮은 자존감(Chaplin & John, 2007), 그리고 내재적 심리욕구의 결핍 등 다양한 원인에 의해 형성된다.

물질주의 소비자는 다음과 같은 소비 특성을 가진다. 물질주의 소비자는 제품에 대한 지식이 많고, 쇼핑에 많은 시간과 지출을 소비하는 편이며(Fitzmaurice & Comegys, 2006), 독특하고 새로운 상품에 대한 관심이 많다(Lynn & Harris, 1997). 또한 이들은 타인에게 자신의 사회적 지위를 전달하는 상품에 관심을 보이며, TV 광고를 많이 보고, 물질 중시 광고에 대한 태도 또한 우호적이다(Goldberg et al., 2003). 물질주의는 TV에서 보여주는 물질적 소유와 소비 생활이 실제 현실을 반영한다고 믿음을 강화하여(cultivation hypothesis), 소비자로 하여금 높은 소비 생활 수준에 대한 열망을 가지게 한다(Hawkins & Pingree, 1981). 이러한 물질주의 경향은 소비자로 하여금 외재적 가치에 대한 목표에 치중하게 만들며, 지나치게 이상적인 기준에 의한 사회적 비교를 통해 자존감을 약화시키고, 이상적 자아와 현실적 자아의 간격을 높여 소비자 웰빙에 부정적 영향을 미친다. 물질주의 소비자는 외재적 가치에 집착하며(Kasser & Ahuvia, 2001) 건강하지 못한 제품을 소비한다. 이들은 또한 강박적 구매로 인해 재무상태의 악화를 경험하고(Roberts, 2011) 결과적으로 소비 생활에 대한 만족이 낮다(Sirgy et al., 1998b).

물질주의에 대한 개념적 정의

개념적 정의	측정도구	참고문헌
물질 중시 성격 (Personality)	소유물 집착(possessiveness) 욕심(non-generosity) 시기(envy)	Belk, 1984
돈/소유물에 대한 가치 (value on money/ possessions)	돈/소유물 중시	Robak, Chiffriller, & Zappone, 2007 Tang, 1992
돈/소유물에 대한 믿음 (material belief)	돈/소유물 관련 믿음	Mitchell & Mickel, 1999
물질 관련 가치 (material value)	물질/소유 중시 (acquisition centrality) 물질에 의한 행복 추구 (acquisition as pursuit of happiness) 물질 소유에 의한 성공 평가 (possession-defined success)	Richins & Dawson, 1992
돈/물질이 중요한 정도 (Money/material importance)	삶에 있어서 돈/물질의 중요성	Nickerson, Schwarz, Diener, & Kahneman, 2003 Kasser & Ryan, 1993, 1996
돈/물질 목표의 중요성 (Money/material goal importance)	삶에 있어서 돈/물질 목표의 중요성	Kasser & Ryan, 1996
물질 중심 하위 욕구에 대한 부여하는 중요성	상위 욕구(자아 표현, 소속감, 심미 욕구)보다 물질적 하위 욕구(물질적 편안함, 소득, 생활 수준)의 충족을 더 중시	Inglehart, 1990

자료: Dittmar, Bond, Hurst, & Kasser, 2014.

물질주의 형성 요인

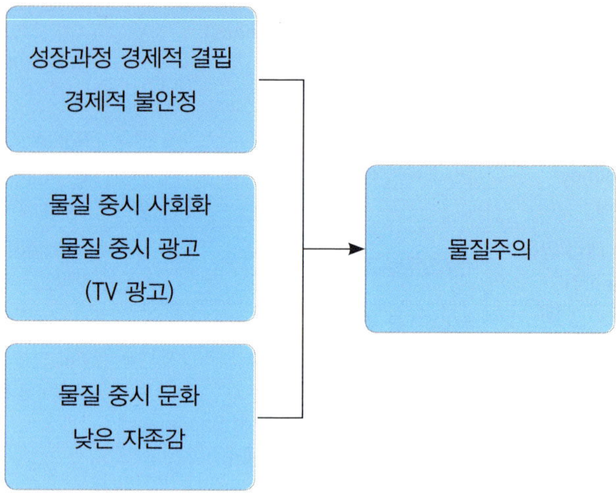

물질주의 가치 차원과 소비 행동

물질주의 차원	물질 중시 (acquisition centrality)	행복 물질주의 (acquisition as pursuit of happiness)	성공 물질주의 (possession-defined success)
정의	물질적/금전적 소유 및 목표가 다른 삶의 목표보다 더 중요하다는 믿음	많은 물질적 소비가 행복을 가져다 줄 것이라는 믿음	물질적 소유가 많은 사람이 성공한 사람으로 평가 받을 것이라는 믿음
관련 소비 행동	• 소유/물건에 대한 집착 • 친구/가정 등 다른 삶의 영역을 상대적으로 덜 중요시 • 선물/기부/친사회적 행위 기피	• 매우 높은 이상적 기준에 의한 소비생활 평가 • 더 많은 소유를 추구 • 부정정서 회복을 위한 충동적/강박적 구매	• 물질을 통한 타인과의 사회적 비교 • 과시적 소비/ 물질주의적 광고 선호 • 물질을 통해 자신과 타인의 성공을 평가
부정적 웰빙 효과	내재적/친사회적 가치 등한시	소비 생활 불만족 구매 후회 재무적 스트레스	소비 생활 불만족 부정적 자아 개념

자료: Richins & Dawson, 2013.

물질주의 가치 측정문항

물질주의 차원	측정문항
물질 중시 (acquisition centrality)	1. 나는 필요한 물건만 구매한다(reverse). 2. 나는 물적 소유에 관해서는 단순함을 유지하고자 한다(reverse). 3. 내가 소유한 물건은 내게 그리 중요하지 않다(reverse). 4. 나는 그리 실용적이지 않은 제품에 돈을 쓰는 것을 즐긴다. 5. 물건을 사는 것이 나에게 많은 즐거움을 준다. 6. 나는 호화로운 삶을 좋아한다. 7. 나는 지인들보다 물건을 덜 중요시한다(reverse).
행복 물질주의 (acquisition as pursuit of happiness)	1. 나는 삶을 즐기는데 필요한 모든 것을 가졌다(reverse). 2. 내가 가지지 못한 물건을 가진다면 내 인생은 훨씬 더 행복할 것이다. 3. 더 좋은 물건을 가져도 내 인생이 더 행복해지지는 않을 것이다 (reverse). 4. 더 많은 것을 구매할 수 있다면 내 인생은 더 행복해질 것이다. 5. 내가 좋아하는 물건을 사지 못하는 상황이 나를 괴롭게 한다.
성공 물질주의 (possession-defined success)	1. 나는 고가의 집, 자동차, 옷을 가진 사람들을 동경한다. 2. 삶에 있어서 중요한 성취에는 물질적 획득도 포함된다. 3. 나는 많은 물질 소유를 성공의 상징으로 중시하지 않는다(reverse). 4. 내가 소유한 물건들이 내가 얼마나 인생을 성공적으로 살아왔는지를 말해준다. 5. 나는 사람들이 부러워할 물건을 소유하길 좋아한다. 6. 나는 타인의 소유 물건에는 크게 신경 쓰지 않는다(reverse).

자료: Richins & Dawson, 2013.

물질주의와 소비자 웰빙에 대한 전반적 효과

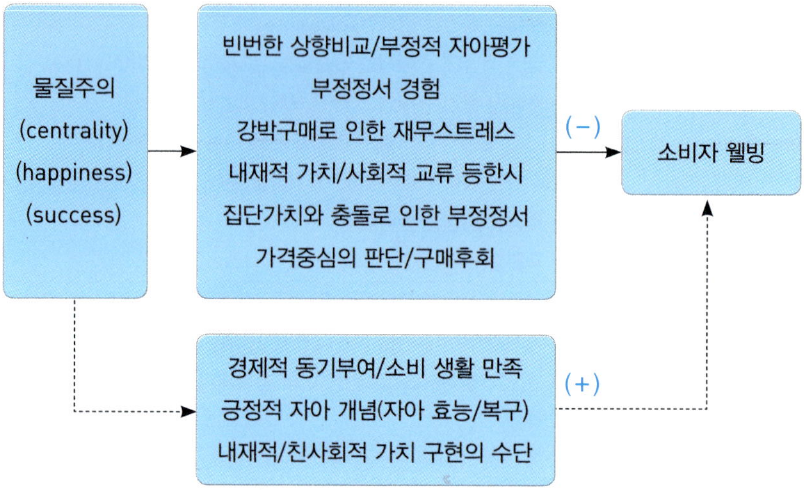

051 물질주의가 소비자 웰빙에 미치는 부정적 효과

물질주의 경향이 높은 사람은 물질적 소유를 중시하면서 지속적인 충동구매와 많은 소비를 하게 되고 결과적으로 많은 부채와 과도한 지출 등 재무적 스트레스를 경험한다 물질주의는 소비자 웰빙에 부정적 영향을 미친다(Kasser, 2002). 물질주의가 소비자 웰빙에 부정적 영향을 미치는 이유는 다음과 같다.

첫째, 물질주의 소비자는 매우 높은 이상적 기준에 의한 사회적 비교를 빈번하게 한다(Lyubomirsky & Ross, 1997). 물질주의가 높은 소비자는 현재의 물질적 소유에 만족하지 못하고 이상적 기준에 의해 사회적 비교를 하고 이러한 빈번한 상향 비교가 부정적 자아 평가의 결과로 이어진다(Sirgy, 1998). 자아 불일치 이론(self discrepancy theory)(Higgins, 1987)에 따르면 이상적 자아와 현실적 자아의 괴리는 행복감을 낮춘다. 물질주의 소비자의 지나치게 이상적인 기대에 의한 상향 비교가 소비자의 자존감을 낮추고 부정정서를 유발한다(Srivastava, Locke, & Bartol, 2001).

둘째, 물질주의 소비자는 물질 구매를 통해 부정정서를 극복하려 하지만 구매 이후 부정정서를 다시 경험하곤 한다(Kasser & Ahuvia, 2002). 물질주의 소비자는 물질의 획득이 행복감을 증진시킬 것이라는 믿음을 가지고 있으며(Watson, 2003), 이러한 기대로 인하여 물질의 획득 시 일시적으로 높은 수준의 즐거움과 희열을 경험하지만 그 즐거움은 오래 지속되지 못하고 구매 이후 시간의 흐름에 따라 감소하는 경향을 보이며 다시 부정적 정서를 경험하게 된다(Richins, 2013).

셋째, 물질주의 소비자는 무절제한 구매 행동을 하고 재무적 스트레스를 경험한다. 그들은 채무를 통한 소비에 대해 긍정적 태도를 지니며(Pinto, Parente, & Palmer, 2000), 금전적 관리 능력이 낮고(Garðarsdóttir & Dittmar, 2012), 충동적이고 강박적 구매 행동을 한다(Dittmar, 2005). 그들은 물질에 대한 중요도를 부여하면서 물질이 행복을 가져다 준다는 믿음을 가지고 있어서 저축보다는 부채를 통해서라도 소비를 하려는 경향을 보인다(Watson, 2003). 이러한 물질주의 소비자의 무절제한 구매 행동은 이들의 부채 및 재무 스트레스를 증가시킨다.

넷째, 물질주의는 소비자로 하여금 물질적 외재가치에 집중하게 하고 내재적인 가치와 사회적 교류를 등한시 하게 한다(Kasser & Ryan, 1993; Solberg, Diener, & Robinson, 2004). 물질주의는 소비자로 하여금 유형의 물건에 대한 과시적 소유에 집착하게 하고 제품 본연에 대한 체험 등의 내재적 가치를 등한시하게 한다. 또한 물질주의는 사회적 연결이나 친밀감에 부정적 영향을 미친다(Kasser, 2002). 물질주의적 소비자는 타인에 대한 공감능력과 협조가 부족하고, 사회적 관계를 중시하지 않는다(Van Boven, Campbell, & Gilovich, 2010). 이처럼 물질주의 소비자의 내재적 가치와 사회적 교류에 대한 등한시는 소비자의 행복감을 낮춘다. 소비자의 물질주의 가치는 집단가치와 충돌하고 부정적 정서를 유발한다, 물질주의적 가치는 소비자의 종교적 가치 및 가족 등의 집단적 가치(collective values)와 충돌을 일으키고, 이는 소비자 스트레스의 원인이 되며 결과적으로 웰빙에 부정적 영향을 미친다(Burroughs & Rindfeisch, 2002). 이처럼 물질주의적 소비자는 물질 가치에 치중한 나머지 타인과 사회를 위한 친사회적 마케팅 활동에 소극적이며 비교적 낮은 수준의 윤리적 기준을 가지고 있다(Muncy & Eastman, 1998). 물질주의 소비자의 물질 가치 추구는 그들의 독립성, 유능함, 사회적 교류 욕구에 부정적 영향을 미친다(Kashdan & Breen, 2007). 물질주의의 소비자 웰빙에 대한 부정적 영향은 소득이 낮을 때 더 크게 나타나고 소득이 매우 높을 때에는 부정적 영향이 거의 나타나지 않는다(Nickerson et al., 2003, 2007).

다섯째, 물질주의 소비자는 돈을 중시하는 태도를 가지고 있다. 이러한 금전 중시 태도는 체험을 충분히 감상하는 능력을 저하시키며(Quoidbach, Dunn, Petrides, & Mikolajczak, 2010), 가격 중심의 판단이 빈번한 가격 비교와 구매 후회를 야기한다(Mann & Gilovich, 2016).

물질주의가 소비자 웰빙에 미치는 부정적 영향

물질주의 특징	구체적 내용	Reference
부정적 자아 평가	이상적 기준에 의한 빈번한 상향 평가	Lyubomirsky & Ross, 1997 Sirgy, 1998
소비로 인한 부정정서 경험	일시적 희열을 추구하지만 소비 이후 부정정서 경험	Sirgy, 1998
무절제한 구매로 인한 재무 스트레스	충동적이고 과도한 구매로 재무 스트레스	Dittmar, 2005
내재적 가치 및 사회적 교류 등한시	사회적 교류/내재적 가치 등한시로 인한 가치 충돌과 스트레스	Kasser, 2002 Burroughs & Rindfeisch, 2002 Van Boven, Campbell, & Gilovich, 2010
금전 중시 태도	체험에 대한 감상 능력을 저하시키고 빈번한 가격비교와 후회를 야기	Quoidbach, Dunn, Petrides, & Mikolajczak, 2010 Mann & Gilovich, 2016

물질주의 및 부정적 자아 평가

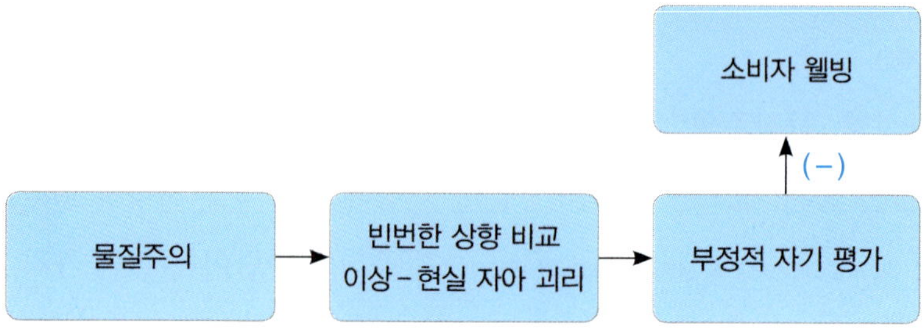

물질주의와 강박 구매

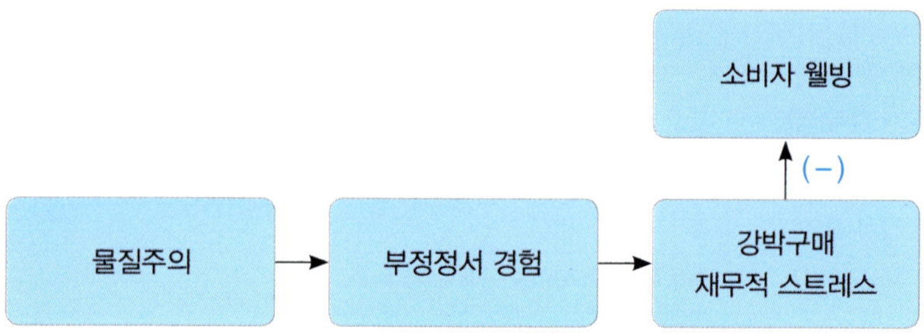

물질주의와 내재적 욕구 결핍

물질주의와 금전적 가치 중시

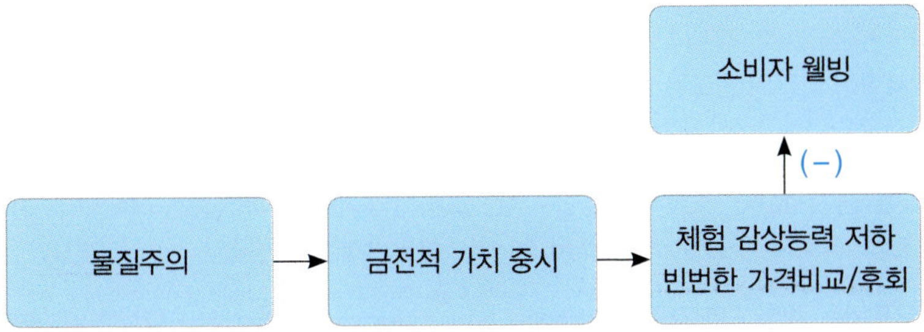

물질주의와 웰빙 마케팅 전략

- 물질주의 소비자는 기능적 가치에 대한 만족보다 자아 표현적 가치의 만족에 더 민감하다. 기업은 제품에 필수적인 기능적 가치의 우선적 충족 이후에는 브랜드의 자아 표현적 가치를 높이는 노력을 하는 것이 좋다.
- 물질주의 소비자의 물질적 외재적 가치에 대한 지나친 추구는 내재적 가치의 추구와 사회적 교류를 등한시하게 하여 소비자 웰빙에 부정적 영향을 미친다. 기업은 물질주의적인 광고를 지양하고 타인과의 사회적 비교보다는 제품 본연의 체험에 의한 제품 평가를 강조한다. 또한 제품에 대한 단순 소유보다는 소비자 간의 상호작용이 가능하도록 제품을 디자인하고 소비자들이 자신의 능력과 지식을 개발하고 내적 발전시킬 수 있는 다양한 체험을 경험하도록 한다.
- 물질주의 소비자의 부정정서가 충동적이거나 무절제한 구매의 원인이 된다. 기업은 소비자의 계획적 소비를 권장하고 제품 체험에 대한 정보와 구매 의사결정에 필요한 시간을 충분히 제공하여 무절제한 구매나 구매의사 결정에 대한 후회를 줄이도록 돕는다.
- 기업은 공익 연계마케팅을 통하여 제품의 구매와 사회적 기부를 연계시키고 친사회적 마케팅에 소비자들의 적극적인 참여를 유도하여 소비자들이 자신만을 위한 소유보다는 친사회적 가치를 추구하도록 돕는다.
- 기업은 제품이나 서비스의 금전적 가치만을 강조하기보다는 본연의 즐거움의 가치에 집중할 수 있도록 체험이나 품질가치에 의한 가치를 강조한다.

물질주의 관련 가설

- 물질주의는 소비자의 빈번한 사회적 비교를 통하여 긍정적 자아 개념에 부정적 영향을 미친다. 소비자의 물질주의는 사회적 비교의 빈도와 정(+)의 상관관계를 가지고, 이러한 사회적 비교의 빈도는 긍정적 자아 개념에 부(−)의 상관관계를 가진다
- 물질주의는 소비자의 제품에 대한 충동구매 빈도, 강박구매 빈도, 그리고 재무적 스트레스를 증가시킨다. 소비자의 물질주의는 소비자의 제품에 대한 충동구매 빈도, 강박구매 빈도, 그리고 재무적 스트레스와 정(+)의 상관관계를 가진다.
- 물질주의는 체험 구매경향(experiential buying tendencies)과는 부(−)의 상관관계를 가진다. 물질주의는 소비자의 사회적 교류 및 내재적 가치 추구와 부(−)의 상관관계를 가진다.
- 전반적으로 물질주의는 소비자 웰빙과 부(−)의 상관관계를 가진다.

물질주의가 소비자 웰빙에 미치는 부정적 영향

물질주의 특징	구체적 내용	Reference
부정적 자아 평가	빈번한 이상적 기준에 의한 상향 평가	Lyubomirsky & Ross, 1997 Sirgy, 1998
소비로 인한 부정정서 경험	일시적 희열을 추구하지만 소비 이후 부정정서 경험	Sirgy, 1998
무절제한 구매로 인한 재무 스트레스	충동적이고 과도한 구매로 재무 스트레스	Dittmar, 2005
내재적 가치 및 사회적 교류 등한시	사회적 교류/내재적 가치 등한시로 인한 가치 충돌과 스트레스	Kasser, 2002 Burroughs & Rindfeisch, 2002 Van Boven, Campbell, & Gilovich, 2010
금전중시 태도	체험에 대한 감상 능력을 저하시키고 빈번한 가격비교와 후회를 야기	Quoidbach, Dunn, Petrides, & Mikolajczak, 2010 Mann & Gilovich, 2016

052 물질주의 차원별 소비자 웰빙 효과

물질주의가 소비자 웰빙에 미치는 영향은 소비자의 물질에 대한 중요성 부여가 어떠한 동기에 의해 이루어졌느냐에 따라 달라진다(Srivastava, Locke, & Bartol, 2001; Shrum et al., 2013). 물질주의 가치관이 소비자 웰빙에 미치는 영향은 물질을 중시하는 동기를 반영하는 물질주의 가치의 차원에 따라 다르게 나타난다.

물질주의 각 차원이 소비자 웰빙에 미치는 영향은 다음과 같다.

첫째, 물질 중시(acquisition centrality) 차원은 외재적 가치인 물질에 대한 중요성을 의미하며 이는 물질주의 전반적 특징을 다루는 차원이다. 이 물질주의 차원은 이상적 기준에 의한 빈번한 사회적 비교를 통해 자아개념에 부정적 영향을 미치고, 외재적 가치의 추구를 통해 웰빙에 중요한 내재적 가치의 추구를 제한한다는 점에서 전반적으로 소비자 웰빙에 부정적 영향을 미친다.

둘째, 행복 물질주의(acquisition as pursuit of happiness)는 많은 물질적 소유가 행복에 이를 것이라는 믿음을 의미하며 물질의 소유를 궁극적 가치(terminal value)로 간주한다, 소비자의 외재적 물질가치에 대한 중시는 소비자로 하여금 지나치게 이상적 기준에 의한 빈번한 사회적 비교를 하게 만들고 지속적인 물질의 추구하게 함으로써, 소비 생활에서의 불만족과 부정 정서를 경험하게 한다(Swinyard, Kau, & Phua, 2001). 물질주의의 세 가지 차원 중에 행복 물질주의(acquisition as pursuit of happiness)가 소비자 웰빙이 미치는 부정적 효과가 가장 크다(Sirgy et al., 2019; Swinyard, Kau, & Phua, 2001). 궁극적 가치로서의 행복 물질주의는 소비 생활에 대하여 이상적 기준에 의한 상향적 비교를 자주 하게 하며 이러한 상향적 비교가 소비자 웰빙에 부정적 영향으로 나타난다.

셋째, 성공 물질주의(possession-defined success)는 물질의 소유가 사회적 성공과 명성을 나타낸다는 믿음으로 이는 물질적 소유를 수단적 가치(instrumental value)로 간주한다. 성공 물질주의는 소비자로 하여금 자신의 능력에 의해 도달가능한 수준과의 사회적 비교를 통하여 미래의 경제적 목표에 대한 동기부여를 하고 미래의 삶의 만족에 대한 기대에도 긍정적 영향을 미친다(Sirgy et al., 2019). 외재적 물질가치에 대한 열망만을 추구하는 행복 물질주의와는 다르게 성공 물질주의는 소비자를 경제적으로 동기부여하면서 소비자 자신의 경제적 발전을 추구하게 한다는 점에서 소비자 웰빙에 반드시 부정적이지는 않다(Sirgy et al., 2013). 물질적인 성공이 타인을 위한 소비 및 개인이 소중하게 생각하는 가치를 구현하는 기회를 제공하는 경우 물질적 성공을 추구하는 물질주의(possession-defined success)가 소비자 웰빙에 부정적이지 않다. 더불어 물질주의 가치의 추구가 소비자 기본 욕구를 충족시킬 기회를 제공한다면 물질적 가치의 추구가 반드시 부정적이지는 않다(Dittmar, Bond, Hurst, & Kasser, 2014).

물질주의의 세 가지 차원

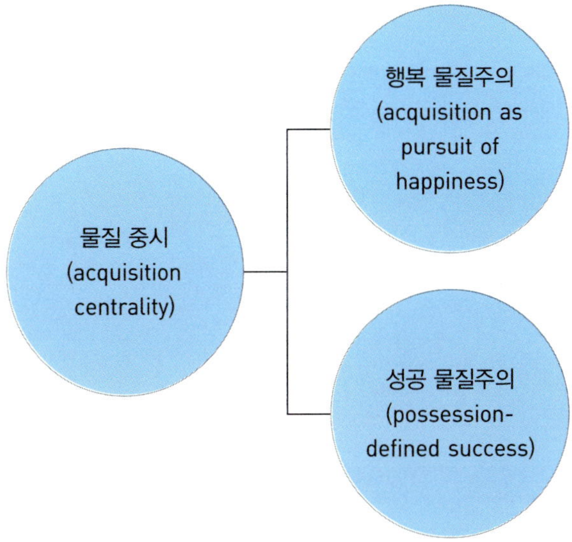

물질주의 차원의 비교: 행복 물질주의 vs. 성공 물질주의

물질주의 차원	행복 물질주의	성공 물질주의
정의	물질적 획득을 통해 행복에 도달한다는 믿음 (acquisition as a pursuit of happiness)	소유한 물질이 사회적 명성과 성공을 나타낸다는 믿음 (possession-defined success)
물질에 대한 태도	궁극적 가치 (terminal value)	수단적 가치 (instrumental value)
사회적 비교의 기준	비현실적으로 높은 기준	자신의 능력으로 도달가능한 현실적 기준
사회적 비교의 결과	부정적 자아 개념	경제적 동기부여
현재 소비 생활에 대한 만족	매우 낮음	낮음
미래 소비 생활에 대한 기대	낮음	높음

물질주의 동기별 소비자 웰빙에 미치는 효과

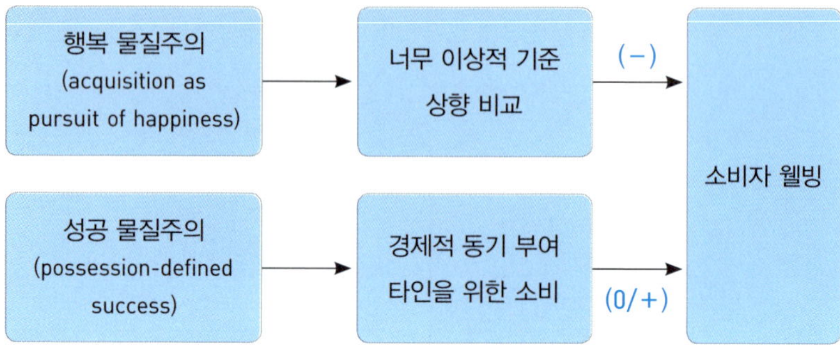

물질주의 차원의 비교 관련 가설

- 행복 물질주의(happiness materialism)는 사회적 비교의 빈도를 높이고 소비자 웰빙에 부정적 영향을 미친다. 성공 물질주의(success materialism)는 경제적 성취와 타인을 위한 소비를 통하여 자아 발전과 실현을 추구하는 소비자를 경제적으로 동기부여하여 이들의 소비자 웰빙에 긍정적 영향을 미친다.
- 행복 물질주의는 현재 시점의 소비자 웰빙(consumer life satisfaction)에 부정적 영향을 미친다. 성공 물질주의는 미래 시점의 소비자 웰빙에 대한 기대(anticipated consumer life satisfaction)에 긍정적 영향을 미친다.
- 행복 물질주의를 가진 소비자는 비현실적으로 높은 기준(ideal-based expectations)에 의해 소비 생활을 상대적으로 판단하고 성공 물질주의를 가진 소비자는 자신의 능력을 기준(ability-based expectations)으로 소비 생활을 판단한다.
- 행복 물질주의를 가진 소비자는 물질을 궁극적 가치(terminal value)로 간주하는 반면 성공 물질주의를 가진 소비자는 물질을 수단적 가치(instrumental value)로 파악한다.

053 물질주의 소비자의 체험 구매와 소비자 웰빙

일반적으로 체험 구매는 물건 구매에 비하여 소비 행복감을 더 높인다. 물질주의 소비자의 체험 구매는 소비자 웰빙에 어떤 영향을 가져오는가? 물질주의 소비자는 체험의 구매에 소극적이고 구매를 하더라도 충분히 몰입하지 못하여 충분한 소비자 웰빙의 증가를 경험하지 못한다. 이러한 물질주의 소비자의 체험 구매와 소비자 웰빙의 관계를 구체적으로 살펴 보면 다음과 같다.

첫째, 물질주의 소비자는 체험을 구매하는 경향(experiential buying tendency)이 낮다(Howell, Pchelin, & Iyer, 2012). 체험 구매 경향은 가처분 소득을 물질 소유보다는 체험의 구매에 소비하는 정도를 말하고 EBTS(experiential buying tendency scale)에 의해 측정한다(Howell, Pchelin, & Iyer, 2012). 물질주의 소비자는 자아를 표현하고 사회적 상호작용의 기회를 제공하는 체험에의 참여에 소극적이다. 물질주의 소비자는 물질적 소유와 사회적 비교에 의한 과시적 소유에 집중하면서, 체험을 통한 자아 표현(Carter & Gilovich, 2012), 내재적 즐거움(Carter & Gilovich, 2010), 타인과의 사회적 상호작용(Caprariello & Reis, 2013; Kumar, Mann, & Gilovich, 2014)에 소극적이다. 물질주의 소비자는 체험의 구매에 소극적이며 이는 소비자 웰빙에 부정적 영향을 미친다(Kashdan & Breen, 2007). 이처럼 물질주의 소비자는 체험을 구매하는 경향(EBTS)이 낮아서 체험이 소비자 웰빙이 미치는 긍정적 영향이 적다.

둘째, 물질주의 소비자는 체험을 구매하고 난 이후에도 체험에 몰입하지 못하고 체험을 통하여 높은 수준의 내재적 즐거움과 사회적 욕구의 충족을 경험하지 못한다. 결국 그들은 물질 소유와 체험에 대하여 비슷한 수준의 소비자 웰빙을 경험한다(Millar & Thomas, 2009; Zhang et al., 2014). 비록 체험이 물질주의 소비자 웰빙에 대하여도 긍정적 영향을 제공하지만 물질주의 소비자는 체험의 구매를 적게 하고 구매를 하더라도 사회적 연결과 참여에 소극적이어서 체험이 제공하는 소비 행복감을 충분히 누리지 못한다.

물질주의와 체험 구매

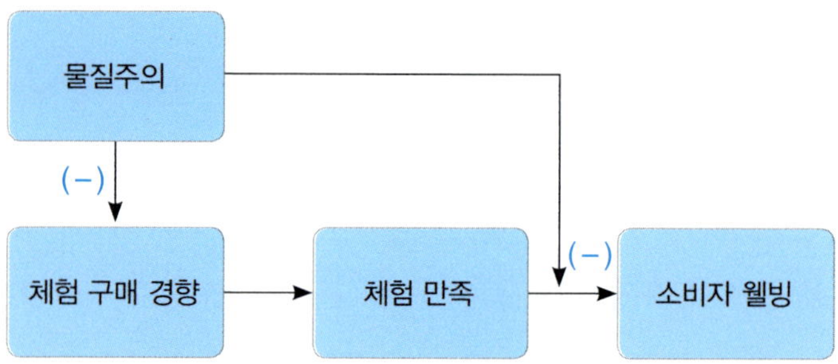

체험 구매 경향의 측정도구(experiential buying tendencies scale: EBTS)

체험 구매 경향의 측정문항 (experiential buying tendencies scale: EBTS)	Reference
1. 일반적으로 여유 돈이 생겼을 때 나는 주로 유형적 물질보다는 생애 체험을 구매한다. 2. 내가 행복해지고 싶을 때 나는 체험활동이나 이벤트에 돈을 사용한다. 3. 나는 외식, 콘서트, 여행 등의 삶의 경험에 많은 소비 지출을 한다. 나는 살아가면서 가지는 일상의 경험에 참여하면서 인생을 즐긴다. 4. 나는 보석, 의류 같은 물질적인 것에 많은 소비를 한다. 5. 나는 실제 소유할 수 있는 유형의 물건을 사는 것을 즐긴다. (1 = 매우 그러하지 않음, 7 = 매우 그러함)	Howell, Pchelin, & Iyer, 2012

054 물질주의의 소비자 웰빙에 대한 긍정적 효과

물질주의적 성향은 소비자 웰빙에 전반적으로 부정적인 영향을 미침에도 불구하고, 때로는 물질주의는 경제적 가치에 대한 동기를 부여하는 긍정적인 기능을 가지기도 한다(Hudders, & Pandelaere, 2012; Srivastava, Locke, & Bartol, 2001). 물질주의가 소비자 웰빙을 향상시키는 약간의 긍정적 효과를 가지는 이유는 다음과 같다.

첫째, 물질주의가 소비자를 경제적으로 더 노력하도록 동기부여한다(Goldsmith & Clark, 2012). 물질주의는 소비자로 하여금 물질적 성공을 위해 자발적으로 노력하도록 동기부여하여 결과적으로 소비 욕구의 충족과 소비 생활의 만족을 제공한다(Kasser, Cohn, Kanner, & Ryan, 2007; Richins & Rudmin, 1994). 물질을 통한 성공의 추구는 소비자를 경제적으로 동기부여하고, 소득이 높은 직업을 선택하거나 많은 시간을 일함으로써 높은 소득을 얻는 것을 가능하게 하여 소비자의 소비 욕구의 충족 및 생활수준의 향상을 가능하게 하여 결과적으로 소비자 웰빙 향상에 기여한다(Nickerson, Schwarz, & Diener, 2007; Sirgy et al., 2019; Veenhoven & Hagerty, 2006; Veenhoven, 1991).

둘째, 물질주의는 긍정적 자아 개념의 형성에 긍정적 영향을 미치기도 한다. 물질주의가 외재적 가치추구에 치우친 나머지 친 사회적이고 내재적인 가치추구를 등한시 하여 개인의 웰빙에 부정적 영향을 주는 것으로 알려져 있다(Kasser & Ryan, 1993). 하지만 경제적 열망이 소비자 자신의 내적인 가치추구를 반영하는 경우에는 소비자의 긍정적 자아 개념에 부정적이지 않다(Shrum et al., 2013). 소비자가 물질주의를 통하여 소비자가 자존감 혹은 긍정적 자아 개념을 향상시키는 목표를 달성하고자 할 때에는 그러한 소비자의 물질적 획득과 소유가 소비자 웰빙에 부정적이지 않다(Shrum et al., 2013; Twenge & Campbell, 2002). 물질주의가 성공, 독립, 유능 등의 긍정적인 자아 이미지 구축에 기여할 때 물질주의가 반드시 소비자 웰빙에 부정적이지는 않다(Chan and Joseph, 2000). 이처럼 물질주의 소비자가 자신의 이미지 향상에 대한 목표를 향해 노력할 때에는 소비자 웰빙에 긍정적 영향을 미친다(Dittmar et al., 2014).

셋째, 물질 및 금전에 대한 중요성을 내재적 가치(자아 독립성, 친교, 자아 효능감)를 구현하기 위한 수단적 가치로 간주할 때 물질주의가 소비자 웰빙에 미치는 영향은 부정적이지 않다(Rochberg-Halton, 1986). 물질주의는 개인의 독특성 욕구(distinctiveness need)와 사회적 소속감 욕구(belongingness need)를 충족하기 위한 수단적 도구로 사용될 수 있다(Wong et al., 2011). 결국 물질주의가 소비자 웰빙에 미치는 긍정적 vs. 부정적 영향은 물질주의를 추구하는 소비자가 어떠한 동기를 가지고 있느냐에 따라 달라진다(Srivastava, Locke, & Bartol, 2001). 물질주의를 추구하는 과정에서 중요한 내재적이고 친사회적 가치를 등한시 하는 경우에는 소비자 웰빙에 부정적 영향을 미치게 된다(Kasser & Ryan, 1993). 하지만 물질주의를 추구하는 과정에서 경제적으로 동기부여되어 노력을 하여 내재적인 자기발전의 가치를 추구하는 경우에는 물질주의가 소비자 웰빙에 미치는 영향이 부정적이지 않다. 오히려 경제적 성공이 소비자를 보호하고 소비 생활의 만족을 가능하게 하며, 자아 발전, 기부나 타인에 대한 도움과 같은 궁극적이고 내재적인 친사회적 가치의 구현을 가능하게 하는 수단이 된다는 점에서 물질주의는 소비자 웰빙에 긍정적 역할을 하기도 한다. 결국 물질주의가 소비자 웰빙에 미치는 영향은 소비자가 물질주의를 어떠한 의미로 받아들이느냐에 따라 달라진다(Froh et al., 2011).

물질주의와 소비자 웰빙에 긍정적 효과

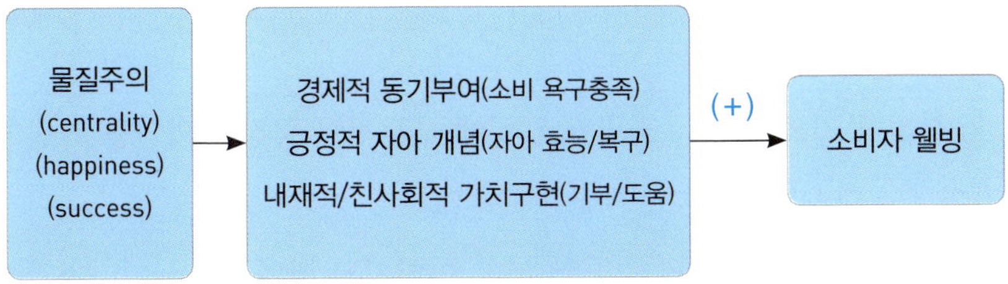

물질주의-소비자 웰빙의 통합적 효과

	소비자 웰빙에의 부정적 효과(−)	소비자 웰빙에의 효과 없음 혹은 긍정 효과(0/+)
발생 이유	구매 이후 부정 감정 경험 이상적 기준 상향 비교(사회적 비교) 무절제한 구매와 재무 스트레스 내재적 가치 등한시(기본적 심리 욕구 미충족)	경제적 동기 부여 경제적 자아 효능감 친 사회적 기부 위한 수단
웰빙 결과	부정적 자아 개념 강박구매 건강 상태 악화	경제적 성공에 대한 자부심 과시적 물건 소유 적은 체험 구매
발생 상황	물질적인 기준에 의한 사회적 비교를 많이 하는 소비자 집단 내재적 가치를 등한시하고 물질 획득을 궁극적인 가치로 추구하는 소비자 집단	경제적 동기부여를 통해 자아 발전을 추구하는 소비자 집단 물질적 성공을 통해 친사회적 가치를 구현하고자 하는 소비자 집단

자료: Dittmar, Bond, Hurst, & Kasser, 2014; Nickerson, Schwarz, & Diener, 2007.

055 물건 소유와 소비자 웰빙

유형적 물건의 소유는 소비자 웰빙에 부분적인 긍정 효과만을 가진다. 그 이유는 다음과 같다.

첫째, 소비자의 물건의 소유는 자아 이미지의 확인, 자아 이미지의 향상, 사회적 소속감의 향상 등 자아에 대한 긍정적 영향을 미치고 이는 소비자 웰빙으로 이어진다. 소유를 통한 다양한 소비 욕구의 충족은 긍정적 자아 개념을 형성하고 동시에 소비자를 경제적으로 동기부여하게 함으로써 자기 발전을 위해 더욱 노력하게 하는 긍정적 효과가 있다. 하지만 이러한 소유가 소비자 웰빙에 미치는 초기 효과는 만족 적응(hedonic adaptation) 및 타인과의 상대 평가(social comparison)로 인해 그 효과가 오래 지속되지 못하는 한계를 가진다. 소유 만족이 소비자 웰빙에 미치는 일시적인 긍정 효과에도 불구하고 장기적인 관점에서 소유 물건에 대한 집착은 소비자의 충동/강박구매와 그로 인한 재무적 스트레스, 그리고 지속적인 부정정서의 원인이 되기도 한다.

둘째, 물질 소유에 최우선 순위를 두는 물질주의는 행복에 중요한 내재적 가치(자기 발전, 자아 실현, 사회적 관계)를 등한시 하는 결과를 가져와 소비자 웰빙에 부정적 영향을 미친다. 결국 소비자는 물적 소유에 대한 지나친 집착보다는 경제적 노력을 통해 자아에 대한 긍정적 개념을 수립해 나가고 더 나은 소비 생활을 만들어가면서 가족, 건강, 여가, 직장 등 여러 삶의 영역에서의 만족과 균형(consumption and life balance)을 이루려는 노력이 동시에 필요하다.

소유 만족과 소비자 웰빙

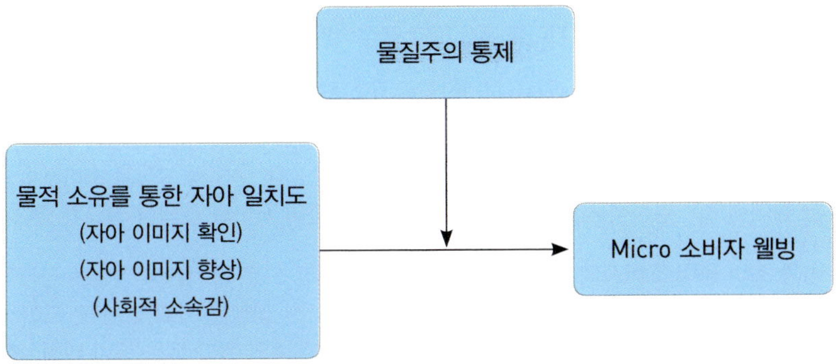

소유경험 관련 웰빙 마케팅 전략

- 목표 소비자의 개성있는 현실적 자아 개념을 반영하는 브랜드 이미지를 구축한다. 소비자들이 소유 제품을 통해 자아를 확인하고 긍정적인 자아 개념을 가질 수 있도록 한다.
- 소비자들이 이상적으로 생각하는 이미지를 반영한 브랜드 이미지를 구축한다. 브랜드와 소비자의 이상적 자아 이미지의 일치를 통해 소비자의 자아 개념이 긍정적으로 평가되고 향상되도록 한다. 하지만 지나치게 비현실적인 기대 수준의 설정은 소비자로 하여금 상대적으로 부정적 자아 개념을 가지게 하는 원인이 되므로 주의할 필요가 있다
- 명품 소비 등이 소비자의 자아 개념을 향상하고 경제적으로 동기를 부여하는 긍정적 효과도 있지만 물적 소유 및 외재적 가치에 대한 지나친 집착은 사회적 관계, 자아 발전 등 내재적 가치에 부정적 효과를 가져올 수 있다. 물질주의 광고 등을 통한 비현실적 이미지 창출은 소비자의 물질주의적 가치관을 강화하고 사회적 비교를 통해 상대적으로 부정적인 자아 개념을 형성하게 하여 소비자 웰빙에 부정적 영향을 가져온다.
- 소비자들의 물질주의적 성향에 따른 충동구매 혹은 강박구매를 자제하기 위해 소비자에게 구매 이력 및 합리적인 소비량/구매 빈도에 대한 정보를 제공하여 소비자의 합리적 소비 결정을 도우려는 노력이 필요하다.
- 이러한 기업의 노력과 더불어 물질주의적 성향을 궁극의 가치보다는 내재적 가치를 실현하기 위한 수단적 가치로 간주하고 단순한 물적 소유 그 자체보다는 이를 통해 사회적 교류를 활성화하고 자아 성찰 및 발전의 기회로 삼으려는 소비자의 노력도 필요하다.

소유가 소비자 웰빙에 미치는 영향

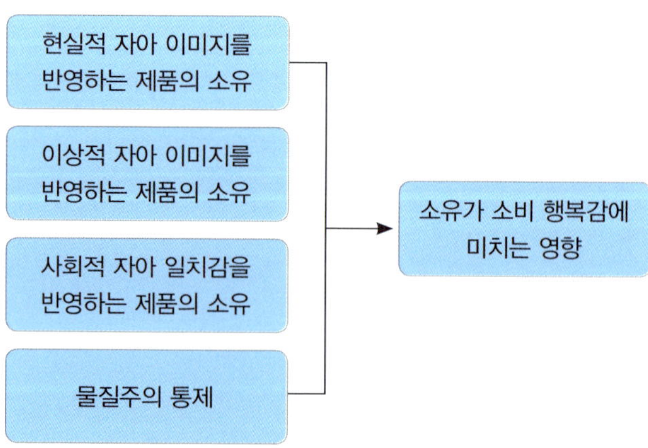

Readings

Ahuvia, A. C., & Wong, N. Y. (2002). Personality and values based materialism: Their relationship and origins. *Journal of consumer psychology, 12*(4), 389-402.

Aquino, K., Freeman, D., Reed II, A., Lim, V. K., & Felps, W. (2009). Testing a social-cognitive model of moral behavior: the interactive influence of situations and moral identity centrality. *Journal of personality and social psychology, 97*(1), 123.

Baumgardner, A. H. (1990). To know oneself is to like oneself: Self-certainty and self-affect. *Journal of personality and social psychology, 58*(6), 1062.

Belk, R. (1984). Three scales to measure constructs related to materialism: Reliability, validity, and relationships to measure of happiness. In T. Kinnear (Ed.), *Advances in Consumer Research*, Association of Consumer Research, 291-297.

Belk, R. W. (1985). Materialism: Trait aspects of living in the material world. *Journal of Consumer research, 12*(3), 265-280.

Belk, R. W. (1988). Possessions and the extended self. *Journal of consumer research, 15*(2), 139-168.

Belk, R. W. (2013). Extended self in a digital world. *Journal of consumer research, 40*(3), 477-500.

Benmoyal-Bouzaglo, S., & Moschis, G. P. (2010). Effects of family structure and socialization on materialism: A life course study in France. *Journal of Marketing Theory and Practice, 18*(1), 53-69.

Brasel, S.A. & Gips, J. (2014), "Tablets, touchscreens, and touchpads: how varying touch interfaces trigger psychological ownership and endowment", *Journal of Consumer Psychology, 24*(2), 226-233.

Burke, P. J., & Stets, J. E. (2009). *Identity theory*. Oxford University Press.

Burroughs, J. E., & Rindfeisch, A. (2002). Materialism and well-being: A conflicting value perspectives. *Journal of Consumer Research, 29*(3), 348-370.

Caprariello, P. A., & Reis, H. T. (2013). To do, to have, or to share? Valuing experiences over material possessions depends on the involvement of others. *Journal of personality and social psychology, 104*(2), 199.

Carter, T. J., & Gilovich, T. (2010). The relative relativity of material and experiential purchases. *Journal of personality and social psychology, 98*(1), 146.

Carter, T. J., & Gilovich, T. (2012). I am what I do, not what I have: The differential centrality of experiential and material purchases to the self. *Journal of personality and social psychology, 102*(6), 1304.

Chan, R., & Joseph, S. (2000). Dimensions of personality, domains of aspiration, and subjective well-being. *Personality and Individual differences, 28*(2), 347-354.

Chaplin, L. N., & John, D. R. (2007). Growing up in a material world: Age differences in materialism in children and adolescents. *Journal of consumer research, 34*(4), 480-493.

Cross, S. E., Gore, J. S., & Morris, M. L. (2003). The relational-interdependent self-construal, self-concept consistency, and well-being. *Journal of personality and social psychology, 85*(5), 933.

Csikszentmihalyi, M., & Rochberg-Halton, E. (1981). *The meaning of things: domestic symbols and the self.* Cambridge University Press.

Dittmar, H. (2005). Compulsive buying-a growing concern? An examination of gender, age, and endorsement of materialistic values as predictors. *British Journal of Psychology, 96*(4), 467-491.

Dittmar, H., Bond, R., Hurst, M., & Kasser, T. (2014). The relationship between materialism and personal well-being: A meta-analysis. *Journal of Personality and Social Psychology, 107*(5), 879-924.

Eastman, J. K., Goldsmith, R. E., & Flynn, L. R. (1999). Status consumption in consumer behavior: Scale development and validation. *Journal of marketing theory and practice, 7*(3), 41-52.

Fitzmaurice, J., & Comegys, C. (2006). Materialism and social consumption. *Journal of Marketing Theory and Practice, 14*(4), 287-299.

Flouri, E. (2004). Exploring the relationship between mothers' and fathers' parenting practices and children's materialist values. *Journal of economic psychology, 25*(6), 743-752.

Fournier, S. (1998). Consumers and their brands: Developing relationship theory in consumer research. *Journal of consumer research, 24*(4), 343-373.

Froh, J. J., Emmons, R. A., Card, N. A., Bono, G., & Wilson, J. A. (2011). Gratitude and the reduced costs of materialism in adolescents. *Journal of Happiness Studies, 12*(2), 289-302.

Garðarsdóttir, R. B., & Dittmar, H. (2012). The relationship of materialism to debt and financial well-being: The case of Iceland's perceived prosperity. *Journal of Economic Psychology, 33*(3), 471-481.

Goldberg, M., Gorn, G., Peracchio, L., & Bamossy, G. (2003). Understanding materialism among youth. *Journal of Consumer Psychology, 13*(3), 278-288.

Goldsmith, R. E., & Clark, R. A. (2012). Materialism, status consumption, and consumer independence. *The Journal of social psychology, 152*(1), 43-60.

Griskevicius, V., Tybur, J. M., & Van den Bergh, B. (2010). Going green to be seen: status, reputation, and conspicuous conservation. *Journal of personality and social psychology, 98*(3), 392.

Han, Y. J., Nunes, J. J., & Dreze, X. (2010)..Signaling status with luxury goods: The role of brand prominence. *Journal of Marketing, 74*(4), 15-30.

Hawkins, R. P., & Pingree, S. (1981). Using television to construct social reality.

Herberholz, C., & Prapaipanich, N. (2019). Conspicuous Consumption of Online Social Networking Devices and Subjective Well-being Of Bangkokians. *The Singapore Economic Review, 64*(05), 1371-1395.

Higgins, E. T. (1987). Self-discrepancy: a theory relating self and affect. *Psychological review, 94*(3), 319.

Higgins, E. T., Shah, J., & Friedman, R. (1997). Emotional responses to goal attainment: strength of regulatory focus as moderator. *Journal of personality and social psychology, 72*(3), 515.

Hill, R. P., Martin, K. D., & Chaplin, L. N. (2012). A tale of two marketplaces: Consumption restriction, social comparison, and life satisfaction. *Marketing Letters, 23*(3), 731-744.

Hogg, M. A., Sherman, D. K., Dierselhuis, J., Maitner, A. T., & Moffitt, G. (2007). Uncertainty, entitativity, and group identification. *Journal of experimental social psychology, 43*(1), 135-142.

Howell, R. T., Pchelin, P., & Iyer, R. (2012). The preference for experiences over possessions: Measurement and construct validation of the Experiential Buying Tendency Scale. *The Journal of Positive Psychology, 7*(1), 57-71.

Huang, Y. H., Wang, L., & Shi, J. (2009). When do objects become more attractive? The individual and interactive effects of choice and ownership on object evaluation. *Personality and Social Psychology Bulletin, 35*(6), 713-722.

Hudders, L., & Pandelaere, M. (2012). The silver lining of materialism: The impact of luxury consumption on subjective well-being. *Journal of Happiness Studies, 13*(3), 411-437.

Jaikumar, S., Singh, R., & Sarin, A. (2018). 'I show off, so I am well off': Subjective economic well-being and conspicuous consumption in an emerging economy. *Journal of Business Research, 86*, 386-393.

Job, V., Langens, T. A., & Brandstätter, V. (2009). Effects of achievement goal striving on well-being: The moderating role of the explicit achievement motive. *Personality and Social Psychology Bulletin, 35*, 983-996.

Kahneman, D., Knetsch, J. L., & Thaler, R. H. (1991). Anomalies - The endowment effect, loss aversion, and status-quo bias. *Journal of Economic Perspectives, 5*(1), 193-206.

Kamleitner, B. (2011). When imagery influences spending decisions. *The Journal of Psychology, 219*(4), 231-237

Kapferer, J. N., & Bastien, V. (2009). The specificity of luxury management: Turning marketing upside down. *Journal of Brand Management, 16*(5-6), 311-322.

Kashdan, T. B., & Breen, W. E. (2007). Materialism and diminished well-being: Experiential avoidance as a mediating mechanism. *Journal of social and clinical psychology, 26*(5), 521-539.

Kashdan, T. B., & Breen, W. E. (2007). Materialism and diminished well-being: Experiential avoidance as a mediating mechanism. *Journal of social and clinical psychology, 26*(5), 521-539.

Kasser, T. (2002). *The high price of materialism*. MIT press.

Kasser, T., & Ahuvia, A. (2002). Materialistic values and well-being in business students. *European journal of social psychology, 32*(1), 137-146.

Kasser, T., & Ryan, R. M. (1993). A dark side of the American dream: Correlates of financial success as a central life aspiration. *Journal of Personality and Social Psychology, 65*(2), 410.

Kasser, T., & Ryan, R. M. (1996). Further examining the American dream: Differential correlates of intrinsic and extrinsic goals. *Personality and Social Psychology Bulletin, 22*(3), 280-287.

Kasser, T., Cohn, S., Kanner, A. D., & Ryan, R. M. (2007). Some costs of American corporate capitalism: A psychological exploration of value and goal conflicts. *Psychological Inquiry, 18*(1), 1-22.

Kleine, S. S., Kleine III, R. E., & Allen, C. T. (1995). How is a possession "me" or "not me"? Characterizing types and an antecedent of material possession attachment. *Journal of consumer research, 22*(3), 327-343.

Kressmann, F., Sirgy, M. J., Herrmann, A., Huber, F., Huber, S., & Lee, D. J. (2006). Direct and indirect effects of self-image congruence on brand loyalty. *Journal of Business research, 59*(9), 955-964.

Kressmann, F., Sirgy, M. J., Herrmann, A., Huber, F., Huber, S., & Lee, D. J. (2006). Direct and indirect effects of self-image congruence on brand loyalty. *Journal of Business research, 59*(9), 955-964.

Kumar, A., Mann, T. C., & Gilovich, T. D. (2014). Questioning the "I" in experience: Experiential purchases foster social connection. *ACR North American Advances.*

Inglehart, Ronald. (1990). *Culture shift in advanced industrial society*. Princeton. NJ: Princeton University Press.

Lynn, M., & Harris, J. (1997). Individual differences in the pursuit of self-uniqueness through consumption. *Journal of Applied Social Psychology, 27*(21), 1861-1883.

Lyubomirsky, S., & Ross, L. (1997). Hedonic consequences of social comparison: a contrast of happy and unhappy people. *Journal of personality and social psychology, 73*(6), 1141.

Lyubomirsky, S., Sousa, L., & Dickerhoof, R. (2006). The costs and benefits of writing, talking, and thinking about life's triumphs and defeats. *Journal of personality and social psychology, 90*(4), 692.

Malär, L., Krohmer, H., Hoyer, W. D., & Nyffenegger, B. (2011). Emotional brand attachment and brand personality: the relative importance of the actual and the ideal self. *Journal of Marketing, 75*(4), 35-52.

Mann, T. C., & Gilovich, T. (2016). The asymmetric connection between money and material vs. experiential purchases. *The Journal of Positive Psychology, 11*(6), 647-658.

Markus, H. R., & Kitayama, S. (1991). Culture and the self: Implications for cognition, emotion, and motivation. *Psychological review, 98*(2), 224.

Mitchell, T. R., & Mickel, A. E. (1999). The meaning of money: An individual-difference perspective. *Academy of Management Review, 24*(3), 568-578.

Muncy, J. A., & Eastman, J. K. (1998). Materialism and consumer ethics: An exploratory study. *Journal of Business Ethics, 17*(2), 137-145.

Nickerson, C., Schwarz, N., & Diener, E. (2007). Financial aspirations, financial success, and overall life satisfaction: who? and how?. *Journal of Happiness Studies, 8*(4), 467-515.

Nickerson, C., Schwarz, N., Diener, E., & Kahneman, D. (2003). Zeroing in on the dark side of the American dream: A closer look at the negative consequences of the goal for financial success. *Psychological Science, 14*(6), 531-536.

Pierce, J.L., Kostova, T. & Dirks, K.T. (2003), "The state of psychological ownership: integrating and extending a century of research", *Review of General Psychology*, *7*(1), 84-107.

Pinto, M. B., Parente, D. H., & Palmer, T. S. (2000). Materialism and credit card use by college students. *Psychological Reports, 86*(2), 643-652.

Quoidbach, J., Dunn, E. W., Petrides, K. V., & Mikolajczak, M. (2010). Money giveth, money taketh away: The dual effect of wealth on happiness. *Psychological science, 21*(6), 759-763.

Reb, J., & Connolly, T. (2007). Possession, feelings of ownership, and the endowment effect. *Judgment and Decision making, 2*(2), 107.

Reed II, A., Forehand, M. R., Puntoni, S., & Warlop, L. (2012). Identity-based consumer behavior. *International Journal of Research in Marketing, 29*(4), 310-321.

Richins, M. L. (1994). Valuing things: The public and private meanings of possessions. *Journal of consumer research, 21*(3), 504-521.

Richins, M. L. (2004). The material values scale: Measurement properties and development of a short form. *Journal of consumer Research, 31*(1), 209-219.

Richins, M. L. (2013). When wanting is better than having: Materialism, transformation expectations, and product-evoked emotions in the purchase process. *Journal of Consumer Research, 40*(1), 1-18.

Richins, M. L., & Dawson, S. (1992). A consumer values orientation for materialism and its measurement: Scale development and validation. *Journal of consumer research, 19*(3), 303-316.

Richins, M. L., & Rudmin, F. W. (1994). Materialism and economic psychology. *Journal of Economic Psychology, 15*(2), 217-231.

Rindfleisch, A., Burroughs, J. E., & Denton, F. (1997). Family structure, materialism, and compulsive consumption. *Journal of consumer research, 23*(4), 312-325.

Robak, R. W., Chiffriller, S. H., & Zappone, M. C. (2007). College students' motivations for money and subjective well-being. *Psychological reports, 100*(1), 147-156.

Rochberg-Halton, Eugene (1986), *Meaning and Modernity: Social Theory in the Pragmatic Attitude*, Chicago: University of Chicago Press.

Sedikides, C., & Strube, M. J. (1995). The multiply motivated self. *Personality and Social Psychology Bulletin, 21*(12), 1330-1335.

Sedikides, C., Gregg, A. P., Cisek, S., & Hart, C. M. (2007). The I that buy: Narcissists as consumers. *Journal of Consumer Psychology, 17*.

Shrum, L. J., Burroughs, J. E., & Rindfleisch, A. (2005). Television's cultivation of material values. *Journal of Consumer Research, 32*(3), 473-479.

Shrum, L. J., Wong, N., Arif, F., Chugani, S. K., Gunz, A., Lowrey, T. M., ... & Scott, K. (2013). Reconceptualizing materialism as identity goal pursuits: Functions, processes, and consequences. *Journal of Business Research, 66*(8), 1179-1185.

Shrum, L.J., Wong, N., Arif, F., Chugani, S.K., Gunz, A., Lowrey, T.M., Nairn, A., Pandelaere, M., Ross, S.M., Ruvio, A. & Scott, K., 2013. Reconceptualizing materialism as identity goal pursuits: Functions, processes, and consequences. *Journal of Business Research*, 66(8), pp.1179-1185.

Sirgy, J. M., Gurel-Atay, E., Webb, D., Cicic, M., Husic-Mehmedovic, M., Ekici, A., Herrmann, A., Hegazy, I., Lee, D. J., & Johar, J. S. (2013). Is materialism all that bad? Effects on satisfaction with material life, life satisfaction, and economic motivation. *Social Indicators Research, 110*(1), 349-366.

Sirgy, M. J. (1982). Self-concept in consumer behavior: A critical review. *Journal of consumer research, 9*(3), 287-300.

Sirgy, M. J. (1985). Using self-congruity and ideal congruity to predict purchase motivation. *Journal of business Research, 13*(3), 195-206.

Sirgy, M. J. (1998). Materialism and quality of life. *Social indicators research, 43*(3), 227-260.

Sirgy, M. J., Grace, B. Y., Lee, D. J., Joshanloo, M., Bosnjak, M., Jiao, J., ... & Grzeskowiak, S. (2019). The Dual Model of Materialism: Success Versus Happiness Materialism on Present and Future Life Satisfaction. *Applied Research in Quality of Life*, 1-20.

Sirgy, M. J., Lee, D. J., Kosenko, R., Lee Meadow, H., Rahtz, D., Cicic, M., ... & Wright, N. (1998a). Does television viewership play a role in the perception of quality of life?. *Journal of Advertising, 27*(1), 125-142.

Sirgy, M. J., Lee, D. J., Larsen, V., & Wright, N. (1998b). Satisfaction with material possessions and general well-being: The role of materialism. *Journal of Consumer Satisfaction Dissatisfaction and Complaining Behavior, 11*, 103-118.

Sirgy, M. Joseph, Dong-Jin Lee, & Grace B. Yu (2017). "Revisiting Self-Congruity Theory in Consumer Behavior: Making Sense of the Research So Far." In *Routledge International Handbook of Consumer Psychology*, edited by Cathrine Jansson Boyd and Magdalena Zawisza. London: Routledge, Taylor & Francis Publications, 185-201.

Solberg, E. G., Diener, E., & Robinson, M. D. (2004). Why are materialists less satisfied?

Srivastava, A., Locke, E. A., & Bartol, K. M. (2001). Money and subjective well-being: It's not the money, it's the motives. *Journal of Personality and Social Psychology, 80*(6), 959-971.

Stryker, S., & Burke, P. J. (2000). The past, present, and future of an identity theory. *Social psychology quarterly*, 284-297.

Suh, E. M. (2002). Culture, identity consistency, and subjective well-being. *Journal of personality and social psychology, 83*(6), 1378.

Suls, J., Martin, R., & Wheeler, L. (2002). Social comparison: why, with whom, and with what effect? *Current Directions in Psychological Science, 11*, 159-163

Sundie, J. M., Kenrick, D. T., Griskevicius, V., Tybur, J. M., Vohs, K. D., & Beal, D. J. (2011). Peacocks, Porsches, and Thorstein Veblen: Conspicuous consumption as a sexual signaling system. *Journal of personality and social psychology, 100*(4), 664.

Swann, W. B., Stein-Seroussi, A., & Giesler, R. B. (1992). Why people self-verify. *Journal of personality and social psychology, 62*(3), 392.

Swinyard, W. R., Kau, A. K., & Phua, H. Y. (2001). Happiness, materialism, and religious experience in the US and Singapore. *Journal of happiness studies, 2*(1), 13-32.

Tang, T. L. P. (1992). The meaning of money revisited. *Journal of Organizational Behavior, 13*, 197-202.

Tian, K., Bearden, W. & Hunter, G. (2001). Consumers' need for uniqueness: Scale development and validation. *Journal of Consumer Research, 28*(1), 50-66.

Trigg, A. B. (2001). Veblen, Bourdieu, and conspicuous consumption. *Journal of economic issues, 35*(1), 99-115.

Twenge, J. M., & Campbell, W. K. (2002). Self-esteem and socioeconomic status: A meta-analytic review. *Personality and social psychology review, 6*(1), 59-71.

Van Boven, L., Campbell, M. C., & Gilovich, T. (2010). Stigmatizing materialism: On stereotypes and impressions of materialistic and experiential pursuits. *Personality and Social Psychology Bulletin, 36*(4), 551-563.

Van Dyne, L., & Pierce, J. L. (2004). Psychological ownership and feelings of possession: Three field studies predicting employee attitudes and organizational citizenship behavior. *Journal of Organizational Behavior: The International Journal of Industrial, Occupational and Organizational Psychology and Behavior, 25*(4), 439-459.

Veblen, T. (1899). The barbarian status of women. *American Journal of Sociology, 4*(4), 503-514.

Veenhoven, R. (1991). Is happiness relative?. *Social indicators research, 24*(1), 1-34.

Veenhoven, R., & Hagerty, M. (2006). Rising happiness in nations 1946-2004: A reply to Easterlin. *Social indicators research, 79*(3), 421-436.

Vigneron, F., & Johnson, L. W. (2004). Measuring perceptions of brand luxury. *Journal of brand management, 11*(6), 484-506.

Watson, J. J. (2003). The relationship of materialism to spending tendencies, saving, and debt. *Journal of economic psychology, 24*(6), 723-739.

Weiss, L., & Johar, G. V. (2013). Egocentric categorization and product judgment: Seeing your traits in what you own (and their opposite in what you don't). *Journal of Consumer Research, 40*(1), 185-201.

Wong, N., Shrum, L. J., Arif, F., Chugani, S., Gunz, A., Lowrey, T. M., ... & Scott, K. (2011). Rethinking materialism: A process view and some transformative consumer research implications. *Journal of Research for Consumers*, (19), 1.

Zhang, J. W., Howell, R. T. & Caprariello, P. A. (2013). Buying life experiences for the 'right' reasons: A validation of the motivations for experiential buying. *Journal of Happiness Studies, 14*, 817-842.

Zhang, J. W., Howell, R. T., Caprariello, P. A., & Guevarra, D. A. (2014). Damned if they do, damned if they don't: Material buyers are not happier from material or experiential consumption. *Journal of Research in Personality, 50*, 71-83.

Chapter

05

체험과 구체적 소비자 웰빙

소비자는 무형적 체험의 소비를 통하여 다양한 소비 욕구의 만족과 소비 행복감을 체험한다. 본 장에서는 소비자의 체험 소비가 소비 행복감에 미치는 다양한 영향을 살펴본다.

056 체험 소비의 특징

체험 구매(experiential purchase)는 단순 소유를 위한 유형적 물건의 구매(material product purchase)와 어떻게 다른가? 체험 구매는 물건 구매와 다음과 같은 차이를 보인다(Guevarra, & Howell, 2015; Nicolao, Irwin, & Goodman, 2009).

첫째, 소비자는 체험에 대하여 추상적이고 긍정적 평가를 한다. 체험에 관련된 만족은 사전 기대에 의한 예상만족, 실제 체험만족, 그리고 사후의 회상만족으로 이루어진다. 소비자는 예상만족에 대하여 과대 평가를 하며, 실제 긍정과 부정 체험을 생생한 기억으로 간직하며(Carter & Gilovich, 2010; Mitchell et al., 1997), 체험에 대한 기억을 현재의 태도를 반영한 만족스런 긍정적 기억으로 재구성하기도 한다(Van Boven & Gilovich, 2003). 체험은 유형의 물건보다 추상적으로 긍정적인 속성을 가진다(Van Boven, 2005). 따라서 소비자는 체험의 실시간에서 멀어지는 체험일수록 소비자는 보다 추상적인 높은 해석 수준(high level construal)에서 전반적으로 긍정적인 평가를 한다(Van Boven, 2005). 이러한 이유로 소비자가 여행 중 많은 고생을 한 경우에도 여전히 이를 좋은 기억으로 간직하는 경향을 보인다. 반면 소비자는 물건에 대하여는 낮은 해석 수준의 구체적 평가를 한다.

둘째, 소비자는 체험에 대하여는 상대적 비교를 적게 한다. 소비자는 체험을 개별의 독특한 경험으로 인지하게 하고 체험에 대한 시간적/사회적/대안간 비교를 적게 한다. 소비자는 체험이 상대적 비교 가능성이 낮으므로 소비자들은 높은 해석수준에 의한 평가를 하고(Van Boven, 2005), 시간적 비교(time-based comparison), 사회적 비교(social comparison), 그리고 대안간 비교(alternative-based comparison)를 적게 한다. 소비자는 오감으로 평가 가능한 체험에 대하여 절대 평가를 한다(Hsee et al., 2009). 결과적으로 소비자들이 체험에 대하여 느끼는 만족 적응 효과, 상대비교에 의한 불만, 구매에 대한 후회의 감정이 적다(Dunn & Norton, 2014). 반면 유형의 제품에 대하여 소비자는 빈번한 시간적, 사회적, 대안간의 상대적 비교를 통해 제품의 가치를 평가한다. 결과적으로 유형의 물건에 대하여 소비자는 시간적 비교로 인한 만족 적응, 타 대안 비교로 인한 구매 후회, 타인과의 비교를 통한 불만족을 경험한다.

셋째, 소비자의 체험이 참여 소비자 간의 사회적 상호작용(social interactions)을 활성화하여 사회적 욕구를 충족시킨다. 체험은 그 자체가 사회적인 성격을 가지고 있어 혼자가 아닌 사회적 상호작용을 수반하는 경우가 많다(Van Boven, 2005). 소비자들은 체험에 대한 이야기를 하는 것을 더 즐기고(Van Boven, 2005), 체험을 통하여 자아를 표현하고 다른 사람들과 교류 및 긍정정서를 경험한다(Pavot, Diener, & Fujita, 1990). 이처럼 체험은 물건보다 소비자의 적극적인 사회적 교류를 활성화하고, 친교 욕구와 활동성(vitality) 욕구를 충족시킨다(Howell & Hill, 2009). 소비자들이 오감을 통해 느끼는 새롭고 즐거움 체험은 소비자의 긍정정서와 사회적 상호작용을 증가시킨다(Mathwick, Malhotra, & Rigdon, 2001; Dhar, & Wertenbroch, 2000).

넷째, 소비자 체험만족이 긍정적 자아 개념의 형성에 기여한다. 일반적으로 소비자는 자신의 자아 개념을 설명할 때 자신의 소유 물건보다는 자신의 체험을 중심으로 설명하는 경향이 있다(Carter & Gilovich, 2012). 이는 유형의 소유 물건보다는 체험이 그 사람이 어떤 사람인지를 잘 설명하고 자아 개념에 밀접하게 관련이 있기 때문이다. 소비자의 체험에 대한 높은 수준의 해석수준에 의한 평가로 인한 체험만족 및 사회적 상호작용을 통한 사회적 욕구 충족은 소비자의 긍정적 자아 개념의 형성에 기여한다. 또한 체험은 소비자들의 새로운 학습 및 자기 발전의 기회를 제공하고 이를 통하여 자존감과 긍정적 자아 개념의 형성에 기여한다(Carter & Gilovich, 2012). 이처럼 소비자의 체험 구매는 물건 구매보다 소비자의 긍정적 자아 개념에 기여하는 정도가 크다(Lyubomirsky, Tkach, & DiMatteo, 2006).

체험 구매 vs. 물건 구매의 특징

		제품 구매 (product purchase)	체험 구매 (experience purchase)	Reference
정의		물질적 소유를 위한 구매(to have)	삶의 경험을 위한 구매(to do)	Van Boven & Gilovich, 2003
해석 수준과 긍정적 평가		낮음(low level construal) 구체적 평가	높음(high level construal) 전반적/긍정적 평가	Van Boven, 2005
상대적 비교	시간적 비교 (time-based comparison)	높음 높은 만족 적응 효과	적음 낮은 만족 적응 효과	Carter & Gilovich, 2010 Van Boven, 2005 Van Boven & Gilovich, 2003
상대적 비교	대안간 비교 (alternative-based comparison)	빈번 높은 구매후회	적음 낮은 구매후회	Carter & Gilovich, 2010 Dunn & Norton 2014
상대적 비교	사회적 비교 (social comparison)	빈번	자주 하지 않음	Van Boven, 2005 Carter & Gilovich, 2010 Howell & Hill, 2009
사회적 상호작용		단독 소유/사회적 교류 적음	사회적 교류 많음 (vitality, relatedness need satisfaction)	Howell & Hill, 2009
긍정적 자아 개념		자아 관련성 낮음 (제품과 자아 개념이 별개)	자아 관련성 높음(긍정적 자아 개념에 기여)	Carter & Gilovich, 2012

057 체험 소비와 소비 행복감

체험 소비는 물건을 단순히 소유하기 위해서보다는 삶의 체험을 경험을 하기 위한 경험 제품의 구매 혹은 무형적 경험 소비를 말한다(Guevarra & Howell, 2015). 체험 소비는 물건의 소유에 비하여 더 높은 수준의 만족(Carter & Gilovich, 2010)과 소비 행복감을 제공한다(Van Boven & Gilovich, 2003). 체험을 위한 소비가 소비자 행복감에 미치는 영향은 특정 물건의 단순 소유가 목적인 소유 소비보다 더 크다(Van Boven, 2005). 체험을 위한 소비가 물건 소유보다 소비자 행복감에 미치는 영향이 더 큰 이유는 다음과 같다.

첫째, 체험 소비는 많은 경우 소비자의 기억 속에 긍정적 기억으로 오래 남는다. 체험 소비는 사전적 예상 만족과 경험 과정 만족 그리고 사후적 회상 만족에 이르기까지 긴 시간에 걸친 다양한 만족 경험을 하게 되며 소비자의 기억에 오래 남는다. 소비자는 미래의 효용에 대한 예상을 통해서도 사전적 만족을 얻는다. 사전적 예상 만족의 경우 체험 소비에 대한 예상 만족이 유형적 물건에 대한 예상 만족보다 더 크다(Kumar, Killingsworth, & Gilovich, 2014). 실증조사에 의하면 체험 소비를 생각할 때 같은 금액의 제품 소비를 생각할 때보다 더 빈번하게 긍정정서를 느끼며 결과적으로 소비 행복감에 대한 영향이 크다(Van Boven & Gilovich, 2003). 과정 만족의 경우 체험 서비스 전달 과정과 서비스 체험의 결과 모두가 소비자 웰빙에 영향을 미친다(De Keyser & Lariviere, 2014). 사후적 만족의 경우 체험 이후 시간이 지나면서 소비자는 체험에 대한 긍정적 기억을 더 간직 하는 경향을 보인다. 체험 소비는 소비자의 기억 속에 생생하게 오래 남아 소비 행복감에 긍정적 영향을 미친다.

둘째, 체험 소비는 만족 적응 효과가 적다. 체험 소비는 각각의 체험이 개별의 독특한 경험이고 소비자가 오감으로 직접 느끼고 절대평가를 할 수 있어 시간의 흐름에 따른 만족 적응 효과가 적다(Thomas & Miller, 2013; Tu & Hsee, 2013). 반면 유형적 물건의 소유는 사회적으로 학습된 속성에 의해 상대평가를 하고 시간이 지나면서 물건 소유에 대한 만족 민감도가 감소하면서 만족 적응 효과가 나타난다(Tu & Hsee, 2016). 체험은 만족 적응 효과가 적고 물건에 비하여 소비 행복감에 기여하는 정도가 크다.

셋째, 체험 소비는 독특하고 상대비교가 어렵다. 소비자들은 체험을 미래에 오지 않을 독특한 기회로 인지하고, 이전의 반복적으로 구매하던 것과 다른 고객화된 체험으로 인식한다, 독특한 경험이 자아의 개성과 타인과 다름을 표현하는 것을 가능하게 한다(Bastos, 2019). 체험은 소비자의 참여와 상호작용 속에서 만들어지며 다른 대안과의 직접적인 비교가 어렵다(Carter & Gilovich, 2010). 결과적으로 체험만족은 사회적 비교의 영향을 적게 받는다(Howell & Hill, 2009). 반면 물건의 소유는 사회적으로 학습된 속성에 의해 평가되므로 타인과의 사회적 비교를 자주 하게 되고 이러한 빈번한 사회적 비교는 소비자 만족과 웰빙을 감소시킨다. 체험은 사회적 비교가 적고 물건 구매에 비하여 소비 행복감에 기여하는 정도가 크다.

넷째, 체험의 독특성과 상대비교의 어려움으로 인하여 소비자들의 체험 구매에 대한 후회가 낮다(Rosenzweig & Gilovich, 2012). 실증조사의 결과 소비자들의 후회는 물건을 구매한 경우가 체험을 구매한 경우보다 더 높은 반면, 비구매 후회는 체험을 비구매한 경우가 물건을 비구매한 경우보다 더 높았다(Rosenzweig & Gilovich, 2012). 체험 구매로 인한 후회의 감정이 물건 구매로 인한 후회보다 낮고 결과적으로 체험 구매를 늘리는 것이 물건 구매를 늘리는 것보다 소비 행복감에 기여한다.

다섯째, 체험 소비는 물건 소유보다 타인과의 상호작용을 수반하는 경우가 많으며 사회적 연결을 활성화한다(Caprariello & Reis, 2013; Howell & Hill, 2009). 소비자는 물건이나 혼자하는 체험보다는 여럿이 공유하는 체험에 대하여 더 높은 행복감을 느낀다(Caprariello & Reis, 2013). 사회적 상호작용을 수반하는 체험은 화젯거리를 제공하며 타인과의 즐거움을 공유하는 기회도 제공하여, 친교 욕구와 소속감의 욕구 충족에 기여한다. 체험 소비를 통한 사회적 만족이 소비 행복감에 기여한다.

여섯째, 체험 소비는 긍정적 자아 개념의 형성에 기여한다. 소비자는 물건 소유보다는 체험 활동을 통하여 자아를 표현한다. 체험 소비는 유형 물건의 단순 소유보다 자아 개념을 더 잘 반영하고(Carter & Gilovich, 2012), 과시적 외재적 동기보다는 자아 실현(self fulfillment)이라는 내재적 동기를 가지고 있다(Van Boven, Campbell, & Gilovich, 2010). 이처럼 체험 소비가 자아 개념과 밀접하게 연결되어 있어 체험에 대한 만족은 긍정적 자아 개념을 형성하는데 기여한다(Gilovich & Kumar, 2015). 체험 소비 만족이 소비 행복감에 미치는 영향이 크다(Van Boven & Gilovich, 2003). 체험 소비로 인한 만족이 긍정적 자아를 형성하고 소비 행복감에 기여한다. 소비자가 물건 소유보다 체험 소비를 선호하는 경향은 개인마다 다른데 이는 체험 구매 경향 측정도구(experiential buying tendencies scale: EBTS)에 의해 측정될 수 있다(Howell, Pchelin, & Iyer, 2012). 체험 구매 경향은 소비자의 외향성(extraversion), 친화성(agreeableness), 개방성(openness) 등의 성격적 특징 및 정서적 안정(emotional stability)과 밀접하게 관련이 있다. 또한 체험 구매 경향은 소비자의 물질주의가 낮은 경우에 더 크게 나타난다(Howell, Pchelin, & Iyer, 2012). 소비자의 체험 구매는 자율/유능/친교의 기본적 심리 욕구의 충족을 통해 소비 행복감에 긍정적 영향을 미친다(Howell, Pchelin, & Iyer, 2012).

체험 소비와 소비 행복감

체험 소비	특징	Reference
긍정정서 기억	사전/실제 체험/사후경험을 통해 긍정정서 기억이 오래감	Loewenstein, 2007 Van Boven & Gilovich, 2003
낮은 만족 적응 효과	오감에 의한 본원적 평가가 가능하여 적응 효과 적음	Tu & Hsee, 2016
적은 사회적 비교	체험의 독특성으로 인해 직접적인 비교가 어려움 체험만족은 사회적비교에 영향을 적게 받음	Bastos, 2019 Carter & Gilovich, 2010 Howell & Hill, 2009
적은 구매 후회	직접적인 비교가 어렵고 구매후회도 적음	Rosenzweig & Gilovich, 2012
사회적 연결 활성화	체험은 참여와 화제거리 제공을 통해 사회적 연결을 활성화 유사한 체험을 한 사람들에 대하여 유대감을 느낌	Caprariello & Reis, 2013 Howell & Hill, 2009 Kumar, Mann, & Gilovich, 2014
긍정적 자아 개념에 영향	체험 소비는 유형 물건의 단순소유보다 자아 개념을 더 반영 체험은 과시등의 외재적 동기보다는 자신의 충족이라는 내재적 동기를 가지므로 자아 개념에 더 밀접하게 관련됨	Carter & Gilovich, 2012 Gilovich & Kumar, 2015 Van Boven, Campbell, & Gilovich, 2010

체험 소비와 소비 행복감

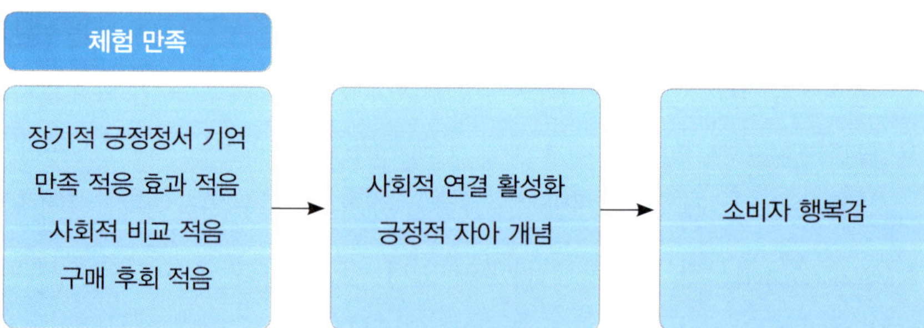

체험 소비 관련 가설

- 유형의 제품의 소비에 비하여 체험 소비는 소비자의 사회적 연결을 활성화하고 긍정적 자아 개념을 강화하여 소비 행복감을 더 높인다. 체험 만족은 사회적 연결(social connection)과 긍정적 자아 개념(positive self concept)의 매개 효과를 통해 소비 행복감에 기여한다.
- 유형 제품의 소유 만족에 비하여 체험 만족이 더 높다. 유형제품 소비에 비하여 소비자는 체험 소비를 긍정적인 경험으로 더 오래 기억하고, 체험에 대한 만족 적응이 상대적으로 적으며, 체험의 독특성으로 인해 사회적 비교가 상대적으로 적고, 결과적으로 체험 구매에 대한 구매 후회도 더 적다.

058 체험 소비에 대한 긍정정서 기억

소비자는 체험 소비에 대하여 긍정정서의 기억을 가지는 데 그 이유는 다음과 같다.

첫째, 소비자는 체험에 대하여 높은 예상만족을 가진다. 소비자는 미래 체험의 바람직한 측면에 초점을 맞추어 체험만족을 과대 평가하는 경향을 보이며(Loewenstein, 2007), 소비자는 미래 체험을 예상할 때 시간적 거리로 인하여 높은 수준의 해석수준을 가지고 추상적으로 평가하며 결과적으로 높은 예상만족을 가진다(Van Boven & Gilovich, 2003). 소비자들은 미래 체험의 긍정적인 측면에 집중하면서 예상만족을 형성하고 불만스러운 체험의 실제 발생가능성에 대해서는 크게 고려하지 않아 미래의 체험만족을 과대 평가한다. 체험에 대한 예상 만족은 유형 제품에 대한 예상만족보다 더 크고(Kumar, Killingsworth, & Gilovich, 2014), 미래 체험에 대한 예상만족은 실제 체험이나 회상만족보다 행복감에 미치는 영향이 크다(Dunn, Gilbert, & Wilson, 2011). 소비자들이 유형 제품에 대해서는 현재소비 성향이 강하지만 체험에 대해서는 기다렸다가 더 나은 체험을 하는 것을 선호한다(Kumar, & Gilovich, 2016). 이는 소비자가 미래의 체험을 음미하거나 생각하면서 지연소비를 하는 것도 소비자 행복에 기여하기 때문이다(Loewenstein, 1987).

둘째, 실제 체험과정의 생생한 체험이 소비자의 긍정정서를 강화한다. 비록 실제 체험과정에서 소비자는 낮은 해석 수준을 가지고 긍정정서와 부정정서를 모두 체험하기도 하지만 생생하고 구체적인 긍정정서를 경험한다. 소비자는 실제 체험의 과정과 결과를 통하여 즐거움을 공유하며 활기찬 긍정정서를 실제 체험과정에서 빈번하게 경험한다(De Keyser, &

Lariviere, 2014; Van Boven & Gilovich, 2003).

셋째, 소비자는 체험에 대하여 높은 회상만족을 가진다. 소비자는 사후에 경험하였던 체험을 긍정적으로 재해석하고 긍정적인 체험을 많이 더 회상하고 기억한다(Dunn, Gilbert, & Wilson, 2011). 소비자는 과거의 체험을 회상할 때 시간적 거리로 인하여 높은 수준의 해석수준을 가지고 체험을 추상적이면서도 긍정적으로 해석하는 경향을 보인다(Van Boven & Gilovich, 2003). 예를 들어 비가 와서 실내에서만 머무른 이전의 휴가 체험을 가족관계 강화의 기회였다고 재해석하기도 한다. 일반적으로 소비자의 회상 체험 만족은 체험에 대한 현재의 긍정적 태도와 전반적 만족도를 반영한다(Dolan & White, 2006). 여행 체험에 대한 실증조사의 결과 여행 전의 소비자의 예상만족이 여행 이후의 사후 만족보다 더 높은 것으로 나타났다(Nawijn et al., 2010).

체험 소비에 대한 긍정정서 기억

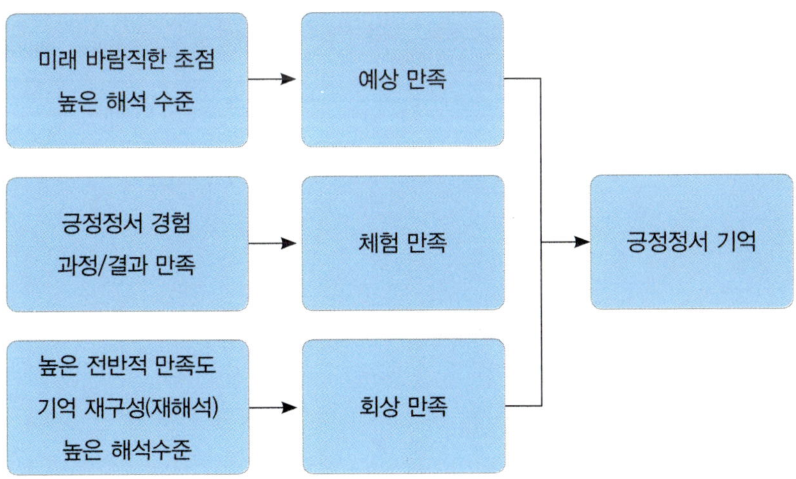

체험 소비에 대한 긍정정서 기억(+)

체험만족	차원	내용	reference
예상만족	예상만족 (focalism)	미래 체험의 바람직한 측면에 초점을 맞추게 되어 체험만족을 과대 평가하는 경향 보임	Loewenstein, 2007
	높은 해석수준 (high level construal)	미래 체험 구매를 생각할 때 높은 해석수준을 가지고 긍정 평가	Van Boven & Gilovich, 2003
	체험만족 비교 (예상 vs. 실제/회상)	미래의 체험에 대한 예상만족이 실제 체험이나 회상만족보다 더 큰 행복감을 줌	Dunn, Gilbert, & Wilson, 2011
	예상만족 비교 (체험 vs. 물건)	체험 소비에 대한 예상만족이 유형적 물건에 대한 예상만족보다 더 큼	Kumar, Killingsworth, & Gilovich, 2014
체험만족	실제체험 만족	실제 체험시 긍정정서를 더 자주 경험함	Van Boven & Gilovich, 2003
	실제 체험 과정 및 결과 만족	체험 서비스 전달과정과 서비스 체험 결과가 긍정정서를 제고	De Keyser, & Lariviere, 2014
회상만족	체험 기억	자아와 밀접하게 연결된 체험을 더 많이 회상하고 기억	Dunn, Gilbert, & Wilson, 2011
	높은 해석수준 (high level construal)	미래 체험 구매를 생각할 때 높은 해석수준을 가지고 긍정 평가	Van Boven & Gilovich, 2003
	체험 경험 긍정적 재해석	체험 경험을 긍정적으로 재해석	Carter & Gilovich, 2012
	회상 만족	회상 체험 만족은 전반적인 체험 만족도를 반영	Dolan & White, 2006

예상 만족, 체험 만족, 회상 만족

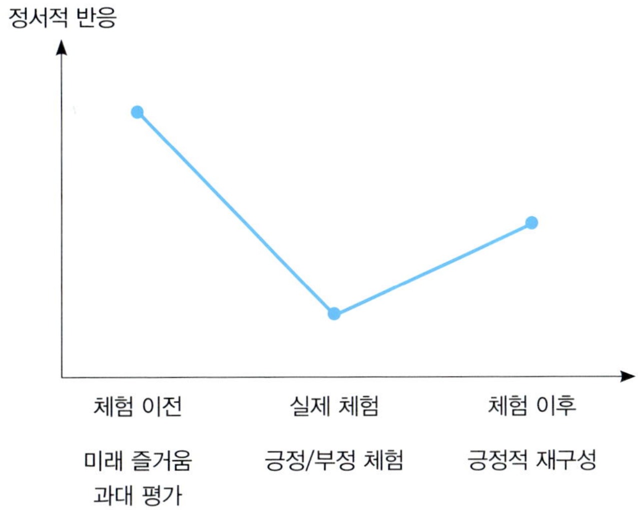

시간의 흐름에 따른 체험 만족

	사전 평가	체험 중 평가	사후 평가
해석 수준 (construal level)	추상적	구체적	추상적
평가 대상	즐거움에 대한 전반적 기대 전반적 체험 목표	구체적/실제 경험 상세한 체험	체험 기억/의미 자아 개념
체험 만족	긍정	긍정 & 부정	긍정
평가 내용	예상 만족에 대한 과대 평가	실제 경험 평가	현재의 태도를 반영 기억의 재구성

자료: Mitchell, Thompson, Peterson, & Cronk, 1997.

체험 소비에 대한 긍정정서 기억 관련 가설

- 소비자는 체험에 대한 예상만족에 대하여 높은 해석수준(high level construal)에 의해 전반적으로 평가한다. 소비자는 예상만족의 평가에서 긍정적인 체험에 초점(focalism)을 맞추어 체험만족을 과대 평가한다.
- 소비자는 실제 체험 중의 평가에 대하여 낮은 해석수준에 의해 구체적 평가를 하며 긍정과 부정의 경험을 동시에 경험한다. 소비자의 체험 중 평가는 사전 평가보다 낮다.
- 소비자의 체험에 대한 사후적 평가는 체험에 대한 태도에 의해 영향을 받는다. 소비자의 사후 평가는 체험에 대한 소비자의 태도와 정(+)의 상관관계를 가진다.

059 체험 소비의 만족 적응 효과(hedonic adaptation)

만족 적응 효과(hedonic adaptation)는 구매 이후 시간의 흐름에 따라 만족이 감소하는 현상을 말한다. 체험 소비는 소비자 웰빙에 부정적 영향을 주는 만족 적응 효과가 적다. 그 이유는 다음과 같다.

첫째, 체험 소비의 경우 소비자들이 오감에 의한 절대평가를 하므로 적응 효과가 적다. 일반적으로 소비자가 사회적으로 학습된 속성을 상대평가할 때 만족 적응 효과가 크다. 하지만 체험의 경우처럼 소비자들이 오감체험에 의해서 속성에 대한 본원적 절대평가가 가능한 경우에는 만족 적응 효과가 크게 나타나지 않는다(Hsee, Yang, Li, & Shen, 2009). 예를 들어 쾌적한 온도는 소비자가 오감으로 본원적으로 절대평가 가능하며 이러한 쾌적함의 반복이 소비자의 싫증이나 만족 적응으로 나타나지는 않는다. 마찬가지로 소득이 낮은 경우에 물건 소비의 증가는 소비자가 오감으로 체감할 수 있는 욕구의 충족을 가능하게 하기 때문에 만족 적응 효과가 적다(Thomas & Millar, 2013; Van Boven & Gilovich, 2003). 하지만 이러한 필수욕구의 충족 이후의 물건 소비에 대하여 소비자는 사회적으로 학습된 기준에 의해서 상대평가를 하며 이러한 상대평가는 만족 적응으로 이어진다. 반면 체험 소비에 대하여는 소비자들이 오감으로 느끼고 직접 평가할 수 있어 경험이 독특하고 적응 효과가 적다(Thomas & Miller, 2013; Tu & Hsee, 2013). 즉, 체험 소비는 소비자가 소비자가 오감으로 직접 체험하고 소비자 몰입도가 높아 만족 적응 효과가 적게 나타난다(Carter & Gilovich, 2010; Dunn, Gilbert, & Wilson, 2011).

둘째, 체험 소비는 그 체험 자체가 독특하여 소비자들이 싫증을 내거나 당연시하지 않으므로 적응 효과가 적다. 일반적으로 소비자들은 동일 제품을 반복적으로 소비할 때 싫증을 내거나 소비를 당연시하는 기대를 형성하고 만족 적응을 경험한다. 만족 적응 효과를 줄이기 위해서는 동일한 제품이나 체험을 반복하여 제공하기보다는 여러 번에 나누어 긍정적 체험을 제공하거나 중간에 휴식을 취하는 것도 필요하다(Nelson, & Meyvis, 2008). 또한 소비자가 당연시하던 편익이 없을 수도 있다고 생각해 보는 것도 소비자가 체험 소비로 인한 편익을 당연시하지 않게 하여 만족 적응 효과를 줄인다(Ang, Lim, Leong, & Chen, 2015).

셋째, 체험 소비는 소비자의 기억 속에 오래 남으므로 적응 효과가 적다. 비록 물건에 비하여 체험의 망각에 의한 적응 효과가 적지만, 소비자들이 체험 이후의 일상 속에서 생활하면서 체험의 기억을 망각할 때 만족 적응 효과를 경험한다. 여행 체험에서의 높은 만족을 가졌던 소비자도 여행이후의 일상 속에서 생활하면서 체험에 대한 긍정적 기억을 잊게 되고 체험만족에 대한 망각은 만족 적응 효과로 이어진다(Nawjin et al., 2010; Mitas, Yarnal, Adams, & Ram, 2012). 체험에 대한 망각을 줄이기 위해서 체험에 대하여 과거경험이나 기억에 연결된 정서적인 가치(sentimental value)를 부각시키고(Yang & Galak, 2015), 체험 경험에서의 강한 정서를 기억하게 돕는 기념품을 제공하고(Goodman, Malkoc, & Stephenson, 2016), 소셜 미디어 등을 통하여 주변 사람들과 체험 및 피드백을 공유하는 방법(Boley et al., 2018; Demir, Haynes, & Potts, 2017) 등을 사용할 수 있다.

체험 소비의 만족 적응 효과

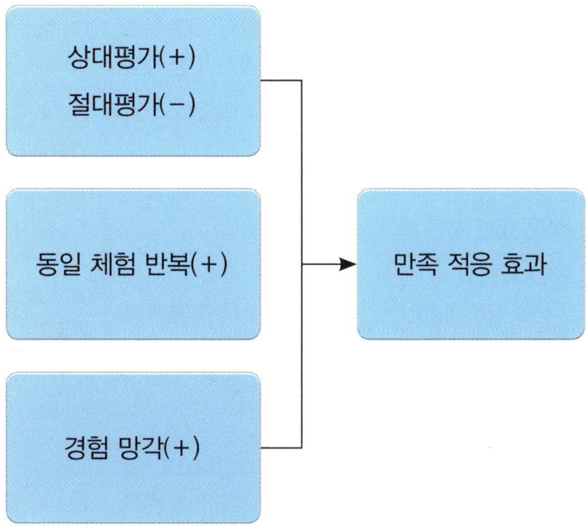

체험 VS. 물건 소비의 만족 적응효과 비교(1)

영향 요인	내용	reference
평가 방식: 상대 비교 평가(+) 오감/절대 평가(−)	물건은 구매 후 시간의 흐름에 따라 만족도가 감소하지만 체험은 시간이 흐름에 따라 만족도가 증가함	Carter & Gilovich, 2010
	체험은 소비자가 오감으로 체험하면서 집중하고 몰입하여 평가하므로 적응 효과가 적음	Dunn, Gilbert, & Wilson, 2011
	체험 소비는 오감으로 느끼고 평가할 수 있어 독특하고 적응 효과 적음	Thomas & Miller, 2013 Tu & Hsee, 2013
	오감으로 체험할 수 있는 필수욕구의 충족은 적응 효과 적음. 사회계층이 낮은 경우 필수욕구 충족을 위한 물건 구매가 체험 구매와 비슷한 정도의 소비 행복감에 대한 기여를 보임. 필수욕구 충족 이후의 물건 구매는 적응 효과를 보임	Van Boven & Gilovich, 2003 Thomas & Millar, 2013
	물건/돈은 상대평가(높은 적응 효과). 사회적으로 학습된 체험 속성은 상대평가(높은 적응 효과). 본원적으로 평가 가능한 체험 속성은 절대평가(낮은 적응 효과)	Hsee, Yang, Li, & Shen, 2009
반복으로 인한 싫증과 당연시 (+)	어느 정도 긴 시간에서는 다양한 활동이 더 많은 자극과 즐거움을 제공하고 적응 효과를 줄임. 하지만 너무 짧은 시간에서는 다양한 활동은 활동 성과를 내기 어려움	Etkin & Mogilner, 2016
	연속하여 긍정 경험을 제공하기보다 휴식을 여러 번에 나누어 체험을 제공하거나 중간에 휴식을 제공하는 것이 적응 효과를 줄임(hedonic contrast)	Nelson & Meyvis, 2008
	편익에 대해 생각하지 않거나 아예 없다고 생각하는 기대의 조정이 체험 편익을 놀라운 것으로 받아들임(mental subtraction)	Ang, Lim, Leong, & Chen, 2015
만족 경험 망각 (+)	체험 만족 이후의 일상 적응과정에서 만족 기억이 망각되어 지속적인 효과를 갖지 못함	Nawjin et al., 2010 Mitas, Yarnal, Adams, & Ram, 2012
	과거의 경험/기억과 연결된 정서적 가치(sentimental value)는 시간의 흐름에도 적응 효과가 적음	Yang & Galak, 2015
	소비자 체험 정서를 기억하게 돕는 기념품(commemorative goods)은 시간이 지나도 만족 적응 효과가 적고 소비 행복감을 유지함	Goodman, Malkoc, & Stephenson, 2016
	소셜 미디어를 통한 긍정적 체험의 공유는 체험에 대한 기억을 오래 간직하게 하고 주변의 긍정적 피드백을 통해 소비자의 자존감을 높임	Boley et al., 2018 Demir, Haynes, & Potts, 2017

체험의 만족 적응 효과 관련 가설

- 유형의 물건에 대한 만족 적응 효과가 체험 소비의 만족 적응 효과보다 크다. 물건 소유에 비하여 체험 소비의 경우 만족 적응 효과(hedonic adaptation)가 적다.
- 오감에 의한 절대 평가가 가능한 본원적 평가 속성(inherently evaluable attributes)이 많은 체험일수록 만족 적응 효과가 적다. 속성의 본원적 평가 가능성(inherent evaluability)은 만족 적응 효과와 부(−)의 상관관계를 가진다.
- 속성에 대한 상대평가의 빈도(frequency of relative evaluation)와 그 속성에 대한 만족 적응 효과(hedonic adaptation)는 정(+)의 상관관계를 가진다.
- 기대했던 동일 체험 반복의 정도는 만족 적응 효과에 정(+)의 상관관계를 가진다. 하지만 기대 하지 못했던 체험(unexpected experiences)에 대하여는 소비자의 만족 적응(hedonic adaptation)효과가 낮다. 체험에 대한 사전 예상 가능성과 만족 적응 효과는 정(+)의 상관관계를 가진다.
- 체험 이후의 많은 시간이 흐른 경우 망각에 의한 적응 효과가 크다. 체험 이후의 시간이 많이 지난 경우 체험 이후의 시간이 얼마 지나지 않은 경우보다 만족 적응 효과가 크다. 체험 이후의 경과시간과 적응 효과는 정(+)의 상관관계를 가진다.
- 체험 기념품(commemorative goods)의 구매나 소셜 미디어를 통한 체험의 공유는 만족 적응 효과를 낮춘다. 체험 기념품 구매 여부나 체험의 공유 빈도는 만족 적응 효과와 부(−)의 상관관계를 가진다.

체험 소비의 적응 효과

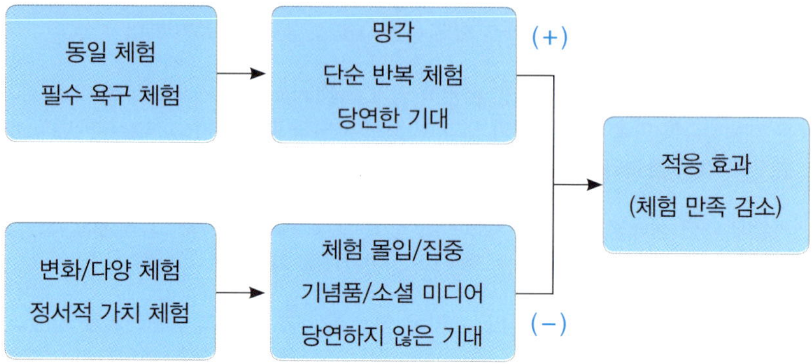

체험 소비 vs. 물건 소비와 적응 효과

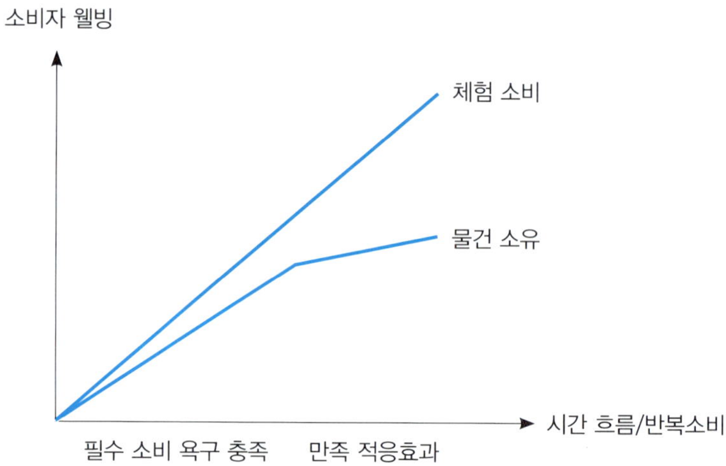

060 체험 소비와 상대 비교

소비자들은 체험을 이전의 반복구매와 다른 독특한 기회로 인지하고 참여와 상호작용 속에서 만들어지는 고객화된 체험으로 인식한다(Bastos, 2019). 체험 소비는 그 독특성으로 인하여 동질적 물건과는 달리 단순 대안 간의 비교가 어렵고(Van Boven, 2005; Carter & Gilovich, 2010) 타인과의 사회적 비교도 어렵다(Carter & Gilovich, 2010). 이러한 체험의 독특성과 단순 비교의 어려움으로 인하여 소비자들은 체험 가격인상에 대하여는 물건 가격 인상보다 덜 민감하게 반응한다(Bastos, 2019). 소비자들이 독특한 체험으로부터의 본연의 즐거움에 집중하고, 본원적으로 평가가능한 속성에 대하여 절대평가를 하며(Hsee, Yang, Li, & Shen, 2009), 최적화 선택전략(opitimization strategy)을 사용하는 경우 체험에 대한 상대적 비교를 적게 한다.

한편, 소비자들의 물질주의가 강하고 최대화 선택전략(maximization strategy)을 사용하는 경우 체험에 대한 상대적 비교를 많이 한다. 소비자의 상대비교는 소비자에게 구매 후회를 가져오고 선택 만족을 줄인다. 상대적 비교로 인한 선택 후회는 물건 구매의 경우가 체험 구매의 경우보다 더 크다(Carter & Gilovich, 2010, 2012). 물건 구매의 경우에는 단순비교가 용이하여 상대적 비교로 인한 후회와 질투의 감정이 발생하기 쉽다(Carter & Gilovich, 2010). 반면 체험의 경우에는 그 독특성으로 인하여 구매 이후의 재해석이 가능하고 대안 간의 단순 비교가 어렵다. 체험의 경우에는 구매로 인한 후회보다는 비구매로 인한 후회가 더 크다(Rosenzweig & Gilovich, 2012).

체험의 독특성과 상대 비교

차원	내용	reference
체험의 독특성과 평가 방식	체험 구매는 이전의 반복적 구매와 다른 독특한 경험이며 미래에 오지 않을 독특한 기회임 체험은 소비자의 독특한 개성을 표현하는 기회이며 다른 소비자와 다른 방식으로 경험함	Bastos, 2019
	체험은 단순 비교가 어렵고 소비자는 체험에 대한 타인과의 비교를 적게 함	Carter & Gilovich, 2010 Van Boven, 2005
	체험 평가는 본연의 즐거움에 대한 절대평가를 하며 상대적 비교를 적게 함	Carter & Gilovich, 2010
	물건/돈은 상대평가함 본원적으로평가 가능한 체험 속성은 절대평가함 사회적으로 학습된 체험 속성은 상대평가함	Hsee, Yang, Li, & Shen, 2009
선택 후회	선택 이후 더 나은 대안 발견으로 인한 실망/후회가 체험 구매시보다 물건 구매시 더 큼	Carter & Gilovich, 2010, 2012
	체험은 구매 이후에 재해석이 가능하여 상대비교에 의한 후회의 감정이 적음	Ang., Lim, Leong, & Chen, 2015
	체험을 비구매한 경우가 물건을 비구매한 경우보다 비구매 후회가 더 높음	Rosenzweig & Gilovich, 2012
	다른 사람이 더 나은 구매를 했다는 것을 알았을 때의 질투의 감정이 체험 구매보다 물건 구매시 더 큼	Carter & Gilovich, 2010

체험 소비의 상대적 비교(대안 비교, 타인과의 비교)

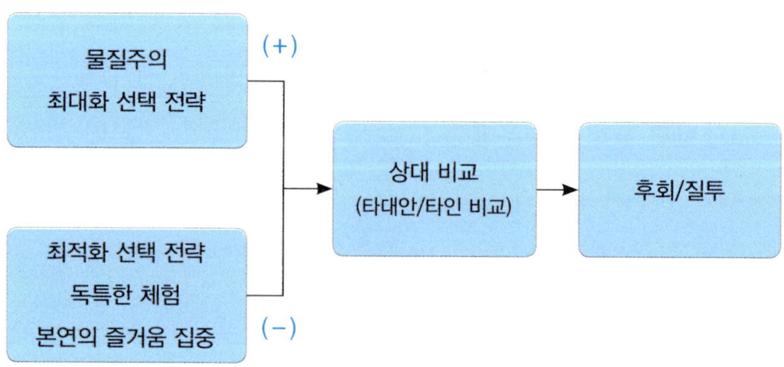

체험의 상대적 비교관련 가설

- 물건 구매에 비하여 체험 구매의 경우 소비자의 상대적 비교의 빈도가 낮다. 체험의 독특성은 소비자의 상대적 비교의 빈도와 부(−)의 상관관계를 가진다.
- 소비자가 오감으로 체험가능한 속성(inherently evaluable attributes)은 사회적으로 학습된 속성(socially learned attributes)보다 상대 평가의 빈도가 낮다
- 물질주의가 높은 소비자의 경우 물질주의가 낮은 소비자에 비하여 상대비교의 빈도가 높다
- 최대화(maximization) 선택전략을 사용하는 소비자의 경우가 최적화(optimization) 선택전략을 사용하는 소비자보다 상대비교의 빈도가 높다
- 상대비교의 빈도는 후회(regret)와 질투(jealousy)의 부정적 감정과 정(+)의 상관관계를 가진다.

061 체험 소비와 사회적 연결

체험 소비는 소비자의 체험 참여와 화젯거리를 통해 사회적 교류와 연결에 기여한다. 체험 소비가 사회적 연결에 기여하는 이유는 다음과 같다.

첫째, 소비자의 체험에 대한 직접적인 참여가 사회적 연결에 기여한다. 소비자는 체험에 대하여 소비자는 타인과의 연결을 통한 즐거움 추구라는 내재적 구매동기를 가진다(Van Boven, Campbell, & Gilovich, 2010). 반면 유형적 소유나 금전을 집중하는 물질주의적 소비자는 과시적·외재적 동기에 집중하고 타인과의 사회적 연결을 등한시한다(Van Boven, Campbell, & Gilovich, 2010). 내재적 구매 동기를 가진 체험 소비는 물건의 소유보다 타인과의 상호작용을 수반하는 경우가 많고 사회적 교류를 활성화한다(Caprariello & Reis, 2013; Thomas & Millar, 2013). 타인과의 공유하는 시간이 많은 체험의 사회적 연결이 소비 행복감을 증진시킨다(Mogilner, 2010). 소비자는 물건이나 혼자 하는 체험보다는 여럿이 함께하는 체험에 대하여 더 큰 행복감을 경험한다(Caprariello & Reis, 2013).

둘째, 소비자의 체험에 대한 화제 공유와 구전이 사회적 교류에 기여한다. 사회적 관계에서 체험은 생생한 화젯거리를 제공하고(Gilovich, Kumar, & Jampol, 2015), 사람들은 자신의 소유 물건보다는 체험에 대하여 이야기하는 경향이 있다(Kumar & Gilovich, 2015). 체험은 물건의 소유보다 소비자의 긍정적인 자아 이미지를 상대방에게 커뮤니케이션한다(Van Boven, Campbell, & Gilovich, 2010). 소비자들은 타인과의 좋은 관계를 형성하고 싶을 때 체험에 대해 이야기하기를 좋아하고(Bastos & Brucks, 2017), 이러한 생생한 체험의 공유과정에서 즐거움의 감정이 증폭되고 서로에 대한 친밀감을 경험한다(Caprariello & Reis, 2013).

체험 소비와 사회적 연결

사회적 연결	차원	내용	reference
체험 참여	내재적 구매동기	소비자는 체험 소비에 대하여 타인과의 연결을 통한 즐거움을 추구하는 내재적 구매동기를 가짐	Van Boven, Campbell, & Gilovich, 2010
		물질을 중시하는 물질주의자는 과시 등의 외재적 동기에 집중하고 사회적 연결을 등한시함	Van Boven, Campbell, & Gilovich, 2010
	사회적 상호작용	체험 소비는 물건 소유보다 타인과의 상호작용을 수반하는 경우가 많아 사회적 교류를 활성화함	Caprariello & Reis, 2013 Thomas & Millar, 2013
		타인과의 공유시간이 많은 친밀한 사회적 연결과 상호작용이 행복감 증가시킴	Mogilner, 2010
	함께하는 체험	소비자는 물건이나 혼자하는 체험보다는 여럿이 함께하는 체험에 대하여 더 높은 행복감을 가짐	Caprariello & Reis, 2013
화젯거리	구전/체험 공유	체험이 생생한 화젯거리를 제공함	Gilovich, Kumar & Jampol, 2015
		소비자들은 자신의 소유 물건보다는 체험에 더 말하는 경향이 있음	Kumar & Gilovich, 2015
		체험에 대한 이야기가 소유 물건에 대한 이야기보다 소비자에 대한 긍정적 이미지를 전달함	Van Boven, Campbell, & Gilovich, 2010
		타인과의 좋은 관계를 형성하고 싶을 때 체험에 대해 이야기하기를 좋아함	Bastos & Brucks, 2017
		체험 이야기 공유과정에서 즐거움의 감정이 증폭되고 친밀감 생김	Caprariello & Reis, 2013

체험 소비와 사회적 연결

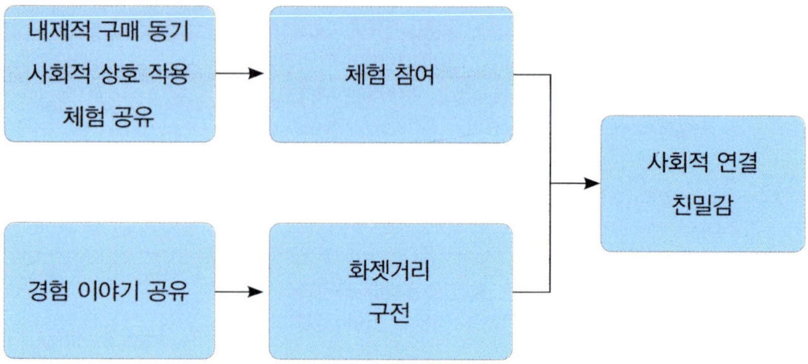

체험의 사회적 연결 관련 가설

- 체험에 대해 본연의 즐거움과 같은 내재적 구매동기(intrinsic motivation)를 가진 소비자의 경우가 과시적 소비와 같은 체험에 대한 외재적 구매동기(extrinsic motivation)를 가진 소비자의 경우보다 체험을 통한 사회적 연결(social connection)의 정도가 더 높다.
- 혼자하는 체험의 경우보다 여럿이 함께하는 시간이 많은 체험의 경우 사회적 연결(social connection) 정도가 높다. 체험 참여의 정도는 사회적 연결(social connection)과 정(+)의 상관관계를 가진다.
- 타인과의 체험에 대한 이야기의 공유는 사회적 연결(social connection)과 정(+)의 상관관계를 가진다.
- 사회적 연결(social connection) 및 친밀감(intimacy)은 소비자 웰빙과 정(+)의 상관 관계를 가진다 사회적 연결과 소비자 웰빙의 정(+)의 상관 관계는 상호의존적 자아 개념(interdependent self-concept)을 가진 소비자의 경우가 독립적 자아 개념(independent self-concept)을 가진 소비자의 경우보다 더 크다.

062 체험 소비와 긍정적 자아 개념

체험은 소비자의 자아 개념과 밀접하게 연결되어 있으며 이러한 이유로 체험 만족은 긍정적 자아 개념과 소비 행복감에 긍정적 영향을 미친다. 체험 소비와 긍정적 자아 개념의 관계를 구체적으로 다음과 같다.

첫째, 체험 소비는 소비자의 자아 개념과 밀접한 관련을 가지고 있다. 사람들은 자신이 누구인가라는 답하기 위하여 자신이 소유한 물건보다는 자신의 체험을 더 많이 생각하는 경향을 보인다(Van Boven & Gilovich, 2003). 소비자들이 자신의 인생스토리를 이야기할 때에도 소유 물건보다는 본인의 체험을 우선적으로 이야기한다 이러한 체험을 중심으로 자신을 표현하는 경향은 물질에 집착하는 물질주의 소비자의 경우에도 마찬가지이다(Carter & Gilovich, 2012). 사람들은 타인에 대해 알고자 할 때에도 그 사람의 체험을 우선적으로 평가한다(Carter & Gilovich, 2012). 이처럼 소비자의 체험은 참 자아(true self)의 개념에 가까우며 체험은 자아 개념을 정의하는 재료로 활용한다(Carter & Gilovich, 2012.). 따라서 소비자는 유형적 물건보다 자아를 반영하는 체험에 대하여 더 강한 소유효과를 경험한다(Jiang & Sood, 2014). 체험의 목적은 소비자의 자아 개념과 밀접하게 연결되며 체험의 결과가 자아 개념에 미치는 영향이 크다(Thomas & Millar, 2013).

둘째, 소비자는 자신의 체험 소비에 대하여 긍정적 평가를 하며 이러한 체험만족은 긍정적 자아 개념을 형성하고 소비 행복감을 제고한다. 소비자의 체험은 자신의 자아 개념과 밀접한 관련성을 가지므로 체험 소비를 긍정적으로 평가하는 경향을 보인다(Van Boven, Campbell, & Gilovich, 2010). 자아를 반영하는 체험 소비에 대하여 소비자의 몰입도와 감정의 강도가 강하고(Gallo, Townsend, & Alegre, 2019), 체험의 반복으로 인한 싫증도 더디게 발생한다(Chugani, Irwin, & Redden, 2015). 이렇게 긍정적으로 평가된 체험 만족은 기본적 심리 욕구를 충족시키고(Howell & Hill, 2009.) 소비 행복감에 긍정적 영향을 미친다(Thomas & Millar, 2013).

체험 소비와 긍정적 자아 개념

	내용	reference
자아 관련성	자아 개념과 관련하여 물건보다 체험을 더 많이 생각함	Van Boven & Gilovich, 2003
	본인의 인생 스토리를 이야기할 때 체험을 우선적으로 이야기 함(물질주의 소비자도 동일)	Carter & Gilovich, 2012
	타인을 알고 싶을 때 그 사람의 체험을 통해 평가함	Carter & Gilovich, 2012
	체험이 참 자아(true self)와 가까움 체험이 자아를 정의하는 기억 재료로 활용됨	Carter & Gilovich, 2012
	체험의 목적은 보다 추상적이어서 자아 개념과 연결됨	Carter & Gilovich, 2012
	체험이 자아 개념에 미치는 영향이 더 큼	Thomas, & Millar, 2013
	체험이 물건보다 소유효과가 더 큼	Jiang & Sood, 2014
긍정적 자아 개념/ 행복감	체험은 자아 개념과 밀접하므로 긍정적으로 평가함. 체험 구매자를 긍정적으로 평가하는 반면 물건 구매자를 부정적으로 평가함	Van Boven, Campbell, & Gilovich, 2010
	체험은 자아를 반영하므로 체험에 대한 감정의 강도가 강하고(high arousal) 소비자 몰입도가 강함. 소비자 구전/리뷰 창출의향이 강함	Gallo, Townsend, & Alegre, 2019
	체험이 자아에 미치는 영향이 크고 이러한 자아에 미치는 영향이 소비 행복감에 영향	Thomas, & Millar, 2013
	체험 소비가 기본적 심리욕구의 충족을 가능하게 함	Howell & Hill, 2009

체험 소비와 긍정적 자아 개념

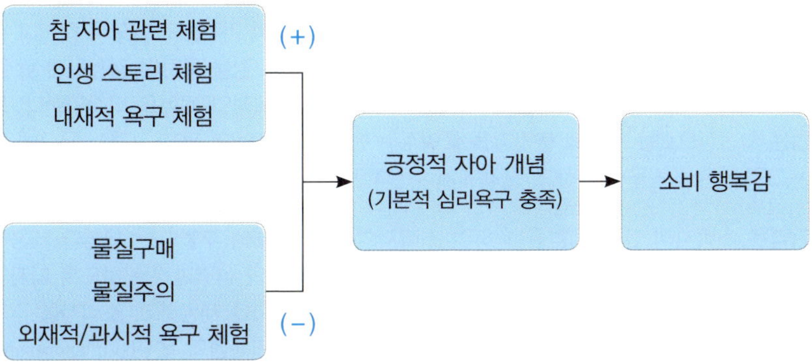

체험 소비의 긍정적 자아 개념 관련 가설

- 물건 구매보다는 체험 구매가 소비자의 자아 개념에 미치는 영향(impact on self)과 자아 관련성(self relevance)이 더 크다.
- 물건 구매 만족보다는 체험 구매 만족에 대하여 소비자의 감정의 강도(intensity)가 더 크다. 물건 구매 만족의 경우에 비하여 체험 구매 만족의 경우에 소비자의 구전 및 리뷰 창출 의향이 더 크다
- 물건 구매보다는 체험 구매가 더 높은 수준의 소비자의 기본적 심리욕구(자율/유능/친교 욕구)의 충족과 긍정적 자아 개념을 가져다 준다. 체험 구매 만족이 물건 구매 만족보다 긍정적 자아 개념에 더 강한 정(+)의 상관 관계를 가진다.

체험 소비와 웰빙 마케팅 전략

- 기업은 고객의 체험 전 과정에 걸쳐 소비자와의 상호작용하면서 소비자의 체험의 사전적 기대, 실제 체험, 그리고 사후적 기억이 소비자의 긍정적 기억으로 남도록 하여야 한다. 기업은 고객의 체험에 대한 기대를 바탕으로 고객이 오감을 통하여 경험하게 될 감정의 테마(예: 즐거움)를 먼저 설계하고 이에 부합하는 구체적인 체험을 디자인한다. 기업은 사전적으로는 고객의 불안감을 줄여주는 정보를 제공하고, 목표 고객의 욕구에 맞는 고객화된 체험을 설계하고, 고객에게 사전적인 체험의 기회를 제공한다.

- 기업은 소비자의 실제 체험을 위하여 소비자의 정서 상태에 부합하는 체험을 제공하되 서비스 환경(servicescapes)이 소비자가 경험하는 체험의 성격과 일치하도록 디자인한다. 실제 체험에서는 소비자의 능동적 참여 및 선택 기회를 제공하고, 소비자들 간의 긴밀한 사회적 연결을 지원하며, 체험을 통한 학습과 자기표현의 욕구(self expressive need)를 충족시키는 체험을 제공한다. 기업은 고객이 오감의 만족을 통하여 즐거움 욕구(hedonic enjoyment need)를 충족시키는 체험을 제공한다.

- 기업은 사후적으로 실제 경험한 체험의 기억이 긍정적 기억으로 남도록 지속적인 고객관리에도 노력을 기울여야 한다. 소비자들간의 커뮤니티를 통한 활발한 상호작용을 체험의 내재적 가치에 대한 정보를 교환할 수 있도록 돕는다.

- 기업은 고객의 적응 효과를 줄이기 위하여 노력하여야 한다. 고객의 기대 적응 효과를 줄이기 위해서는 동일 체험을 단순 반복하기 보다는 다양하고 고객화된 체험 활동을 포함시켜 소비자의 단기간의 단순 반복에 의한 싫증을 줄이고 소비자 오감 체험과 참여에 의한 차별적 즐거움을 제공하도록 한다. 고객이 사전에 예상하는 체험보다는 고객이 사전에 예상하지 못한 체험을 한정된 기간에 제공하는 것도 기대 적응 효과를 줄이는데 도움이 된다. 하지만 짧은 시간동안 너무 다양한 체험 활동은 체험 활동 성과를 내기가 어려우므로 주의할 필요가 있다. 다양한 체험 활동을 광고할 때 동일한 전반적 이미지보다는 다양한 체험활동을 반영하는 구체적인 포지셔닝이 적응 효과를 줄이는데 효과적이다.

063 인지적 나이에 맞는 체험

체험 소비가 소비자 웰빙에 미치는 영향이 크다면 어떤 종류의 체험이 소비자 웰빙을 높이는 것이 효과적인가? 나이가 든 소비자일수록 일상에서 보통 경험할 수 있는 일상적인 체험 만족을 자주 제공하는 것이 소비자 웰빙 제고에 효과적이다. 소비자 웰빙은 체험 만족의 강도보다는 빈도에 의해 결정된다.

어떠한 체험 만족이 소비자 웰빙을 증가시키는가는 소비자가 어떤 체험을 행복감으로 인지하느냐에 따라 다르다. 일반적으로 젊은 소비자는 미래지향적인 태도를 보이면서 특이하고 강한 체험 만족을 행복감으로 인지한다. 반면 나이가 든 장년 소비자들은 현재 일상의 평온하고 잔잔한 체험을 행복감으로 인지하는 경향을 보인다(Bhattacharjee & Mogilner, 2014; Mogilner, Aaker, & Kamvar, 2012). 이들 장년소비자에게 미래 혹은 과거의 경험은 현재의 일상 경험과 크게 다르지 않다(Lachman et al., 2008). 한편 젊은 소비자일수록 일상에서 체험하지 못하는 특이하고 강한 정서를 제공하는 경험에 의해 소비자 웰빙이 결정되는데 이들 젊은 소비자에게 소비 행복은 열정과 강한 즐거움을 의미하는 경우가 많다. 젊은 소비자에게 새롭고 강한 경험은 단조로운 일상으로부터의 적응 효과를 줄이고 체험의 만족을 높이는 효과가 있다(Dunn & Norton, 2014). 따라서 젊은 소비자를 대상으로 하는 소비 체험은 강한 즐거움의 정서를 수반하는 새롭고 특이한 체험을 빠른 속도로 진행하여 강한 정서를 유발하는 것이 필요하다.

인지적 나이별 체험과 소비자 행복의 개념

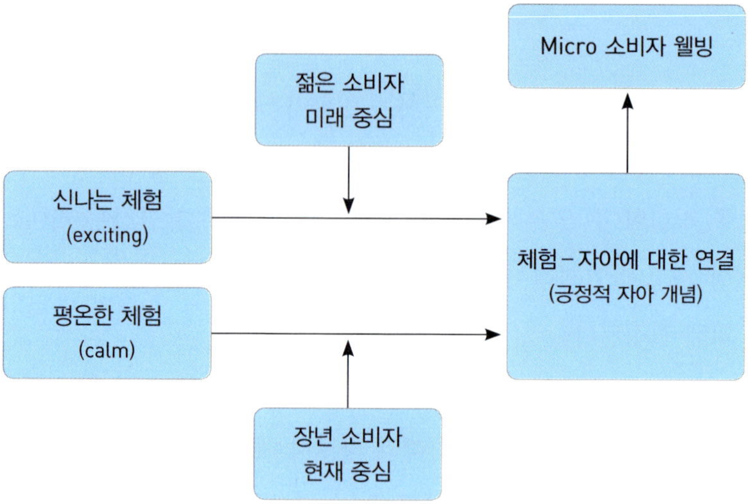

인지적 나이별 체험과 웰빙 마케팅 전략

- 기업은 물리적 나이(chronological age)보다는 인지적 나이(cognitive age)를 중심으로 소비자를 구분하고 인지 연령대에 맞는 추구하는 체험을 제공한다. 생물학적 나이와 인지적 나이는 상관관계가 그리 높지 않은 경우가 많으며 인지적 나이가 소비 의사결정에는 더 중요한 역할을 한다.

- 인지적으로 청년인 소비자는 소비에서 감성적이고 감각적 판단을 하는 경향이 있으며 미래 지향적인 변화와 새로움을 추구한다. 따라서 인지적으로 젊은 소비자에게는 기업이 신나면서도 비일상적인 체험을 제공하는 것이 소비자 웰빙의 향상에 효과적이다. 이들에게는 일상에서는 경험하지 못한 다양한 체험을 빠른 템포로 제공하면 효과적이다.

- 인지적으로 장년인 소비자는 익숙함과 단순함을 소비 판단의 기준으로 삼으며 현재 중심의 안정과 일관성을 추구한다. 기업은 인지적으로 나이든 소비자에게는 일상에서의 체험과 유사한 다소 평온하고 차분한 체험을 제공하는 것이 소비자 웰빙에 효과적이다. 이들에게는 다소 느린 템포의 일상적이고 익숙한 체험을 휴식과 더불어 제공하는 것이 효과적이다. 인지적으로 장년 소비자에게 나이에 대한 지나친 강조는 지양하는 것이 좋다.

- 상호의존적 자아 개념을 가진 소비자에게는 나이와 무관하게 혼자만의 체험보다는 소비자 간의 상호작용을 수반하는 체험이 소비자 웰빙에 효과적이다. 반면 독립적 자아 개념을 가지고 타인과의 상호작용을 회피하기를 선호하는 소비자(attachment avoidance customers)에게는 혼자만의 체험을 제공하는 것도 필요하다.

064 사회적 상호작용이 많은 소비 체험

소비자는 사회적 상호작용이 많은 소비 체험에 참여함으로써 소비자 웰빙을 효과적으로 증진시킬 수 있다. 소비자 웰빙에 효과적인 체험은 타인과의 상호작용이 많은 사회적 체험과 혼자만이 경험하는 자아 체험으로 나누어 볼 수있다. 소비자 웰빙에 효과적인 체험은 타인과의 상호작용이 많은 체험이다. 타인과의 상호작용을 수반하는 체험은 소비자의 사회적 욕구를 충족시키고 소속감을 증진시켜 소비자로 하여금 체험을 즐겁기도 하고 또한 독특하면서도 의미 있는 경험으로 받아들이게 한다. 타인과의 상호작용을 수반하는 체험은 정서적 애착 및 친교 욕구를 충족시켜주어 소비자 웰빙에 긍정적 영향을 준다(Demir et al., 2011). 한편 자신의 욕구만을 충족시키는 자신만의 소비 체험은 행복감의 증진에는 제한적이다(Sääksjärvi, Hellén, & Desmet, 2017).

사회적 상호작용은 다음과 같은 이유로 소비자의 웰빙을 증가시킨다.

첫째, 타인과 상호작용할 때 소비자는 상대방에게 미소 등을 통하여 긍정적인 정서를 표출하려고 노력하며 이러한 긍정적인 자아 표현(positive self presentation)에 대한 사회적 기대에 부응하려고 노력하는 과정에서 소비자는 실제로 긍정정서를 경험한다(Saarni, 1984; Zajonc, Murphy, & Inglehart, 1989). 둘째, 사회적 상호작용 과정 중에 소비자는 밝고 긍정적인 행동을 자주 하게 된다. 소비자는 이러한 긍정적 행동에 대한 해석을 통하여 자신이 긍정적 정서를 경험했음을 인지하게 된다. 셋째, 상호작용 과정에서 상대방의 긍정적 정서 반응을 통하여 소비자는 긍정적 정서를 경험한다.

그렇다면 마케팅 관리자가 언제 사회적 상호작용이 많은 체험을 설계하고 전달하는 것이 소비자 행복 증진에 효과적인가? 첫째, 사회적 상호작용이 많은 체험은 소비자가 상호의존적 자아 개념을 가진 경우에 특히 중요하다. 마케팅 관리자는 독립적인 자아를 가진 소비자에게는 자아 체험의 만족을 중심으로 체험을 설계하지만 타인과의 관계를 중시하는 상호의존적 자아를 가진 소비자에게는 사회적 상호작용 중심의 서비스 체험을 설계하는 것이 필요하다(Markus & Kitayama, 1991). 둘째, 사회적 상호작용은 쾌락적 체험의 경우에 소비자 행복감의 증진에 매우 중요하다. 쾌락적 체험의 경우에 소비자들은 타인과의 정서적 공감 및 상호작용을 통해 긍정정서를 더욱 크게 경험하게 되기 때문이다(Caprariello & Reis, 2013). 쾌락적 체험을 여럿이 함께하는 대신 혼자만 체험을 하게 되는 경우에는 체험과정에서 타인의 부정적 시선을 의식하게 되기도 한다. 기능적 체험에 대해서는 혼자서도 수행이 가능하며 사회적 상호작용이 소비 행복감 증진에 크게 중요하지 않다(Ratner & Hamilton, 2015). 한편 독립적인 자아 개념을 가지고 있거나, 타인과의 사회적 접촉을 회피하고자 하는 소비자들의 경우에는 소비자들이 가지는 불안을 줄이기 위해서 노력하는 것이 필요하다. 혼자만의 체험이 가능하도록 일인용 좌석을 배치하거나, 혼자만의 체험 가운데서도 혼자서 체험할 수 있는 인터넷, TV, 신문, 음악 등의 서비스를 제공하는 것도 필요하다.

체험의 사회적 상호작용과 소비자 웰빙

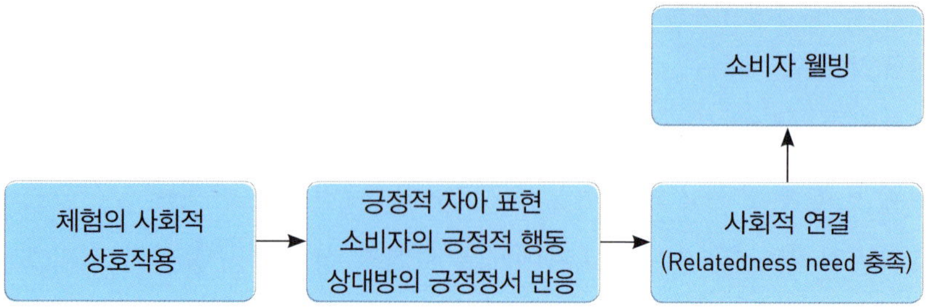

체험의 사회적 상호작용 - 소비자 웰빙의 관계에서의 자아 개념 조절 효과

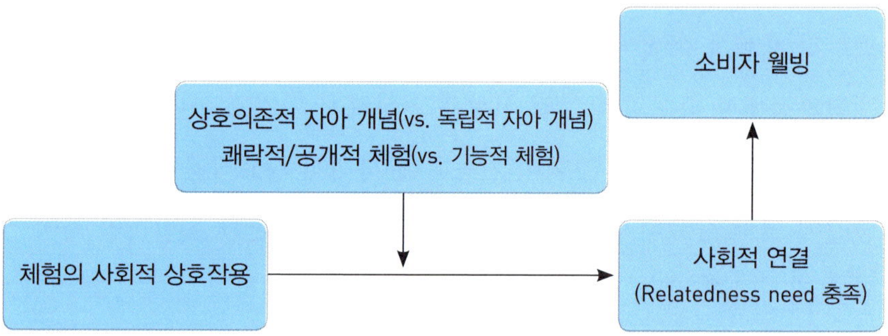

065 자아 표현적 체험(self expressive experiences)

소비자는 자신의 아이덴티티를 표현하는 자아 표현적 체험을 통해서 소비자 웰빙을 향상시킬 수 있다. 자아 표현적 체험(self expressive experiences)은 소비자가 인지하기에 도전할 만한 가치가 있는 어려운 활동으로 노력을 들여서 의미 있는 자아 발전을 성취하고 이를 통해 자아를 표현하는 기회가 되는 체험을 말한다. 이러한 소비자의 자아 표현적 체험은 소비자의 웰빙을 향상시킨다(Waterman, 1990; Waterman, Schwartz, & Conti, 2008). 자아 표현적 체험에의 참여는 소비자 웰빙에 긍정적 영향을 미치는 데 그 이유는 다음과 같다.

첫째, 자아 표현적 체험이 긍정적 자아 개념의 형성을 돕는다. 소비자들의 자아 표현적 체험은 자기 발전과 자아 실현을 통해 긍정적 자아 개념을 활성화하고 단순한 즐거움 이상의 의미 있는 행복감을 제공한다(Waterman et al., 2008).

둘째, 자아 실현의 기회를 제공하는 자아 표현적 활동의 참여가 기본적 심리 욕구(유능 욕구, 자율 욕구, 친교 욕구)를 충족하게 하여 소비자 웰빙을 향상시킨다. 소비자가 체험하는 체험이 너무 쉬우면 단조로움을 유발하고, 너무 어려우면 포기하기 쉽다. 소비자는 도전하여 성취할 만한 수준의 어려움을 가지고 있고, 자발적 노력을 요하는 정도의 어려움을 가진 자아 표현적 체험에 대해 자발적으로 동기부여되고 몰입하게 된다(Csikszentmihalyi, 1997; Waterman, Schwartz, & Conti, 2008). 소비자는 도전해볼 만한 어려움이 있는 체험에 대하여 스스로 목표를 설정하고 노력을 통하여 이를 성취할 때 즐거움과 자아 표현의 감정(self expressiveness)을 가지게 된다(Ryan

& Deci, 2000).

셋째, 자아 표현적 체험(self expressive experiences)은 그 체험 구매가 의미 있는 자아 발전과 내재적 보상을 제공하므로 그 구매에 대한 정당화가 쉽다. 한편 쾌락적 체험(hedonically enjoyable experiences)은 감각적으로 즐겁기 만한 체험(예: 게임)으로 소비자에게 일시적인 즐거움을 제공하기는 하지만 소비자는 반드시 필요하지 않은 쾌락적 체험에 대한 구매를 정당화하는데 어려움을 겪는다(Kivetz & Zheng, 2017). 쾌락적 체험에 대하여 소비자는 구매에 대한 죄의식이나 구매 후회와 같은 부정적 감정을 경험하기도 하여 쾌락적 체험의 구매로 인한 소비자 웰빙의 기여도는 제한적이다. 따라서 일시적 즐거움을 쾌락적 체험보다는 긍정적 자아의 개념의 형성을 가능하게 하는 자아 표현적 체험이 소비자 웰빙을 효과적으로 향상시킨다.

이처럼 소비자의 자아 표현적 체험은 소비자의 긍정적 자아 개념을 형성하게 하고 기본적 심리욕구를 충족시켜 소비 행복감을 증진시킨다. 기업은 고객의 체험을 설계함에 있어 단순한 즐거움을 제공하기보다는 소비자들에게 의미 있는 도전할 만한 체험이나 학습을 필요로 하는 체험을 설계하여 자아 표현의 감정을 느끼게 하는 것이 소비자 웰빙의 향상에 효과적이다. 또한 고객 경험을 주기적으로 측정하여 소비자 웰빙에 기여하는 정도를 파악하는 것도 필요하다(Kahneman et al., 2004).

체험의 종류

	즐거운 체험 (hedonically enjoyable experience)	자아 표현적 체험 (self expressive experience)
정의	소비자에게 즐거운 기분을 제공하는 체험	소비자에게 자아와 관련된 내적 보상을 제공하는 체험
예시	일시적인 긍정정서를 주는 체험 (게임/음악)	학습/자아 발전 관련 체험 자아를 정의하는 의미 있는 체험
체험 어려움	낮음	높음
자아 실현 가능성	낮음	높음
체험의 결과	즐거움(hedonic enjoyment)	즐거움(hedonic enjoyment) 자아 표현(self expressiveness)
소비자 웰빙 기여도	낮음	높음
소비자 웰빙 효과	일시적 효과	지속적 효과

자아 표현적 체험과 소비자 웰빙

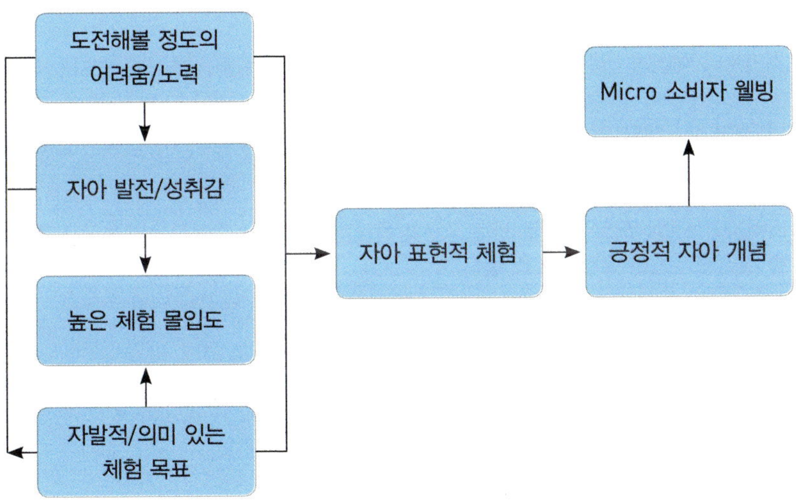

자아 표현적 체험과 웰빙 마케팅 전략

- 기업은 소비자들에게 자아 표현적 체험의 기회를 제공한다. 자아 표현적 체험은 소비자가 자신을 표현하는데 중요하고 의미 있는 체험을 말한다. 기업은 소비자의 성취가 불가능하지 않고, 소비자의 자발적이고 집중적인 노력으로 의미 있는 학습과 자아 발전이 가능하며, 그리고 체험의 결과가 소비자의 자아 이미지를 잘 표현할 수 있도록 체험을 디자인한다. 소비자에게 다양한 체험을 제공하는 기업의 경우에도 체험의 자아 표현성의 정도가 높은 체험을 우선적으로 제공한다. 소비자는 이러한 자아 표현적 체험에 대하여 몰입(flow)하면서 긍정적 자아 개념을 경험하게 된다.
- 자아 표현적 체험을 제공하는 기업은 자발적으로 자아 실현을 위해 노력하면서 의미행복(eudaimonic happiness)을 추구하는 고객을 우선적인 목표고객으로 한다. 또한 기업은 자아 표현적 체험을 제공함에 있어서 소비자의 다양한 소비 욕구를 반영하는 정도를 파악하고 그러한 체험에의 참여가 다른 소비 목표를 달성하는데 방해(예: 과소비 혹은 재무적 스트레스)가 되지 않도록 유의하여야 한다.

자아 표현적 체험 관련 가설

- 소비자는 너무 쉽거나 너무 어려운 체험보다는 도전할 만한 중간 정도의 어려운 체험에 대해 높은 몰입도를 보인다.
- 소비자의 체험에 대한 자아 표현성(self expressiveness)은 체험에 대한 인지된 어려움(perceived difficulty)과 Inverted-U 관계를 가진다. 체험에 대한 자아 표현성은 체험이 너무 쉽거나 너무 어려운 경우보다는 중간 정도의 도전할 만한 어려움을 가진 경우에 가장 높다.
- 소비자가 자발적으로 목표를 세운 경우가 목표가 외부에서 주어진 경우보다 체험에 대한 소비자가 자아 표현성이 더 높다.
- 소비자의 자아 표현적 체험에 대한 만족은 소비자의 긍정적 자아 개념과 정(+)의 상관관계를 가진다.

066 몰입도(flow)가 높은 체험

소비자들이 경험하는 체험에 대한 몰입도가 클수록 체험 만족이 소비자 웰빙에 미치는 영향이 크다(Csikszentmihalyi, 1997). 체험 몰입도(flow)는 소비자가 자신이나 걱정을 잊어버리고 체험 활동에 집중하고 있는 상태를 의미한다. 즉, 체험 몰입(flow)은 본원적으로 즐거운(intrinsically enjoyable) 경험에 집중하여 시간이 가는 줄 모르는 최적의 체험상태를 말한다(Csikszentmihalyi, 1990). 소비자들은 다음과 같은 체험에 대하여 체험 몰입도가 높다.

첫째, 소비자의 체험의 목표가 개인에게 중요한 소비 욕구를 반영하고 있을 때 체험에 대한 몰입도가 높다(Brunstein, Schultheiss, & Grässman, 1998). 개인에게 중요한 소비 욕구를 반영하는 체험에 대해서 소비자들은 자발적으로 적극 참여하고, 체험목표의 달성을 위해 상당한 노력을 기울이게 된다. 소비자들은 개인의 소비 욕구를 잘 반영하고 성취감의 의미를 발견하는 체험에 대하여 높은 몰입도를 보이며 이러한 체험에 대해 금전 및 시간의 투자를 아끼지 않는다. 소비자의 시간과 노력의 투자는 금전적 투자에 비해 더 높은 수준의 몰입을 요한다(Liu & Aaker, 2008). 기업은 소비자의 욕구를 파악하여 체험을 설계하되, 체험에 대한 목표와 배경을 미리 설명하여 줌으로써 소비자의 몰입도를 높이는 것이 필요하다.

둘째, 체험의 목표가 너무 쉽거나 단순한 쾌락만 추구하기보다는 소비자가 상당한 수준의 노력을 기울이고 결과적으로 의미 있는 자아 발전과 성취감을 경험하게 되는 경우이다(Vallacher & Wegner, 1989). 단순한 쾌락적 즐거움만을 제공하는 용이한 체험은 휴식과 단기적 만족을 제공할 수는 있으나 장기적으로 소비자 웰빙에 대한 기여가 제한적이다. 단순한 즐거움뿐만 아니라 소비자의 삶에 의미를 제공하는 체험에 대해 소비자의 몰입도가 높다.

셋째, 체험의 과정이 다른 소비 목표와 충돌하지 않는 경우이다. 체험이 소비자의 개인적 가치 및 재무적 자원과 충돌하지 않아야 한다(Cantor & Sanderson, 1999; Sirgy, 2010). 이처럼 소비자의 체험 목표가 개인의 중요한 소비목표를 반영하고, 상당한 노력을 통해 의미 있는 자아 발전과 성취감을 제공하면서 개인적 가치 및 재무적 자원과 충돌을 일으키지 않을 때 소비자의 체험 몰입은 높게 유지된다.

체험 몰입도(Flow) 결정 요인

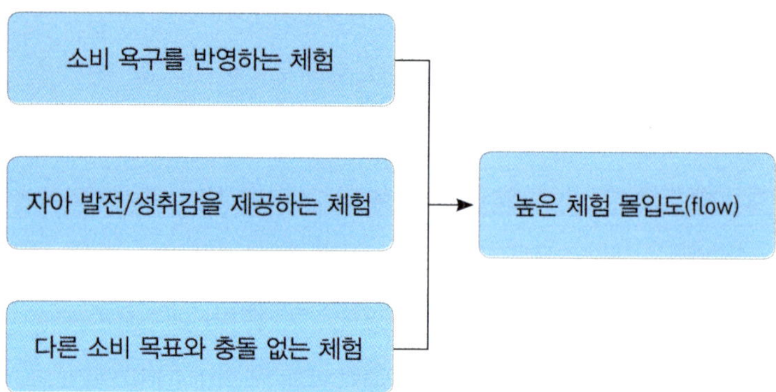

067 자발적이고 의미 있는 체험 목표

소비자들이 체험에 대해 어떠한 목표를 가지느냐에 따라 소비 체험이 소비 생활 만족도 및 행복감에 미치는 영향이 달라진다. 소비자들이 어떠한 체험 목표를 가질 때 소비자 웰빙이 향상되는가? 소비자들이 다음과 같은 체험의 목표를 가질 때 소비자 웰빙이 효과적으로 향상된다.

첫째, 소비자들에게 반드시 필요한 기본적 소비 욕구를 충족시키는 데 우선적인 노력을 하여야 한다. 기본적 소비 욕구의 결핍은 소비 욕구의 충족보다 소비자 웰빙에 더 큰 영향을 미친다(Sirgy, 2010). 이를 기본 욕구 우선의 원칙(precedence principle)이라고 한다. 소비자들에게 반드시 필요한 기본적 소비 욕구를 충족시키는 데 우선적인 노력을 할 때 소비자 웰빙에 긍정적 영향을 미친다.

둘째, 소비자들은 부정 경험을 회피하고자 하는 목표(prevention goal)의 경험보다 긍정 경험을 더 강화하는 목표(promotional goal)를 가진 경험을 자발적이고 의미 있는 경험으로 인식한다. 기본적 소비 욕구가 충족된 경우에는 부정 경험의 회피보다 긍정 경험의 강화라는 적극적 소비 목표를 가진 경우에 소비자 체험이 소비자 웰빙에 미치는 기여도가 크다(Sirgy, 2010).

셋째, 소비자들이 체험에 대하여 자아 발전, 친교, 소속감과 같은 내재적 목표(intrinsic goal)를 가지고 있을 때, 체험 목표가 자발적이고 의미 있는 목표로 인식된다. 소비자들이 체험에 대해 과시와 같은 사회적 비교나 물질적 보상과 같은 외재적 목표(extrinsic goal)에만 집중하는 경우에는 이러한 소비 욕구의 충족이 소비자 웰빙에 미치는 영향은 일시적이고 한정적이다. 외재적 목표만을 추구하는 소비자들은 건강에 해로운 행동을 할 가능성이 크며(Williams, Cox, Hedberg, & Deci, 2000) 소비자 웰빙에 부정적 영향을 미친다. 반면 소비자들의 자발적 목표(Intrinsic goal)의 선택은 소비자로 하여금 자율성과 내적 통제감을 가지게 하고 이는 소비자 웰빙에 긍정적 영향을 미친다(Casas, González, Figuer, & Coenders, 2004).

넷째, 소비자들이 체험에 자발적으로 참여할 때 체험을 통한 소비 행복감이 효과적으로 향상된다. 소비자들이 체험에 자발적으로 참여할 때 소비자의 욕구가 체험에 잘 반영되어 전달되고 체험만족이 증가된다(Hsieh et al., 2018). 소비자들이 체험에 자발적으로 참여할 때 소비자 간의 사회적 연결과 상호작용이 활성화된다. 소비자의 능동적 참여는 사회적 상호작용을 활성화함으로써 긍정정서를 경험하게 하고 소비 행복감을 높인다(Hand, 2018; Michalos, 2005).

자발적 체험 목표의 설정

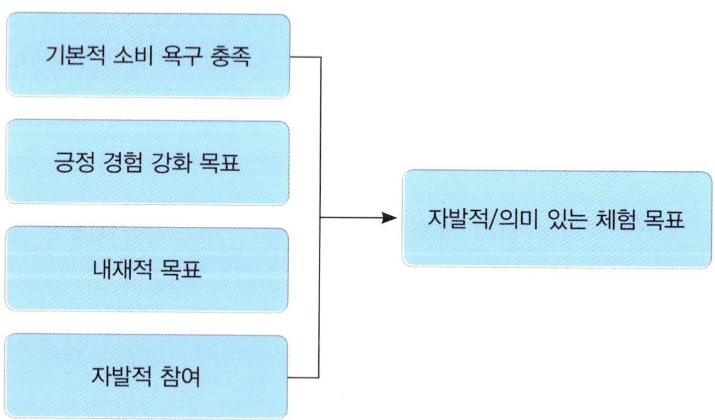

소비의 내재적 목표(intrinsic goal) vs. 외재적 목표(extrinsic goal)

	내재적 목표 (Intrinsic goal)	외재적 목표 (Extrinsic goal)
정의	자아 성장 자아 발전	타인의 반응에 의해 정해짐 수단적 목표
결정	내적 판단	외부 보상
예시	자아 성장 친교 소속감	재무적 성공 사회적 명성 외적 이미지
전반적 웰빙에 미치는 영향	긍정적 영향 긍정정서	부정적 영향 부정정서

자료: Kasser & Ryan, 1996.

내재적 체험 목표와 소비자 웰빙

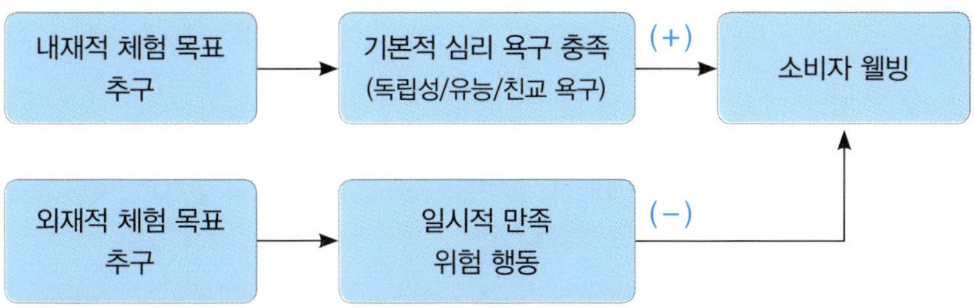

소비자의 자발적 체험 참여와 소비 행복감

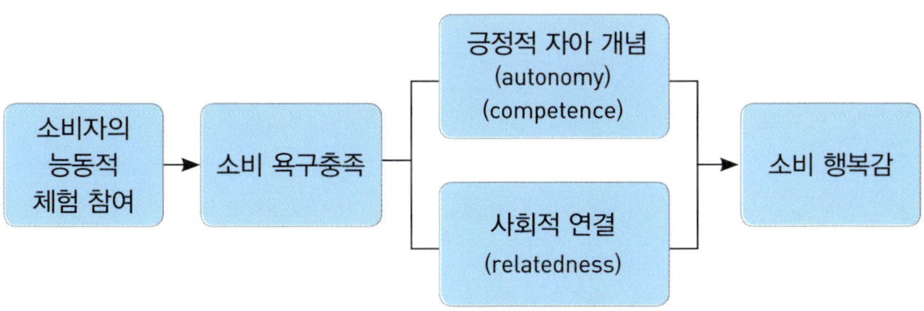

체험 목표와 웰빙 마케팅 전략

- 기업은 소비자의 자발적이고 의미 있는 내적 성장의 목표를 위하여 긍정 경험을 강화하고 기본적 심리욕구(독립성/자율/친교 욕구)를 충족시켜주는 것을 체험설계의 목표로 설정한다. 기업은 금전적 보상이나 사회적 명성과 같은 외재적 목표보다는 의미 있는 자아 발전과 같은 내재적 목표의 달성이 가능한 체험을 제공한다.

- 기업은 내재적 체험목표를 가지고 있는 고객에게 금전적 보상이나 사회적 과시와 같은 외재적 인센티브를 제공하지 않아야 한다. 자발적 고객에 대한 외재적 보상은 과도한 정당화로서 소비자의 자발적 동기를 줄이는 결과를 초래한다. 기업은 소비자에게 체험에 대한 능동적 참여를 통하여 쾌락적 즐거움(hedonic enjoyment)과 자아 표현성(self expressiveness)을 경험할 수 있는 기회를 제공하는 데 집중하여야 한다.

체험목표 관련 가설

- 소비자가 자발적으로 참여한 자아 발전과 관련된 체험이 소비자에게 기본적 심리욕구의 충족을 가져다 준다. 의미 있는 체험에 대한 자발적 참여는 체험을 통한 기본적 심리욕구(basic psychological need)의 충족 및 긍정정서 경험과 정(+)의 상관관계를 가진다

- 소비자가 자발적으로 동기부여된 체험은 소비자에게 쾌락적 즐거움(hedonic enjoyment) 및 자아 표현성(self expressiveness)을 제공한다. 소비자 체험의 내재적 동기(intrinsic motivation)은 체험으로부터의 쾌락적 즐거움(hedonic enjoyment) 및 자아 표현성(self expressiveness)과 정(+)의 상관관계를 가진다.

- 체험을 통한 소비자의 기본적 심리욕구의 충족은 긍정적 자아 개념과 사회적 연결과 정(+)의 상관관계를 가진다. 체험을 통한 긍정적 자아 개념과 사회적 연결은 소비자 웰빙과 정(+)의 상관관계를 가진다.

068 정액요금 선지급(pre-payment)을 통한 체험 몰입

소비자들의 체험에 대한 비용을 선지급(pre-payment)하거나 체험 이후에 후불로 지급한다. 체험 서비스에 대하여 많은 소비자와 기업들이 비용의 선지급을 선호한다. 그 이유는 소비자들은 고정된 비용을 선급함으로써 초과 비용에 대한 위험을 줄이고, 체험 과정에서의 추가적인 비용 지출을 하지 않고, 체험에 몰입하는 것을 가능하게 하기 때문이다(Uhrich, Schumann, & von Wangenheim, 2013). 구체적으로 체험에 대한 정액 선지급(flat rate pre-payment)이 소비자 웰빙에 기여하는 이유는 다음과 같다.

첫째, 비용의 선지급은 소비자로 하여금 미래의 체험에 대하여 미리 예상하게 함으로써 체험만족을 배가시킨다(Dunn & Norton, 2014). 만족스런 미래 체험에 대한 예상은 실제 체험에서의 즐거움에 대한 기억을 강화시켜 실제 체험의 즐거움을 배가시킨다(Chun, Diehl, & MacInnis, 2017; Dunn, Gilbert, & Wilson, 2011). 반면 후불의 경우에는 미래체험에 대한 예상만족이 선불의 경우보다 적다(Dunn, Gilbert, & Wilson, 2011). 이는 비용의 선지급이 소비자의 미래 체험에 대한 기대를 구체화하기 때문이다.

둘째, 비용의 선지급은 비용과 체험을 분리하여 체험에 대한 몰입도(flow)를 높인다. 비용의 선지급은 체험 중간의 추가 비용이나 지출 비용에 대한 불확실성 없이 체험의 즐거움의 가치에 집중하는 것을 가능하게 한다(Kamleitner & Hölzl, 2009). 이러한 이유로 많은 소비자들이 체험 제품의 경우 비용의 선급을 선호하고, 기능적 제품에 대해서는 비용의 후불을 더 선호한다(Patrick & Park, 2006).

셋째, 비용의 선지급은 소비를 통제를 가능하게 하고 과소비와 채무의 증가를 억제하여 소비자의 재무적 만족에도 긍정적인 기여를 한다. 비용의 선지급은 현 시점에서의 지출을 부각시켜 불필요한 제품의 추가적인 구매에 대한 충동구매를 억제하지만 비용의 후불은 소비통제를 어렵게 한다(Thomas, Desai, & Seenivasan, 2010).

비용 선지급 선행요인

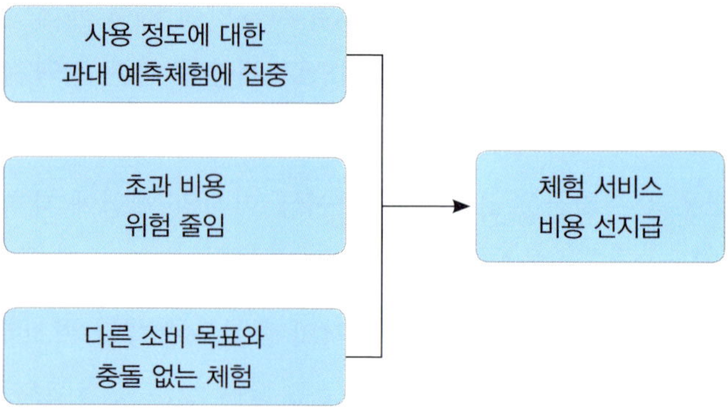

비용 선지급

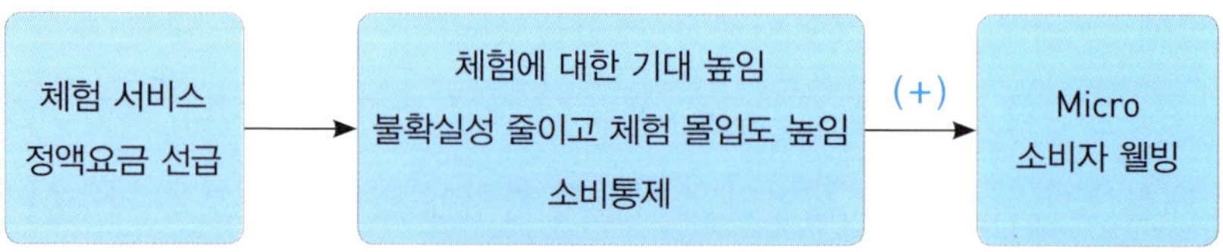

체험 서비스 비용지불 관련 웰빙 마케팅

- 기업은 쾌락적 제품에 대하여 소비자들이 편익의 극대화에 초점을 두고 있으므로 고객이 비용을 일시에 선불하고 추가적인 비용에 대한 걱정이 없이 체험의 즐거움에 몰입하도록 비용을 선불제(pre-paid price)로 운영한다. 또한 여러 번에 걸친 비용의 납부보다는 이를 통합하여 한 번에 선불로 내는 것이 좋다. 즐거움의 체험에 대하여는 선불 정액제로 운영하는 것이 좋다
- 기업은 체험 서비스에 대하여는 고정 가격(flat-rate price)을 설정하여 소비자의 지출 손실을 통합하고 추가 비용에 대한 불확실성과 불안을 줄인다. 한편 기능적 제품에 대해서는 소비자의 지불능력에 따라 비용 후불 혹은 분납이 가능하도록 한다.

체험 서비스 비용지불 관련 가설

- 체험 서비스에 대한 비용 선지급(pre-payment)은 체험에 대한 몰입도(flow)에 정(+)의 상관관계를 가진다
- 체험 서비스에 대한 비용 선지급은 비용지불에 대한 걱정을 줄이고 체험 즐거움을 증대시킨다.
- 체험 서비스에 대한 비용의 선지급(pre-payment)의 경우가 체험 서비스에 대한 비용의 후지급(post-payment)의 경우보다 체험 몰입도과 체험 즐거움 빈도가 더 높다.

069 이타적 도움(altruistic activity experience)

소비자의 타인을 위한 소비 활동이나 도움 제공은 소비자 웰빙에 긍정적 영향을 미친다. 이타적 체험 활동이란 구매를 통한 타인에 대한 도움 제공, 타인을 위한 봉사 활동 참여, 타인을 위한 기부 활동 등 소비자가 행하는 타인을 위해 행하는 이타적 도움 활동을 말한다. 소비자의 이타적 체험 참여 및 도움 제공 행위는 도움을 제공하는 소비자의 긍정적 무드와 자아에 대한 긍정적 평가를 가능하게 하여 소비자 웰빙에 장기적으로 긍정적 영향을 미친다(Williamson & Clark, 1989).

소비자의 타인을 위한 소비 활동이나 도움에의 참여가 소비자 웰빙에 긍정적 영향을 미치는 이유는 다음과 같다. 첫째, 이타적 체험은 소비자로 하여금 자신의 문제보다는 타인의 문제해결에 집중하게 하고 타인과의 친밀한 관계의 형성을 가능하게 한다(Midlarsky, 1991). 둘째, 타인에게 도움을 주는 행위는 도움을 제공하는 자로 하여금 긍정정서를 체험하게 한다. 도움의 제공을 통하여 상대방에게 의미 있는 기여를 가능하게 하고 이는 도움을 제공하는 자의 자아 효능감을 향상시킨다(Krueger, Hicks, & McGue, 2001). 셋째, 도움을 제공하는 이타적 체험은 타인의 삶을 의미 있게 변화시키며 이러한 변화가 도움을 제공하는 사람의 자아 효능감을 높이고 소비자 웰빙에 기여한다. 이처럼 이타적 체험은 도움을 받는 측보다 도움을 제공하는 측의 정신적 건강과 웰빙을 더 향상시킨다(Schwartz et al., 2003).

이타적 도움 활동과 소비자 웰빙

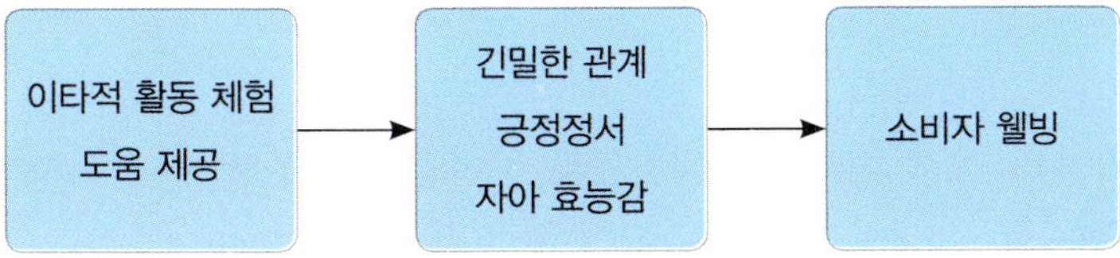

이타적 도움(Altruistic activity experience) 관련 가설

- 이타적 도움 제공은 긍정적 자아 개념과 긍정정서를 높여 소비자 웰빙을 증대시킨다. 이타적 체험의 참여 정도는 도움을 제공하는 사람의 긍정적 자아 개념 및 긍정정서의 빈도와 정(+)의 상관관계를 가진다.
- 이타적 도움 제공과 도움을 제공하는 사람의 긍정적 자아 개념의 상관관계는 이타적 도움 제공 활동이 타인의 삶에 미치는 영향(impact on others)이 큰 경우에 더 크게 나타난다.
- 이타적 도움 제공과 긍정적 자아 개념의 상관관계는 도움을 제공하는 사람의 도덕적 자아의 현저성(modal identity salience)이 높은 경우 더 크게 나타난다.

소비자의 레저 체험은 소비자들로 하여금 일로부터 벗어나 자신이 하고픈 일을 할 기회를 제공하므로 소비자 웰빙에 긍정적인 영향을 미친다(Fritz & Sonnetag, 2006). 소비자의 레저 체험 중에서는 TV시청과 같은 수동적인 체험보다는 능동적이고 적극적인 체험이 소비자 웰빙의 향상에 더 큰 영향을 미친다. 즉, 소비자가 원하는 체험에 대해 선택권을 가지며, 자발적 동기에 의해 몰입할 때, 체험 만족이 다양한 소비 욕구를 충족시키며 소비자 웰빙에 긍정적 영향을 미친다(Schulz et al., 2018). 소비자들은 레저여행에 대한 다양한 목표를 가진다. 자극을 회피하는 동기를 가진 소비자는 일상의 스트레스에서 벗어난 휴식을 추구한다(relaxation). 타인과의 교류가 목적인 소비자는 소속감을 제공하는 친교에 치중한다(socialization). 지적인 탐험이 목적이 소비자는 새로운 것을 배우고 경험하기를 원한다(novelty seeking). 자기 개발이 목표인 소비자는 새로운 지식이나 기술을 학습하거나 자아 표현의 수단으로 새로운 도전을 즐긴다(self-development)(Özdemir & Çelebi, 2018; Sirgy, 2010).

소비자들의 다양한 레저 체험이나 여행 체험과 웰빙의 관계를 설명하는 이론 모델에는 PERMA 모델(Seligman, 2011)과 DRAMMA 모델(Newman, Tay, & Diener, 2014)이 있다. 이들 체험 모델의 구체적 내용은 다음과 같다.

첫째, 체험의 PERMA 모델(Seligman, 2011)에 의하면 다양한 여행 속에서의 체험은 소비자들이 긍정정서를 경험하고(Positive emotion), 체험에 몰입을 하며(Engagement), 사교적 활동 및 대인 관계를 발전시키고(Relationship), 삶의 의미(Meaning), 그리고 자아 실현(Accomplishment)을 가능하게 하여 소비 행복감을 증진시킨다(Seligman, 2011). PERMA 모델 중에서 P(Positive emotion)는 쾌락적 행복 관련이 높으며 나머지 E(Engagement), R(Relationship), M(Meaning), A(Accomplishment)는 의미 행복과 밀접한 관련이 있다. 이 모델에 따르면 즐거움의 요소뿐만 아니라 자신의 삶에 의미 있는 영향을 주는 여행의 체험이 소비자 웰빙을 향상시킨다. 특정 체험 요소의 상대적 중요성은 개인의 행복에 대한 태도(Orientation to Happiness)에 따라 달라진다.

둘째, 체험의 DRAMMA 모델(Newman, Tay, & Diener, 2014)에 의하면 여행의 경험은 단조로운 일상과 일로부터 탈출하여 휴식을 취하는 것(Detachment and Relaxation), 개인의 자유와 자립감(Autonomy), 새로운 경험을 통한 필요한 기술의 습득(Mastery), 인생 의미의 발견(Meaning), 타인과의 친교(Affiliation)를 가능하게 한다. 단조로운 일상과 일로부터 탈출하여 휴식을 취하는 것(Detachment and Relaxation)을 목표로 하는 소비자에게는 바쁜 일상의 스트레스와는 다른 낮은 환기 수준(low arousal)의 평온한 경험이 필요하다(Gaston-Breton, Sørensen, & Thomsen, 2020). 이처럼 여행 체험은 즐거움과 일상으로부터의 탈출을 포함하는 쾌락적 행복(hedonic happiness)의 요소뿐 아니라 개인적 의미와 자아 성찰을 포함하는 의미 행복(eudaimonic happiness)의 요소도 포함하고 있다(Lengieza, Hunt, & Swim, 2018). 다양한 여행 체험의 총합은 소비자 웰빙을 향상시킨다(Newman, Tay, & Diener, 2014).

여행 체험과 소비자 웰빙

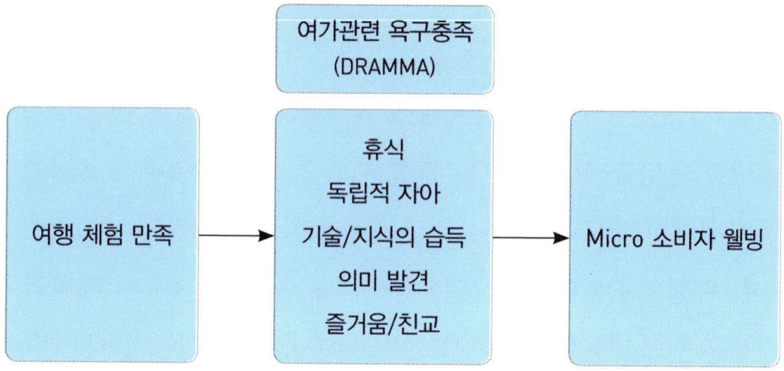
여가관련 욕구충족
(DRAMMA)
여행 체험 만족
휴식
독립적 자아
기술/지식의 습득
의미 발견
즐거움/친교
Micro 소비자 웰빙

여가 체험이 소비자 웰빙에 미치는 영향(DRAMMA Model)

차원	레저 체험의 소비자 웰빙에 대한 기여	이론적 근거
Detachment and Recovery (DR)	일을 통한 피로와 스트레스를 극복하고 회복 휴식을 통한 부정정서 극복	Attention-restoration theory(Kaplan, 2001): 일로부터 벗어나는 것이 인지적 기능을 향상시키고 스트레스 줄임 Compensation theory(Chick & Hood, 1996): 레저 활동이 일에서 얻지 못하는 만족을 얻는 것을 가능하게 함
Autonomy (A)	자유로움과 통제감 회복 자발적 동기를 통한 자아 효능감 높임	Self-determination theory(Ryan & Deci, 2000): 자발적 활동이 자립 욕구, 자아 효능 욕구, 친교 욕구의 충족을 가져와 웰빙을 증대시킴
Mastery (M)	도전할 만한 학습 기회 제공 Flow, 긍정정서 체험 성취감, 긍정적 자아 개념 형성	Flow(Csikszentmihalyi, 1990): 활동에 대한 완전한 몰입이 집중이 웰빙을 향상시킴 Self-determination theory(Ryan & Deci, 2000): 자발적 활동이 자립 욕구, 자아 효능 욕구, 친교 욕구의 충족을 가져와 웰빙을 증대시킴
Meaning (M)	의미 있는 체험/문화 활동이 삶의 의미를 제고 긍정정서 체험/긍정적 자아 개념	Hierarchy of needs theory(Maslow, 1954): 인간은 생리적 욕구, 안전 욕구, 친교 욕구, 자존 욕구, 자아 실현 욕구의 충족을 추구함
Affiliation (A)	활동을 통한 사회적 관계 강화 친교/소속감의 욕구충족, 외로움 극복, 개방적 태도 스트레스 상황에서의 사회적 지지(support)	Activity theory(Lemon et al., 1972): 비공식적 사회적 상호작용이 삶의 만족을 증대 Self-determination theory(Ryan & Deci, 2000): 자발적 활동이 자립 욕구, 자아 효능 욕구, 친교 욕구의 충족을 가져와 웰빙을 증대시킴

자료: Newman, Tay, & Diener, 2014.

여가 관련 소비 욕구와 체험의 예시

차원	레저 체험의 예시	소비자 웰빙 효과
Detachment and Recovery(DR)	휴식 경치 감상 느린 속도의 여행 체험	스트레스/부정정서 감소 일상으로부터 벗어남 (freedom from)
Autonomy(A)	자유 여행 여행의 일정 및 체험의 자유로운 선택	긍정정서 향상 긍정적 자아 개념
Mastery(M)	유적 탐방 및 학습 레저 스포츠 학습	긍정정서 향상 긍정적 자아 개념
Meaning(M)	자아 성찰, 명상 자아 학습	긍정정서 향상 긍정적 자아 개념
Affiliation(A)	사회적 상호작용 친교	긍정정서 향상 긍정적 자아 개념

레저 체험 관련 가설

- 소비자의 레저활동을 통한 긍정정서의 경험(Positive emotion), 체험 몰입(Engagement), 사교적 활동 및 대인 관계 만족(Relationship), 삶의 의미(Meaning)와 자아 실현(Accomplishment) 욕구의 충족은 소비자 웰빙을 향상시킨다. 소비자의 PERMA와 소비자 웰빙은 정(+)의 상관관계를 가진다.
- 소비자의 P(positive emotion)경험과 소비자 웰빙의 정(+)의 상관관계는 쾌락적 행복을 추구하는 소비자의 경우(pleasure life orientation to happiness)가 의미 행복을 추구하는 소비자(meaningful life orientation to happiness)의 경우보다 더 크다.
- 소비자의 ERMA(Engagement, Relationship, Meaning, Accomplishment) 경험과 소비자 웰빙의 정(+)의 상관관계는 의미 행복을 추구하는 소비자(meaningful life orientation to happiness)의 경우가 쾌락적 행복을 추구하는 소비자(pleasure life orientation to happiness)의 경우보다 더 크다.
- 여행을 통한 단조로운 일상과 일로부터 탈출과 휴식 욕구의 충족(Detachment and Relaxation), 개인의 자유와 자립감(Autonomy)욕구 충족, 새로운 경험을 통한 필요한 기술의 습득(Mastery), 인생의 의미 발견(Meaning), 타인과의 친교(Affiliation)욕구의 충족은 여행을 통한 소비자 웰빙의 향상에 기여한다. 소비자의 DRAMMA와 소비자 웰빙은 정(+)의 상관관계를 가진다.
- 일상 탈출과 휴식 욕구 충족(Detachment and Relaxation)과 소비자 웰빙은 부정적 비대칭(negatively asymmetric)관계를 가진다. 일상 탈출과 휴식 욕구의 미충족(Detachment and Relaxation)이 소비자 웰빙에 미치는 부정적 영향의 정도가 일상탈출과 휴식의 충족(Detachment and Relaxation) 소비자 웰빙에 미치는 긍정적 영향의 정도보다 크다.
- 개인의 자유와 자립감(Autonomy) 욕구 충족, 새로운 경험을 통한 필요한 기술의 습득(Mastery), 인생의 의미 발견(Meaning), 타인과의 친교(Affiliation) 욕구의 충족은 소비자 웰빙과 긍정적 비대칭(positively asymmetric) 관계를 가진다. 이들 욕구의 충족이 소비자 웰빙에 미치는 긍정적 영향의 정도가 이들 욕구의 미충족이 소비자 웰빙에 미치는 부정적 영향의 크기보다 크다.

071 여행 체험

여행을 통한 체험 만족은 레저 생활 만족과 전반적 생활 만족에 긍정적 영향을 미친다(Neal, Sirgy & Uysal, 1999; Neal, Uysal, & Sirgy, 2007). 구체적 여행체험은 다양한 소비 욕구의 충족을 통하여 전반적 소비 생활 영역의 만족에 상향적으로 영향을 미친다(Sirgy, Kruger, Lee, & Yu, 2011). 소비자가 중시하는 여행 체험에 대한 만족은 소비자의 긍정정서 경험(즐거움, 휴식, 사회적 친교)과 의미 있는 자아 발전(문화 체험, 학습, 삶의 의미, 자아 발견)을 통해 소비자 행복에 긍정적 영향을 미친다.

그렇다면 소비자가 중시하는 여행 체험은 어떤 것인가? 소비자들이 행복에 중요하다고 판단하는 여행 체험은 소비자의 인지적 연령(Orth et al., 2010)과 행복에 대한 태도(Orientation to happiness)에 따라 달라진다(Peterson et al., 2007). 이를 구체적으로 살펴보면 다음과 같다.

첫째, 젊은 소비자들의 경우에는 즐거운 체험에 대한 민감도가 높아 장년의 소비자에 비하여 동일한 체험에 대해서도 긍정 체험을 더 자주 경험하게 된다. 장년의 소비자의 경우에는 부정적 경험에 대해서도 감정을 잘 조절하고 민감하게 반응하지 않는 경향을 보인다(Orth et al., 2010). 젊은 소비자들이 장년의 소비자에 비하여 체험 만족 혹은 불만족에 대한 민감성이 높다고 할 수 있다.

둘째, 행복에 대한 태도(Orientation to Happiness)에 따라 쾌락적 행복(hedonic happiness)을 중시하는 소비자와 의미 행복(eudaimonic happiness)을 중시하는 소비자로 나뉘어진다. 쾌락적 행복은 긍정정서의 체험과 만족의 극대화를 추구하는 반면 의미 행복은 새로운 기술과 지식의 학습을 통한 자아 발전, 친밀한 대인관계, 그리고 독립적인 자아를 추구한다(Ryan & Deci, 2000). 즐거움을 중시하는 소비자에게는 쇼핑, 사교모임, 엔터테인먼트 등을 통한 사회적 상호작용의 즐거움과 일상에서 벗어난 휴식에 관련된 경험들이 중시된다(Lengieza, Hunt, & Swim, 2018). 의미 행복을 중시하는 이들의 소비자 웰빙을 위하여는 개인적 의미가 되거나 자아 성찰의 기회가 되는 체험이 중요하다(Lengieza, Hunt, & Swim, 2018). 의미 행복을 중시하는 소비자의 소비자 웰빙을 향상시키기 위해서는 유적지/박물관 방문, 자연경관에 대한 심미적 감상, 그리고 새로운 기술/지식의 습득을 포함하는 지적이고 문화인 체험 활동이 중요하다.

여행 체험 차원

여행 체험 차원	세부 개념	측정 문항
쾌락적 여행 체험 (Hedonic Travel Experiences)	즐거움 (Pleasure)	나는 이 여행을 통해 많이 웃었다. 이 여행은 재미 있었다. 이 여행은 나를 행복하게 하였다.
	휴식 (Detachment)	이 여행이 세상의 여러 문제를 잊게 해 주었다. 이 여행이 일상의 부정적 뉴스들로부터 탈출하도록 도와주었다. 이 여행이 세상사에 신경 쓰지 않아도 되게 해주었다.
의미 여행 체험 (Eudaimonic Travel Experiences)	개인적 의미 (Personal Meaning)	이 여행이 나의 잠재력을 깨닫는 데 도움을 주었다. 이 여행이 나를 개인적으로 성장하게 하였다. 이 여행이 나의 삶의 목표를 제시해주었다.
	자아성찰 (Self Reflection)	이 여행 동안 나를 돌아볼 시간을 가졌다. 이 여행이 내 삶의 의미를 생각해는 기회가 되었다. 이 여행이 내가 중요시하던 주제들을 깊게 생각할 기회를 주었다.

자료: Lengieza, Hunt, & Swim, 2019.

중시하는 여행 체험과 소비자 웰빙

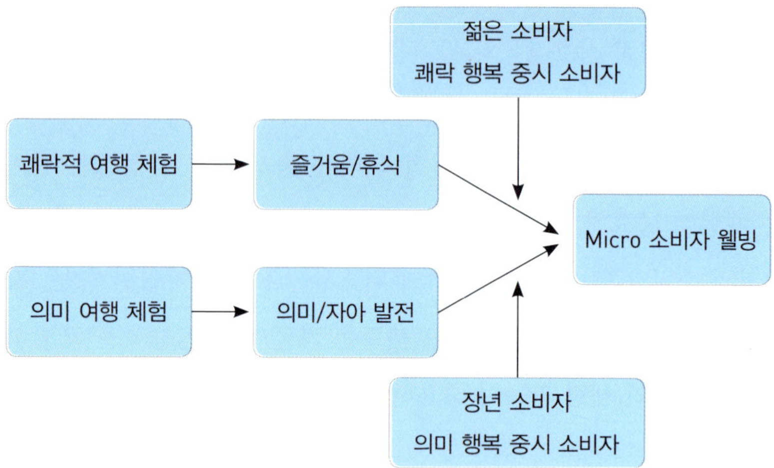

여행 체험 만족과 웰빙 마케팅 전략

- 기업은 소비자들이 중시하는 여가 관련 소비 욕구를 파악하고 이러한 욕구를 충족시키도록 체험을 설계한다. 소비자가 중시하는 욕구에 따라 독립과 자아를 추구하는 체험(명상/휴식), 학습과 자아 발전을 추구하는 체험(유적 관광/기술 습득), 그리고 친교와 즐거움을 추구하는 체험(쇼핑/사교)을 소비자에게 제공한다.

- 기업은 소비자가 중시하는 체험뿐 아니라 다양한 체험을 여행 설계에 고루 포함시킨다. 일상에서 벗어난 휴식을 필요로 하는 소비자에게는 일상과 다른 평온한 경험을, 삶의 의미와 자기 발전을 추구하는 소비자에게는 단순 즐거움보다는 체험을 통한 자기 성찰과 발전의 기회를 제공하는 것이 중요하다.

- 기업은 소비자의 행복에 대한 접근 방식(orientation to happiness)을 기준으로 다양한 체험의 비중과 우선순위를 조정할 수 있다. 행복을 의미 있는 자기발전으로 파악하는 의미행복(eudaimonic happiness)을 추구하는 소비자에게는 문화 유적 혹은 새로운 학습 체험을 제공한다. 행복을 즐거움으로 파악하는 쾌락적 행복(hedonic happiness)을 추구하는 소비자에게는 즐거움과 사회적 상호작용이 많은 활동을 체험을 제공한다.

- 소비자들은 미래의 긍정적 사건에 대해 그 정서의 강도나 지속기간을 과대평가하는 경향이 있다(Loewenstein, 2007). 기업은 여행 소비자 체험 목표를 반영한 체험을 설계하되 여행 체험에 대한 사전 정보를 제공하여 체험에 대한 과도한 기대를 갖는 것을 경계하여야 한다.

- 기업은 체험의 과정에서 고객의 불만의 방지를 위한 노력을 하여야 한다. 위험방지의 목표(prevention-focused)를 가지는 체험과정의 소비자에게는 구체적 상황에서의 소비자의 불만이나 인지 위험을 최소화하려는 노력을 다해야 한다.

- 여행에 대한 회상 체험 만족은 일반적으로 전반적인 체험 만족도를 반영한다(Dolan & White, 2006). 그런데 회상 체험 만족은 일상 적응과정에서 망각되거나 지속적인 효과를 갖지 못하는 경우가 많다(Nawjin et al., 2010; Mitas, Yarnal, Adams, & Ram, 2012). 기업은 체험 이후의 고객들이 체험에 대한 긍정적인 기억을 망각하지 않고 계속 잘 간직할 수 있도록 해당 경험을 SNS와 커뮤니티를 통하여 고객 간 공유하게 하고 여행에 대한 긍정적 태도를 유지하도록 지원하여야 한다.

여행 체험 만족 관련 가설

- 즐거움과 휴식에 중점을 두는 쾌락적 여행 체험에 대한 만족(satisfaction with hedonic travel experiences)과 개인적 의미와 성찰에 중점을 두는 의미 여행 체험에 대한 만족(satisfaction with eudaimonic travel experiences)은 여행 소비자의 웰빙에 긍정적 영향을 준다.

- 쾌락적 여행 체험 만족(satisfaction with hedonic travel experiences)과 소비자 웰빙의 긍정적 상관관계는 즐거운 삶 중심 행복태도(pleasure life orientation to happiness)를 가진 소비자의 경우가 의미 있는 삶 중심 행복태도(meaningful life orientation to happiness)의 소비자의 경우보다 더 크다.

- 의미 여행 체험 만족(satisfaction with eudaimonic travel experiences)과 소비자 웰빙의 긍정적 상관관계는 의미 있는 삶 중심 행복태도(meaningful life orientation to happiness)의 소비자의 경우가 즐거운 삶 중심 행복태도(pleasure life orientation to happiness)를 가진 소비자의 경우보다 더 크다.

- 쾌락적 여행 체험 만족(satisfaction with hedonic travel experiences)과 소비자 웰빙의 긍정적 상관관계는 젊은 소비자의 경우가 장년 소비자의 경우보다 더 크다. 의미 여행 체험 만족(satisfaction with eudaimonic travel experiences)과 소비자 웰빙의 긍정적 관계는 장년 소비자의 경우가 젊은 소비자의 경우보다 더 크다.

072 소셜 미디어(social media)를 활용한 체험 공유

많은 소비자들은 소셜 미디어를 통하여 자신의 체험에 대한 정보를 다른 소비자와 공유하고 상호간의 긴밀한 커뮤니케이션을 한다. 소비자 체험은 소비자 삶의 일부에 대한 경험을 의미하며 자아 개념과 밀접한 관련을 가진다. 그렇기에 많은 소비자들은 소셜 미디어를 통하여 자신의 체험 정보를 공유한다(Gallo, Townsend, & Alegre, 2019). 소셜 미디어는 직접적인 대면 커뮤니케이션에 비해 덜 직접적인 방식으로 각자가 원하는 시간에 정보를 보내고 접하는 커뮤니케이션을 가능하게 하여 디지털 구전을 활성화한다(Duan, & Dholakia, 2017). 소셜 미디어를 통한 체험의 공유는 소비자 웰빙에 긍정적인 영향을 미친다. 그 이유는 다음과 같다.

첫째, 소셜 미디어를 통한 체험의 공유는 여러 사람들에 대한 자아 이미지를 표현하는 활동(self expressive activity)으로 소비자는 이를 통하여 긍정적인 자아 개념을 강화한다. 소비자의 소셜 미디어를 통한 체험의 공유는 소비자의 자아 표현의 욕구, 자아 향상의 욕구, 소속감의 욕구를 충족시키는 기회를 제공하고 이러한 소비 욕구 충족은 긍정적 자아 개념을 강화한다.

둘째, 소셜 미디어를 통한 체험의 공유가 사회적 연결을 강화한다. 소셜 미디어의 사용을 통해 소비자는 타 소비자와의 활발한 사회적 교류 및 사회적 자산을 형성하고 이러한 사회적 자산의 형성이 소비자 웰빙에 긍정적 영향을 미친다(Bargh & McKenna, 2004; Hoffman, 2012). 소셜 미디어를 통한 체험의 공유는 타 소비자가 이에 공감하고 서로의 의견에 동조할 때 체험의 즐거움이 배가 된다(Raghunathan & Corfman, 2006). 즉, 혼자 체험하는 것보다 구매 체험을 타인과 공유할 때 소비 행복감이 더 크다(Caprariello and Reis, 2011).

이처럼 소셜 미디어는 긍정적 자아 개념의 표현 및 타인과의 연결을 촉진함으로써 소비자 웰빙에 기여한다(Duan & Dholakia, 2017). 소셜 미디어를 통한 긍정적 체험의 공유는 체험에 대한 기억을 오래 간직하게 하고 주변의 긍정적 피드백을 통해 소비자의 자존감을 높인다(Boley et al., 2018; Demir, Haynes, & Potts, 2017). 하지만 지나치게 과시적인 공유는 타인의 사회적 비교와 질투를 유발한다(Appel, Crusius, & Gerlach, 2015). 따라서 덜 과시적인 방법의 체험의 공유가 소비 행복감의 증진에 기여한다(Chen, Zhang, Xie, & Niu, 2021). 소셜 미디어를 활용한 체험 공유를 통하여 새롭고 폭넓은 관계의 형성이 소비자 행복감에 중요한 기여를 한다(Munzel, Galan, & Meyer-Waarden, 2018). 그런데 체험 도중에 사진을 찍는 행위는 비록 사회적 상호작용을 활성화하고 체험을 기억에 남게 하여 소비자 웰빙에 대한 긍정적 효과가 있기는 하지만 동시에 체험 자체에 대한 몰입을 경감시키는 부작용도 있으므로 주의할 필요가 있다(Gillet et al., 2016).

Social Media를 활용한 구매 체험 공유와 소비자 웰빙

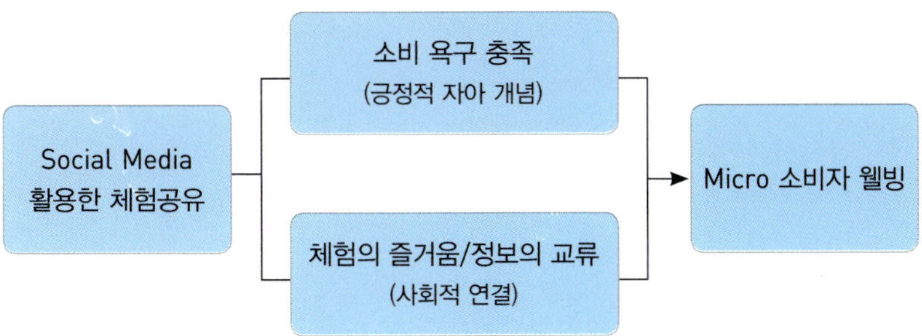

Social Media를 활용한 구매 체험 공유 관련 가설

- Social Media를 통한 체험 공유는 긍정적 자아 개념과 사회적 연결에 긍정적 영향을 미친다. Social Media를 통한 체험 공유의 빈도는 긍정적 자아 개념(positive self concept) 및 사회적 연결(social connection)과 정(+)의 상관관계를 가진다
- Social Media를 통한 체험 공유의 빈도는 체험에 대한 회상 만족(recollected satisfaction)과 정(+)의 상관관계를 가진다.
- Social Media를 통한 체험 공유의 빈도는 오프라인에서의 구전의향과 정(+)의 상관관계를 가진다.

소비 체험과 관련 웰빙 마케팅 전략

- 목표 소비자가 중시하는 긍정정서의 강도(평온 vs. 희열)를 소비자에 제공할 체험 설계에 반영한다. 젊은 소비자에게는 강한 긍정정서의 체험이 장년의 소비자에게는 약한 긍정정서의 체험이 소비 행복감의 증진에 효과적이다. 긍정정서의 강도보다 긍정정서의 빈도가 행복감의 증진에 더 중요하다.

- 목표 소비자가 중시하는 체험(일상 체험 vs. 특이 체험)을 소비자에 제공할 체험의 설계에 반영한다. 미래 지향적인 젊은 소비자에게는 일상과 다른 특이한 체험이 행복감 증진에 중요하다. 현재 지향적인 장년의 소비자에게는 일상과 유사한 체험이 행복감의 증진에 효과적이다.

- 소비자의 행복에 대한 태도(Orientation to Happiness)를 체험 설계에 반영한다. 행복을 즐거움으로 정의하는 소비자의 경우에는 즐거움의 빈도를 높이는 체험 설계가 행복감 증진에 효과적이다.

- 행복을 자아 실현과 의미 있는 발전으로 해석하는 소비자의 경우, 소비자들이 체험을 통해 노력을 하고 자아 발전의 성취를 느낄 수 있도록 도전할 만한 수준의 어려움을 수반하는 체험을 설계하는 것이 좋다. 소비자의 도전과 성취를 통한 자아 발전과 인생의 의미를 경험하게 하는 자아 표현적 활동은 자율성/능력/친교 등 기본적 심리 욕구충족을 통해 웰빙의 향상을 가능하게 한다.

- 의미 행복을 추구하는 소비자에게는 체험에의 몰입을 돕는 것도 중요하다. 소비자의 자발적 참여를 유도하고 체험 자체에 몰입하도록 돕는 것이 필요하다. 비용을 선불하거나 사진을 찍는 등 소비자의 체험에 대한 몰입을 방해할 수 있는 행위는 별도의 시간을 통해 하도록 함으로써 체험 그 자체에 몰입이 가능하도록 돕는 것이 소비자 웰빙을 향상시킨다.

체험이 소비자 웰빙에 미치는 영향

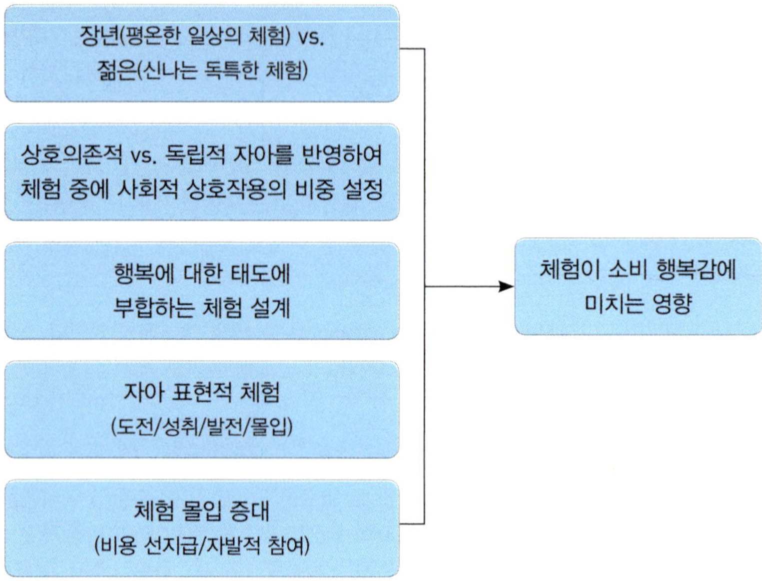

Readings

Ang, S. H., Lim, E. A. C., Leong, S. M., & Chen, Z. (2015). In pursuit of happiness: effects of mental subtraction and alternative comparison. *Social Indicators Research, 122*(1), 87-103.

Appel, H., Crusius, J., & Gerlach, A. L. (2015). Social comparison, envy, and depression on Facebook: A study looking at the effects of high comparison standards on depressed individuals. *Journal of Social and Clinical Psychology, 34*(4), 277-289.

Bargh, J. A., & McKenna, K. Y. (2004). The Internet and social life. *Annu. Rev. Psychol., 55*, 573-590.

Bastos, W. (2019). Now or never: Perceptions of uniqueness induce acceptance of price increases for experiences more than for objects. *Journal of Consumer Psychology, 29*(4), 584-600.

Bastos, W., & Brucks, M. (2017). How and why conversational value leads to happiness for experiential and material purchases. *Journal of Consumer Research, 44*(3), 598-612.

behaviors in adolescents. *Journal of Applied Social Psychology, 30*(8), 1756-1771.

Bhattacharjee, A., & Mogilner, C. (2014). Happiness from ordinary and extraordinary experiences. *Journal of Consumer Research, 41*(1), 1-17.

Boley, B. B., Jordan, E. J., Kline, C., & Knollenberg, W. (2018). Social return and intent to travel. *Tourism Management, 64*, 119-128.

Brunstein, J. C., Schultheiss, O. C., & Grässman, R. (1998). Personal goals and emotional well-being: The moderating role of motive dispositions. *Journal of personality and social psychology, 75*(2), 494.

Cantor, N. & Sanderson, CA (1999). Life task participation and well-being: The importance of taking part in daily life. D. Kahneman, E. Diener, & N. Schwarz (Eds.), *Well-being: The Foundations of Hedonic Psychology*, 230-243.

Caprariello, P. A., & Reis, H. T. (2013). To do, to have, or to share? Valuing experiences over material possessions depends on the involvement of others. *Journal of personality and social psychology, 104*(2), 199.

Carter, T. J., & Gilovich, T. (2010). The relative relativity of material and experiential purchases. *Journal of personality and social psychology, 98*(1), 146.

Carter, T. J., & Gilovich, T. (2012). I am what I do, not what I have: The differential centrality of experiential and material purchases to the self. *Journal of personality and social psychology, 102*(6), 1304.

Casas, F., González, M., Figuer, C., & Coenders, G. (2004). Subjective well-being, values and goal achievement. In *Quality-of-life research on children and adolescents*, Springer, Dordrecht, 123-141.

Chen, M., Zhang, J., Xie, Z., & Niu, J. (2021). Online low-key conspicuous behavior of fashion luxury goods: The antecedents and its impact on consumer happiness. *Journal of Consumer Behaviour, 20*(1), 148-159.

Chick, G., & Hood, R. D. (1996). Working and recreating with machines: Outdoor recreation choices among machine-tool workers in western Pennsylvania. *Leisure Sciences, 18*(4), 333-354.

Chugani, S. K., Irwin, J. R., & Redden, J. P. (2015). Happily ever after: The effect of identity-consistency on product satiation. *Journal of Consumer Research, 42*(4), 564-577.

Chun, H. H., Diehl, K., & MacInnis, D. J. (2017). Savoring an upcoming experience affects ongoing and remembered consumption enjoyment. *Journal of Marketing, 81*(3), 96-110.

Csikszentmihalyi, M. (1990). *Flow: The psychology of optimal experience* (Vol. 1990). New York: Harper & Row.

Csikszentmihalyi, M. (1997). *Finding flow: The psychology of engagement with everyday life*. Basic Books.

Csikszentmihalyi, M. (1997). *Flow and the psychology of discovery and invention*. HarperPerennial, New York, 39.

Csikszentmihalyi, M., & Csikzentmihaly, M. (1990). *Flow: The psychology of optimal experience* (Vol. 1990). New York: Harper & Row.

Deci, E. L., & Ryan, R. M. (2000). The" what" and" why" of goal pursuits: Human needs and the self-determination of behavior. *Psychological inquiry, 11*(4), 227-268.

De Keyser, A., & Lariviere, B. (2014). How technical and functional service quality drive consumer happiness: moderating influences of channel usage. *Journal of Service Management, 25*(1), 30-48.

Demir, M., Haynes, A., & Potts, S. K. (2017). My friends are my estate: Friendship experiences mediate the relationship between perceived responses to capitalization attempts and happiness. *Journal of Happiness Studies, 18*(4), 1161-1190.

Demir, M., Özen, A., Doğan, A., Bilyk, N. A., & Tyrell, F. A. (2011). I matter to my friend, therefore I am happy: Friendship, mattering, and happiness. *Journal of Happiness Studies, 12*(6), 983-1005.

Dhar, R., & Wertenbroch, K. (2000). Consumer choice between hedonic and utilitarian goods. *Journal of marketing research, 37*(1), 60-71.

Dolan, P., & White, M. (2006). Dynamic well-being: Connecting indicators of what people anticipate with indicators of what they experience. *Social Indicators Research, 75*(2), 303-333.

Duan, J., & Dholakia, R. R. (2017). Posting purchases on social media increases happiness: the mediating roles of purchases' impact on self and interpersonal relationships. *Journal of Consumer Marketing*.

Dunn, E., & Norton, M. (2014). *Happy money: The science of happier spending*. Simon and Schuster.

Dunn, E. W., Gilbert, D. T., & Wilson, T. D. (2011). If money doesn't make you happy, then you probably aren't spending it right. *Journal of Consumer Psychology, 21*(2), 115-125

Etkin, J., & Mogilner, C. (2016). Does variety among activities increase happiness?. *Journal of Consumer Research, 43*(2), 210-229.

Fritz, C., & Sonnentag, S. (2006). Recovery, well-being, and performance-related outcomes: The role of workload and vacation experiences. *Journal of Applied Psychology, 91*(4), 936.

Gallo, I., Townsend, C., & Alegre, I. (2019). Experiential product framing and its influence on the creation of consumer reviews. *Journal of Business Research, 98*, 177-190.

Gaston-Breton, C., Sørensen, E. B., & Thomsen, T. U. (2020). "I want to break free!" How experiences of freedom foster consumer happiness. *Journal of Business Research, 121*, 22-32.

Gilovich, T., & Kumar, A. (2015). We'll always have Paris: The hedonic payoff from experiential and material investments. In *Advances in experimental social psychology* (Vol. 51, pp. 147-187). Academic Press.

Gilovich, T., Kumar, A., & Jampol, L. (2015). A wonderful life: Experiential consumption and the pursuit of happiness. *Journal of Consumer Psychology, 25*(1), 152-165.

Goodman, J. K., Malkoc, S. A., & Stephenson, B. L. (2016). Celebrate or commemorate? A material purchase advantage when honoring special life events. *Journal of the Association for Consumer Research, 1*(4), 497-508

Guevarra, D. A., & Howell, R. T. (2015). To have in order to do: Exploring the effects of consuming experiential products on well-being. *Journal of Consumer Psychology, 25*(1), 28-41.

Hand, C. (2018). Do the arts make you happy? A quantile regression approach. *Journal of Cultural Economics, 42*(2), 271-286.

Hoffman, D. L. (2012). Internet indispensability, online social capital, and consumer well-being. *Transformative consumer research for personal and collective well-being*, 193-204.

Howell, R. T., & Hill, G. (2009). The mediators of experiential purchases: Determining the impact of psychological needs satisfaction and social comparison. *The Journal of Positive Psychology, 4*(6), 511-522.

Howell, R. T., Pchelin, P., & Iyer, R. (2012). The preference for experiences over possessions: Measurement and construct validation of the Experiential Buying Tendency Scale. *The Journal of Positive Psychology, 7*(1), 57-71.

Hsee, C. K., Yang, Y., Li, N., & Shen, L. (2009). Wealth, warmth, and well-being: Whether happiness is relative or absolute depends on whether it is about money, acquisition, or consumption. *Journal of Marketing Research, 46*(3), 396-409.

Hsieh, Y. C., Chiu, H. C., Tang, Y. C., & Lin, W. Y. (2018). Does raising value co-creation increase all customers' happiness?. *Journal of Business Ethics, 152*(4), 1053-1067.

Jiang, L., & Sood, S. (2014). The endowment effect for experiences. *ACR North American Advances.*, 42, 529.530.

Kahneman, D., Krueger, A. B., Schkade, D., Schwarz, N., & Stone, A. (2004). Toward national well-being accounts. *American Economic Review, 94*(2), 429-434.

Kamleitner, B., & Hölzl, E. (2009). Cost-Benefit Associations and Financial Behavior. *Applied Psychology, 58*(3), 435-452.

Kaplan, S. (2001). Meditation, restoration, and the management of mental fatigue. *Environment and behavior, 33*(4), 480-506.

Kasser, T., & Ryan, R. M.(1996). Further examining the American dream: Differential correlates of intrinsic and extrinsic goals. *Personality and social psychology bulletin, 22*(3), 280-287.

Kern, M. L., Waters, L. E., Adler, A., & White, M. A. (2015). A multidimensional approach to measuring well-being in students: Application of the PERMA framework. *The journal of positive psychology, 10*(3), 262-271.

Kivetz, R., & Zheng, Y. (2017). The effects of promotions on hedonic versus utilitarian purchases. *Journal of Consumer Psychology, 27*(1), 59-68.

Krueger, R. F., Hicks, B. M., & McGue, M. (2001). Altruism and antisocial behavior: Independent tendencies, unique personality correlates, distinct etiologies. *Psychological Science, 12*(5), 397-402.

Kumar, A., & Gilovich, T. (2015). Some "thing" to talk about? Differential story utility from experiential and material purchases. *Personality and Social Psychology Bulletin, 41*(10), 1320-1331.

Kumar, A., & Gilovich, T. (2016). To do or to have, now or later? The preferred consumption profiles of material and experiential purchases. *Journal of Consumer Psychology, 26*(2), 169-178.

Kumar, A., Killingsworth, M. A., & Gilovich, T. (2014). Waiting for merlot: Anticipatory consumption of experiential and material purchases. *Psychological science, 25*(10), 1924-1931.

Kumar, A., Mann, T. C., & Gilovich, T. D. (2014). Questioning the "I" in experience: Experiential purchases foster social connection. *ACR North American Advances, 42*, 101-205.

Lachman, M. E., Röcke, C., Rosnick, C., & Ryff, C. D. (2008). Realism and illusion in Americans' temporal views of their life satisfaction: Age differences in reconstructing the past and anticipating the future. *Psychological Science, 19*(9), 889-897.

Lemon, B. W., Bengtson, V. L., & Peterson, J. A. (1972). An exploration of the activity theory of aging: Activity types and life satisfaction among in-movers to a retirement community. *Journal of gerontology, 27*(4), 511-523.

Lengieza, M. L., Hunt, C. A., & Swim, J. K.(2019). Measuring eudaimonic travel experiences. *Annals of Tourism Research, 74*(C), 195-197.

Liu, W., & Aaker, J. (2008). The happiness of giving: The time-ask effect. *Journal of consumer research, 35*(3), 543-557.

Loewenstein, G. (1987). Anticipation and the valuation of delayed consumption. *The Economic Journal, 97*(387), 666-684.

Loewenstein, G. (2007). Affect regulation and affective forecasting. *Handbook of emotion regulation*, 180-203.

Lyubomirsky, S., Tkach, C., & DiMatteo, M. R. (2006). What are the differences between happiness and self-esteem? *Social Indicators Research, 78*, 363-404.

Markus, H. R., & Kitayama, S. (1991). Cultural variation in the self-concept. In *The self: Interdisciplinary approaches*, Springer, New York, NY, 18-48.

Maslow, A. H. (1954). The instinctoid nature of basic needs. *Journal of personality.*

Mathwick, C., Malhotra, N., & Rigdon, E. (2001). Experiential value: conceptualization, measurement and application in the catalog and Internet shopping environment☆. *Journal of retailing, 77*(1), 39-56.

Michalos, A. (2005). Arts and the quality of life: An exploratory study. *Social Indicators Research, 71*(1), 11-59.

Midlarsky, E. (1991). Helping as coping.

Mitas, O., Yarnal, C., Adams, R., & Ram, N. (2012). Taking a "peak" at leisure travelers' positive emotions. *Leisure Sciences, 34*(2), 115-135.

Mitchell, T. R., Thompson, L., Peterson, E., & Cronk, R.(1997). Temporal adjustments in the evaluation of events: The "rosy view". *Journal of experimental social psychology, 33*(4), 421-448.

Mogilner, C., Aaker, J., & Kamvar, S. D. (2012). How happiness affects choice. *Journal of Consumer Research, 39*(2), 429-443.

Mogilner, Cassie (2010), "The Pursuit of Happiness: Time, Money, and Social Connection," *Psychological Science, 21* (September), 1348-54.

Munzel, A., Galan, J. P., & Meyer-Waarden, L. (2018). Getting by or getting ahead on social networking sites? The role of social capital in happiness and well-being. *International Journal of Electronic Commerce, 22*(2), 232-257.

Nawijn, J., Marchand, M. A., Veenhoven, R., & Vingerhoets, A. J. (2010). Vacationers happier, but most not happier after a holiday. *Applied Research in Quality of Life, 5*(1), 35-47.

Neal, J. D., Sirgy, M. J., & Uysal, M. (1999). The role of satisfaction with leisure travel/tourism services and experience in satisfaction with leisure life and overall life. *Journal of Business Research, 44*(3), 153-163.

Neal, J. D., Uysal, M., & Sirgy, M. J. (2007). The effect of tourism services on travelers' quality of life. *Journal of travel research, 46*(2), 154-163.

Nelson, L. D., & Meyvis, T. (2008). Interrupted consumption: Disrupting adaptation to hedonic experiences. *Journal of Marketing Research, 45*(6), 654-664.

Newman, D. B., Tay, L., & Diener, E. (2014). Leisure and subjective well-being: A model of psychological mechanisms as mediating factors. *Journal of Happiness Studies, 15*(3), 555-578.

Nicolao, L., Irwin, J. R., & Goodman, J. K. (2009). Happiness for sale: Do experiential purchases make consumers happier than material purchases?. *Journal of consumer research, 36*(2), 188-198.

Özdemir, G., & Çelebi, D. (2018). Exploring dimensions of slow tourism motivation. *Anatolia*, 1-13.

Patrick, V. M., & Park, C. W. (2006). Paying before consuming: Examining the robustness of consumers' preference for prepayment. *Journal of Retailing, 82*(3), 165-175.

Pavot, W., Diener, E. D., & Fujita, F. (1990). Extraversion and happiness. *Personality and individual differences, 11*(12), 1299-1306.

Peter Caprariello and Harry Reis (2011) ,"To Do, to Have, Or to Share: the Value of Experiences Over Material Possessions Depends on the Involvement of Others.", in NA - *Advances in Consumer Research* Volume 38, eds. Darren W. Dahl, Gita V. Johar, and Stijn M.J. van Osselaer, Duluth, MN : Association for Consumer Research.

Peterson, C., Ruch, W., Beermann, U., Park, N., & Seligman, M. E. (2007). Strengths of character, orientations to happiness, and life satisfaction. *The Journal of Positive Psychology, 2*(3), 149-156.

Raghunathan, R., & Corfman, K. (2006). Is happiness shared doubled and sadness shared halved? Social influence on enjoyment of hedonic experiences. *Journal of Marketing Research, 43*(3), 386-394.

Ratner, R. K., & Hamilton, R. W. (2015). Inhibited from bowling alone. *Journal of Consumer Research, 42*(2), 266-283.

Rosenzweig, E., & Gilovich, T. (2012). Buyer's remorse or missed opportunity? Differential regrets for material and experiential purchases. *Journal of personality and social psychology, 102*(2), 215.

Ryan, R. M., & Deci, E. L. (2000). Self-determination theory and the facilitation of intrinsic motivation, social development, and well-being. *American psychologist, 55*(1), 68.

Saarni, C. (1984). An observational study of children's attempts to monitor their expressive behavior. *Child development*, 1504-1513.

Schmitt, B., Brakus, J. J., & Zarantonello, L. (2015). From experiential psychology to consumer experience. *Journal of Consumer Psychology, 25*(1), 166-171.

Schulz, P., Schulte, J., Raube, S., Disouky, H., & Kandler, C. (2018). The role of leisure interest and engagement for subjective well-being. *Journal of Happiness Studies, 19*(4), 1135-1150.

Schwartz, C., Meisenhelder, J. B., Ma, Y., & Reed, G. (2003). Altruistic social interest behaviors are associated with better mental health. *Psychosomatic medicine, 65*(5), 778-785.

Schwarz, N., & Xu, J. (2011). Why don't we learn from poor choices? The consistency of expectation, choice, and memory clouds the lessons of experience. *Journal of Consumer Psychology, 21*(2), 142-145.

Sirgy, M. J. (2010). Toward a quality-of-life theory of leisure travel satisfaction. *Journal of Travel Research, 49*(2), 246-260.

Sirgy, M. J., Kruger, P. S., Lee, D. J., & Yu, G. B. (2011). How does a travel trip affect tourists' life satisfaction?. *Journal of Travel research, 50*(3), 261-275.

Sääksjärvi, M., Hellén, K., & Desmet, P. (2017). The "You and I" of Happiness: Investigating the Long-Term Impact of Self-and Other-Focused Happiness-Enhancing Activities. *Psychology & Marketing, 34*(6), 623-630.

Thomas, M., Desai, K. K., & Seenivasan, S. (2010). How credit card payments increase unhealthy food purchases: Visceral regulation of vices. *Journal of consumer research, 38*(1), 126-139.

Thomas, R., & Millar, M. (2013). The effects of material and experiential discretionary purchases on consumer happiness: Moderators and mediators. *The Journal of psychology, 147*(4), 345-356.

Tu, Y., & Hsee, C. K. (2016). Consumer happiness derived from inherent preferences versus learned preferences. *Current Opinion in Psychology, 10*, 83-88.

Uhrich, F., Schumann, J. H., & von Wangenheim, F. (2013). The impact of consumption goals on flat-rate choice: can "hedonizing" a service increase customers' propensity to choose a flat rate?. *Journal of Service Research, 16*(2), 216-230.

Vallacher, R. R., & Wegner, D. M. (1989). Levels of personal agency: Individual variation in action identification. *Journal of Personality and Social psychology, 57*(4), 660.

Van Boven, L. (2005). Experientialism, materialism, and the pursuit of happiness. *Review of general psychology, 9*(2), 132-142.

Van Boven, L., & Gilovich, T. (2003). To do or to have? That is the question. *Journal of personality and social psychology, 85*(6), 1193.

Van Boven, L., Campbell, M. C., & Gilovich, T. (2010). Stigmatizing materialism: On stereotypes and impressions of materialistic and experiential pursuits. *Personality and Social Psychology Bulletin, 36*(4), 551-563.

Van Boven, L. (2005). Experientialism, materialism, and the pursuit of happiness. *Review of General Psychology*, 9: 132-142.

Waterman, A. S. (1990). Personal expressiveness: Philosophical and psychological foundations. *The Journal of Mind and Behavior*, 47-73.

Waterman, A. S., Schwartz, S. J., & Conti, R. (2008). The implications of two conceptions of happiness (hedonic enjoyment and eudaimonia) for the understanding of intrinsic motivation. *Journal of Happiness Studies, 9*(1), 41-79.

Williams, G. C., Cox, E. M., Hedberg, V. A., & Deci, E. L. (2000). Extrinsic life goals and health-risk

Williamson, G. M., & Clark, M. S. (1989). Providing help and desired relationship type as determinants of changes in moods and self-evaluations. *Journal of personality and social psychology, 56*(5), 722.

Yang, Y., & Galak, J. (2015). Sentimental value and its influence on hedonic adaptation. *Journal of personality and social psychology, 109*(5), 767.

Yang, Y., Li, P., Fu, X., & Kou, Y. (2017). Orientations to happiness and subjective well-being in Chinese adolescents: the roles of prosocial behavior and internet addictive behavior. *Journal of Happiness Studies, 18*(6), 1747-1762.

Zajonc, R. B., Murphy, S. T., & Inglehart, M. (1989). Feeling and facial efference: Implications of the vascular theory of emotion. *Psychological review, 96*(3), 395.

P / A / R / T

03

전반적 소비자 웰빙

Macro consumer well-being

전반적 소비자 웰빙은 다양한 소비 체험의 누적 결과로서 소비 생활 전반에 대한 소비자의 만족과 행복감을 의미한다. Part 3에서는 재무적 경험이 전반적 소비자 웰빙에 미치는 영향, 전반적 소비자 웰빙이 소비자 구매 행동에 미치는 영향, 그리고 전반적 소비자 웰빙이 전반적 웰빙에 미치는 영향에 대한 설명을 순서대로 논의된다

Chapter

06

재무적 경험과 전반적 소비자 웰빙

소비자는 재무적 경험을 통하여 다양한 소비 욕구의 만족과 전반적 소비 행복감을 체험한다. 본 장에서는 소비와 관련된 재무적 경험이 전반적 소비자 웰빙에 미치는 영향을 살펴본다. 소비자의 재무 관련 행동은 재무적 만족이나 재무적 스트레스를 통하여 소비자 웰빙에 영향을 미친다. 소비자의 거래적 가치, 소득의 증가, 계획적 소비는 소비 만족을 증진시키고 소비자의 재무적 지식이나 저축/부채 관리는 소비자의 재무 만족을 증진시킨다. 반면 소비자의 비계획적 구매, 낮은 저축과 높은 부채는 소비자의 재무적 스트레스를 높이는 원인이 된다. 소비자의 소비 만족과 재무 만족에 대한 균형 있는 관리가 소비자 웰빙에 기여한다.

재무적 경험과 전반적 소비자 웰빙(macro consumer well-being)

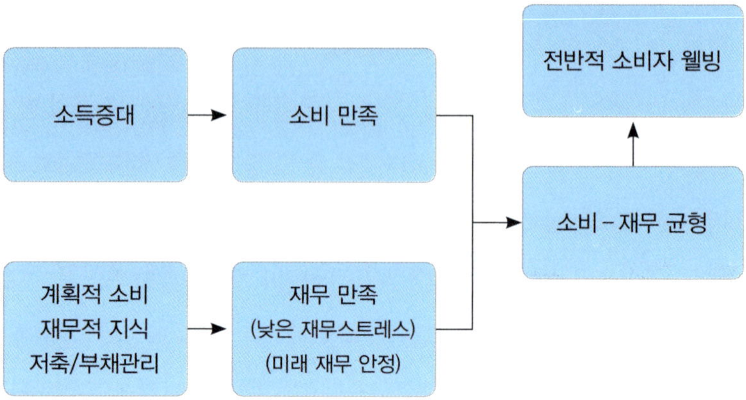

073 소득의 증가와 전반적 소비자 웰빙

현재의 안정적인 소득은 소비 생활에 필요한 제품이나 서비스의 구입을 통한 소비 욕구의 충족을 가능하게 하여 소비 생활 전반에 대한 만족도에 기여한다(Diener, Tay, & Oishi, 2013; Howell & Howell, 2008; Veenhoven, 1991). 소득의 증가가 전반적 소비자 웰빙(macro consumer well-being)에 미치는 영향에 대하여는 긍정적 효과가 있다는 소득의 절대가치 이론(theory of relative value)과 관계가 적다는 소득의 상대가치 이론(theory of absolute value)의 두 가지 이론이 있다.

소득의 절대가치 이론은 소득의 증가가 소비 욕구의 충족을 증가시켜 소비자 웰빙에 기여한다는 이론이다(Veenhoven, 1991). 이 이론에 따르면 소득의 증가는 전반적 소비자 웰빙의 향상에 긍정적 영향을 미친다. 그 이유는 다음과 같다. 첫째, 소득의 증가는 소비를 통한 기본적 소비 욕구의 충족을 가능하게 한다(Argyle, 1999; Schyns, 2000; Veenhoven & Ehrhardt, 1995). 낮은 소득으로 인한 재무적 결핍은 소비 생활을 위축시키고 소비자 웰빙을 감소시킨다. 소득의 증가는 기본적인 소비 욕구의 결핍을 방지하고 필요한 소비 욕구의 절대적 증가를 가져와 소비자 웰빙을 향상시킨다(Welzel & Inglehart, 2010). 둘째, 소득의 증가는 자신에 대한 효능감과 자존감을 증대시키고 자신에 대한 긍정적 평가를 가능하게 한다. 자신에 대한 긍정적 평가는 소비자 웰빙에 긍정적 영향을 미친다. 셋째, 소득의 증가는 선물 혹은 기부 등 타인을 위한 소비를 가능하게 하고 이는 사회적 연결과 유대감의 강화로 이어진다. 이러한 사회적 연결 욕구(relatedness need)의 충족은 소비자 웰빙에 기여한다.

한편, 소득의 상대적 가치 이론(theory of relative value)에 따르면 소득의 증가는 개인의 행복을 비례해서 증가시키지 못한다(Duesenburry, 1949; Michalos, 1985). 이 이론에 따르면 소득의 증가와 전반적 소비자 웰빙은 크게 상관이 없다(Easterlin, 2001; Schyns, 2000). 그 이유는 다음과 같다. 첫째, 소비자는 낮은 소득에서는 소비의 증가를 통한 소비 욕구의 충족을 느끼지만 일정 수준의 소득을 넘어서면 소득의 증가에 대해 적응 효과를 보인다(Michalos, 1991). 소득의 증가는 기대 적응 효과(hedonic adaptation)로 인하여 소비자 웰빙에 크게 기여하지 못한다. 둘째, 소비 욕구를 충족시킬 수준의 소득을 넘어서게 되면 상대적 소득이 소비자 웰빙에 더 중요한 역할을 한다(Cummins, 2011). 이 단계에서는 소득의 절대적인 금액보다 과거, 타인, 그리고 내적 기대 등에 의한 상대적 비교에 의한 소득의 변화에 더 민감하게 반응하는 경향을 보인다(Hsee et al., 2009). 소득의 증가에 대하여 타인과의 상향적 상대 비교는 소비자의 소득에 대한 만족을 낮춘다. 소득 증가와 재무 만족의 상관관계가 높지 않고(Biswas-Diener & Diener, 2001), 소득이 증가하여도 재무만족이나 소비자들의 웰빙은 증가하지 않는다(Easterlin, 2001; Ferrer-i-Carbonell, 2005). 빈번한 소득의 상대적 비교는 소득과 소비자 웰빙의 상관관계를 낮추는 원인이 된다. 이러한 만족 적응 효과 및 사회적 비교는 물질주의(재무적 열망)이 강한 소비자들의 경우 더 크게 나타난다(Tatzel, 2003). 결국 소득의 증가는 기본 욕구의 충족의 기회를 제공하여 소비자 웰빙을 증가시키지만 일정 수준 도달한 이후에는 감소하는 비율로 소비자 웰빙을 증가시킨다.

소득 증가와 Macro 소비자 웰빙

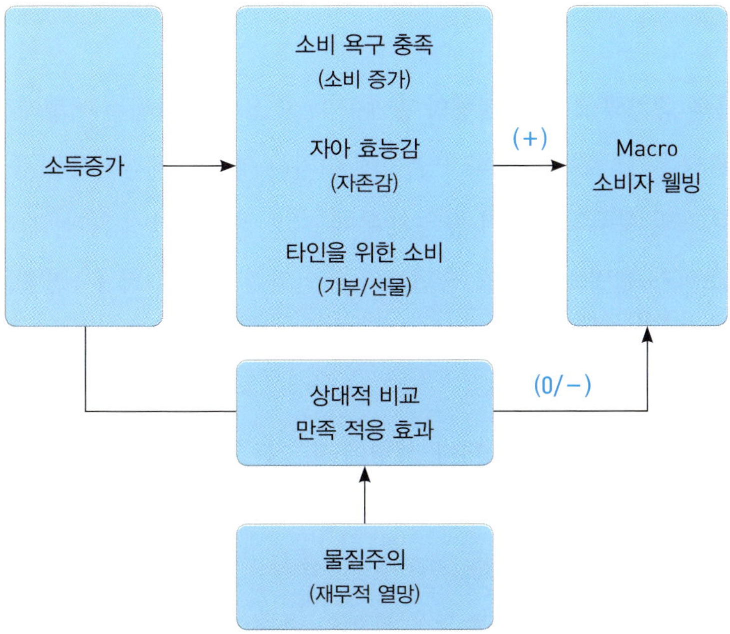

074 소득 증가와 전반적 소비자 웰빙(macro consumer well-being)의 통합적 견해

소득의 증가와 소비자 웰빙의 관계에 대한 상반된 견해는 어떻게 통합되어야 하는가? 소득이 소비자 웰빙에 미치는 영향은 체감적으로 증가하되 소비자의 재무적 열망이 높은 경우에는 그 영향이 크지 않다. 소득 만족은 소비자 웰빙의 정서적 측면보다는 인지적 측면에 더 큰 영향을 미친다. 소득의 증가가 소비자 웰빙에 미치는 영향을 구체적으로 살펴보면 다음과 같다.

첫째, 소득의 증가가 소비자 웰빙에 미치는 영향은 감소하는 비율로 증가한다. 구체적으로 소비자의 소득이 낮을 때에는 소득-웰빙 간에 긍정적 효과가 있고 일정 수준을 넘어서면 소득-웰빙의 긍정적 관계가 약화된다. 소득의 수준이 매우 낮을 때에는 소득의 증가가 필수적 소비 욕구의 충족을 가능하게 한다. 소비 욕구 이론(need theory)에 따르면 소득이 적을 때의 소득의 증가는 소비자의 의식주와 관련된 기본적이고 필수적인 소비 욕구를 충족시키는 데 기여한다(Diener & Biswas-Diener, 2002; Diener & Lucas, 2000; Veenhoven, 1991). 따라서 소득의 증가가 소비 생활 만족에 미치는 영향은 특히 소득이 적었을 때 그 영향이 크다(Biswas-Diener & Diener, 2001). 하지만 소득이 일정수준을 넘어서면 소득의 소비 욕구 충족에 대한 기여도가 감소하고 소비자들은 소득의 증가를 상대 평가를 하기 시작한다. 이처럼 소득이 일정 수준을 넘어서면 만족 적응 효과와 기대 수준의 증가를 수반하는 상대 비교의 영향으로 소득의 증가가 소비자 웰빙에 미치는 영향이 미미하다. 이처럼 소득의 증가가 소비자 웰빙에 미치는 영향은 감소 비율로 증가한다. 동시에 소득 증가가 소비자 웰빙에 미치는 영향은 집단간 비교에서 크게 나타난다(Diener & Biswas-Diener, 2002).

둘째, 소득의 증가가 소비자 웰빙에 미치는 영향은 소비자의 소득에 대한 기대에 따라 달라진다. 소득의 증가가 소비자 웰빙에 미치는 영향은 소비자가 재무적 열망이 적을 때 더 크게 나타난다. 소비자의 재무적 열망이 클 때에는(예: 높은 물질주의) 소득의 증가보다 기대치의 증가가 더 커져 소득의 소비자 웰빙에 미치는 영향이 상대적으로 미약하다. 너무 이상적 기준에 의한 소득 상대적인 비교는 소비자 행복감을 낮추기도 한다(Wang, Cheng, & Smyth, 2019). 한편 소득의 증가가 소비자 행복을 증진시키기도 하지만 반대로 소비자의 행복감이 소비자 소득을 증진시키기도 한다(Lyubomirsky, King, & Diener, 2005). 소비자의 행복감이 소비자로 하여금 더 열심히 일하게 동기부여하고, 좋은 관계를 형성하여 성공적인 결과를 만들어 내기 때문이다(Frey & Stutzer, 2002; Lyubomirsky, King, & Diener, 2005).

셋째, 소득 만족은 정서적인 소비 행복감보다는 인지적인 소비 생활 만족에 더 큰 영향을 미친다(Diener et al., 2009, 2010; Inglehart et al., 2008). 재무적 만족이 웰빙에 미치는 연구 결과들에 대한 메타 분석(meta analyses)에 의하면 재무 만족은 소비자의 정서적 행복감보다는 인지적 소비 생활 만족에 더 큰 영향을 미치고 있다. 재무 상태 만족이 인지적 소비 생활 만족에 미치는 영향은 소득이 낮거나 사회 계층(Socio-economic status)이 낮은 경우 더 강하게 나타났다(Howell & Howell, 2008). 소득 만족은 많은 경우 재무적 목표의 달성을 의미하며 이는 인지적인 소비 생활 만족으로 이어진다(Biswas-Diener, Vittersø, & Diener, 2005; Emmons, 1986).

넷째, 소득의 증가는 소득 만족과 소비 만족을 통하여 소비자 웰빙으로 이어지는 연결구조를 가진다. 소득의 증가가 소득 만족으로 이어지기 위해서는 소득에 대한 적응 효과가 적고, 사회적 비교를 적게 하고, 재무적 열망이 지나치게 높지 않아야 한다. 소득 만족이 소비 만족으로 이어지기 위해서는 소득의 소비지출을 통하여 다양한 소비 욕구가 충족되고, 다양한 소비단계의 만족을 경험하고, 단순한 물건의 소유보다는 체험의 소비를 통하여 소비 만족이 향상되어야 한다. 다양하고 빈번한 소비 만족 경험을 통하여 소비자 웰빙이 향상된다. 소득과 소비자 웰빙의 관계가 높은 상관관계를 가지지 못하는 것이 이러한 많은 매개 및 조절효과 변수의 영향이 작용하기 때문이다.

소득 증가와 전반적 소비자 웰빙: 적응 효과와 상대적 비교

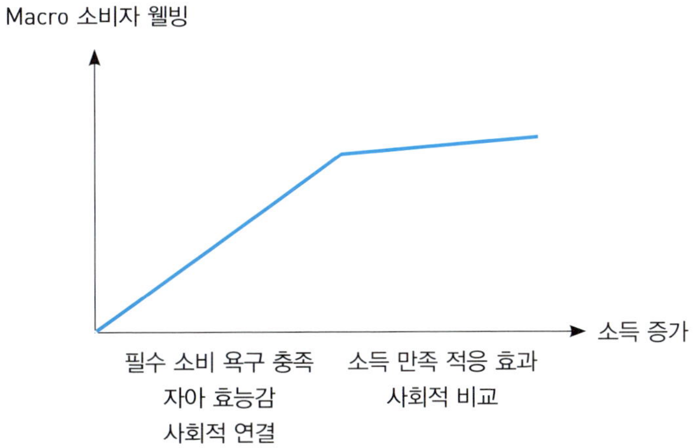

소득 증가와 전반적 소비자 웰빙: 재무적 열망의 조절 효과

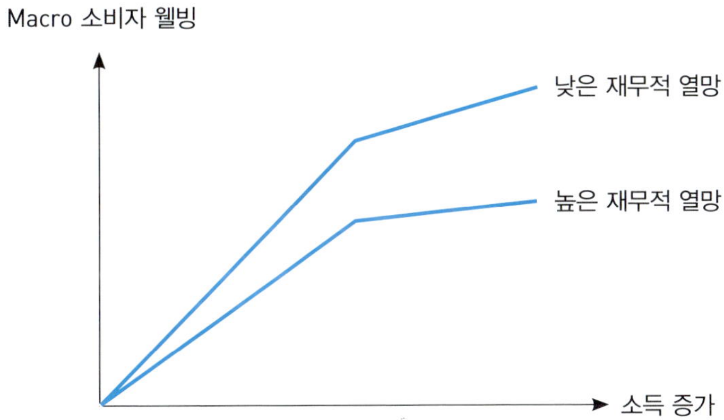

소득 만족과 전반적 소비자 웰빙(macro consumer well-being)

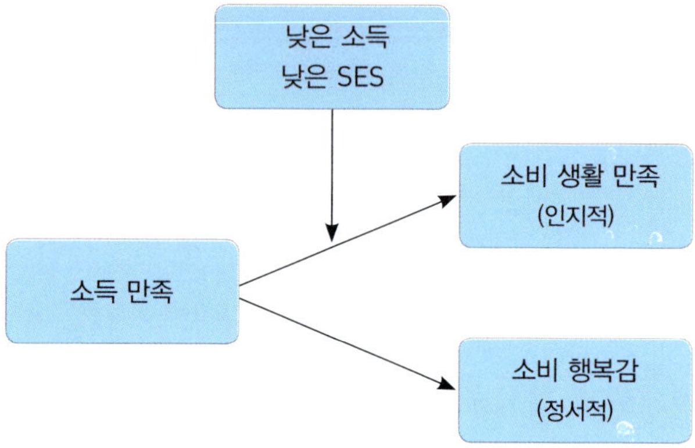

소득 증가와 소비자 웰빙

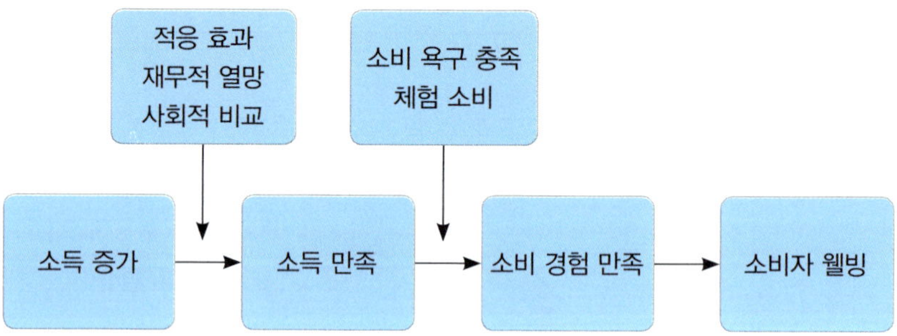

소득/소비 증가와 웰빙 마케팅 전략

- 기업은 소비자의 기본적이고 기능적인 욕구의 충족에 우선적인 노력을 기울인다. 기업은 소비자의 기본적 욕구의 충족을 위하여 기능적 욕구의 기대 수준을 미리 파악하고 이를 충족시키는 노력을 우선시 하여야 한다. 소비자가 기능적 욕구의 미충족에 대해 민감한 위험회피적 성향을 보이므로 제품이나 서비스의 안전이나 기본적 기능에 대한 기대 충족에 많은 노력을 기울여야 한다. 이러한 노력은 소비자의 소득이나 사회 계층이 낮은 경우에 특히 중요하다.
- 소비자는 소득의 증가에 따라 다양한 욕구의 충족을 추구한다. 기업은 소비자의 기본적이고 기능적인 욕구의 충족 이후에는 소비자의 체험 및 사회적 욕구의 충족을 제품에 중점적으로 반영한다. 소비자 웰빙은 다양한 소비 욕구의 충족을 전제로 하므로 한 가지 욕구의 충족에 모든 노력을 집중하는 것은 지양하여야 한다.
- 소비자의 소득 증가가 소비의 증가 혹은 소비 만족의 증가로 이어지지 못하는 것은 소비자의 높은 재무적 열망 때문이다. 기업은 과시적 소유 브랜드, 지나치게 물질 소유를 강조하는 비교 광고, 비현실적 기준에 의한 사회적 비교를 지양하고, 체험 소비를 통한 내재적 욕구의 충족을 기한다.

소득/소비 증가와 전반적 소비자 웰빙 관련 가설

- 소득 증가와 소비자 웰빙은 정(+)의 상관관계를 가진다.
- 소비 증가가 소비자 웰빙에 미치는 영향은 기본적 소비 욕구의 충족이 필요한 소득이 적은 소비자의 경우가 기본적 소비 욕구가 이미 충족된 소득이 높은 소비자의 경우보다 더 크다
- 소득 증가와 소비자 웰빙의 정(+)의 상관 관계는 소비자의 재무적 열망이 낮고, 물질주의가 낮아, 소득에 대한 상대비교를 적게 하는 소비자의 경우가 소비자의 재무적 열망이 높고, 물질주의가 높아, 소득에 대한 상대비교를 빈번하게 하는 소비자의 경우보다 더 크다.
- 소득 증가는 소비자 웰빙을 감소하는 비율로 증가시킨다. 소득 증가와 소비자 웰빙의 정(+)의 상관관계는 소득증가에 대한 만족 적응 효과가 적은 소비자의 경우가 소득증가에 대한 만족 적응 효과가 큰 소비자의 경우보다 더 크다.

075 계획적 소비 및 재무 만족

계획적 소비는 저축의 증대와 재무적 만족, 그리고 소비자 웰빙의 향상에 기여한다. 반면 과도한 소비로 인한 재무적 스트레스는 소비 생활에 부정적 영향을 미치는 것뿐 아니라 직장에서의 삶의 질 및 건강에도 중요한 부정적 영향을 미친다. 물질주의, 충동구매 성향, 현재소비에 대한 선호, 신용카드 혹은 부채에 대한 긍정적 태도 등이 재무적 만족에 부정적 영향을 미치는 위협요인이 된다. 소비 생활을 위한 과도한 소비 지출은 단기적인 만족을 증진시키더라도 장기적으로 소비자 웰빙에 부정적 영향을 미치게 된다. 과도한 소비 지출로 인한 재무적 스트레스는 소비 생활에 반드시 필요한 제품의 구매를 제약하고 타인과의 상호작용 및 건강에도 부정적 영향을 미친다. 소비자들이 재무적 스트레스가 높을 때에는 상대적으로 희소한 제품에 대한 소비를 늘린다(Sharma & Alter, 2012). 이는 소비자가 비교가 용이한 일반 제품보다는 희소한 제품을 선택함으로써 타 소비자에 대하여 갖게 되는 상대적인 재무적 결핍감을 극복하고자 하기 때문이다. 계획적 소비는 현재의 재무적 스트레스를 줄이고 미래의 재무적 상황에 대한 불확실성을 줄이는 역할을 하여 소비자 웰빙에 기여한다.

소비자들의 웰빙에 부정적 영향을 미치는 과도한 소비를 자발적으로 통제하는 방법은 다음과 같다.

첫째, 소비자들은 합리적 지출 관리를 위해서 소비지출의 한도를 먼저 설정하고, 그 범위에서 소비를 하도록 하는 것이 필요하다. 소비자의 전체 소득을 계좌별로 지출관리를 함으로써 현재 시점의 과도한 소비를 억제하면서 장기적인 계획에 의한 지출 관리를 하는 것이 중요하다. 신용카드에 대해서는 자신이 사용한 신용카드의 사용 총금액을 정기적으로 파악하고 신용한도만큼 언제든지 소비가 가능하다는 생각을 하지 않는 것이 좋다(Soman, 2001; Soman & Cheema, 2002).

둘째, 소비를 계좌별로 지출하되 계획된 소비 비용을 미리 선불함으로써 소비지출로 인한 심리적 고통을 줄이고 즐거움에 집중하는 것이 좋다(Prelect & Loewenstein, 1998). 비용대비 편익이 분명한 지출에 대해서는 편익이 발생할 때마다 매번 비용을 지출하기보다는 비용을 선결제함으로써 손실을 통합하고 편익의 즐거움 가치에 집중하는 것이 효과적이다.

셋째, 계좌를 소비 계좌와 저축 계좌로 나누어 일정 수준의 금액을 저축 계좌에 먼저 저축하고 소비 계좌의 범위에서 소비를 하는 것이 좋다. 계좌별 소비는 각 소비에 대한 심리적 이득과 지출의 관계를 강하게 연관시켜 판단하게 함으로써 과도하거나 무분별한 소비 지출을 억제하는 기능을 한다(Kamleitner & Hölzl, 2009).

넷째, 재무 스트레스의 관리와 더불어 재무적 지식을 습득하여 재무적 지식(financial literacy)을 함양하는 것이 자발적이면서도 지속적인 재무 스트레스의 관리를 가능하게 한다(Mende & Van Doorn, 2015). 소비자가 계획적 소비를 위한 재무적 지식을 갖추기 위해서는 상품에 대한 정보뿐 아니라 금융상품을 취급하는 기관에 대한 정보를 동시에 제공하는 것이 효과적이다(Bolton, Bloom, & Cohen, 2011). 재무적 지식정보를 제공하거나 타인의 성공적인 재무관리 사례에 대한 사회적 정보를 제공하는 것이 자발적이고 효과적인 재무 스트레스의 관리를 가능하게 한다(Winterich & Nenkov, 2015).

계획적 소비 및 재무적 만족

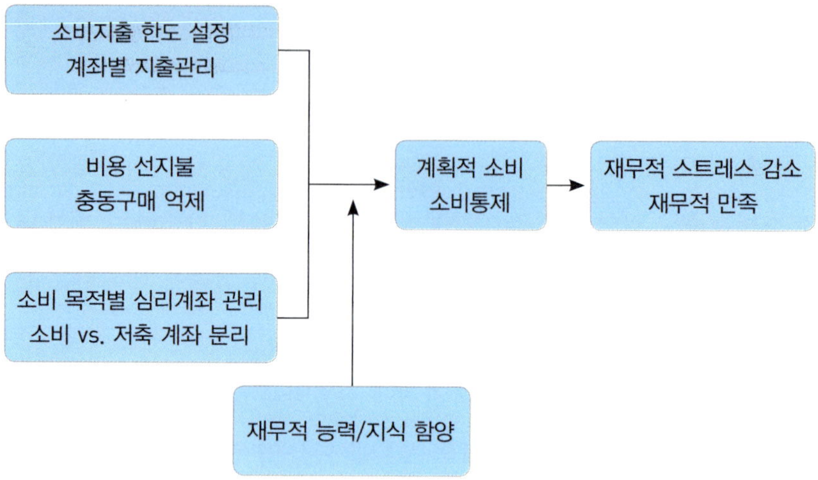

076 과도한 소비지출의 원인과 소비통제 전략

소비자들의 소비 지출을 효과적으로 통제하는 것이 소비자 웰빙에 중요하다. 효과적인 소비통제를 위해서는 과도한 소비지출의 원인을 파악하고 이에 대한 대응전략을 수립하는 것이 필요하다. 소비자들의 과도한 소비지출의 원인과 대응 전략은 다음과 같다.

첫째, 소비자들의 현재소비 선호경향(present bias)이 과소비의 원인이 되는 경우이다. 현재소비는 단기적인 미래 소비에 대하여는 과도하게 높은 할인을 해서라도 현재소비를 선호하는 현상이다. 이러한 소비자의 현재소비 선호경향에 대하여는 소비 용도별로 계좌를 구분하여(예: 소비 자금, 저축 자금, 예비 자금) 항목별 비용 관리를 하는 것이 필요하다. 소비자들은 소득을 지출의 성격에 따라 각 특정 소비 계좌(예: 소비 자금, 저축 자금, 목적성 자금)로 분류하고 그 계좌의 특성에 맞게 지출하려는 성향을 보인다. 모든 계좌를 하나로 통합하여 사용하게 되면 소비지출에 대한 통제가 어렵다. 소비자들이 미래 지향적인 소비성향을 가지고 있고 소비목표가 분명할 때 소득을 심리적 계좌로 구분하여 자금을 관리하는 경향을 보인다(Antonides, De Groot, & Van Raaij, 2011).

둘째, 소비의 내역이나 사용액에 대한 확인없이 습관적 지출로 인해 과도한 소비를 하는 경우이다. 습관적 지출에 의한 과소비를 줄이기 위해서는 여러 신용카드의 사용이나 과도한 사용을 자제하고 특정 카드를 중심으로 소비 지출에 대한 체계적 관리를 하는 것이 필요하다. 소비자는 큰 금액보다는 적은 금액에 대해 습관적으로 지출하는 경향을 보이는데 이는 작은 금액은 자산으로 인식하지 않기 때문이다(Thaler, 1990).

셋째, 비경상적 수입에 대한 높은 지출성향으로 인한 과도한 소비 지출의 경우이다. 정규적인 소득보다 갑자기 생긴 소득은 더 쉽게 소비된다. 예를 들어 사전에 알고있던 세금 환급금보다는 예상치 못했던 연말 보너스를 더 쉽게 소비하는 경향을 보인다(Epley, Mak, & Idson, 2006). 예상하지 못했던 소득에 대해서는 소비를 하기보다는 저축성 혹은 목적성 자금으로 관리하는 것이 필요하다. 이러한 비경상적 수입에 대해서는 사전에 미리 저축을 약정하거나 점진적 저축증대 프로그램을 활용하여 저축을 늘리는 것이 필요하다.

과도한 소비 지출의 원인과 소비통제 전략

과도한 소비 지출의 원인	소비통제 전략
현재소비 선호로 인한 과소비	사용용도별 계좌 구분 관리 (소비성 자금/ 저축성 자금/ 목적성 자금)
습관적 지출로 인한 과소비	신용카드 소비 내역/누적 사용액 확인 여러 카드의 사용 자제
비경상적 수입에 대한 높은 소비 성향으로 인한 과소비	비경상적 수입을 저축성 자금으로 우선적으로 관리 비경상적 수입에 대한 사전 저축 약정

계획적 소비와 웰빙 마케팅 전략

- 기업은 소비자의 과소비와 재무적 스트레스의 원인을 파악하고 이를 줄이기 위한 마케팅 전략을 실행한다. 소비자의 과소비의 원인에는 소비자의 현재소비 선호, 미래 재무상태에 대한 막연한 낙관과 정확한 비용 파악 실패, 그리고 부채에 대한 관대한 태도 등이 있다. 기업은 소비자의 과소비의 주요 원인을 파악하고 그에 맞는 마케팅 전략을 통해 소비자의 계획소비를 돕는다.

- 기업은 소비자가 현재소비에 대한 선호를 자제하고 계획적 소비를 하도록 돕는다. 계획소비를 위하여 기업은 소비자로 하여금 용도별로 계좌를 구분하여 항목별 비용 관리가 이루어지도록 돕는다.

- 소비자는 미래의 재무 상황에 대한 막연하게 낙관적인 판단을 하고 미래의 비용지불 노력은 과소평가하는 경향을 보인다. 기업은 소비자의 구매시점에 구매 이후에 지불하게 되는 원금과 이자 총액, 정기적인 납부 필요 금액, 그리고 납부 필요 기간에 대하여 명확히 설명함으로써 소비자의 미래의 재무상태에 대한 막연한 낙관을 줄이고 구체적 정보에 의한 구매 결정을 하도록 돕는다.

- 소비자의 부채에 대한 관대한 태도도 과소비의 원인이 된다. 기업은 소비자 신용구매의 한도를 지나치게 높게 설정하지 않고 소비자의 지불 능력의 범위에서 관리하도록 한다. 기업의 매출 증대를 위한 과도한 신용 공여를 지양하고 소비자의 누적 사용실적에 대한 정보를 실시간으로 제공하여 계획적인 소비 관리를 돕는다.

계획적 소비와 소비 전략

- 소비자는 목적 계좌별로 소비 한도를 설정하고 지출을 관리하여 계획적 소비가 이루어지도록 한다. 소비자는 소비 자금을 목적별로 구분하고 계좌를 구분하여 자금의 목적과 용도에 맞는 계획적 소비를 한다. 소비자는 충동구매를 억제하고 비용을 선지불하여 소비 지출에 대한 통제가 이루어지도록 한다. 소비자는 소비통제와 더불어 재무적 지식과 능력을 함양한다. 재무 지식의 함양이 합리적이고 계획적 소비를 돕는다.

- 소비자는 저축 목표를 사전에 정하여 미리 저축을 하고 난 이후에 나머지 금액을 지출 계좌를 통하여 사용하도록 한다, 소비자가 점진적 저축증대 프로그램을 통하여 미리 약정에 따라 저축을 하되 미래의 비경상적 수입에 대하여도 높은 저축 비율을 사전 약정하는 것이 필요하다.

- 소비자는 부채에 대한 관대한 태도를 지양하고 계획적인 소비와 재무계획으로 부채를 줄이기 위하여 노력하여야 한다. 소비자는 특히 신용카드 사용한도액을 사용가능액으로 간주하기보다는 본인의 지불 능력의 범위 내에서 절제된 신용카드의 사용을 하여야 한다.

계획적 소비 관련 가설

- 소비자의 현재소비 선호 현상(present bias), 미래 수입에 대한 막연한 낙관적 판단 경향, 부채에 대한 관대한 태도는 소비자의 계획적 소비와 부(-)의 상관관계를 가진다.

- 소비자의 재무적 지식, 재무적 능력, 비용항목별 지출관리는 소비자의 계획적 소비와 정(+)의 상관관계를 가진다.

- 소비자의 계획적 소비는 재무적 스트레스를 줄여 재무적 웰빙에 기여한다.

077 재무적 웰빙(financial well-being)

재무적 웰빙은 소비자 혹은 가족이 편안한 생활을 할 정도의 충분한 자원을 가진 재무적 상태를 말한다(Xiao, 2016). 재무적 웰빙은 소비 생활을 가능하게 하는 경제적 자원을 제공하고 소비 욕구 충족의 기초가 된다. 재무적 웰빙은 전반적 소비자 웰빙(macro consumer well-being)에 영향을 미치는 중요한 변수가 된다.

재무적 웰빙은 객관적 지표와 주관적 지표에 의해 측정된다. 객관적 지표는 소득, 부채, 저축 등의 재무적 지표를 말하면 주관적으로는 현재 재무상태에 대한 만족 및 미래 재무 상태에 대한 기대를 반영한다. 주관적 지표는 재무적 만족(Ng & Diener, 2014; Grable, Cupples, Fernatt, & Anderson, 2013), 현재의 재무적 스트레스(Archuleta, Dale, & Spann, 2013; Prawitz et al., 2016; Netemeyer et al., 2018), 재무적 상황에 대한 통제감(Brüggen et al., 2017) 그리고 미래 상태에 대한 재무적 기대(Netemeyer et al., 2018)에 의해 측정된다. 재무적 웰빙은 현재의 재무 만족(적정 수입, 재무 상황에 대한 통제감, 낮은 재무 스트레스) 그리고 미래의 안정적 재무 상황에 대한 기대(예상 수입 적정성, 미래 소비에 대한 통제감, 미래 재무상황의 안정성)의 두 가지 차원으로 측정될 수 있다.

재무적 웰빙(financial well-being)의 차원

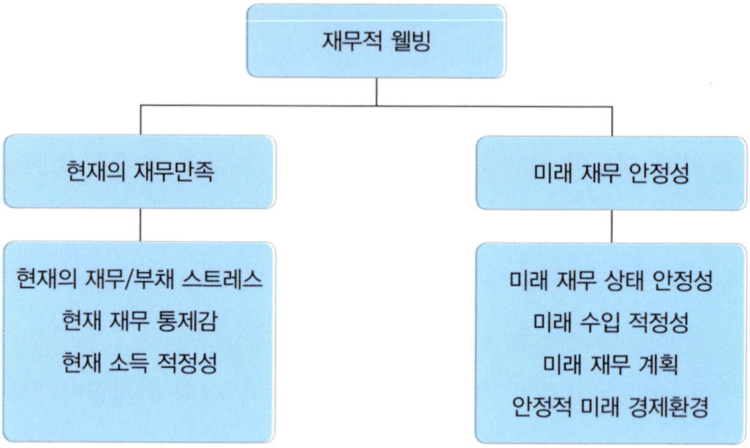

재무적 웰빙의 측정 도구

구분	측정 도구	내용	Reference
객관적 지표	재무 지표	소득 생활비 자산, 순자산 부채 수입 대비 부채비율	Xiao, 2016 Diener & Biswas-Diener, 2002
주관적 지표	재무 만족	전반적 재무 만족 소득 만족 소득 적정성 부채 관련 만족	Ng & Diener, 2014 Grable, Cupples, Fernatt, & Anderson, 2013
	재무적 스트레스	재무 스트레스 부채 스트레스	Archuleta, Dale, & Spann, 2013
	주관적 재무 웰빙	IFDFW scale(InCharge financial distress/financial well-being scale)	Prawitz et al., 2016
	주관적 재무 웰빙	현재 및 미래의 재무에 대한 통제감 현재 및 미래의 소비 선택 자유	Brüggen et al., 2017
	인지된 재무적 웰빙	현재의 재무 스트레스 미래 안정적 재무상태 기대	Netemeyer et al., 2018

078 재무적 웰빙의 측정도구

소비자 웰빙에 중요한 역할을 하는 재무적 만족은 현재 재무적 스트레스가 적고 미래의 재무 상황에 대한 기대가 높은 상태에 의해 측정된다. 재무적 만족은 재무적 웰빙이라고도 불리우며, 현재와 미래의 바람직한 소비 생활수준을 가능하게 하는 재무상태 정도에 대한 판단을 의미한다(Brüggen et al., 2017). 재무적 만족이 높은 소비자는 일상 소비 지출에 있어서의 선택의 자유를 가지며 미래 재무적 상황에 대한 불안이 적다.

재무적 웰빙은 여러 방식에 의해서 측정된다. 첫째, 재무적 웰빙(perceived financial well-being)은 현재 재무적 운영에서 스트레스가 없는 정도(current management monetary stress)와 미래의 재무적 상황을 안전하게 느끼는 정도(expected future financial security)의 두 차원으로 구분하여 측정한다(Netemeyer et al., 2018). 둘째, 재무적 만족(financial satisfaction) 측정도구는 현재의 소비 욕구충족에 적정한 안정적 소득, 계획적인 소비 지출 관리, 부채에 대한 걱정과 상환에 대한 스트레스가 없는 정도, 저축과 미래의 재무적 상황에 대한 만족 등 다양한 측정도구에 의해서 측정된다(Joo & Grable, 2004; Shim et al., 2009; Van Praag et al., 2003). 셋째, 재무적 웰빙을 재무적 스트레스가 없는 정도로 측정하기도 한다. 예를 들어 Incharge라고 하는 기관에서 개발한 Financial Distress and Financial Well-being(IFDFW) 측정도구가 있다(Prawitz et al., 2006).

재무적 만족은 소비자로 하여금 높은 자존감을 가지게 하며, 미래 소비에 대한 불안/걱정과 같은 부정정서로부터 소비자를 보호하고 사회적 상호작용과 사회적 연결을 활성화하여 소비자로 하여금 소비 생활에 대한 만족과 빈번한 긍정정서의 체험을 가능하게 한다. 이러한 이유로 재무적 만족은 소비자 웰빙에 중요한 기여를 한다.

재무적 웰빙(Perceived financial well-being)의 측정 도구

차원	문항	reference
현재 금전관리 스트레스 (current money management stress)	1. 지금의 금전적 상황 때문에 내 인생에서 원하는 것을 갖지 못하게 될 듯하다. 2. 나는 재무적 지식이나 능력이 부족하다. 3. 내 재무상황이 현재의 나의 삶을 통제한다. 4. 내가 재무상황을 통제한다고 느낄 때 이를 후퇴시키는 일이 발생하곤 한다. 5. 금전적 걱정으로 인생을 즐기기가 어렵다. (매우 그렇다/전혀 그러하지 않다)	Netemeyer, Warmath, Fernandes, & Lynch, 2018
미래 재무 안정에 대한 기대 (expected future financial security)	1. 나의 재무 상황은 안정적으로 되어 가고 있다. 2. 나는 나의 미래의 재무상황을 안정적으로 보고 있다. 3. 나는 내가 설정한 재무 목표를 달성할 것 같다. 4. 나는 내 평생 사용하기에 충분한 돈을 이미 저축하였다. 5. 나는 내 평생 재무적으로 매우 안정적일 것이라고 생각한다. (전혀 그러하지 않다/매우 그렇다)	Netemeyer, Warmath, Fernandes, & Lynch, 2018

자료: Netemeyer, Warmath, Fernandes, & Lynch Jr, 2018.

현재의 재무 스트레스 차원의 측정지표

개념	주요 측정 지표	저자
재무적 스트레스	과도한 부채/신용카드 사용 정도 부채 상환에 대한 걱정의 정도	Aldana & Liljenquist, 1998
경제적 스트레스	현재의 재무적 어려움 미래 재무 상황에 대한 불안	Mills et al., 1992
부채 스트레스	부채 금액에 대한 걱정 개인 부채로 인한 스트레스 부채 상환능력에 대한 스트레스	Kim & Garman, 2003
경제적 곤경	현재의 채무 상환능력 재무적 걱정의 정도	Drentea, 2000
수입 적정성	수입이 생활에 필요한 재무적 지출을 감당할 정도	Voydanoff, 1984

현재 재무 스트레스 측정 도구

측정 도구	문항	출처
재무적 스트레스 (IFDFW scale)	1. 오늘 당신이 느끼는 재무적 스트레스는? (매우 높음/전혀 없음) 2. 당신의 현재 재무상태에 대한 만족도는? (매우 불만족/매우 만족) 3. 당신의 재무상태에 대하여 어떻게 느끼십니까? (매우 걱정됨/매우 편안함) 4. 한달의 일상적 생활비를 충당하는 것에 대해 얼마나 걱정하십니까?(항상 걱정/전혀 걱정 없음) 5. 백만원 정도의 금액을 긴급하게 지출하여야 하는 상황에 생기는 것에 대하여 어떻게 생각하십니까? (걱정이 많이 됨/ 전혀 걱정 없음) 6. 돈이 부족하여 외식, 영화 또는 하고 싶었던 일을 하지 못하는 상황이 얼마나 자주 발생합니까? (항상 발생/ 전혀 발생하지 않음) 7. 그달 벌어 그달 쓰는 재무 상황이 얼마나 자주 발생합니까?(항상 그러함/전혀 그러하지 않음) 8. 전반적으로 당신의 재무상태에 대하여 얼마나 스트레스를 받습니까?(많이 받음/전혀 받지 않음)	Prawitz, Garman, Sorhaindo, O'Neill, Kim, & Drentea, 2006
경제적 스트레스 (economic strain)	1. 나는 종종 금전적인 어려움을 경험한다. 2. 나는 금전적 문제를 고민하느라고 많은 시간을 보낸다. 3. 금전적 고민을 하느라고 일에 지장을 받기도 한다. 4. 금전적 문제로 타인과의 관계가 나빠지기도 한다. (매우 그렇지 않음/매우 그러함)	Mills, Grasmick, Morgan, & Wenk, 1992
부채 스트레스 (debt stress)	1. 당신이 가진 부채 총액에 대하여 얼마나 자주 걱정하는가? (전혀/매우 자주) 2. 당신의 부채가 당신에게 얼마나 많은 스트레스를 주는가? (전혀/매우 많이) 3. 당신의 부채 상환에 대해 얼마나 걱정하는가? (전혀/매우 많이)	Drentea, 2000

재무적 웰빙과 전반적 소비자 웰빙

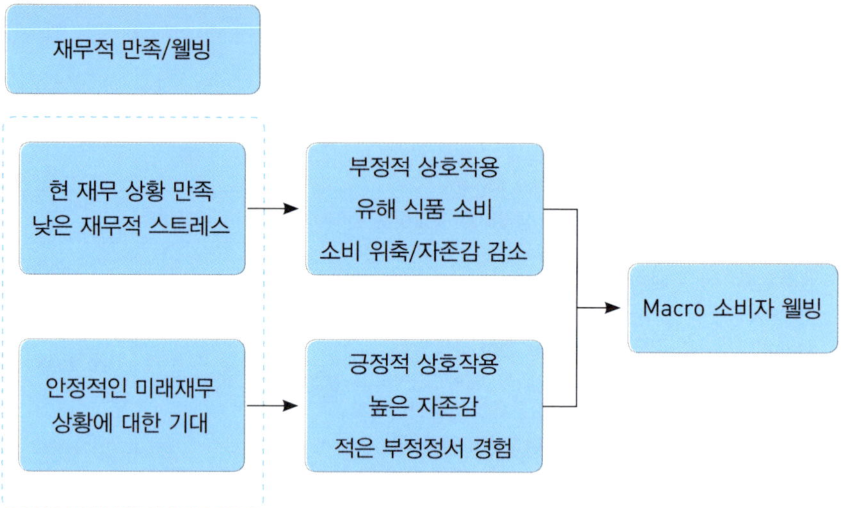

079 현재의 재무 스트레스와 전반적 소비자 웰빙

재무 스트레스는 현재의 재무적 상황이 얼마나 소비자의 웰빙에 부정적인가에 대한 판단과 이러한 상황을 극복할 자산이 충분한가에 대한 판단의 결과이다(Aldana & Liljenquist, 1998; Kim & Garman, 2003). 재무 스트레스는 수입 적정성(income adequacy)(Danes & Rettig, 1993), 부채 스트레스(debt stress)(Drentea, 2000), 경제적 곤경(economic strain)(Mills et al., 1992), 경제적 스트레스(economic distress)(Voydanoff, 1984) 등 여러 용어로 불리어진다. 재무적 스트레스는 필요한 지출비용을 수입이 감당하지 못할 때 주로 발생한다(Aldana & Liljenquist, 1998). 재무적 스트레스는 현재의 재무 상황이 소비자 웰빙을 위협하고 이를 극복할 재무적 자산이 부족할 때 소비자들이 느끼는 스트레스를 말한다(Lazarus & Folkman, 1984). 소비자의 재무적 스트레스가 높으면 금전 문제를 빈번하게 경험하고, 금전적 문제를 걱정하는데 많은 시간을 사용하며, 금전적 문제로 인한 대인 관계 혹은 하는 일에 부정적 영향을 받는다(Mill et al., 1992). 수입 적정성은 소득이 생활비용을 감당하기에 적절한지에 대한 판단이다(Danes & Rettig, 1993).

재무 스트레스는 다음과 같은 이유로 소비자 웰빙에 부정적 영향을 미친다.

첫째, 재무적 어려움은 부정적인 상호작용의 빈도를 높인다. 재무적 어려움이 큰 경우 사회적 관계를 맺고 있는 주변 사람들과의 부정적인 상호작용이 자주 발생하고, 이는 소비자의 부정적 정서의 경험과 더불어 소비자 웰빙을 낮춘다(Lincoln, 2007).

둘째, 재무적 스트레스로 인한 부정적 정서의 경험은 술, 담배와 같은 건강에 유해한 제품의 소비에 대한 소비를 증대시켜 건강을 악화시키고 소비자 웰빙에 부정적 영향을 미친다(Shaw, Agahi, & Krause, 2011).

셋째, 재무적 스트레스는 소비를 위축시켜 소비자의 다양한 소비 욕구의 충족 기회를 감소시킨다. 재무적 스트레스는 개인의 자존감과 자신감을 하락시키고(Aldana & Liljenquist, 1998) 소비자 웰빙에 부정적 영향을 미친다. 재무 스트레스에 대한 소비자의 대처방식은 문제 해결형 대응(problem-focused coping)과 감정적 대응(emotion-focused coping)으로 나누어진다. 문제 해결형 대응은 문제의 원인을 파악하고 예산 수립 및 저축 등 선제적이고 구체적인 전략으로 효과적인 해결을 선제적으로 모색하는 스트레스 대처방식이다. 재무 상황에 대한 통제감 및 자아 효능감이 높거나 사회경제적 지위가 안정적인 사람들일수록 문제해결형 대응전략을 많이 사용한다. 한편 감정적 대응전략은 재무적 스트레스에서 오는 분노 좌절 등의 부정적 감정을 해소하고자 하는 데 치중하는 대응전략이다. 일반적으로 재무 스트레스에 대한 감정적 대응보다는 문제해결 중심의 대응 전략이 재무적 스트레스의 해결에 더 효과적이다(Baker & Berenbaum, 2007).

080 미래의 재무적 안정에 대한 기대와 전반적 소비자 웰빙

재무적 웰빙의 차원의 하나인 재무적 안정에 대한 기대는 소비자의 미래의 재무적 상황에 대한 기대를 의미한다. 미래 수입의 안정성, 적정성, 예측가능성을 의미한다. 미래 재무적 상황에 대한 기대와 유사한 개념으로 소비자 전망지수(consumer sentiment index)가 있다. 소비자 전망지수는 소비자들이 경제 전반에 대해 낙관적인 전망을 하는 정도를 말한다(Katona, 1974). 소비자 전망지수는 장단기적으로 경제에 대해 낙관적인 태도를 가지는 정도를 의미하며, 이러한 소비자 전망지수가 높을수록 소비자들의 미래의 재무적 상황의 안정에 대한 기대가 높아지고 소비 지출도 높아진다.

미래의 재무적 안정에 대한 소비자의 기대는 소비자 웰빙에 긍정적 영향을 미친다. 그 이유는 다음과 같다. 첫째, 미래의 재무적 안정에 대한 기대가 높으면 타인과의 활동에서 재무적 스트레스가 적고, 결과적으로 사회적 교류의 빈도가 많아진다(Lincoln, 2007). 미래의 재무적 안정에 대한 기대는 타인을 위한 선물, 기부 등의 타인을 위한 소비의 증가도 가능하게 하여 사회적 친교와 소비 행복감을 높인다. 둘째, 미래의 재무적 안정에 대한 기대가 높으면 소비가 증가되고 불확실한 상황에 대한 걱정이나 불안이 적고 소비자로서의 자존감이 높아진다(Aldana & Liljenquist, 1998). 미래의 재무적 안정에 대한 기대가 높으면 다양한 소비 욕구의 충족 기회가 많아지고 이는 소비 생활의 만족에 기여를 한다. 셋째, 미래의 재무적 안정에 대한 기대가 높으면 부정정서의 경험이 적어진다. 젊은 소비자들은 장년 소비자에 비하여 좀더 미래 지향적이고 미래의 재무적 상황에 대하여 낙관적인 견해를 가진다. 젊은 소비자들은 미래의 재무적 상황을 실제보다 더 낙관적으로 예측하는 경향을 가진다(Lachman et al., 2008).

재무적 웰빙 관련 가설

- 재무적 웰빙(낮은 현재의 재무적 스트레스와 높은 미래의 재무적 안정)은 소비자의 긍정적인 사회적 상호작용을 활성화하고, 소비자의 자존감을 높이며, 부정정서의 경험을 줄여서 소비자 웰빙에 긍정적으로 기여한다.
- 미래 지향적인 젊은 소비자들은 장년 소비자에 비하여 미래 재무상황에 대한 더 낙관적 기대를 가진다. 소비자의 미래지향적 태도(future orientation)는 미래의 재무적 안정에 대한 기대와 정(+)의 상관관계를 가진다.
- 미래의 재무적 안정에 대한 기대(expected future financial security)는 현재의 재무 스트레스(current financial stress)가 소비자 웰빙에 미치는 부정적 영향을 줄여준다. 현재 재무적 스트레스가 소비자 웰빙에 미치는 부정적 영향은 미래의 재무적 안정에 대한 기대(expected future financial security)가 낮은 소비자의 경우가 미래의 재무적 안정에 대한 기대가 높은 소비자의 경우보다 더 크다.

081 재무 스트레스의 영향 요인

소비자가 소비의 증가를 통해 소비자 웰빙을 향상시킬 수는 있지만 소비의 증가가 소득이 아닌 부채에 의한 경우 오히려 소비자의 웰빙에 부정적 영향을 미친다. 소비자의 상환 능력을 넘어서는 과도한 부채는 재무적 스트레스의 원인이 되고 이는 소비자 웰빙에 부정적 영향을 미친다(Roberts, Golding, & Towell, 1998; Garðarsdóttir & Dittmar, 2012). 소비자의 부채는 소득 수준과 무관하게 소비자 웰빙에 부정적 영향을 미친다(Ahuvia & Friedman, 1998). 소비자들은 자산관련 부채보다 소비관련 부채에 대하여 더 많은 스트레스를 받는다(Brown, Taylor, & Price, 2005). 소비자들의 자산/소득 대비 부채의 크기와 같은 객관적 지표보다는 주관적으로 느끼는 부채에 대한 재무 스트레스가 소비자 웰빙에 더 큰 부정적 영향을 미친다(Chen et al., 2018).

이러한 부채로 인한 재무적 스트레스는 다음과 같은 여러 요인들에 의해 영향을 받는다(Garðarsdóttir & Dittmar, 2012; Lea, Webley, & Walker, 1995; Livingstone & Lunt, 1992).

첫째, 현재소비 선호현상이다. 현재소비 성향이 강한 사람들은 현재소비를 위해 과도한 할인을 하고 충동적인 구매를 많이 하며 과소비를 하는 경향이 있다. 이는 현재의 소비는 매우 구체적인 반면 미래의 소비를 위한 저축은 무형적이고 추상적이기 때문이다(Rick & Loewenstein, 2008). 현재의 소비성향이 강한 사람들은 지출해야 할 비용을 무시하는 경향(expense neglect)을 보이는데 이는 미래의 소득과 비용을 예상할 때 미래에 부담해야 할 비용의 빠른 증가를 과소평가하기 때문이다(Berman et al., 2016).

둘째는 소비자의 물질주의 성향이다. 물질주의 성향이 강한 사람들은 물질적 열망이 강하고 물질을 통해 사회적 성공과 행복감을 성취하려는 경향을 보인다. 물질주의 성향을 가진 소비자는 비계획 구매와 과소비를 하는 경향을 보인다(Donnelly, Ksendzova, & Howell, 2013; Garðarsdottir & Dittmar, 2012). 물질주의가 강한 사람들은 현재소비에 대한 통제력이 약하고 저축을 적게 하며 부채가 증가하는 등 효과적인 재무관리를 잘 하지 못한다(Donnelly, Iyer, & Howell, 2012). 이러한 이유로 소비자의 물질주의는 재무적 스트레스에 기여하고 소비자 웰빙에 부정적 영향을 미친다.

셋째는 소비자들의 부채에 대한 긍정적 태도이다. 부채에 대해 긍정적이고 관대한 태도를 가진 소비자들은 자신들의 미래의 소득과 지급능력을 과대평가하고 부채의 상환에 필요한 시간과 노력을 과소평가하는 경향을 보인다(Seaward & Kemp, 2000). 부채로 인한 재무적 스트레스를 줄이기 위해서는 부채의 원인이 되는 충동적이고 무계획적인 구매를 지양하고, 신용카드 사용금액 및 공과금을 정시에 납부하면서 소득 대비 부채의 비율을 잘 관리하는 것이 필요하다(Xiao, Tang, & Shim, 2009). 더불어 재무적 지식을 습득하고 미래의 재무적 위험을 사전적으로 준비하면서 계획적인 부채관리를 하려는 노력이 중요하다(Antonides et al., 2011).

재무적 스트레스 영향요인

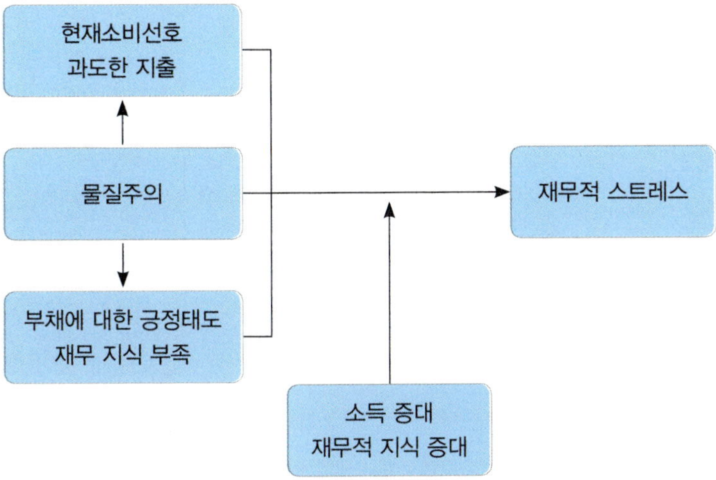

재무 스트레스가 높은 소비자의 소비행동

소비자 편향	내용	Reference
현재소비 편향 (present bias in consumption)	추상적 미래 소비보다는 구체적인 현재의 소비를 더 선호 저축을 적게 하고 과소비 암묵적 지출에 대한 관대	Nguyen, 2016 Xiao & Porto, 2019
미래편익 지속편향 (durability bias in affect forecasting)	구매 제품의 미래의 편익이 오랫동안 지속하리라고 기대하는 편향(실제로는 만족 적응, 망각, 특정편익 집중으로 오래 지속되지 않음)	Wilson et al., 2000
미래 재무상황 긍정편향 (Positive bias in future slack)	추상적이고 구체적이지 않은 미래 재무상황에 대한 낙관적 평가	Cummins et al., 2003 Lachman et al., 2008
미래 부채상환노력 과소평가 (Positive bias in future payment)	추상적이고 구체적이지 않은 미래의 지불기간이나 비용에 대한 과소평가	Cummins et al., 2003 Lachman et al., 2008
부채에 대한 긍정태도 (positive attitude towards debt)	부채/신용 구입에 대한 긍정적 태도 부채 원리금 최소 상환 신용 한도를 사용가능금액으로 간주	Almenberg et al., 2018
부채 계좌 회피 (debt account aversion)	잔액이 적은 부채 우선 상환	Amar et al., 2011
쾌락적 부채 회피 (hedonic debt prioritization)	기간이 오래된 쾌락적 소비로 인한 부채의 우선 상환필요(죄의식)	Besharat, Varki, & Craig, 2015

재무적 스트레스 관련 가설

- 소비자의 물질주의, 낮은 재무지식, 충동적 구매 경향은 소비자의 과소비와 정(+)의 상관관계를 가진다.

- 재무 스트레스가 높은 소비자는 재무 스트레스가 낮은 소비자에 비하여 현재소비를 선호하고, 미래 재무상황에 대해 막연하게 낙관적으로 평가하며, 부채에 대하여 긍정적 태도를 가지며, 미래의 부채 상환노력을 과소평가한다. 소비자의 재무 스트레스(financial distress)는 소비자의 현재소비성향(present bias), 미래 재무상황에 대한 긍정 편향(positive bias in future slack), 부채에 대한 긍정 태도(positive attitude towards debt)와 정(+)의 상관관계를 가진다.

082 재무적 지식/능력(financial literacy)

소비자의 현재소비 선호 현상을 줄이고 미래 저축을 보다 구체적으로 만드는 방법 중의 하나는 소비자의 재무적 지식을 늘리는 것이다. 재무적 지식은 재무적 자산에 대한 관리능력과 지식을 통칭하는 용어이며 계획적인 소비를 통해 재무적 만족을 달성하는 데 필요한 요소이다. 재무능력은 주요 재무적 개념을 이해하고 경제적 개인적 상황에 맞는 단기 재무 결정과 장기 재무 계획을 수립하는 능력을 의미한다(Redmund, 2010). 이러한 재무적 지식은 재무적 의사결정의 필요와 대안을 분석하고, 필요한 정보를 파악하여 소비, 저축, 투자, 신용에 대한 재무 의사결정을 효율적으로 수행하는 능력을 포함한다. 재무지식은 재무적 이슈 관련 지식을 포함하는 객관적 재무지식과 재무적 이슈에 대한 주관적 자신감을 의미하는 주관적 재무지식으로 나누어진다(Braunstein & Welch, 2002; Hilgert, Hogarth, & Beverly, 2003; Huston, 2010).

소비자의 재무적 지식/능력은 소비자의 웰빙에 기여하는데 그 이유는 다음과 같다. 첫째, 재무에 대한 지식 및 능력은 소비 상황에서 재무적 자원에 대한 효율적 사용을 돕는다. 재무적 지식과 능력은 효율적이고 계획적인 금전적인 관리를 가능하게 하며 재무만족에 긍정적 영향을 미친다(Xiao et al., 2014). 재무적 지식과 능력은 합리적 소비와 지출 관리를 가능하게 하여 재무스트레스를 줄이고 재무적 웰빙에 기여한다(Dew & Xiao, 2011; Donnelly, Iyer, & Howell, 2012). 둘째, 재무적 지식과 능력은 소비자의 미래 재무상황에 대한 예측능력을 높이고 재무상황에 대한 과도하게 낙관적인 예측이나 비용에 대한 과소예측의 가능성을 줄인다. 셋째, 재무적 지식과 능력은 다른 소비자와의 활발한 재무정보 교환을 가능하게 한다. 소비자들이 서로 자발적으로 정보를 공유하면서 재무 의사결정을 할 때 소비자들의 상황에 적합한 의사결정이 가능하고 재무적 만족이 증가한다(Mende & Van Doorn, 2015; Xiao, Chen, & Chen, 2014).

재무적 지식에 대한 교육은 소비자의 전반적 의사결정 능력을 높이는 데에는 한계가 있지만 이러한 재무 의사결정의 기초가 되는 구체적인 재무능력을 높이는 데는 효과적이다. 재무적 지식과 재무적 능력의 관계에 대한 연구를 종합한 메타 분석(meta analyses)에 의하면 소비자들의 일반적 재무 지식에 대한 교육과 전반적 재무적 의사결정 능력의 상관관계는 교육 내용에 대한 망각으로 인하여 실제로 그리 높지 않다(Fernandes, Lynch, & Netemeyer, 2014). 하지만 재무적 지식에 대한 소비자 교육은 소비자의 재무적 의사 결정에 기초가 되는 재무기록의 관리, 저축 등에 대한 구체적인 재무의사 결정 능력을 향상시키는 데는 많은 도움이 된다(Miller et al., 2014).

재무적 지식(financial literacy)이 있는 소비자의 재무 행동

재무적 지식 영역	재무적 지식이 있는 경우의 재무 행동	재무적 지식이 부족한 경우의 재무 행동
현금 흐름/소비	지출 기록 관리 정기적 잔고 확인 및 관리 신용카드 및 비용 청구서 정시 납부 비교 구매 및 예산 계획	충동적 구매 현재소비 선호 과도한 채무 부채상환에 필요한 금액 과소평가
저축	계좌별 자금 관리 정기적이고 규칙적인 저축(자동이체) 장기목적성 저축(교육, 자동차, 주택, 휴가) 장기적인 미래 재무 계획 수립 비상/예비 자금 유지	장기 저축의 가치 과소평가 비효율적 자산관리 퇴직 후 계획 없음 높은 수수료 부담
투자	다양한 투자 순자산의 계산 장기적 연금 계획	소극적 투자 단기적 투자
신용	신용 평가 보고서 검토 신용카드 사용액 완납 신용카드 신청 전에 비교 검토	과도한 신용카드 소비 높은 신용카드 이자 부담

자료: Braunstein, & Welch, 2002; Hilgert, Hogarth, & Beverly, 2003.

재무적 지식 및 재무적 만족

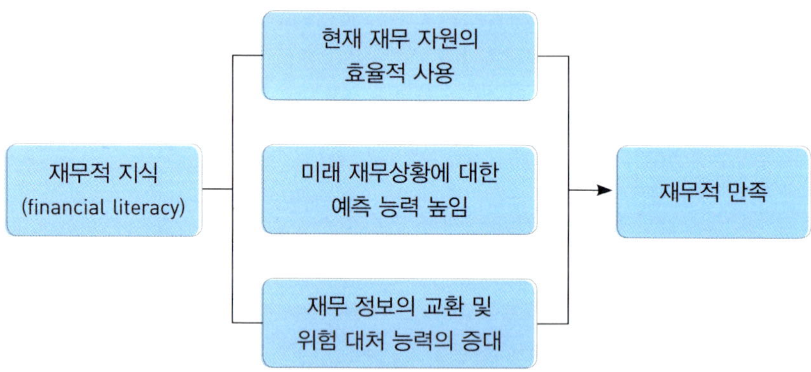

083 재무적 지식 부족과 전반적 소비자 웰빙

재무적 지식은 소비자들의 잘못된 예측을 줄이고 위험에 대한 대처능력을 높인다. 하지만 재무적 지식이 부족하면 소비자들은 재무 상황에 대한 잘못된 믿음을 가지게 되어 재무적 만족과 소비자 웰빙에 부정적 영향을 미친다. 그 이유는 구체적으로 다음과 같다.

첫째, 재무지식이 부족하면 소비자는 자신의 재무상황을 막연하게 낙관적으로 보는 경향이 더 커진다. 일반적으로 소비자들은 미래의 재무적 자원을 낙관적으로 보는 경향이 있지만 재무적 지식이 적은 소비자는 구체적 근거가 부족하여 막연한 낙관을 더 크게 가지게 된다. 비록 재무적 지식이 적은 소비자가 미래의 재무상황을 막연하게 낙관하지만 실제로는 그 시점에 이르면 재무적 상황이 현 상황만큼이나 그리 낙관적이지 않은 경우가 많다. 또 소비자는 미래에는 소득이 향상되어 저축 여력이 더 많을 것이라고 낙관하지만 그 시점에 이르면 많은 경우 소비도 같이 증가하여 저축 여력은 여전히 많지 않은 상황이 된다. 소비자들은 미래의 여유 자원(slack)에 대한 판단은 금전적 자원보다 시간에 대하여 더 크게 여유가 있을 것이라고 생각하는 경향을 보인다(Soman, 1998).

둘째, 재무적 지식이 적은 소비자는 미래의 소비자의 비용이나 노력을 과소평가하는 경향을 보인다. 예를 들어 대출에 의한 부채에 대하여 현재의 낮은 이자율이 유지될 것이라고 막연하게 기대한다. 또한 향후 부채로 인한 원리금 상환의 어려움을 과소평가한다. 결과적으로 많은 소비자들이 신용카드 사용액이나 대출금의 상환에 필요한 기간과 이자를 과소평가하는 경향을 보인다(Lewis & van Venrooij, 1995). 막연하게 이자만 상환만 가능하면 아무 문제가 없을 것으로 예상하고, 소득이나 이자율의 변동으로 인한 재무적 위험은 간과하는 경향이 있다. 이러한 미래 노력에 대한 과소평가는 과도한 부채와 과소비로 이어지기 쉽다(Eisenstein & Hoch, 2005).

셋째, 재무적 이해의 부족은 재무 상황에 대한 잘못된 믿음을 가지게 한다. 예를 들어 기존 대출을 신규대출로 상환하는 경우 남는 금액을 현금수입으로 간주하거나, 현재의 낮은 이자율만 비교하면서 미래의 원리금 상환기간이 늘어난 것을 간과하거나, 부동산 가격이 오른 것을 개인의 실질적 부(wealth)가 늘어난 것으로 착각하는 경우 등이다. 이러한 재무적 이해 부족에서 오는 잘못된 믿음은 소비자의 재무 예측능력을 저하시켜 재무적 위험에 노출시킬 가능성이 있다. 소비자의 재무 지식은 이러한 소비자의 예측 오류로 인한 과도한 소비나 부채의 발생을 억제하고 미래의 소요 비용을 구체적으로 예측하여 미래의 재무적 상황에 대한 대처능력을 높인다. 재무적 지식은 안정적인 재무상태에 기여하고 미래의 재무적 위험을 줄여 소비자 웰빙에 기여한다(Lane, 1991). 따라서 소비자들은 재무적 의사결정에 필요한 재무적 지식을 함양하고, 재무적 지식의 습득을 통하여 소비자들이 흔히 가지는 잘못된 믿음을 극복하고 합리적인 의사결정을 내려야 한다. 소비자들에게 금융정보를 제공하는 금융기관이 때로는 자신들의 이익을 대변하는 지식을 제공하는 경우도 있다. 따라서 금융기관은 자신의 이익보다는 소비자의 재무적 웰빙에 맞는 객관적인 정보를 제공하려는 노력이 필요하다.

재무적 지식 부족과 재무 관련 믿음

재무 관련 믿음의 차원	구체적 내용	실제 고려 사항
미래 상황에 대한 막연한 낙관	미래의 재무 상황(future slack)이 좋아질 것임	미래의 재무적 상황에 대한 막연한 낙관을 하지만 실제로는 그 시점에 이르면 재무적 상황은 현재의 상황과 비슷함
	미래 소득이 증가하여 저축을 할 여유가 많아질 것으로 생각	소비도 동시에 증가하여 저축이 마찬가지로 어려움
미래의 비용/노력/위험에 대한 과소평가	낮은 대출 이자율이 앞으로도 계속될 것 과도한 부채 사용	대출 이자율이 올라가면 원리금 부담 높아짐 부채 위험 증가
	자금 융자 시 월 할부금만 낼 수 있으면 큰 문제없음	전체 원리금 상환기간 고려하여야 함. 이자율, 인플레이션 올라가면 부담증가
	금리가 낮은 집 담보 대출로 금리 높은 신용카드 대출을 상환하여야 함	집 담보 압류의 위험이 있음
재무상황에 대한 잘못된 믿음(myth)	재융자(re-financing)에 의한 현금을 추가 수입으로 간주	낮은 이자율의 재융자는 상환기간이 긴 경우가 많음 재융자로 생긴 현금은 후일 상환하여야 할 대출금
	주택 가격이 올라서 실질적 부(wealth)가 증가함	오른 가격에 집을 팔아도 새로 비싼 가격에 다시 구매해야 하므로 부(wealth)의 차이가 없음(자동차 가격이 올랐어도 실질적 부의 변화가 없는 것과 같음)

자료: Emmons, 2005.

재무적 지식 부족과 재무적 스트레스

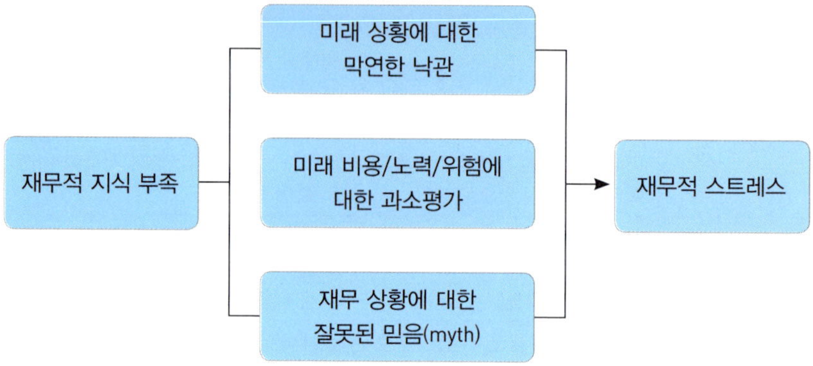

084 금전에 대한 믿음(money beliefs)

소비자의 돈에 대한 잘못된 믿음/행동은 재무적 스트레스의 원인이 된다. 소비자가 돈에 대해 무의식적인 잘못된 믿음(money beliefs)을 가지고 있거나, 돈에 대해 고치기 힘든 잘못된 행동(money disorder)을 하는 경우가 있으며 이러한 돈에 대한 잘못된 믿음이나 행동은 소비자의 자각과 심리적 상담을 필요로 한다. 돈에 대한 잘못된 믿음에는 돈에 대한 회피(money avoidance), 돈-지위 연계(money status), 그리고 돈에 대한 숭배(money worship)가 있다(Klontz, Britt, & Archuleta, 2015). 돈에 대한 회피(money avoidance)는 돈은 회피의 대상이고 중요하지 않으며 부자는 탐욕스런 사람이라는 믿음이다. 돈-지위 연계는 재산의 정도와 그 사람의 가치를 과도하게 연계시켜 생각하는 믿음이며, 돈에 대한 숭배는 돈에 대한 회피와 반대되는 개념으로 돈이 행복을 가져다 주고 삶의 모든 문제를 해결해 줄 것이라는 금전 만능의 믿음으로 돈을 우상화하는 믿음이다. 이러한 돈에 대한 잘못된 믿음은 부채가 많고 재산이 부족한 소비자의 경우에 많이 나타난다(Klontz et al., 2011).

돈에 대한 잘못된 믿음/행동은 소비자의 재무만족과 소비자 웰빙에 부정적 영향을 미친다. 구체적 내용은 다음과 같다. 첫째, 돈에 대한 회피는 소비자를 경제적으로 동기부여하지 못하고 경제적 노력을 등한시하게 함으로써 재무적 스트레스의 원인이 된다. 둘째, 돈과 지위를 과도하게 연계시키는 소비자의 믿음은 소비자의 빈번한 과시적 구매와 강박구매로 이어지기 쉬우며 소비자의 지나친 외재적 가치 추구는 소비자 웰빙에 부정적 영향을 미친다. 셋째, 돈에 대한 숭배는 물질에 대한 지나친 중시(materialism), 사용가치가 다하여도 버리지 못하는 축적 행동(hoarding disorder), 그리고 도박 행동(gambling disorder) 등 다양한 재무 스트레스의 행동의 원인이 된다. 따라서 돈에 대한 소비자들의 편견을 파악하고 균형 잡힌 믿음을 파악하는 것이 필요하다.

돈에 대한 무의식적인 잘못된 믿음/행동은 아니지만 사람들은 돈에 대한 나름대로의 주관적인 태도를 가지고 있다. 돈에 대한 사랑(Love of Money, LOM)은 돈에 대해 일반인들이 가지는 긍정적 태도를 말한다(Tang & Chiu, 2003). 돈에 대한 사랑은 돈을 중시하는 태도(importance), 돈과 성공을 결부시키는 정도(success), 돈에 의해 동기 부여되는 정도(motivator), 그리고 부자에 대한 태도(rich)의 네 가지 차원으로 구성된다. 돈에 대한 사랑이 돈에 대한 잘못된 강박적 태도는 아니지만 소득에 대한 불만과 비윤리적 행동의 원인이 된다(Tang & Chiu, 2003). 또한 돈에 대한 사랑은 재무적 열망을 포함하되 물질 소유를 강조하는 물질주의와는 구분되는 개념이다. 조직 차원에서도 경영자의 돈에 대한 사랑은 윤리적인 의사결정 의향을 낮추는 역할을 한다(Singhapakdi et al., 2013). 돈에 대한 잘못된 믿음(money beliefs)이나 돈에 대한 긍정적 태도(love of money)는 재무만족을 약화시키고 재무적 열망을 강화하여 소비자 웰빙에 부정적 영향의 원인이 된다.

금전에 대한 잘못된 믿음(money script)과 행동(money disorder)

돈에 대한 잘못된 믿음 (money script)	내용	잘못된 재무 행동 결과 (money disorder)
돈에 대한 회피 (money avoidance)	돈은 회피의 대상/중요치 않음 부자는 탐욕스런 사람	구매 회피 돈에 대한 생각을 회피
돈-지위 연계 (money status)	자신의 재산 정도를 자신의 가치와 밀접하게 연결시켜 생각	과시 소비 강박구매
돈에 대한 숭배 (money worship)	돈이 행복을 가져다 주고 삶의 모든 문제를 해결해줄 것이라는 믿음	물질주의 강박적 축적 도박 행동

자료: Klontz, Britt, Mentzer, & Klontz, 2011.

돈에 대한 사랑(Love of Money)의 측정 도구

돈에 대한 사랑 (love of money) 차원	질문 항목
돈의 중요성 (importance)	1. 돈은 중요하다. 2. 돈은 가치가 있다. 3. 돈은 좋은 것이다. 4. 돈은 우리 모두의 삶에서 중요한 요소이다. 5. 돈은 매력적이다.
돈과 성공 (success)	1. 돈은 나의 성취를 의미한다. 2. 돈은 나의 성공의 상징이다. 3. 돈은 내 업적을 반영한다. 4. 돈으로 타인과 나를 비교한다.
돈에 의한 동기부여 (motivator)	1. 돈을 많이 벌려고 열심히 일한다. 2. 돈이 나를 열심히 일하게 동기부여한다. 3. 돈이 나를 동기부여한다.
부자에 대한 태도 (rich)	1. 부자가 되는 것은 좋은 것이다. 2. 부자가 되면 좋을 것이다. 3. 나는 부자가 되고 싶다. 4. 내가 부자라면 내 인생은 더 즐거울 것이다.

자료: Tang & Chiu, 2003.

금전에 대한 잘못된 믿음과 재무적 스트레스

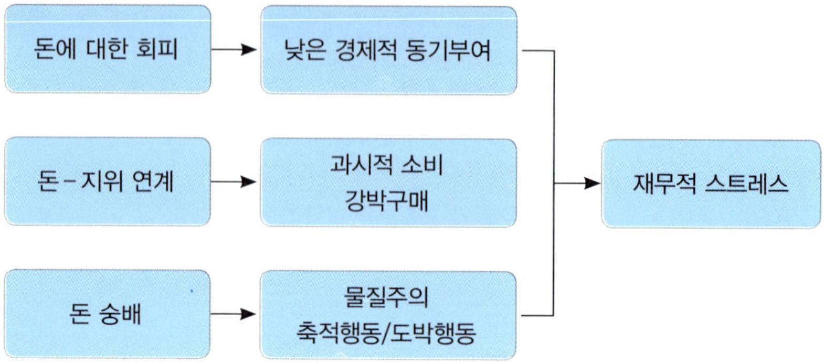

085 부채 관리(debt management)와 재무적 만족

효과적인 부채 관리는 재무적 스트레스를 줄이고 소비자 웰빙에 기여한다. 부채의 관리는 소비자의 필요한 소비재에 대한 소비지출 능력을 증가시켜 소비 욕구를 효과적으로 충족시키는 것을 가능하게 함으로써 소비 결핍으로부터 소비자를 보호한다. 부채의 감소는 부채 상환과 관련한 재무적 스트레스를 감소시키고 미래의 지출에 대한 불안을 줄여 재무적 안정성을 높인다. 자산이 부채보다 많은 순자산을 가진 소비자들일수록 부채를 회피하려는 경향을 보인다(Sussman & Shafir, 2012).

재무 만족과 소비자 웰빙 향상을 위한 효과적인 부채 관리 방안은 다음과 같다.

첫째, 소비자들이 복수의 부채 계좌를 가지고 있을 때에는 이자율이 낮지만 잔액이 적은 계좌를 이자율이 높고 잔액이 많은 계좌보다 우선적으로 변제하려고 하는 경향이 있다. 즉 소비자들이 부채에 대해 상환을 할 때 부채 계좌의 수를 줄이는 데 우선적인 목표를 두는 부채계좌 회피(debt account aversion)경향을 보인다. 하지만 이러한 전체 부채 계좌의 수를 줄이는 것에 중점을 두는 부채 상환 전략은 결과적으로 더 많은 이자를 부담하는 결과를 가져온다(Amar et al., 2011). 그렇기에 소비자들은 계좌 수를 줄이기보다는 전체적인 원리금의 부담이 최소화되는 것을 목표로 하여 높은 이자율의 대출계좌를 우선 변제하는 것이 중요하다.

둘째, 소비자들의 여러 높은 금리의 부채를 통합하여 상환하고 매월 지불하여야 하는 이자를 줄여준다는 부채통합 대출(debt consolidation loan) 상품의 경우, 비록 단기적으로 원리금 상황의 부담이 줄지만 더 장기에 걸쳐서 납부하고 결과적으로 더 많은 원리금을 지불해야 하는 경우가 있다. 이러한 상품에 대하여 소비자는 전체적인 비용을 고려하지 않고 매월 지출되는 단기적인 이자 지출금액의 감소에 안도하는 경향을 보인다. 새로운 대출금액이 기존대출금보다 많은 경우 새로운 대출금액으로 기존 대출을 상환하고 남은 금액을 소비자들은 추가적인 소비에 지출하는 경향이 있다. 하지만 단기적인 이자비용 지출의 감소가 장기적으로는 추가적인 소비 및 부채의 증가로 이어지는 경우도 많으므로 주의할 필요가 있다. 이처럼 소비자들은 부채통합 대출을 단기간의 원리금 상환액으로 비교하기보다는 전체 기간에 걸친 상환금액을 중심으로 판단하여야 한다(Bolton, Bloom, & Cohen, 2011).

셋째, 소비자가 기능적 제품과 쾌락적 제품의 구매로 인한 부채 계좌를 가지고 있는 경우 쾌락적 제품에 대한 부채를 우선하여 변제하려는 경향(hedonic debt prioritization)을 보인다. 이는 쾌락적 제품의 구매는 반드시 필요한 기능적 제품에 비해 구매를 정당화하기가 어렵고 구매에 대한 죄의식을 수반하기 때문이다. 이러한 쾌락적 제품 구매 관련 부채를 조기 상환하고 싶어하는 경향은 쾌락적 제품에 대한 구매(예: 여행)가 오래전에 이루어진 경우에 더 크게 나타난다(Besharat, Varki, & Craig, 2015). 하지만 부채 발생의 원인과 무관하게 전체적인 원리금의 부담이 최소화되도록 이자율이 높은 대출 계좌를 우선 변제하는 것이 효과적이다.

넷째, 소비자가 저축계좌와 부채계좌를 동시에 가지고 있는 경우 저축계좌를 해지하지 않고 그대로 유지하기 위하여 더 높은 이자의 부채 계좌에 대하여 이자를 지불하는 경향을 보인다. 소비자들은 저축성 자금에 대해서는 계좌를 그대로 유지하고자 하는 경향을 보인다(Shefrin & Thaler, 1988). 미래의 주택구입을 위한 낮은 이율의 저축을 그대로 두고 현재의 자동차 구입을 위해 더 높은 이자로 빌리거나, 개인의 저축액이 있는데도 카드 사용금액을 전액상환하지 않고 높은 이자를 내고 사용하는 것은 이러한 소비자들의 저축유지 선호경향 때문이다. 하지만 효과적인 부채관리 입장에서는 저축 계좌의 유지보다 전체적인 원리금 상환액을 최소화하는 것이 더 중요하다.

부채관리 및 재무적 만족

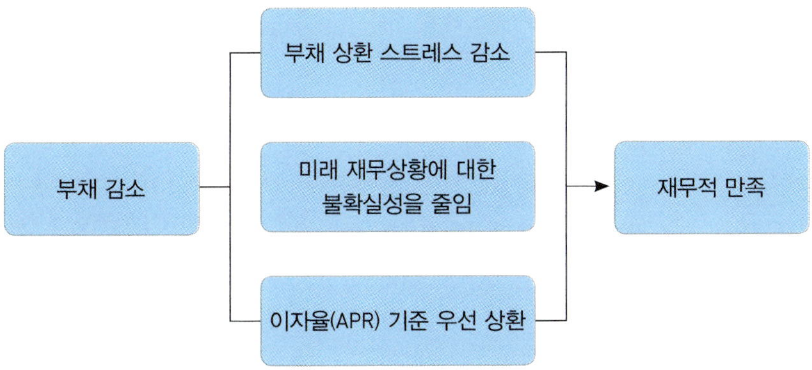

효과적인 부채 관리 방안

부채 관련 상황	부채 관련 소비자 행동	효과적 관리 방안
여러 개의 부채 계좌 보유	잔액이 적은 계좌를 먼저 상환하여 부채 계좌의 수를 줄이려고 함 (debt account aversion)	계좌 수를 줄이기보다는 상환해야 하는 이자율이 높은 계좌부터 우선 상환
부채통합대출	단기적으로 이자 지출 부담이 적은 신규 부채통합대출을 선호 (debt consolidation loan)	단순한 이자 상환 금액의 차이보다는 전체 기간에 걸친 평가 필요. 이자 부담이 줄어들지만 납부기간이 길어서 전체 부담은 증가하기도 함
	증가된 신용 한도로 인해 추가적인 소비와 부채의 증가	단기적 효과보다 전체 상환 기간에 걸친 원리금 상환의 총액을 비교하고 신규 부채 통합 대출을 결정
기능적 제품과 쾌락적 제품 소비로 인한 부채 계좌	쾌락적 제품 구매에 대한 부채를 우선적으로 조기 상환하려 함 (hedonic debt prioritization)	채무의 정당화보다는 이자율이 높은 계좌부터 상환
	구매 정당화가 어려운 부채를 우선적으로 상환하려고 함	부채의 발생 동기나 구매 정당화보다 이미 발생한 부채에 대한 원리금 중심 상환
저축 계좌와 부채 계좌가 동시 보유	낮은 이자의 저축 계좌를 유지하기 위하여 더 높은 이자의 부채계좌를 개설	저축 계좌를 이용하여 부채 계좌를 상환

부채 관리와 소비 전략

- 소비자는 부채 계좌의 수를 줄이기 위하여 잔액이 적은 부채를 우선 상환하여 부채를 완납하려는 경향을 보인다. 하지만 효율적 부채관리를 위해서는 부채 계좌의 수를 줄이는 것(debt account aversion)을 우선적인 목표로 하기보다는 전체 상환금액을 최소화하는 방법으로 부채를 상환하여야 한다. 상환잔액이 적은 계좌부터 상환하여 부채 계좌의 수를 줄이는 데 집중하기보다는 부채 계좌의 수와 무관하게 원리금 부담이 높은 부채부터 우선 상환하여야 한다.
- 소비자는 구매정당화가 어렵고 소비의 죄의식을 가지는 쾌락적 제품 구매와 관련된 부채를 우선적으로 상환하려는 경향을 보인다. 하지만 소비자는 채무에 대한 구매정당화를 기준으로 부채 상환의 우선순위를 정하기보다는 부채의 발생 원인과 무관하게 부담하여야 할 원리금이 높은 부채를 우선적으로 상환하는 것이 효과적이다.
- 소비자는 기존의 저축계좌를 중도해지하지 아니하고 유지하기 위하여 새로운 부채 계좌를 개설하는 경향을 보이기도 한다. 소비자는 저축 계좌를 유지하기 위하여 또 다른 부채를 늘리기보다는 저축 계좌를 활용하여 이자율이 높은 부채를 우선 상환하여야 한다.
- 소비자는 부채 통합대출을 통한 기존의 여러 대출을 상환하는 방안을 고려하는 경우 매달 상환해야 하는 금액을 기준으로 비교를 한다. 하지만 기존의 여러 계좌의 부채를 통합하여 상환하기 위한 부채통합 대출(debt consolidation loan)의 경우 매달 납부할 원리금이 줄어드는 편익을 비교할 뿐 아니라 전체 상환의 기간 그리고 총 납부해야 하는 이자율을 비교하여 부채통합 대출을 사용하는 것이 필요하다. 기존 부채를 통합 부채로 상환하는 통합 상환 대출로 인해 발생하는 추가적인 현금을 여유자금으로 생각하고 소비하기보다는 부채의 증가로 인식하고 관리하는 전략이 필요하다.

부채 관리와 웰빙 마케팅 전략

- 소비자는 여러 부채 가운데 잔액이 적게 남은 금액을 먼저 갚으려는 성향을 가지고 있어서 완납 목표달성이 가까운 계좌를 우선적으로 변제하여 전체 부채 계좌의 수를 줄여나가려는 노력을 보인다. 기업은 부채의 계좌 수 감소에 집중하는 소비자에게는 부채와 관련하여 발생한 그리고 발생할 이자 총액을 알려준다. 기업은 부채의 상환에 필요한 이자 총액을 고지하여 전체 원리금 상환액의 최소화를 추구하도록 돕는 것이 필요하다.

- 소비자는 부채 발생의 원인을 중심으로 부채를 상환하려는 경향을 보이기도 한다. 오래전의 쾌락적 제품/서비스 구매와 관련된 부채에 대해서는 소비자가 죄의식을 가지고 이를 이자와 무관하게 우선 상환하려고 한다. 기업은 소비자가 총 상환금이 최소화되도록 부채상환 관련 정보 및 우선순위에 대한 조언을 제공한다

- 소비자들 중에는 최저 상환액 혹은 이자만을 변제하고 나머지 금액에 대하여는 상환의 의지가 없는 경우도 있다. 이들은 부채에 대한 관대한 태도를 보이면서 부채의 상환보다는 채무 원금 상환의 연기를 지속하는 경향을 보인다. 기업은 일정기간 유예 이후에는 최저 상환액을 높여 소비통제를 통한 원리금의 상환을 유도하여야 한다.

- 기업은 부채 통합 대출의 경우에도 소비자의 대출 계좌의 수와 매달 납부할 원리금을 줄여주는 단기적 편익만을 강조하기보다 소비자가 전체 상환기간에 걸쳐 납부하게 되는 원리금 총액과 납부 기간을 명시적으로 표시하여 소비자의 부채관리를 도와야 한다.

부채 관리 관련 가설

- 재무지식이 제한적인 소비자는 완납까지의 반환 필요액이 적은 부채를 우선 상환하여 계좌수를 줄이려는 부채 계좌수 회피 경향(debt account aversion)을 보인다. 소비자의 부채 계좌수 회피 경향은 소비자의 재무 지식(financial literacy)과 부(−)의 상관관계를 가진다.

- 재무 지식이 제한적인 소비자는 오래된 쾌락적 제품과 관련된 부채를 우선 상환하려는 쾌락적 부채 우선 상환경향(hedonic debt prioritization)을 보인다. 소비자의 쾌락적 부채 우선 상환경향은 소비자의 재무 지식과 부(−)의 상관관계를 가진다.

- 많은 원리금 상환을 요하는 부채통합대출(debt consolidation loan)에 대한 소비자 선호는 소비자의 재무 지식과는 부(−)의 상관관계를, 소비자의 현재소비 성향(present bias)과는 정(+)의 상관관계를 가진다.

086 저축 증대(savings)

소비자들의 저축 증대는 재무적 만족과 소비자 웰빙에 긍정적 영향을 미친다(Ahuvia & Friedman, 1998; Douthitt, MacDonald, & Mullis, 1992). 저축 증대는 과도한 소비 지출로 인한 재무 스트레스로부터 소비자를 보호한다. 저축 증대는 미래의 재무 상황에 대한 불확실성을 줄이고 위기 대처 능력을 높여 재무적 웰빙에 기여한다. 소비자들의 합리적 소비를 통한 저축의 증대는 소비자로 하여금 자아 효능감을 높이고 긍정적인 자아 개념을 형성하는 계기가 된다.

소비자의 안정적인 미래 재무적 만족을 위해 저축을 증대시키는 것이 중요한데, 이를 위해 다음과 같은 저축향상 전략이 고려될 수 있다.

첫째, 소비자들은 소득을 소득원, 저축의 종류, 저축 목적 등에 따라 별도의 심리적 계좌로 나누어 구분하는 경향을 보인다(Thaler, 1985, 1999). 소비자는 미래의 저축의 목표를 막연하게 판단하기보다는 자금 용도별로 구체화하여 장기적인 저축목표를 설정한다. 많은 소비자들이 특별한 목표설정 없이 막연하게 저축을 하고 있는 실정이다. 이러한 목표없는 저축은 소비통제에 취약하고 단기적이다. 각 계좌에 대한 분명한 저축목표는 추상적인 미래의 필요자금을 구체화하고 동시에 현재소비를 줄이는 효과가 있다.

둘째, 계좌별 저축 목표에 대해 많은 수의 목표보다는 계좌별로 분명한 저축 목표를 세우는 것이 중요하다. 동일 계좌에 부여된 여러 개의 목표는 목표갈등을 유발하여 저축목표의 달성을 어렵게 하기 때문이다(Soman & Zhao, 2011). 저축 계좌별 분명한 단일목표의 부여는 여유 자금이 많지 않아 저축목표 달성이 어려운 경우에 특히 중요하다(Soman & Zhao, 2011). 저축 계좌별 단일 목표는 동시에 저축의 목표달성을 어렵게 하는 요인들의 발견과 효율적 대처를 가능하게 한다.

셋째, 저축 계좌를 기간별로 구분하여 관리할 필요가 있다. 기존의 저축 계좌에 대한 장기 보유는 저축 증가에 대한 기대 적응 효과로 인하여 저축에 대한 만족과 의욕이 줄어든다. 따라서 저축계좌를 기간별로 구분하여 새로운 계좌를 열거나 기존 저축과 구분하여 설정하면 새로운 기준점이 생기므로 새로이 저축을 동기부여하는 효과가 있다(Loewenstein et al., 2012).

넷째, 미래의 수입의 증가에 대하여 저축을 증대시키는 사전약정을 미리 한다. 소비자들은 미래의 시간적 금전적 자원에 대해 과대평가를 하며 미래의 금전적 필요에 대해서는 과소평가를 하는 경향이 있으며 미래 시점의 저축 사전 약정에 대하여는 심리적 저항이 적다. 따라서 소비자들이 미래의 저축을 사전에 약정하고 특별하게 저축을 하지 않는 것으로 변경하지 않는 한(opt-out) 현 시점 사전 약정에 의한 저축의 증가가 자동으로 이루어지도록 한다(Thaler & Benartzi, 2004). 이러한 저축 목표에 대한 동기부여에도 목표 도달을 하지 못하는 경우에는 저축할 여유가 적음에도 저축 목표가 너무 다양한 것은 아닌지를 확인하고 계좌별 목표를 좀 더 구체화하려는 노력이 필요하다, 다수의 목표인 경우에는 목표 간의 갈등이 없는지를 확인하는 것도 필요하다.

저축 증대 및 재무적 웰빙

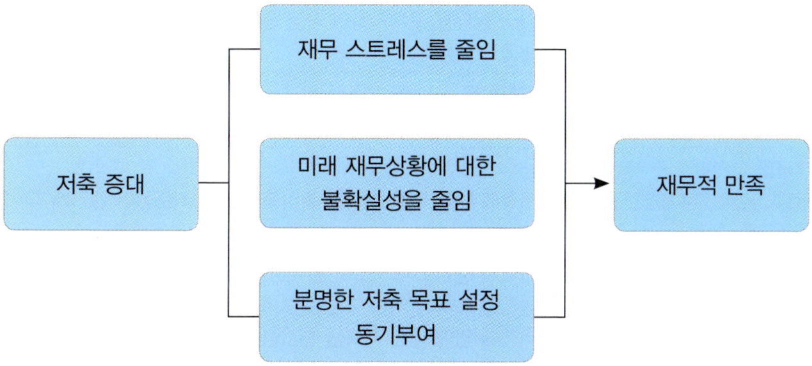

저축 동기부여

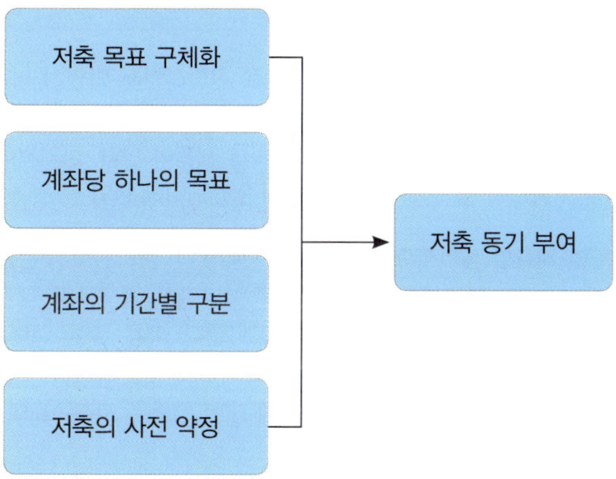

저축 동기 부여 방안과 기대 효과

저축 동기 부여 방안	기대 효과
각 계좌에 대한 저축 목표를 구체화	미래 상황을 구체화하여 자금 용도별 구체적이고 장기적인 저축목표 세움
하나의 저축계좌에 대한 하나의 목표 수립	계좌별로 하나의 분명한 목표를 세우고 저축 목표들 간의 갈등을 줄임
계좌를 기간별로 구분하고 일정 기간이 지나면 신규 저축계좌를 개설	저축에 대한 적응 효과를 줄이고 새로운 기준점이 생기게 함
저축에 대한 사전 약정 설정	현재의 경상소득의 소비에 우선한 저축 약정 비경상 소득에 대한 더 높은 저축 약정 미래 수입에 대한 저축을 현시점에서 사전 약정 사전약정을 하되 일부 소비자가 원하지 않으면 저축을 더하지 않을 수 있는 옵션을 제공(opt-out)

저축 증대와 소비 전략

- 소비자는 미래의 재무상황에 대하여 추상적으로 판단하면서 막연히 낙관하는 경향이 있다. 소비자는 미래의 소요자금을 생활비, 교육비, 교통비, 여가비용, 의료비 등 자금용도별로 구체적으로 분석하여 구체적인 저축계획을 세워야 한다. 장기저축 목표의 설정에는 저축 자금의 용도와 필요성에 대한 공감이 우선되어야 한다.

- 소비자는 용도별 계좌를 심리적으로 구분하여 관리한다. 용도별로 구분된 저축 계좌에 대하여 달성가능한 단일 목표를 구체적으로 설정한다. 하나의 계좌에 대한 여러 저축목표는 목표갈등을 유발하고 목표의 달성을 어렵게 한다. 예를 들어, 여행자금과 노후생활 자금은 하나의 계좌로 관리하기보다는 별개의 계좌로 구분하여 저축을 하는 핵심 이유를 중심으로 저축목표를 세운다. 단일 목표에 대한 집중은 저축목표의 도달가능성을 높인다.

- 소비자가 일정정도의 목표를 달성한 이후에는 처음에 세운 저축 목표에 대한 동기부여가 감소한다. 소비자가 목표를 달성한 일정 기간이 지난 저축 계좌는 신규 계좌로 개설하여 저축 만족에 대한 적응 효과를 줄이고 새로운 저축목표를 부여한다.

- 소비자는 사전 약정에 의하여 저축을 늘린다. 소비자는 경상소득의 일정 금액을 우선적으로 저축하고 남은 금액의 범위에서 계획적인 소비를 하도록 한다(경상소득에 대한 저축 약정). 소비자는 비경상적인 소득에 대해서는 더 높은 소비 비율을 보인다. 소비자는 비경상적 소득에 대하여 경상소득보다 더 높은 비율의 저축을 사전에 약정하여 저축을 늘린다(비경상소득에 대한 저축 약정). 소비자는 미래 시점의 재무적 여유에 대해 낙관적인 판단을 하며 미래 시점의 저축 약정에 대하여는 현재 시점의 심리적 저항이 적다. 소비자는 미래의 소득에 대하여 현시점의 사전 약정에 의한 저축의 증가가 자동으로 이루어지도록 저축을 한다(미래 수입에 대한 저축을 현시점에서 사전 약정).

저축 증대 관련 가설

- 소비자의 계좌별 구체적인 저축 목표는 저축 성향(propensity to save)과 정(+)의 상관관계를 가진다.
- 소비자가 동일한 계좌에 여러 저축 목표를 가지는 경우 저축 목표 간의 갈등(goal conflict)을 경험하기 쉽고 저축 목표의 도달가능성(goal attainability)도 낮다. 단일 계좌 내의 저축 목표의 수는 저축 목표 갈등과 정(+)의 상관관계를 가지고, 저축 목표의 도달가능성과는 부(−)의 상관관계를 가진다.
- 미래 수익에 대한 사전 저축 약정(savings pre-commitment)을 한 소비자의 경우 그렇지 않은 소비자에 비하여 저축성향(propensity to save)이 높다. 소비자의 미래 수익에 대한 사전 약정은 저축 성향과 정(+)의 상관관계를 가진다.

087 물질주의와 재무 만족

소비자의 물질주의는 재무 만족에 부정적 영향을 미친다. 그 이유는 다음과 같다. 첫째, 물질주의가 강한 소비자들은 물질에 대한 열망이 강하고 현재소비에 대한 통제력이 부족하다. 물질주의 소비자들은 자아에 대한 부정정서를 자주 경험하고(Kasser & Ahuvia, 2002) 이러한 자아에 대한 부정정서를 극복을 위하여 현재의 충동적이고 강박적인 구매에 빠지기 쉽다(Dittmar, 2005; Watson, 2003). 반면 물질주의가 강하지 않은 소비자들은 소비를 통제하고 저축을 많이 하여 재무적 스트레스가 적고, 현재 및 미래의 대해 재무적 상황에 대해 안정감을 가진다(Strömbäck et al., 2017).

둘째, 물질주의가 강한 소비자들은 재무상태의 파악 능력도 부족하고 금전 관리능력이 부족하다(Garðarsdóttir & Dittmar, 2012). 이들은 재무적 상황에 대한 체계적 파악이나 재무계획을 수립하는 노력을 등한시한다. 물질주의 소비자의 장기적인 재무계획 능력의 부족은 재무건전성에 부정적 영향을 주고 재무 스트레스를 증가시킨다(Lynch et al., 2010).

셋째, 물질주의 소비자들은 부채를 통한 소비에도 우호적 태도를 보이며, 결과적으로 많은 부채를 가지고 저축을 등한시한다. 물질주의로 인한 무절제한 구매 행동과 부채의 증가는 재무적 스트레스를 유발하고 재무 만족에 부정적인 영향을 미치게 된다(Brown, Taylor, & Price, 2005; Donnelly, Iyer, & Howell, 2012; Netemeyer et al., 2018). 물질주의 소비자의 부채로 인한 재무적 스트레스는 결과적으로 소비자 웰빙과 전반적 웰빙에 부정적인 영향을 미치게 된다.

물질주의와 재무 만족

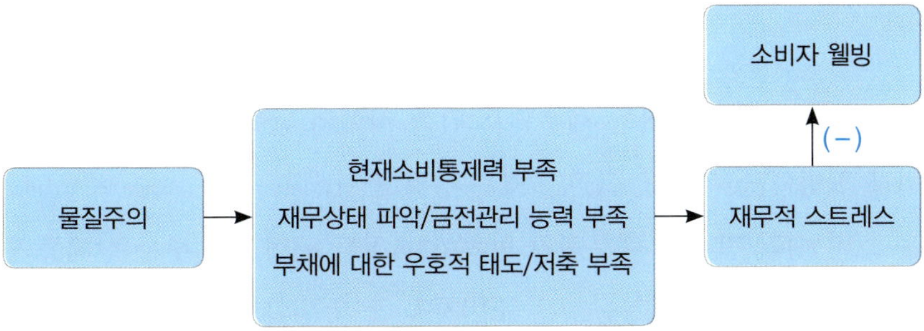
소비자 웰빙
(−)
현재소비통제력 부족
재무상태 파악/금전관리 능력 부족
부채에 대한 우호적 태도/저축 부족
물질주의
재무적 스트레스

088 소비－재무 생활 균형과 전반적 소비자 웰빙(macro consumer well-being)

소비 생활을 구성하는 세부요소 만족 사이의 균형이 이루어질 때 소비자 웰빙이 높아진다. 소비－재무 생활 균형(consumption-finance life balance)은 소비 생활 만족과 재무생활 만족이 적절한 균형을 이루는 상태를 말한다. 소비－재무 생활 균형은 소비자가 소비 생활과 재무 생활 영역에 적절한 노력을 기울이고 있으며, 하나의 영역에서의 만족 추구가 다른 생활 영역에서의 만족 추구에 방해가 되지 않는 상태를 말한다(Yu et al., 2021). 소비 생활의 만족에 집중하는 것만으로는 소비자 웰빙이 효과적으로 향상되지 못한다. 이는 특정 세부요소만로부터 창출되는 소비자 만족은 여러 소비 요구를 충족시키지 못하고 소비자 웰빙을 더 증가시키는 데에는 한계가 있기 때문이다(Diener, Ng, & Tov, 2008).

소비자의 소비 만족이 재무적 만족과 균형을 이룰 때 재무적 스트레스가 줄어들고 소비자 웰빙에 향상된다. 소비 만족 불균형(asymmetric consumption life satisfaction)은 소비 만족은 높지만 재무 만족이 현저히 낮아 소비－재무 만족이 불균형을 이루는 상태를 말한다. 비록 소비 만족이 높더라도 소비자가 이로 인해 현재의 재무적 스트레스 혹은 미래의 재무적 상황에 대한 불안이나 스트레스를 겪는다면 소비 만족은 지속이 불가능하고 소비 생활에 대해 부정적 정서를 경험하게 되어 소비 행복감이 떨어진다. 반면 재무 만족 불균형(asymmetric financial life satisfaction)은 비록 재무적 만족은 높지만 소비 만족이 낮은 경우를 말한다. 재무적 스트레스나 불안이 적고 만족스런 상태이라도 소비 생활의 질에 기여하는 적정한 소비 욕구가 충족되지 못하는 경우에는 소비자 웰빙이 높지 못하다. 소비자 웰빙을 위해서 소비자는 쇼핑, 소유, 체험 및 재무적 영역들의 만족이 균형을 이룰 때 소비자 웰빙이 효과적으로 향상된다. 이는 다양한 소비 욕구에 대한 균형 있는 충족을 이룰 때 소비자 웰빙이 향상되기 때문이다. 소비 – 재무의 균형은 두 세부 영역의 만족과 중요도의 균형을 이룰 때 가능하다.

소비 – 재무 생활 균형을 위해서 다음과 같은 점에 주의를 기울일 필요가 있다.

첫째, 비계획적인 충동구매 혹은 과소비는 재무 만족에 부정적 영향을 미친다(Ekici et al., 2018). 어느 한 생활 영역의 만족이 다른 한쪽의 만족에 부정적 영향을 미치지 않아야 한다. 계획적 소비가 소비 – 재무의 만족의 균형을 가져온다. 계획소비를 위해서는 특정 영역별 심리 계좌를 구분하여 관리하고 심리 계좌별 예산과 집행을 잘 수행하는 것이 중요하다.

둘째, 소비자 웰빙을 구성하는 여러 영역 간의 중요도의 균형을 유지하는 것도 중요하다. 재무와 소비의 두 영역 중 어느 한쪽을 지나치게 강조하기보다는 두 가지 영역에 대한 균형을 유지한다. 예를 들어 소유 물질에 대한 지나친 강조는 재무적 목표에 대한 중요성과 균형을 이루지 못하여 소비자 웰빙을 오히려 감소시킨다(Wright & Larsen, 1993; Kasser & Ryan, 2001), 반대로 재무적 목표에 대한 일방적인 강조는 필수적 소비 욕구의 충족을 제한한다.

셋째, 소비 목표와 재무 목표 간의 갈등(goal conflicts)을 잘 관리하는 것이 중요하다. 소비 목표의 달성이 재무적 목표의 달성을 저해한다면 목표 간의 조정을 통하여 생활 영역 간의 목표 갈등이 발생하지 않도록 하는 것이 중요하다(Sirgy & Lee, 2016; Yu et al., 2021). 예를 들어 여행이라는 소비 목표와 장기적인 저축 목표가 상충되지 않도록 여행을 위한 별도의 재무 계획을 세우는 것이 필요하다. 소비 – 재무 영역에서서의 목표 갈등에 대한 효율적인 관리는 소비 – 재무의 생활 균형을 가능하게 하고, 이는 소비자 웰빙의 향상으로 이어진다.

소비 만족 – 재무 만족의 균형과 전반적 소비자 웰빙

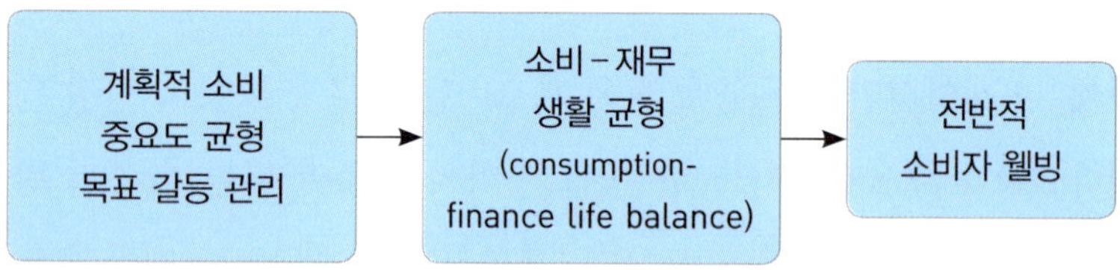

재무 – 소비 균형과 소비 전략

- 소비-재무 영역 간의 불균형이 발생하는 경우 그 원인을 파악하는 것이 중요하다. 소비-재무 불균형이 목표의 불균형으로 인한 경우 소비자는 소비 영역에서의 목표와 재무 영역에서의 목표가 충돌이 발생되지 않도록 조정한다. 소비에서의 목표 달성이 재무적 목표 달성에 방해가 되지 않도록 별도의 추가적인 소비 예산을 책정하고 심리 계좌별 목표관리를 한다.
- 소비-재무 불균형이 목표의 문제가 아니라 실제적인 충동구매 행위로 인한 경우 소비자는 소비 영역에서의 충동구매와 과소비를 지양하고 계획 구매에 집중하여야 한다. 소비 행동의 통제 실패로 인한 경우 계획적 소비를 위한 부정정서 관리, 소비 및 부채 관련 정보의 확인, 그리고 사회적 상호작용 체험에의 참여 등 다양한 문제 해결중심의 대처 방안을 시행한다.

재무-소비 균형 관련 가설

- 소비-재무 생활 만족 균형(consumption-finance life balance)은 소비자는 소비 영역에서의 목표와 재무 영역에서의 목표 간의 목표 갈등(role conflict)을 줄이고 소비자 웰빙에 기여한다.
- 소비자의 계획적 소비는 소비-재무 생활 만족 균형(consumption-finance life balance)과 정(+)의 상관관계를 가진다.
- 과소비로 인한 소비-재무 생활 만족의 불균형(consumption-finance life unbalance)은 재무적 스트레스를 증가시키고 소비자 웰빙에 부정적 영향을 미친다.
- 소비자의 물질주의와 충동성 소비 재무 생활 만족의 불균형(consumption-finance life unbalance)과 정(+)의 상관관계를 가진다.

재무경험 관련 웰빙 마케팅 전략

- 소비자들은 구매 시점의 이득을 과대평가하고 사용기간 동안 지불해야 할 비용을 과소평가하는 경향이 있다. 구매 시점에 마케팅 관리자는 소비자가 미래에 부담해야 하는 비용의 총액 및 지불 기간 등 자세한 정보를 제공하여 지불능력을 넘어서는 과도한 충동구매의 발생을 줄이고 계획적 소비를 하도록 돕는다.
- 소비자 부채의 계좌의 수를 줄이는 것을 우선적으로 시행하여 부채에 대한 부담을 줄이려는 경향이 있다. 하지만 이런 부채 계좌 수 감소 전략은 전체 이자 및 상환부담을 늘리는 결과를 초래한다. 금융기관은 소비자는 부채 감소 전략을 부채 계좌 수의 감소보다는 전체 이자와 비용을 줄이도록 도움을 제공한다.
- 소비자들은 오래전 발생한 쾌락적 소비에 대해 빠른 상환을 통해 소비 죄의식을 줄이려고 한다. 이러한 전략 역시 부채 상환에 따른 부담이 더 늘어나는 결과를 초래하기도 한다. 금융 기관은 소비자에게 재무적 지식을 제공하여 합리적인 재무 결정을 내리도록 돕는 것이 재무 스트레스의 감소와 소비자 웰빙 향상에 도움이 된다.
- 소비자의 저축 목표를 달성하도록 돕기 위하여 계좌를 구분하여 계좌별 목표를 구체적으로 설정한다. 이 경우 동일 계좌에 대한 여러 목표보다는 분명한 한 가지 목표를 설정하는 것이 목표 달성에 효과적이다.
- 소비자의 계획적 소비를 돕기 위하여 소비 계좌를 구분하고 계좌별 잔고 관리를 하여 무분별한 소비 지출을 억제하도록 한다. 신용카드의 사용 한도를 소비자가 사용할 수 있는 한도로 인식하기보다는 지불 가능한 범위에서 충동적 소비를 억제하고 통제하도록 도움을 제공하는 것이 중요하다.

재무적 만족과 전반적 소비자 웰빙

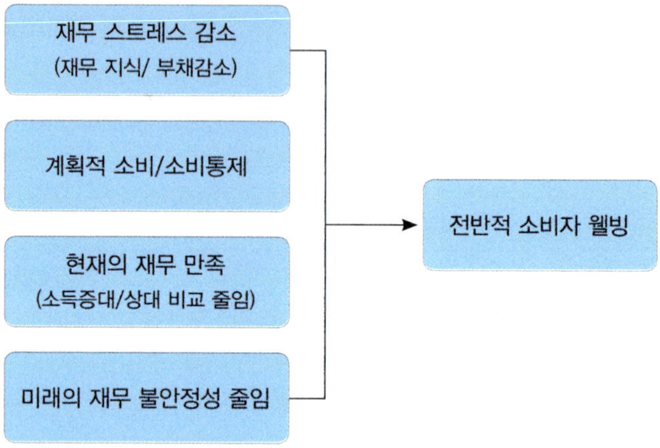

Readings

Ahuvia, A. C., & Friedman, D. C. (1998). Income, consumption, and subjective well-being: Toward a composite macromarketing model. *Journal of macromarketing, 18*(2), 153-168.

Aldana, S. G., & Liljenquist, W. (1998). Validity and reliability of a financial strain survey. *Journal of Financial Counseling and Planning, 9*(2), 11.

Almenberg, J., Lusardi, A., Säve-Söderbergh, J., & Vestman, R. (2018). *Attitudes toward debt and debt behavior* (No. w24935). National Bureau of Economic Research.

Amar, M., Ariely, D., Ayal, S., Cryder, C. E., & Rick, S. I. (2011). Winning the battle but losing the war: The psychology of debt management. *Journal of Marketing Research, 48*(SPL), S38-S50

Antonides, G., De Groot, I. M., & Van Raaij, W. F. (2011). Mental budgeting and the management of household finance. *Journal of Economic Psychology, 32*(4), 546-555.

Archuleta, K. L., Dale, A., & Spann, S. M. (2013). College Students and Financial Distress: Exploring Debt, Financial Satisfaction, and Financial Anxiety. *Journal of Financial Counseling and Planning, 24*(2), 50-62.

Argyle (1999) 'Causes and Correlates of Happiness', in D. Kahneman, E. Diener and N. Biswas-Diener, Robert and Diener, (Ed 2001). 'Making the Best of a Bad Situation: Satisfaction in the Slums of Calcutta', *Social Indicators Research* 55: 329-52.

Bailey, W. C., Woodiel, D. K., Turner, M. J., & Young, J. (1998). The relationship of financial stress to overall stress and satisfaction. *Personal Finances and Worker Productivity, 2*(2), 198-207.

Baker, J. P., & Berenbaum, H. (2007). Emotional approach and problem-focused coping: A comparison of potentially adaptive strategies. *Cognition and Emotion, 21*(1), 95-118.

Berman, J. Z., Tran, A. T., Lynch Jr, J. G., & Zauberman, G. (2016). Expense neglect in forecasting personal finances. *Journal of Marketing Research, 53*(4), 535-550.

Besharat, A., Varki, S., & Craig, A. W. (2015). Keeping consumers in the red: Hedonic debt prioritization within multiple debt accounts. *Journal of Consumer Psychology, 25*(2), 311-316.

Biswas-Diener, R., Vittersø, J., & Diener, E. (2005). Most people are pretty happy, but there is cultural variation: The Inughuit, the Amish, and the Maasai. *Journal of happiness studies, 6*(3), 205-226.

Bolton, L. E., Bloom, P. N., & Cohen, J. B. (2011). Using loan plus lender literacy information to combat one-sided marketing of debt consolidation loans. *Journal of Marketing Research, 48*(SPL), S51-S59.

Braunstein, S., & Welch, C. (2002). Financial literacy: An overview of practice, research, and policy. *Fed. Res. Bull., 88*, 445.

Brown, S., Taylor, K., & Price, S. W. (2005). Debt and distress: Evaluating the psychological cost of credit. *Journal of Economic Psychology, 26*(5), 642-663.

Brüggen, E. C., Hogreve, J., Holmlund, M., Kabadayi, S., & Löfgren, M. (2017). Financial well-being: A conceptualization and research agenda. *Journal of Business Research, 79*, 228-237.

Chen, J. E., et al. (2018). "Objective and Subjective Financial Burden and Its Associations with Health-Related Quality of Life among Lung Cancer Patients." *Supportive Care in Cancer 26*(4): 1265-1272.

Cummins, R. A. (2011). Comparison theory in economic psychology regarding the Easterlin paradox and decreasing marginal utility: A critique. *Applied research in quality of life, 6*(3), 241.

Cummins, R. A., Eckersley, R., Pallant, J., Van Vugt, J., & Misajon, R. (2003). Developing a national index of subjective wellbeing: The Australian Unity Wellbeing Index. *Social indicators research, 64*(2), 159-190.

Danes, S. M., & Rettig, K. D. (1993). The role of perception in the intention to change the family financial situation. *Journal of Family and Economic Issues, 14*(4), 365-389.

Dew, J., & Xiao, J. J. (2011). The financial management behavior scale: Development and validation. *Journal of Financial Counseling and Planning, 22*(1), 43.

Diener, E., & Biswas-Diener, R. (2002). Will money increase subjective well-being?. *Social indicators research, 57*(2), 119-169.

Diener, E., & Lucas, R. E. (2000). Explaining differences in societal levels of happiness: Relative standards, need fulfillment, culture, and evaluation theory. *Journal of Happiness Studies, 1*(1), 41-78.

Diener, E., Kahneman, D., Arora, R., Harter, J., & Tov, W. (2009). Income's Differential Influence on Judgments of Life Versus Affective Well-being. In *Assessing well-being*, Springer, Dordrecht, 233-246.

Diener, E., Kahneman, D., Tov, W., & Arora, R. (2009). Income's differential influence on judgments of life versus affective wellbeing. In E. Diener (Ed.), *Assessing Wellbeing*. London, UK: Springer.

Diener, E., Ng, W., & Tov, W. (2008). Balance in life and declining marginal utility of diverse resources. *Applied Research in Quality of Life, 3*(4), 277-291.

Diener, E., Ng, W., Harter, J., & Arora, R. (2010). Wealth and happiness across the world: material prosperity predicts life evaluation, whereas psychosocial prosperity predicts positive feeling. *Journal of personality and social psychology, 99*(1), 52.

Diener, E., Tay, L., & Oishi, S. (2013). Rising income and the subjective well-being of nations. *Journal of Personality and Social psychology, 104*(2), 267-276.

Dittmar, H. (2005). Compulsive buying-a growing concern? An examination of gender, age, and endorsement of materialistic values as predictors. *British journal of psychology, 96*(4), 467-491.

Donnelly, G., Iyer, R., & Howell, R. T. (2012). The big five personality traits, material values, and financial well-being of self-described money managers. *Journal of Economic Psychology, 33*(6), 1129-1142.

Donnelly, G., Ksendzova, M., & Howell, R. T. (2013). Sadness, identity, and plastic in over-shopping: The interplay of materialism, poor credit management, and emotional buying motives in predicting compulsive buying. *Journal of Economic Psychology, 39*, 113-125.

Douthitt, R. A., MacDonald, M., & Mullis, R. (1992). The relationship between measures of subjective and economic well-being: A new look. *Social Indicators Research, 26*(4), 407-422.

Drentea, P. (2000). Age, debt and anxiety. *Journal of health and Social Behavior*, 437-450.

Duesenberry, J. S. (1949). *Income, saving, and the theory of consumer behavior.*

Easterlin, R.A., (2001). Income and happiness: towards a unified theory. *Economic Journal 111*, 465-484.

Eisenstein, E. M., & Hoch, S. J. (2005). Intuitive Compounding: Framing. *Temporal Perspective, and Expertise Unpublished manuscript*, Cornell University, New York.

Ekici, A., Sirgy, M. J., Lee, D. J., Grace, B. Y., & Bosnjak, M. (2018). The effects of shopping well-being and shopping ill-being on consumer life satisfaction. *Applied Research in Quality of Life, 13*(2), 333-353.

Emmons, R. A. (1986). Personal strivings: An approach to personality and subjective well-being. *Journal of Personality and Social psychology, 51*(5), 1058.

Emmons, W. R. (2005). Consumer-finance myths and other obstacles to financial literacy. . *Louis U. Pub. L. Rev., 24*, 335.

Epley, N., Mak, D., & Idson, L. C. (2006). Bonus of rebate?: The impact of income framing on spending and saving. *Journal of Behavioral Decision Making, 19*(3), 213-227.

Fernandes, D., Lynch Jr, J. G., & Netemeyer, R. G. (2014). Financial literacy, financial education, and downstream financial behaviors. *Management Science, 60*(8), 1861-1883.

Ferrer-i-Carbonell, A. (2005). Income and well-being: an empirical analysis of the comparison income effect. *Journal of public economics, 89*(5-6), 997-1019.

Freeman, C., Carlson, J., & Sperry, L. (1993). Adlerian marital therapy strategies with middle income couples facing financial stress. *American Journal of Family Therapy, 21*(4), 324-332.

Frey, B. S., & Stutzer, A. (2002). What can economists learn from happiness research?. *Journal of Economic literature, 40*(2), 402-435.

Garðarsdóttir, R. B., & Dittmar, H. (2012). The relationship of materialism to debt and financial well-being: The case of Iceland's perceived prosperity. *Journal of Economic Psychology, 33*(3), 471-481.

Grable, J. E., Cupples, S., Fernatt, F., & Anderson, N. (2013). Evaluating the link between perceived income adequacy and financial satisfaction: A resource deficit hypothesis approach. *Social indicators research, 114*(3), 1109-1124.

Hilgert, M. A., Hogarth, J. M., & Beverly, S. G. (2003). Household financial management: The connection between knowledge and behavior. *Fed. Res. Bull., 89*, 309.

Howell, R. T., & Howell, C. J. (2008). The relation of economic status to subjective well-being in developing countries: A meta-analysis. *Psychological Bulletin, 134*(4), 536-555.

Hsee, C. K., Yang, Y., Li, N., & Shen, L. (2009). Wealth, warmth, and well-being: Whether happiness is relative or absolute depends on whether it is about money, acquisition, or consumption. *Journal of Marketing Research, 46*(3), 396-409.

Huston, S. J. (2010). Measuring financial literacy. *Journal of Consumer Affairs, 44*(2), 296-316.

Inglehart, R., Foa, R., Peterson, C., & Welzel, C. (2008). Development, freedom, and rising happiness: A global perspective (1981-2007). *Perspectives on Psychological Science, 3*, 264-285.

Joo, S. H., & Grable, J. E. (2004). An exploratory framework of the determinants of financial satisfaction. *Journal of family and economic Issues, 25*(1), 25-50.

Kamleitner, B., & Hölzl, E. (2009). Cost-Benefit Associations and Financial Behavior. *Applied Psychology, 58*(3), 435-452.

Kasser, T., & Ahuvia, A. (2002). Materialistic values and well-being in business students. *European journal of social psychology, 32*(1), 137-146.

Kasser, T., & Ryan, R. M. (2001). Be careful what you wish for: Optimal functioning and the relative attainment of intrinsic and extrinsic goals. *Life goals and well-being: Towards a positive psychology of human striving, 1*, 116-131.

Katona, G. (1974). Psychology and consumer economics. *Journal of Consumer Research*, 1-8.

Kim, J., Garman, E. T., & Sorhaindo, B. (2003). Relationships among credit counseling clients' financial wellbeing, financial behaviors, financial stressor events, and health. *Journal of Financial Counseling and Planning, 14*(2).

Klontz, B., Britt, S. L., Mentzer, J., & Klontz, T. (2011). Money beliefs and financial behaviors: Development of the Klontz Money Script Inventory. *Journal of Financial Therapy, 2*(1), 1.

Klontz, B. T., Britt, S. L., & Archuleta, K. L. (2015). Financial Therapy. *Theory, Research, and Practice.*

Lachman, M. E., Röcke, C., Rosnick, C., & Ryff, C. D. (2008). Realism and illusion in Americans' temporal views of their life satisfaction: Age differences in reconstructing the past and anticipating the future. *Psychological Science, 19*(9), 889-897.

Lane, R. E. (1991). *The market experience.* Cambridge University Press.

Lazarus, R. F., & Folkman, S. C. S. (1984). Stress, appraisal and coping.

Lea, S. E., Webley, P., & Walker, C. M. (1995). Psychological factors in consumer debt: Money management, economic socialization, and credit use. *Journal of economic psychology, 16*(4), 681-701.

Lewis, A., & van Venrooij, M. (1995). A note on the perceptions of loan duration and repayment. *Journal of Economic Psychology, 16*(1), 161-168.

Lincoln, K. D. (2007). Financial strain, negative interactions, and mastery: Pathways to mental health among older African Americans. *Journal of Black Psychology, 33*(4), 439-462.

Livingstone, S. M., & Lunt, P. K. (1992). Predicting personal debt and debt repayment: Psychological, social, and economic determinants. *Journal of Economic Psychology, 13*, 111-134.

Loewenstein, G., Cryder, C. E., Benartzi, S., & Previtero, A. (2012). Addition by division: Partitioning real accounts for financial well-being. In *Transformative consumer research for personal and collective well-being*, Routledge, 441-450.

Lynch Jr, J. G., Netemeyer, R. G., Spiller, S. A., & Zammit, A. (2010). A generalizable scale of propensity to plan: The long and the short of planning for time and for money. *Journal of Consumer Research, 37*(1), 108-128.

Lyubomirsky, S., King, L., & Diener, E. (2005). The benefits of frequent positive affect: Does happiness lead to success?. *Psychological bulletin, 131*(6), 803.

Mende, M., & Van Doorn, J. (2015). Coproduction of transformative services as a pathway to improved consumer well-being: findings from a longitudinal study on financial counseling. *Journal of Service Research, 18*(3), 351-368.

Mende, M., & Van Doorn, J. (2015). Coproduction of transformative services as a pathway to improved consumer well-being: Findings from a longitudinal study on financial counseling. *Journal of Service Research, 18*(3), 351-368.

Michalos, A. C. (1985). Multiple discrepancies theory (MDT). *Social indicators research, 16*(4), 347-413.

Michalos, A. C., 1991. Life Satisfaction and Happiness. *Global Report on Student Well-being*. Vol. 1, Springer, New York.

Miller, M., Reichelstein, J., Salas, C., & Zia, B. (2014). *Can you help someone become financially capable? A meta-analysis of the literature*. The World Bank.

Mills, R. J., Grasmick, H. G., Morgan, C. S., & Wenk, D. (1992). The effects of gender, family satisfaction, and economic strain on psychological well-being. *Family Relations*, 440-445.

Netemeyer, R. G., Warmath, D., Fernandes, D., & Lynch Jr, J. G. (2017). How am I doing? Perceived financial well-being, its potential antecedents, and its relation to overall well-being. *Journal of Consumer Research, 45*(1), 68-89.

Ng, W., & Diener, E. (2014). What matters to the rich and the poor? Subjective well-being, financial satisfaction, and postmaterialist needs across the world. *Journal of personality and social psychology, 107*(2), 326.

Nguyen, Q. (2016). Linking loss aversion and present bias with overspending behavior of tourists: Insights from a lab-in-the-field experiment. *Tourism Management, 54*, 152-159.

Oishi, S., Diener, E., Suh, E., & Lucas, R. E. (1999). Value as a moderator in subjective well-being. *Journal of personality, 67*(1), 157-184.

Prawitz, A., Garman, E. T., Sorhaindo, B., O'Neill, B., Kim, J., & Drentea, P. (2006). InCharge financial distress/financial well-being scale: Development, administration, and score interpretation. *Journal of Financial Counseling and Planning, 17*(1).

Prelec, D., & Loewenstein, G. (1998). The red and the black: Mental accounting of savings and debt. *Marketing science, 17*(1), 4-28.

Redmund, L. D. (2010). Financial literacy expliced, the case for the clearer definition in an increasingly complex economics. *Journal of Consumer Affair Summer, 44*.

Rick, S., & Loewenstein, G. (2008). The role of emotion in economic behavior. *Handbook of emotions, 3*, 138-158.

Roberts, R., Golding, J., & Towell, T. (1998). Student finance and mental health. The Psychologist(October), 489-491.

Schwarz (eds.) *Well-being: The Foundations of Hedonic Psychology*, New York: Russell Sage Foundation, 353-73.

Schyns, P. (2000). The relationship between income, changes in income and life-satisfaction in West Germany and the Russian Federation: relative, absolute, or a combination of both?. In *Advances in quality of life theory and research*, Springer, Dordrecht, 83-109.

Seaward, H. G., & Kemp, S. (2000). Optimism bias and student debt. *New Zealand Journal of Psychology, 29*(1), 17-19.

Sharma, E., & Alter, A. L. (2012). Financial deprivation prompts consumers to seek scarce goods. *Journal of Consumer Research, 39*(3), 545-560.

Shaw, B. A., Agahi, N., & Krause, N. (2011). Are changes in financial strain associated with changes in alcohol use and smoking among older adults?. *Journal of studies on alcohol and drugs, 72*(6), 917-925.

Shefrin, H. M., & Thaler, R. H. (1988). The behavioral life-cycle hypothesis. *Economic inquiry, 26*(4), 609-643.

Shim, S., Xiao, J. J., Barber, B. L., & Lyons, A. C. (2009). Pathways to life success: A conceptual model of financial well-being for young adults. *Journal of Applied Developmental Psychology, 30*(6), 708-723.

Singhapakdi, A., Vitell, S. J., Lee, D. J., Nisius, A. M., & Grace, B. Y. (2013). The influence of love of money and religiosity on ethical decision-making in marketing. *Journal of business ethics, 114*(1), 183-191.

Sirgy, M. J., & Lee, D. J. (2016). Work-life balance: A quality-of-life model. *Applied Research in Quality of Life, 11*(4), 1059-1082.

Soman, D. (1998). The illusion of delayed incentives: evaluating future effort-money transactions. *Journal of Marketing Research, 35*(4), 427-437.

Soman, D. (2001). Effects of payment mechanism on spending behavior: The role of rehearsal and immediacy of payments. *Journal of Consumer Research, 27*(4), 460-474.

Soman, D., & Cheema, A. (2002). The effect of credit on spending decisions: The role of the credit limit and credibility. *Marketing Science, 21*(1), 32-53.

Soman, D., & Zhao, M. (2011). The fewer the better: Number of goals and savings behavior. *Journal of Marketing Research, 48*(6), 944-957.

Strömbäck, C., Lind, T., Skagerlund, K., Västfjäll, D., & Tinghög, G. (2017). Does self-control predict financial behavior and financial well-being?. *Journal of Behavioral and Experimental Finance, 14*, 30-38.

Sussman, A. B., & Shafir, E. (2012). On assets and debt in the psychology of perceived wealth. *Psychological Science, 23*(1), 101-108.

Tang, T. L. P., & Chiu, R. K. (2003). Income, money ethic, pay satisfaction, commitment, and unethical behavior: Is the love of money the root of evil for Hong Kong employees?. *Journal of business ethics, 46*(1), 13-30.

Tatzel, M. (2003). The art of buying: Coming to terms with money and materialism. *Journal of Happiness Studies, 4*(4), 405-435.

Thaler, R. H. (1990). Anomalies: Saving, fungibility, and mental accounts. *Journal of economic perspectives, 4*(1), 193-205.

Thaler, R. H., & Benartzi, S. (2004). Save more tomorrow™: Using behavioral economics to increase employee saving. *Journal of political Economy, 112*(S1), S164-S187.

Van Praag, B. M., Frijters, P., & Ferrer-i-Carbonell, A. (2003). The anatomy of subjective well-being. *Journal of Economic Behavior & Organization, 51*(1), 29-49.

Veenhoven, R. (1991). Is happiness relative? *Social Indicators Research, 24*(1), 1-34.

Veenhoven, R., & Ehrhardt, J. (1995). The cross-national pattern of happiness: Test of predictions implied in three theories of happiness. *Social Indicators Research, 34*(1), 33-68.

Voydanoff, P. (1984). Economic distress and families: Policy issues. *Journal of Family Issues, 5*(2), 273-288.

Wang, H., Cheng, Z., & Smyth, R. (2019). Consumption and happiness. *The Journal of Development Studies, 55*(1), 120-136.

Watson, J. J. (2003). The relationship of materialism to spending tendencies, saving, and debt. *Journal of economic psychology, 24*(6), 723-739.

Welzel, C., & Inglehart, R. (2010). Agency, values, and well-being: A human development model. *Social indicators research, 97*(1), 43-63.

Winterich, K. P., & Nenkov, G. Y. (2015). Save like the Joneses: How service firms can utilize deliberation and informational influence to enhance consumer well-being. *Journal of Service Research, 18*(3), 384-404.

Wright, N. D., & Larsen, V. (1993). Materialism and life satisfaction: A meta-analysis. *Journal of Consumer Satisfaction, Dissatisfaction, and Complaining Behavior, 6*(1), 158-165.

Xiao, J. J. (2016). Consumer financial capability and wellbeing. In *Handbook of consumer finance research*, Springer, Cham, 3-17.

Xiao, J. J., & Porto, N. (2019). Present bias and financial behavior. *Financial Planning Review, 2*(2), e1048.

Xiao, J. J., Chen, C., & Chen, F. (2014). Consumer financial capability and financial satisfaction. *Social indicators research, 118*(1), 415-432.

Xiao, J. J., Tang, C., & Shim, S. (2009). Acting for happiness: Financial behavior and life satisfaction of college students. *Social indicators research, 92*(1), 53-68.

Yu, G. B., Sirgy, M. J., Bosnjak, M., & Lee, D. J. (2021). A Preregistered Study of the Effect of Shopping Satisfaction during Leisure Travel on Satisfaction with Life Overall: The Mitigating Role of Financial Concerns. *Journal of Travel Research, 61*(3), 635-655.

Chapter

07

전반적 소비자 웰빙과 소비 행동

전반적(macro) 소비자 웰빙은 소비자의 소비 생활에 대한 만족 정도와 소비 행복감을 의미한다. 이러한 전반적 소비자 웰빙은 구체적 소비자 웰빙 경험의 누적과 재무적 상태에 대한 만족으로 형성되고 비교적 시간에 흐름에 따라 안정된 패턴을 보인다.

전반적으로 소비자 웰빙이 높은 소비자의 소비 행동은 소비 행복감이 낮은 소비자와 어떻게 다른가? 이 장에서는 소비 행복감이 높은 소비자의 소비 행복감이 정보처리, 구매의사결정, 관계적 성과(만족, 신뢰, 충성도), 소비통제, 선호 대안에 미치는 영향에 대하여 살펴보기로 한다.

089 긍정정서 소비자의 정보처리

소비 행복감이 높은 소비자의 정보처리, 제품 평가 및 선택은 소비 행복감이 낮은 소비자와 어떻게 다른가? 긍정정서 소비자의 정보처리는 다음과 같은 특징을 지닌다.

첫째, 긍정정서 소비자는 체계적이고 심층적인 정보처리보다는 전반적인 휴리스틱스(heuristics)에 의해 정보처리를 하는 경향을 보인다(Isen et al., 1987). 이들은 긍정정서를 유지하고자 하는 동기를 가지며 구매 환경을 낙관적으로 판단하여(Bless et al., 1990; Schwarz & Clore, 1983), 많은 노력을 들여 정보처리할 필요를 적게 느낀다. 긍정정서의 소비자는 전반적이고 추상적인 정보처리를 한다.

둘째, 긍정정서의 소비자는 제품에 대해 더 긍정적인 품질 평가를 하는 경향을 보인다(Isen et al., 1978). 이들은 자신의 긍정정서를 제품에 대한 반응으로 해석하고 품질을 평가하는 단서로 활용한다. 따라서 소비자는 모호한 상황에 대하여도 자신의 긍정정서와 일치하는 방향으로 긍정적 평가를 한다(Schwarz & Clore, 1983; Srull, 1984).

셋째, 긍정정서의 소비자는 자신의 긍정정서와 일치하는 긍정적인 기억을 더 잘 기억한다. 이는 긍정정서와 일치되는 긍정정보가 긍정정서 소비자의 기억에서의 접근가능성이 높기 때문이다. 긍정정서 소비자는 더 많은 기억 카테고리를 가지고 있어서 창의적이고 융통성있는 의사결정이 가능하다(Isen et al., 1987; Lyubomirsky, King, & Diener, 2005).

긍정정서 소비자의 정보처리

차원	내용	Referene
전반적/추상적 정보처리	긍정정서 소비자는 현상태를 유지하고 싶어함 (mood maintenance hypothesis)	Isen et al., 1987
	소비 상황을 낙관적으로 판단하고 전반적으로 정보 처리함. 소비자는 낙관적 상황으로 파악하여 많은 노력을 들여 정보처리 할 필요를 적게 느낌	Bless et al., 1990 Schwarz & Clore, 1983
긍정적 평가	개인의 긍정정서를 품질이 불확실한 제품 평가의 단서로 활용. 자신의 정서를 제품에 대한 반응으로 해석하고 정서에 일치되는 해석을 함(mood as information)	Schwarz & Clore, 1983; Srull, 1984
	긍정정서 소비자가 제품을 더 긍정적으로 평가	Isen et al., 1978
긍정 기억	긍정적인 기억을 더 잘 기억함. 긍정정서와 일치되는 긍정 정보가 기억에서 접근가능성이 높음	Isen et al., 1978
	더 많은 기억 카테고리를 가짐 융통성/창의성 있는 판단을 가능하게 함	Isen et al., 1987 Isen, 2008 Lyubomirsky, King, & Diener, 2005

긍정정서 소비자의 정보처리

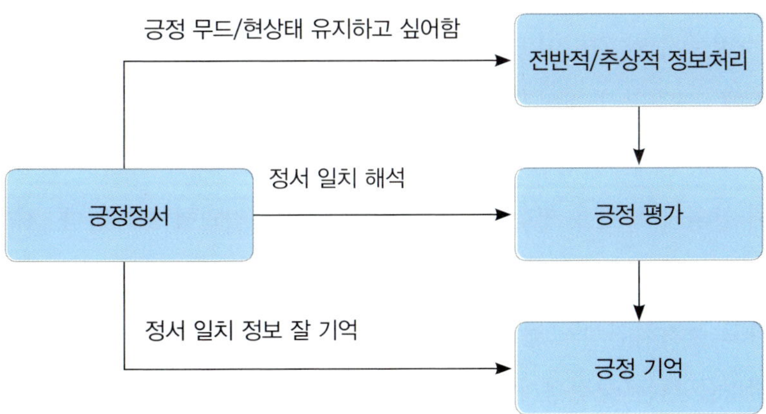

090 긍정정서 소비자의 구매 의사결정

소비자 웰빙이 높은 긍정정서 소비자의 구매 의사결정 방식은 소비자 웰빙이 낮은 소비자에 비해 어떻게 다른가? 소비자 웰빙이 높은 긍정정서 소비자의 구매 의사결정 방식은 소비자 웰빙이 낮은 소비자의 의사결정과 다음과 같은 차이점을 보인다.

첫째, 긍정정서의 소비자는 소비 상황에 대한 전반적이고 추상적인 의사결정을 한다. 긍정정서 소비자는 제품 구매의 구체적인 방법(how)보다는 제품 구매를 하여야 하는 이유(why)와 같은 추상적 목표를 중시하고 장기적인 관점에서 미래 편익을 중심으로 의사결정을 한다(Labroo & Patrick, 2009). 반면 긍정정서가 낮은 소비자는 현재의 구매상황이나 제품 구매에 대한 구체적인 방법 등을 중심으로 의사결정을 한다(Labroo & Patrick, 2009). 긍정정서 소비자의 전반적이고 추상적인 의사결정은 소비환경에 대한 낙관적 해석(Adaval, 2003; Zhong & Mitchell, 2012)과 긍정 무드를 유지하고자 하는 소비 욕구와 관련이 있다(Kahn & Isen, 1993).

둘째, 긍정정서 소비자는 장기적 관점을 가지고 미래 결과를 고려하는 미래지향적 의사결정을 한다. 긍정정서 소비자는 보다 장기적 관점으로 구매 상황과 목표를 생각하게 하고 의사결정의 결과를 고려한다. 사회정서적 선택이론에 따르면 미래의 시간에 대한 인식이 장기적인 결과를 생각하고 장기적인 목표를 가지게 한다(Carstensen, 2006). 장기적 관점으로 의사결정을 하는 긍정정서 소비자는 의사결정의 장기적 결과를 고려하고, 현재소비를 위한 과도한 시간 할인을 하지 않고 현재소비에 대한 자제력이 높다(Pyone & Isen, 2011).

셋째, 긍정정서 소비자는 융통성있는 의사결정을 한다. 이들은 경직된 사고에 집착하기보다는 다양한 가능성과 대안들에 대해 열린 마음으로 새로운 정보를 받아들이고, 다양한 대안과 목표를 융통성 있게 고려하면서 원만하게 문제를 해결하고자 한다(Fredrickson, 2001). 긍정정서 소비자는 인지적 융통성(cognitive flexibility)이 높으며 다양한 브랜드와 대안을 고려한다(Lee & Sternthal, 1999). 확장수립 이론(broaden & build theory)에 따르면 부정정서가 사고 및 행동의 레퍼토리를 축소시키는 반면 긍정정서는 소비자의 인지의 범위를 넓히고 사고 및 행동의 레퍼토리도 더 넓게 확장시켜 다양한 대안에 대한 융통성이 있는 의사결정을 가능하게 한다(Fredrickson, 2001; Fredrickson & Branigan, 2005).

넷째, 긍정정서 소비자는 문제 해결 중심의 의사결정을 한다. 긍정정서의 소비자는 넓고 다양한 정보에 대한 관심을 가지며 창의적으로 문제를 해석하면서 다양한 대안을 모색하여 문제를 해결한다(Fredrickson, 2001; Fredrickson & Branigan, 2005; Isen, 2001). 이들은 문제에 대해 감정적 대응을 하기보다는 문제의 원인을 진단하고 문제에 대한 해결책을 중심으로 대응한다(problem-focused coping). 긍정정서의 소비자는 창의적이고 융통성 있는 방식으로 소비 의사결정을 하며, 자신의 의사결정 능력에 대한 자신감도 가지고 있다(Brinol et al., 2007; Lyubomirsky et al., 2005).

다섯째, 긍정정서의 소비자는 구매 선택에 있어서 위험 회피 경향을 보인다. 정서유지 가설(mood maintenance hypotheses)에 따르면 소비 행복감이 높은 소비자는 그들이 인지 위험이 높을 때에서는 안전한 대안을 선택함으로써 위험을 회피하는 경향을 보인다(Isen & Patrick, 1983). 그들은 손실회피 경향이 높고 부정적인 정서를 초래할 수 있는 위험한 선택을 의도적으로 회피함으로써 현재의 긍정적인 정서를 그대로 유지하고자 한다. 예를 들어 행복감이 높은 금융 소비자는 위험 자산에 대한 투자 확률을 낮추고 안전한 대안을 선호한다(Delis & Mylonidis, 2015). 반면 부정적 무드의 소비자는 위험을 택하여서라도 부정적 무드의 상태를 일시적으로나마 벗어나려는 선택을 하려는 경향을 보인다. 기업은 긍정정서 소비자에게 편익의 향상에 우선적인 목표를 두고 제품의 구체적 속성보다는 제품의 전반적 편익을 제시한다. 소비자에게 여러 대안을 제시하는 경우 계량적 속성별로 구분하기보다는 장기적이고 전반적 편익을 중심으로 대안의 특징을 설명하고 대안별 전반적 편익 평가에 기반한 의사결정을 하도록 돕는 것이 필요하다.

전반적 소비자 웰빙과 의사결정

소비자 의사결정	소비자 행동	이론적 근거
전반적/추상적 의사결정	장기적인 소비 목적과 편익을 고려한 전반적 의사결정 심리적 거리를 두고 추상적 목표를 중심으로 의사결정	해석 수준 이론 (construal level theory)
미래 지향적 의사결정	장기적인 관점으로 미래 결과를 고려한 소비 의사결정	사회–정서적 선택이론 (Socio-emotional selectivity theory)
융통성 있는 의사결정	사고/행동의 범위를 확장하여 다양한 대안을 고려하는 의사결정 넓은 포용력과 인지적 융통성이 있는 의사결정	확장 수립 이론 (broaden & build theory)
문제해결 중심 의사결정	문제 해결 중심의 넓고 다양한 정보에 근거한 창의적 문제 해결	문제 중심 대처방식 (problem-focused coping)
위험회피 의사결정	위험회피를 통한 긍정정서 유지 높은 손실회피 경향	무드 유지가설 (mood maintenance hypotheses)

전반적 소비자 웰빙과 소비자 구매정보처리

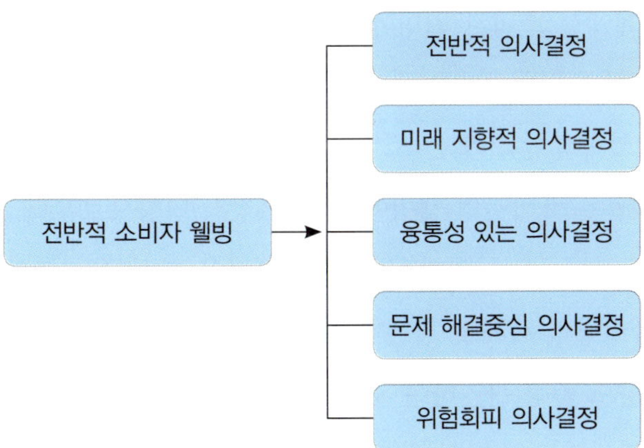

091 소비자 웰빙 마케팅의 성과

소비자는 제품이나 서비스의 구매를 통해서 자아 이미지를 표현하거나 차별화한다(McCracken, 1989). 이러한 소비를 통해 형성되는 긍정적 자아 개념과 사회적 상호작용은 소비자의 웰빙에 기여한다. 기업의 마케팅 성과는 관계적/재무적 성과와 웰빙 성과의 두 가지가 있다. 그 구체적 내용은 다음과 같다.

첫째, 관계적/재무적 성과는 기업의 마케팅이 고객과의 관계 발전 및 재무적 수익에 미치는 영향에 대한 성과이다. 기업의 마케팅 활동을 통한 고객 만족/신뢰/충성도와 같은 관계 성과 및 매출/수익과 같은 재무적 성과가 있다. 기업의 고객과의 관계적 성과는 재무적 성과로 이어진다.

둘째, 웰빙 성과는 기업 마케팅 활동이 소비자 삶에 미치는 웰빙 성과이다. 소비자 보호 및 소비자 웰빙의 향상이 웰빙 성과에 포함된다. 소비자 웰빙을 향상시키려는 기업은 제품이나 서비스가 구매, 소유, 체험의 각 소비단계에서 소비자 웰빙에 삶에 미치는 긍정적인 영향을 체계적으로 향상시키는 웰빙 성과를 중시한다(Sirgy & Lee, 2008). 소비자 웰빙의 향상과 유지를 추구하는 기업은 소비자 웰빙을 기업 마케팅 성과로 측정 관리한다. 기업은 소비자의 웰빙에 대한 부정적 영향으로부터 소비자를 보호하고(non-maleficence) 나아가 소비자의 웰빙을 향상 유지시키는 것(beneficience)을 마케팅의 목표로 삼는다. 기업은 소비자 웰빙이 전반적 웰빙에 미치는 영향도 측정 관리하는 것이 필요하다.

마케팅 관리자는 소비의 각 단계에서 목표 고객의 웰빙을 효과적으로 향상시킬 수 있는 마케팅 전략을 실행할 필요가 있다. 소비자의 웰빙을 유지 향상하기 위한 웰빙 마케팅은 소비자의 전반적 웰빙에 기여하고 이는 기업과 소비자의 장기적 관계를 강화하는 선순환으로 이어진다(Lee & Sirgy, 2004).

웰빙 마케팅의 성과

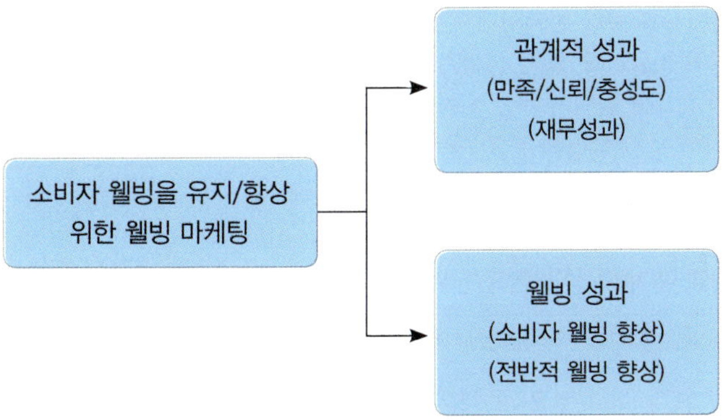

마케팅 성과와 웰빙 마케팅 전략

- 기업이 제공하는 특정 제품/서비스가 소비자 행복에 미치는 영향(micro consumer well being)을 소비자 웰빙 지수로 정기적으로 측정하고 이를 향상시키기 위한 마케팅 실행 전략을 도출한다.

- 기업은 마케팅 전략을 수립함에 있어서 웰빙성과와 재무/관계 성과 간의 영향을 전체적으로 평가하여야 한다. 기업은 단기적인 재무 성과가 있더라도 장기적으로 소비자의 웰빙에 부정적 영향을 주는 제품에 대한 마케팅을 지양하여야 한다.

- 기업은 웰빙 성과와 재무성과가 높은 수준에서 균형을 이루도록 관리한다. 재무/관계 성과가 웰빙 성과보다 현저하게 높은 경우에는 소비자의 웰빙을 향상시키기 위한 추가적인 노력이 필요하다. 웰빙 성과가 재무/관계 성과에 비해 현저하게 높은 경우에는 재무/관계적 성과를 높이기 위한 노력을 더하여 웰빙 성과의 지속가능성을 높인다.

소비 행복감과 관계적 성과(만족/신뢰/충성도)

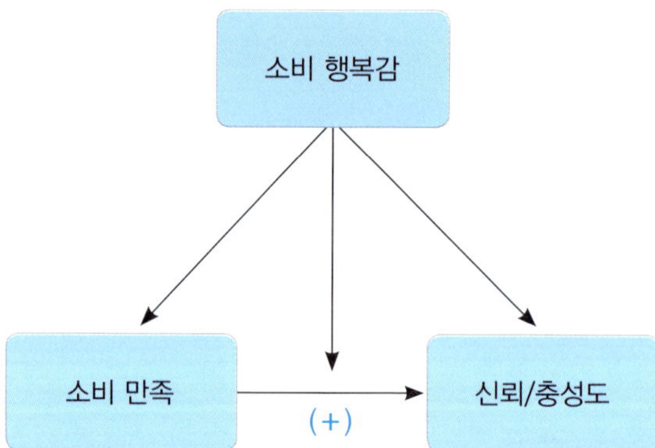

092 소비 행복감과 소비 만족

소비자 웰빙은 소비 생활에 대한 긍정정서의 상태를 의미하여 이러한 긍정적 정서 상태가 개별제품이나 서비스에 대한 만족에 긍정적 영향을 미친다.

소비 행복감이 높은 소비자의 고객 만족이 소비 행복감이 낮은 소비자의 고객 만족보다 더 높은 이유는 다음과 같다.

첫째, 소비 행복감이 높은 소비자들은 그들의 긍정정서에 부합되는 만족스런 제품의 소비를 통해서 그들의 행복감을 유지하려고 한다. 소비 행복감이 높은 소비자들은 그들의 긍정정서에 부합되는 소비 행동을 한다. 무드관리 가설(mood management hypotheses)에 따르면 소비자들은 자신의 긍정적 정서를 강화하거나 부정적 정서에서 벗어나게 해줄 제품을 선택한다(Zillmann, 1988, 2003). 소비 행복감이 높은 사람들은 자신들의 긍정정서를 정서를 유지시켜 주는 만족스런 제품이나 서비스를 구매하고 부정정서를 경험하는 소비자들은 이를 극복하기 위해 쾌락 제품을 더 사용하는 경향을 보인다(Garg, Wansink, & Inman, 2007).

둘째, 소비 행복감이 높은 사람들은 소비 경험을 더 긍정적인 것으로 해석하고 받아들인다(Lyubomirsky, Tucker, & Kasri, 2001). 소비 행복감이 높은 소비자는 부정적 측면보다는 긍정적 측면을 중점적으로 살펴보고(Abbe, Tkach, & Lyubomirsky, 2003), 동일한 소비 경험을 그들의 행복감을 유지해주는 방식으로 해석하고 더 긍정적으로 판단한다(Hellén & Sääksjärvi, 2011; Lyubomirsky & Tucker, 1998). 해석수준이론(construal level theory)에 의하면 긍정정서의 소비자는 자신의 행복감을 반영하는 전반적이고 빠른 정보처리를 하며 자신의 행복감과 일치하는 방향으로 체험을 해석한다(Hellén & Sääksjärvi, 2011).

셋째, 소비 행복감이 높은 소비자는 그들의 긍정 무드와 일치하는 무드일치 정보(mood congruent information)를 더 선택적으로 잘 기억하는 경향이 있다(Forgas & Ciarrochi, 2001). 정서–점화 이론(affect priming theory)에 의하면 소비자는 자신의 정서에 부합되는 정보를 선택적으로 더 잘 기억하고, 불확실한 상황을 자신의 정서에 부합되는 방향으로 해석하며, 자신의 정서에 부합되는 정보를 제품 평가에 적극 활용한다(Forgas & Bower, 1987).

넷째, 소비 행복감이 높은 소비자는 불만의 상황에서도 낙관적인 자세를 유지하며 불만에 대한 포용력이 높다. 소비자들은 체험에 대하여 넓은 수용구간(zone of tolerance)을 가진다. 따라서 행복감이 높은 소비자는 서비스 실패 등의 불만 상황에서도 불만의 감정에만 집중하기보다는 상대방을 잘 포용하면서(Bono, McCullough, & Root, 2008) 보다 건설적인 방향으로 해결하려는 노력을 보인다(Lyubomirsky & Tucker, 1998). 행복감이 높은 소비자는 불만의 상황에 대하여 감정적 대응을 적게 하고 문제해결적 대응을 한다. 반면 행복감이 낮은 소비자는 수용구간이 좁고 불만의 상황에서 상대방에 대한 귀인을 크게 하면서 불만상황에 대하여 감정적으로 대응하는 경향을 보인다. 이러한 소비자 웰빙의 개별 제품/서비스 만족에 대한 영향은 모든 제품의 경우라기보다는 소비 생활에 중요한 영향을 미치는 제품의 만족에 더 큰 영향을 미친다(Westbrook, 1980). 예를 들어 자동차가 소비자 웰빙에 미치는 영향에 대한 연구에서 자동차 소비와 관련된 소비자 웰빙은 자동차에 대한 소비자 만족에 긍정적 영향을 미치는 것으로 나타났다(Sirgy, Lee, & Kresssman, 2006).

소비 행복감과 소비 만족

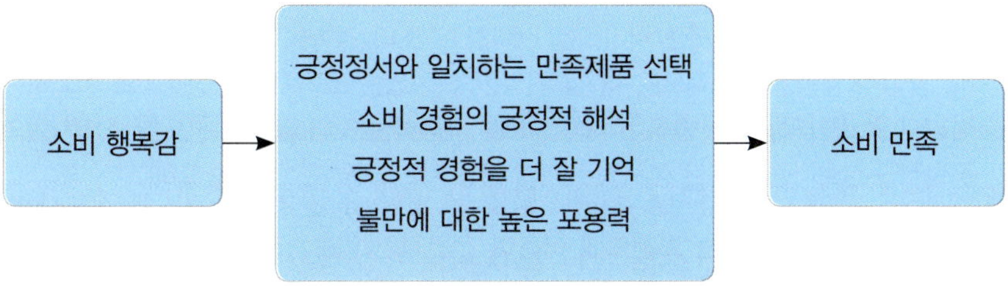

소비 행복감이 만족에 미치는 영향

소비 행복감이 만족에 미치는 영향	소비자 행동	이론적 근거
긍정정서와 일치되는 만족 제품 선택	소비자의 행복감과 일치하는 제품이나 서비스 선택	무드 관리 가설 (mood management hypothesis)
소비 경험에 대한 긍정적 해석	소비 경험에 대한 전반적이고 긍정적인 해석	정서–점화 이론 (affect priming theory) 해석 수준 이론 (construal level theory)
만족 경험을 더 잘 기억	긍정정서 상태와 일치하는 정보를 더 잘 기억	정서–점화 이론 (affect priming theory) 무드 정보 (mood as information)
불만 상황에 대한 높은 포용력	상대방이나 상황에 대한 높은 이해	넓은 수용 구간 (zone of tolerance)
	불만 문제를 원만하게 해결	문제해결 대응 (problem-solving coping)

소비 행복감이 소비 만족에 미치는 영향과 웰빙 마케팅 전략

- 소비 행복감이 소비 만족을 높인다. 행복감이 높은 소비자는 자신의 긍정정서에 부합하는 즐거움을 제공하는 제품/서비스를 선택하고, 소비 경험을 보다 긍정적으로 해석하며, 긍정적 경험을 사후적으로 더 잘 기억한다. 기업은 소비자의 긍정정서와 일치하는 이미지 광고를 시행하고 즐거운 체험 정보를 제공하는 것이 필요하다. 또한 소비자와의 직접적인 상호작용을 통한 정서적 편익의 향상에도 노력하는 것이 중요하다.

- 행복감이 높은 소비자는 브랜드에 대하여 전반적인 정보처리(top-down information processing)를 한다. 따라서 기업은 행복감이 높은 소비자에 대하여는 구체적이고 계량적 속성보다는 전반적이고 질적인 편익 정보를 전달하여야 한다. 행복감이 높은 고객을 대상으로 하는 브랜드는 전반적인 브랜드 이미지를 관리하면서 소비자에게 빈번한 체험 만족을 제공한다.

- 행복감이 높은 고객은 상황이나 상대에 대한 높은 포용력을 가진다. 행복감이 높은 소비자는 문제를 불만의 문제를 감정적으로 대처(emotion-focused coping)하려 하기보다는 원만한 해결이 되도록 문제해결 중심의 대응방식(problem-focused coping)을 보인다. 기업은 불만의 상황에서는 고객의 상황에 대한 공감을 기반으로 문제해결 중심적인 대처를 하여야 한다. 기업은 서비스 실패 발생시 서비스 실패의 상황과 원인을 설명하고 고객의 불만문제를 해결하여야 한다.

행복감-소비 만족 관련 가설

- 품질이 불확실한 체험 서비스에 대하여 행복감이 높은 소비자는 소비 행복감이 낮은 소비자에 비하여 높은 만족을 가지며 넓은 품질 수용구간(zone of tolerance)을 가진다. 소비 행복감과 소비자의 품질 수용구간(zone of tolerance)은 정(+)의 상관관계를 가진다.

- 소비 행복감이 높은 소비자는 서비스 실패의 경우에 감정적 대응(emotion-focused coping)보다 문제해결 중심의 대응(problem-solving coping)방식을 취한다. 반면 소비 행복감이 낮은 소비자는 서비스실패의 경우에 보다 문제해결 중심의 대응보다는 감정적 대응을 취한다. 소비 행복감은 소비자의 문제해결 중심의 대응과 정(+)의 상관관계를, 소비자의 감정적 대응과는 부(−)의 상관관계를 가진다.

- 소비 행복감이 높은 소비자는 소비 행복감이 낮은 소비자에 비하여 서비스 체험 만족도가 높고 서비스에 대한 불만이 적다. 소비 행복감이 높은 소비자는 소비 행복감이 낮은 소비자에 비하여 서비스 체험에 대한 회상 만족도(recollected satisfaction)가 높다. 소비 행복감은 서비스 체험 만족도 및 회상 만족도와 정(+)의 상관관계를 가진다.

093 소비 행복감과 고객 신뢰

소비 행복감은 소비자의 제품이나 브랜드에 대한 신뢰와 긍정적 이미지를 향상에 기여한다(Lee & Sirgy, 2004). 소비 행복감이 높은 소비자는 소비 행복감이 낮은 소비자에 비해서 일반적으로 거래관계에 대한 신뢰가 높다. 그 이유는 다음과 같다.

첫째, 소비 행복감이 높은 소비자는 전반적으로 사람들을 신뢰할 수 있다는 믿음이 높았다(Dunn & Schweitzer, 2005). 그들은 소비 상황을 낙관적으로 판단하고 전반적인 정보를 처리하고, 상대방에 대한 더 많은 긍정적인 평가와 신뢰를 한다. 소비상황을 판단하는 과정에서 가지는 자신의 긍정정서를 제품이나 서비스에 대한 인지적 평가에 활용한다(mood as information)(Schwaz, 2001).

둘째, 행복감이 높은 소비자는 거래 상황을 긍정적으로 파악하고 이러한 긍정적 환경(benign environment)에서의 신뢰로 인해 생겨날 위험을 심각하게 받아들이지 않는다. 소비 행복감이 높은 소비자는 신뢰로 인한 위험을 위협으로 받아들이지 않는다(risk as feeling hypothesis). 반면 행복감이 낮은 소비자는 위험 상황을 커다란 위협으로 인지하는 경향을 보인다(Loewenstein et al., 2001).

셋째, 소비자 웰빙이 높은 소비자일수록 기존의 거래에 대하여 만족했던 경험을 잘 기억하며 긴밀한 협력과 커뮤니케이션을 유지한다(Tov & Diener, 2009; Tokuda & Inoguchi, 2008). 또한 소비자 웰빙이 높은 소비자는 긍정정서에 기반하여 적극적으로 타인에 대한 도움을 제공한다. 소비자의 긍정정서는 긴밀한 커뮤니케이션 및 도움 제공 과정을 통하여 신뢰의 대상이 상대방으로 전이된다(affect transfer).

넷째, 소비자 웰빙이 높은 소비자들은 기업이 제공하는 혜택에 대해 감사하는 마음을 가지고 호혜적 관계를 유지하고 기업의 실수에 대해서도 높은 수준의 관용을 베푼다(Toussaint & Friedman, 2009). 소비 행복감이 높은 소비자는 거래 상대방에 대한 서로에 대해 포용적 태도를 보이며 타인과의 협력을 잘하고 결과적으로 거래에 대한 불만이나 갈등이 줄어든다(Lyubomirsky, King, & Diener, 2005). 상호 협력에 기반한 호혜적인 관계는 소비자 신뢰에 긍정적 영향을 미친다. 이러한 호혜의 영향은 기능적 제품의 경우보다 체험적 서비스의 경우에 더 높게 나타난다(Hellén & Sääksjärvi, 2011).

소비 행복감과 신뢰

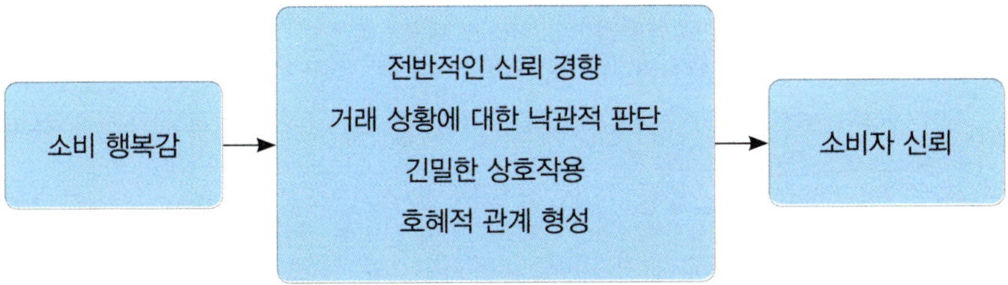

소비 행복감이 신뢰에 미치는 영향

소비 행복감이 신뢰에 미치는 영향	소비자 행동	이론적 근거
전반적인 신뢰 경향이 높음	본인의 긍정적 정서를 서비스를 평가하는 정보로 받아들이고 서비스 제공자에 대해 전반적으로 신뢰하는 경향	무드 정보 이론 (mood as information)
거래상황에 대한 낙관적 태도	소비 행복감이 높은 소비자는 거래상황을 긍정적으로 평가하며 신뢰로 인한 위험(risk)을 위협으로 받아들이지 않음	위험 정서 이론 (risk as feeling hypotheses)
긴밀한 상호작용	소비 행복감이 거래 상대방과의 긴밀한 커뮤니케이션을 활성화	정서 전이 이론 (affect transfer)
호혜적 관계	소비 행복감이 자발적으로 도움을 주고받는 관계를 형성하며 이는 상호 신뢰의 형성으로 이어짐 상대방을 포용하는 태도 유지	호혜 이론 (reciprocity theory) 관계적 교환 이론 (relational exchange theory)

소비 행복감이 신뢰에 미치는 영향과 웰빙 마케팅 전략

- 소비 행복감이 높은 소비자는 기업의 서비스 제공자에 대한 신뢰 경향이 높다. 그들은 본인의 긍정정서를 정보로 받아들이고 서비스 제공자를 전반적으로 신뢰하는 경향을 보이고 신뢰로 인한 위험을 위협으로 받아들이지 않는다. 기업은 소비 행복감이 높은 소비자에 대하여 높은 수준의 품질을 제공하고, 고객 이익을 우선시하며, 그리고 윤리적으로 투명하고 예측가능한 마케팅 활동을 통하여 고객과의 신뢰관계를 구축하여야 한다.

- 소비 행복감이 높은 소비자는 서비스 제공자와의 긴밀한 커뮤니케이션을 한다. 기업은 소비 행복감이 높은 소비자와 상호작용을 통하여 서비스 제공자에 대한 역할 중심의 구체적인 신뢰를 구축한다. 기업의 서비스 제공자는 특히 서비스에 대한 불확실성이 클 때 전문적인 역량, 정서적인 배려 그리고 윤리적인 원칙에 의한 신뢰를 구축한다. 기업의 서비스 제공자는 소비 행복감이 높은 소비자에게 전문적 역량에 기반한 문제 해결능력, 고객 이익을 우선하여 대변할 것이라는 믿음, 그리고 불확실성으로부터 고객을 보호한다는 믿음을 커뮤니케이션 하여야 한다. 서비스 제공자에 대한 구체적인 역할 신뢰는 추상적인 기업이나 브랜드에 대한 신뢰로 발전한다.

- 기업은 소비 행복감이 높은 소비자와의 거래에 있어서 단기적이고 지엽적인 사안에 대한 협상에 많은 노력을 하기보다는 포괄적이고 전반적인 신뢰를 바탕으로 공동 목표와 장기적 협력 관계를 추진하도록 한다. 특히 정해진 의무 이상의 자발적인 도움을 제공하여 감사의 감정에 기반한 호혜적 관계를 구축하도록 한다. 호혜적 관계를 관리함에 있어서 기업은 일방적 통제나 기회주의적 행동을 지양한다.

소비 행복감과 신뢰 관련 가설

- 소비 행복감(consumption happiness)이 높은 소비자는 소비 행복감이 낮은 소비자에 비하여 불확실한 거래상황에 대한 인지 위험(perceived risk)이 적고 거래 상대방에 대한 높은 신뢰 의향(trust intention)을 보인다. 소비자의 소비 행복감은 소비자의 인지 위험과 부(−)의 상관관계를, 신뢰 의향과는 정(+)의 상관관계를 가진다.

- 소비 행복감이 높은 소비자는 소비 행복감이 낮은 소비자에 비하여 거래 상대방에 대한 자발적 도움을 제공하는 행위(benevolence)를 빈번하게 한다. 소비자의 소비 행복감은 정해진 의무 이상의 도움을 제공하는 행위(benevolence)와 정(+)의 상관관계를 가진다.

- 소비 행복감이 높은 소비자는 소비 행복감이 낮은 소비자에 비하여 기업에 대하여 더 넓은 품질 수용구간(zone of tolerance)과 높은 수준의 장기 지향성(long-term orientation)을 가진다. 소비 행복감은 소비자의 품질 수용구간 및 장기 지향성과 정(+)의 상관관계를 가진다.

소비 행복감이 높은 소비자들은 행복감이 낮은 소비자들에 비하여 제품이나 서비스를 더 만족스럽게 평가하며 높은 수준의 충성도를 보인다(Hellén & Sääksjärvi, 2011). 소비 행복감이 높은 소비자는 소비 행복감이 낮은 소비자보다 고객 충성도가 높다. 그 이유는 다음과 같다.

첫째, 소비 행복감이 높은 소비자들은 동일한 체험 서비스에 대해서도 긍정적으로 평가하며 긍정적인 경험을 더 잘 기억하는 경향이 있다(Lyubomirsky & Tucker, 1998). 소비 행복감이 높은 소비자의 서비스에 대한 만족스런 기억은 고객의 재구매 의향과 충성도에 긍정적 영향을 미친다(Septianto et al., 2019). 소비 행복감이 높은 소비자들은 어느 정도 불만스러운 구매상황에 대해서도 제품을 변경하여야 하는 위험스런 구매상황으로 인식하기보다는 보다 넓은 포용력을 가지며 원만한 해결을 모색한다. 행복 소비자들의 체험에 대한 긍정 평가와 불만 상황에 대한 넓은 포용력과 원만한 해결방식이 고객관계와 고객 충성도를 향상시킨다.

둘째, 소비 행복감이 높은 소비자의 긍정적 경험은 소비자의 제품이나 서비스에 대한 정서적 일체감을 형성한다(Yu & Lee, 2008). 소비자는 만족스런 경험을 반복구매를 통해 지속적으로 유지하고 구전을 통하여 타인과 공유하고 싶어한다(Schnebelen & Bruhn, 2018). 이러한 소비 행복감이 높은 소비자는 제품이나 서비스에 대하여 만족 경험을 연장하거나 공유하고 싶어하는 욕구가 고객 충성도를 유지하는 데 기여한다.

셋째, 소비자 행복은 체험에 대한 몰입도를 높여 고객의 만족이 충성도에 미치는 긍정적 영향을 강화하는 역할을 한다(Belanche, Casaló, & Guinalíu,

2013). 소비 행복감은 서비스의 정서적 측면을 긍정적으로 평가하게 하며, 타인과의 사회적 상호작용을 활성화시켜 고객의 정서적 충성도를 높인다. 이처럼 소비 행복감은 체험적 서비스에 대한 즐거움과 몰입을 더욱 증대시키고(Hellén & Sääksjärvi, 2011) 결과적으로 소비자의 만족이 충성도에 대한 긍정적 영향을 강화한다. 이러한 과정을 통해 소비 행복감은 고객만족이 일시적인 것이 아니라 지속적인 충성도가 되도록 강화하는 역할을 한다.

소비 행복감과 고객 충성도

충성도	소비자 행동	이론적 근거
긍정정서에 일치하는 체험 해석 및 기억	긍정정서 소비자는 소비 경험에 대해 긍정적이고 전반적 해석을 함	무드 정보 이론 (mood as information)
	긍정정서 소비자는 만족 소비 경험을 더 잘 기억함	정서-점화 이론 (affect priming theory)
만족 경험의 연장과 공유	만족 경험을 통해 제품이나 서비스에 대한 정서적 일체감 형성	정서적 일체감 (emotional attachment)
	만족 경험 제품을 지속적으로 반복구매하거나 구전을 통해 타인과 공유하고 싶어함	행동적 충성도 (behavioral loyalty)
체험에 대한 몰입을 강화	체험에 대한 높은 몰입도가 만족-충성도 관계를 강화	만족 전이 이론 (satisfaction spillover theory)

소비 행복감과 고객 충성도

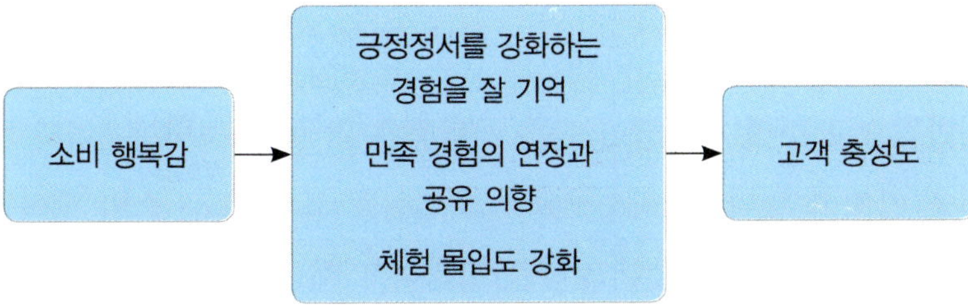

소비자 행복감이 충성도에 미치는 영향과 웰빙 마케팅 전략

- 소비 행복감이 높은 소비자는 경험을 긍정적으로 해석하며 긍정 경험을 잘 기억한다. 기업은 소비 행복감이 높은 소비자에게 차별적인 획득가치 및 거래가치를 제공하여 제품/서비스에 대한 만족과 충성도를 높인다.
- 소비 행복감이 높은 소비자는 다소 불만스러운 구매상황에 대해서도 제품을 변경하여야 하는 위험스런 상황으로 인식하기보다는 상대에 대한 보다 높은 포용력을 가지며 원만한 해결을 모색한다. 기업은 서비스 실패 상황에서 고객의 상황에서 고객과의 긴밀한 커뮤니케이션을 통하여 고객의 입장에서 문제를 신속하게 해결하도록 노력한다.
- 소비 행복감이 높은 소비자의 체험에 대한 몰입도가 고객의 만족 경험을 정서적 일체감과 충성도로 변환시킨다. 소비 행복감이 높은 소비자는 적극적인 체험 참여와 사회적 상호작용을 통하여 체험에 몰입한다. 기업은 소비자에게 체험에 참여할 기회를 제공하고 활발한 상호작용을 통하여 즐거움의 가치가 증가되도록 체험을 설계한다.

소비 행복감-충성도 관련 가설

- 소비 행복감이 높은 소비자는 소비 행복감이 낮은 소비자에 비하여 기업의 제품이나 서비스에 대해 더 높은 수준의 정서적 일체감(emotional attachment)을 가진다.
- 소비 행복감이 높은 소비자는 소비 행복감이 낮은 소비자에 비하여 만족스런 제품이나 서비스에 대한 구전의향(word of mouth intentions)이 더 높다
- 소비 행복감이 높은 소비자는 소비 행복감이 낮은 소비자에 비하여 기업의 제품에 대해 넓은 품질 수용구간(zone of tolerance)과 지속 구매의향(purchase intention)을 가진다.

일반적으로 소비 행복감이 높은 사람들은 더 높은 소비통제력과 대처능력을 가지고 있다(Aspinwall, 1998; Fredrickson & Joiner, 2002). 소비 행복감이 높은 소비자들은 구매 상황 전반을 고려하고 제품에 대하여 전반적이고 추상적인 정보처리를 하며 장기적 편익까지 모두 고려한 의사결정을 한다. 따라서 소비 행복감이 높은 사람들은 소비 의사결정에 신중하며 소비에 대한 높은 통제능력을 가지고 있다(Pyone & Isen, 2011). 소비 행복감이 높은 소비자들이 소비 행복감이 낮은 소비자에 비하여 더 높은 소비통제력과 대처능력을 가지고 있는 이유는 다음과 같다.

첫째, 소비 행복감이 높은 소비자들은 장기적 관점에서의 편익을 모두 고려한다. 소비 행복감이 높은 소비자는 주어지는 구매 상황을 다각도로 연결하여 그 의미를 신중하게 판단하면서 장기적이고 계획적인 구매를 한다. 소비 행복감이 높은 소비자는 즉흥적이고 충동적인 소비에 대한 통제력을 지니고 있고(Guven, 2012; Pyone & Isen, 2011), 즉각적인 소비를 위한 과도한 시간 할인(hypobolic time discounting)을 하지 않는다. 따라서 행복감이 높은 소비자는 현재의 이득보다는 장기적인 미래를 준비하는 대안을 더 선호한다(Guven & Hoxha, 2015; Ifcher & Zarghamee, 2011; Lane, 2017).

둘째, 소비 행복감이 높은 소비자는 부정정서가 적고 이러한 부정정서를 극복하기 위한 충동구매의 필요성도 적다. 일반적으로 충동구매는 자발적이고 갑작스럽게 물건을 구매하고 싶은 강한 욕구(urge)에 의한 구매이다(Rooks, 1987; Beatty & Ferrell, 1998; Sharma, Sivakumaran, & Marshall, 2010). 이러한 충동구매는 주로 부정적인 정서 상태에서 벗어나고자 하는 동기에서 발생하는데(Sneath, Lacey, & Kennett-Hensel, 2009). 소비 행복감이 높은 소비자는 부정적 정서에서 벗어날 필요가 적으며 결과적으로 낮은 충동구매 경향을 보인다.

셋째, 소비 행복감이 높은 소비자는 미래에 대한 높은 관심을 가지고 있다(forward looking). 행복감이 높은 소비자는 미래의 재무 계획을 중시하고 부채 스트레스를 회피하고자 하며 높은 저축 성향을 보인다(Frey & Stutzer, 2002; Kahn & Isen, 1993). 소비 행복감이 높은 소비자의 높은 저축 성향을 가지고 미래 재무적 상황을 낙관적으로 전망한다.

소비 행복감과 소비통제

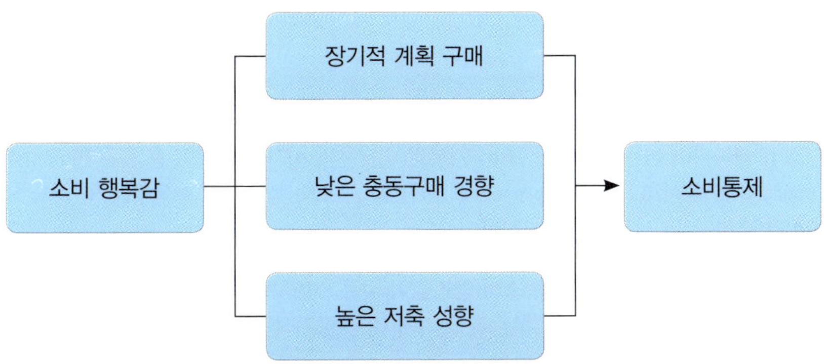

소비 행복감과 소비통제

소비통제	소비자 행동	결과
장기적 계획 구매	장기적 관점에서 구매/소비 (high level thinking)	장기적 계획 구매 현재소비 경향 적음
낮은 충동구매 경향	부정정서를 극복할 필요가 적음	충동구매 경향 적음
높은 저축 성향	미래 지향적 관점 (forward looking)	장기적 저축 경향

자료: Pyone & Isen, 2011.

소비 행복감의 소비통제와 웰빙 마케팅 전략

- 소비 행복감이 높은 소비자는 계획구매를 하고 현재소비 선호 경향이 적다. 기업은 행복감이 높은 소비자와의 거래에 있어서는 장기적인 관점에서 계획적인 구매가 이루어지도록 돕는 것이 필요하다. 과도한 현재소비 현상이나 단기적 충동구매를 지양하고 장기적인 관점에서 소비 목표에 근거한 계획소비가 이루어지도록 돕는 것이 필요하다. 기업은 소비자의 즉흥적인 충동구매를 유도하기보다는 소비자의 평가 및 선택에 필요한 충분한 시간을 제공한다.

- 소비 행복감이 높은 소비자는 미래에 대한 높은 저축성향을 보인다. 기업은 이들 소비자의 저축을 용도별로 계좌를 구분하고 구분된 계좌에 대하여 분명한 목표를 수립하여 관리하도록 돕는다. 미래의 저축에 대한 사전약정을 통하여 소비를 통제하고 저축을 점진적으로 증가시킬 수 있도록 돕는다. 또한 미래에 대한 막연한 낙관적 판단으로 현재의 충동적인 과소비를 하려는 고객에게는 구매비용과 관련한 재무정보를 소비자에게 실시간으로 자세히 알려주는 것이 중요하다.

소비 행복감-소비통제 관련 가설

- 소비 행복감이 높은 소비자는 소비 행복감이 낮은 소비자에 비하여 충동구매(impulsive purchase)와 현재소비 선호(present bias)가 적다. 소비 행복감은 충동구매 및 현재소비 선호와 부(−)의 상관관계를 가진다.

- 소비 행복감이 높은 소비자는 소비 행복감이 낮은 소비자에 비하여 장기적 관점에서 계획하고 소비를 한다. 소비 행복감과 소비에 대한 장기적인 계획(long term planning)은 정(+)의 상관관계를 가진다.

- 소비 행복감이 높은 소비자는 소비 행복감이 낮은 소비자에 비하여 높은 저축성향(propensity to save)을 보인다. 소비 행복감과 저축성향은 정(+)의 상관관계를 가진다.

096 소비 행복감이 높은 소비자의 선호 대안

소비 행복감이 높은 소비자는 어떠한 제품을 선호하는가? 소비자 웰빙이 높은 소비자는 다음과 같은 대안에 대한 선호를 가진다.

첫째, 소비자의 행복감이 높은 소비자들은 긍정정서를 유지 강화해주는 대안을 선호한다. 소비 행복감이 소비자는 자신의 긍정정서를 유지시켜줄 일상에서 빈번한 즐거움을 주는 다양한 제품이나 즐거운 체험을 선호한다(Zhong & Mitchell, 2012). 소비 행복감이 높은 소비자들은 그들의 정서와 일치하는 즐거운 체험과 사회적 상호작용을 추구한다. 이들은 긍정정서를 강화해줄 안전하고 건강한 제품을 더 선호하고 건강에 유해한 제품은 회피한다(Ding, Mullan, & Xavier, 2014; Garg, Wansik, & Inman, 2007). 반면 소비 행복감이 낮은 소비자는 몸에 해로운 쾌락적 제품의 소비를 늘려서라도 부정정서를 복구 및 관리하려는 경향을 보인다(Garg, Wansik, & Inman, 2007). 소비 행복감이 높은 소비자는 긍정정서 체험에 민감하고 긍정정서를 강화하는 안전한 제품에 대해서 다양성을 추구하는 경향을 보인다(Khan & Isen 1993).

둘째, 소비 행복감이 높은 소비자는 자신의 긍정정서와 유사한 환기수준(arousal level)의 체험을 선호한다. 긍정정서의 소비자는 자신의 긍정정서를 유지하기 위하여 자신의 긍정정서와 유사한 강도의 체험을 선호한다(arousal maintenance effect)(Di Muro & Murray, 2012). 미래 지향적인 젊은 소비자는 신나는 긍정 체험(high arousal)을 선호하는 반면 현재 지향적인 장년의 소비자는 차분하고 조용한 긍정 체험(low arousal)을 선호한다(Mogilner, Aaker, & Kamvar, 2012).

셋째, 소비 행복감이 높은 소비자는 타인을 위한 기부와 같은 이타적 소비를 선호한다. 이는 소비 행복감이 타인에 대한 도움(helping)과 관대함(generosity)을 높이기 때문이다(Drouvelis & Grosskopf, 2016; Isen, 2001). 소비 행복감이 높은 소비자들은 타인에 대한 공감능력이 높고 이타적 소비에 많은 관심과 노력을 기울인다. 타인에 대한 도움은 도움을 받는 사람보다 도움을 제공하는 사람의 행복감에 더 크게 기여한다(Dunn, Akin, & Norton, 2008). 소비 행복감이 높은 소비자는 소비 행복감이 낮은 소비자에 비해서 타인을 위한 기부와 타인을 위한 소비를 더 많이 하는 경향을 보인다(Bagozzi, Gopinath, & Nyer, 1999; Drouvelis & Grosskopf, 2016; Isen, 1970; Kasser & Ryan, 1996; Williams & Shiaw, 1999).

넷째, 소비 행복감이 높은 소비자는 친환경적 소비 대안을 선호한다. 소비자 행복감이 높은 소비자는 단기적이고 외재적인 욕구의 충족보다는 친환경적 소비처럼 사회적으로 바람직한 내재적 가치에 관심을 보인다(Brown & Kasser, 2005). 소비 행복감이 높은 소비자는 자신만의 소비보다 자신을 둘러싼 환경에 관심을 보이며 커뮤니티 웰빙과 친환경적 가치에 관심을 보인다. 반면 물질적이고 외재적인 가치를 추구하는 소비자들은 소비 행복감이 낮고 친환경적 소비를 하지 않는 경향을 보인다(Kasser, 2002; Sheldon & McGregor, 2000). 더불어 소비 행복감이 높은 소비자는 자신의 이해 관계를 넘어서서 보다 넓은 시야를 가지고 소비한다(Wadlinger & Isaacowitz, 2006). 이들은 사회의 여러 구성원이 서로 밀접하게 연결되어 있다는 공동체의식을 가지고 주변 환경을 고려한 소비를 하는 것이 더 의미 있는 소비라는 믿음을 가지게 한다. 이런 이유로 소비 행복감이 높은 소비자는 사회적 이슈에 대한 높은 공감능력을 가지고 있고 친환경적 소비 활동에의 적극적으로 참여한다(Carte, 2011).

소비 행복감이 높은 소비자의 선호 대안

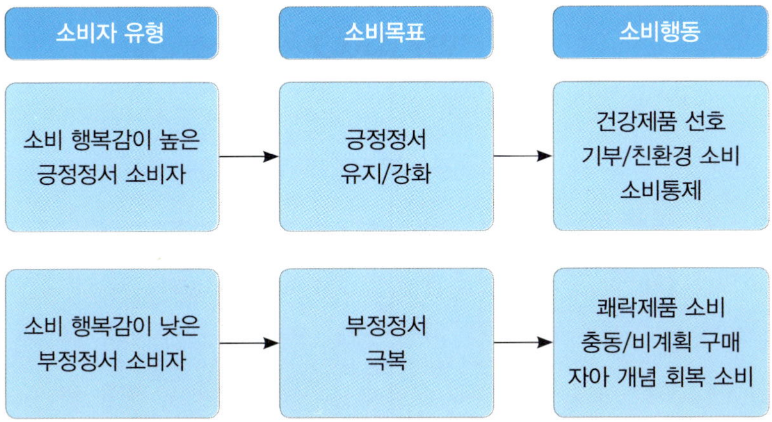

소비 행복감이 높은 소비자의 선호 대안

소비 행복감이 높은 소비자의 선호대안	소비 행동	참고문헌
긍정정서 대안	긍정정서의 유지 목표 긍정정서를 강화하는 안전 제품/건강 제품 선호. 건강/안전 제품 중에서 다양성 추구	Kahn & Isen, 1993 Garg, Wansik, & Inman, 2007
유사 환기수준 (arousal) 대안	긍정정서 소비자는 긍정정서를 유지하기 위하여 유사한 환기수준 (arousal) 의 체험 선호(미래지향적 젊은 소비자는 신나는 체험을 현재지향적 장년 소비자는 조용한 체험을 선호)	Mogilner, Aaker, & Kamvar, 2012 Di Muro & Murray, 2012
이타적 소비 대안	이타적 도움 행위 제공 타인에 대한 높은 공감 능력	Isen 1987 Drouvelis & Grosskopf, 2016
친환경/친사회적 대안 (Pro-social options)	사회적 이슈에 대한 높은 공감 능력 친환경 제품 선호 친사회적 기부 참여	Fishbach & Labroo, 2007 Oishi, Diener, & Lucas, 2007

소비 행복감과 선호 대안

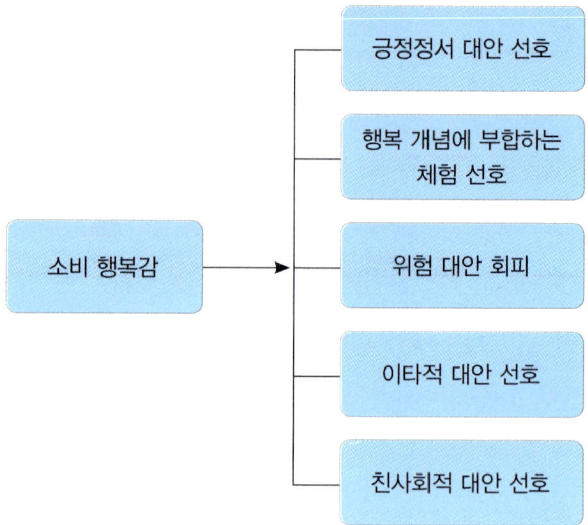

소비 행복감이 높은 소비자의 선호대안과 웰빙 마케팅 전략

- 소비 행복감이 높은 소비자는 자신의 편익의 향상을 지향하면서 긍정정서와 일치되는 대안을 선호한다. 기업은 소비자의 긍정정서를 파악하고 즐거움을 제공하는 편익 체험을 제공하는 것이 필요하다.

- 소비 행복감이 높은 소비자는 위험을 회피하고 부정적 정서의 경험을 회피하고자 하는 경향이 강하다. 기업은 소비자가 인지하는 제품에 대한 기능적 위험을 줄이기 위하여 소비자의 기능적 가치에 대한 최소 기준을 우선적으로 충족하고 추가적인 보증/보장의 옵션을 제공한다. 소비자가 인지하는 사회적 위험을 줄이기 위하여 소비자 소속집단의 규범에 부합하는 무난한 제품을 제공한다. 소비자의 재무적 위험을 줄이기 위하여 제품에 대한 준거가격 및 판매가격 정보를 비교가능하도록 투명하게 제공한다. 기업은 소비 행복감이 높은 소비자의 구매에 대한 확신을 제공하고 구매 후회를 줄이기 위하여 판매 실적 정보와 제품에 대한 소비자의 체험후기도 온라인을 통하여 공유한다.

- 소비 행복감이 높은 소비자에게는 이타적 소비가 중요하다. 기업은 행복감 높은 소비자를 대상으로 공익연계 마케팅, 친환경 마케팅, 친사회적 기부 캠페인을 시행한다. 기업은 소비 행복감이 높은 소비자가 공감하고 기업 이미지 및 핵심 역량과 밀접하게 관련이 있는 공익을 선택하고 이타적이고 친사회적인 마케팅을 시행한다. 기업은 친사회적 마케팅이 일회성의 이벤트가 아닌 지속가능한 마케팅이 되도록 하여야 한다. 소비 행복감이 높은 소비자의 이타적/친사회적 소비에의 참여는 그들의 소비 행복감을 더욱 높이는 선순환으로 이어진다.
- 소비 행복감이 높은 소비자는 위험하지 않은 대안들 가운데 다양성을 추가하는 경향이 있다. 기업은 소비 행복감이 높은 소비자를 위한 건강한 제품에 대해서는 다양한 종류를 출시하여 건강한 제품 가운데 다양성 추구 욕구를 충족시켜줄 필요가 있다.

소비 행복감-선호대안 관련 가설

- 소비 행복감이 높은 소비자는 소비 행복감이 낮은 소비자에 비하여 쾌락적 체험(hedonic experiences)에 대한 선호도가 더 높다.
- 소비 행복감이 높은 소비자는 소비 행복감이 낮은 소비자에 비하여 건강 제품(virtue products)에 대한 구매의향이 더 높다. 소비 행복감이 높은 소비자는 소비 행복감이 낮은 소비자에 비하여 건강 제품(virtue products)들에 대한 다양성 추구 경향(variety seeking tendencies)이 더 높다.
- 소비 행복감이 높은 소비자는 소비 행복감이 낮은 소비자에 비하여 이타적 제품(사회적 기부, 공익연계마케팅 제품, 선물)에 대한 구매의향이 높다.
- 소비 행복감이 높은 소비자는 소비 행복감이 낮은 소비자에 비하여 부정정서를 극복할 필요가 적고 건강에 해로운 쾌락적 제품(vice hedonic products)에 대한 구매의향이 낮다.

097 소비 행복감이 낮은 소비자의 선호 대안

소비 행복감이 낮은 소비자들은 다음과 같은 제품에 대한 선호를 보인다.

첫째, 소비자가 부정정서가 많은 소비자의 경우에는 즐거움을 주는 쾌락적 제품(hedonic vice products)의 소비를 통하여 부정정서를 극복하고자 한다(Garg, Wansink, & Inman, 2007; Tice, Bratslavsky, & Baumeister, 2001). 부정정서를 가진 소비자들은 그들의 부정정서를 복구할 필요가 크고 이는 쾌락적 제품에 대한 선호로 이어진다. 반면 긍정정서를 가진 소비자들은 긍정정서를 그대로 유지하려고 하고 이는 몸에 좋은 제품에 대한 선호로 이어진다. 긍정이나 부정의 정서가 없는 소비자는 정서를 유지하거나 복구해야 할 필요가 상대적으로 적다(Garg, Wansink, & Inman, 2007).

둘째, 부정정서의 소비자는 부정정서를 극복하기 위하여 자신의 부정정서와 다른 강도(arousal)의 체험을 선호한다(arousal reversal effect). 다시 말해서, 약한 부정정서의 소비자는 강한 긍정정서의 체험을 선호하고, 강한 부정정서의 소비자는 약한 긍정정서의 체험을 선호한다(Di Muro & Murray, 2012). 상이한 환기수준의 체험이 소비자의 부정정서의 극복에 도움이 된다.

셋째, 재무적 결핍 및 재무 스트레스로 인해 소비자 웰빙이 낮은 경우 소비자는 일반적으로 누구나 구할 수 있는 일반적 제품보다는 희소성이 높은 제품에 대한 선호가 높다. 이는 타인이 많이 가지고 있지 않고 희소성이 높은 제품에 대한 구매를 통해 자신이 가지는 상대적인 재무적 결핍을 극복하려는 심리가 작용하기 때문이다(Sharma & Alter, 2012). 하지만 제품의 구매를 통해서 자아 이미지를 복구하려는 시도는 그 효과가 일시적이고 크지 않다.

넷째, 물질주의 소비자는 부정정서를 극복하고자 물질적 제품의 구매와 소유에 집착한다. 소비자가 환경에 대한 불확실성과 자신에 대한 불안(anxiety)한 감정을 가진 물질주의 소비자의 경우 이러한 불확실성과 불안한 감정을 떨치고자 물질에 집착하고 고가명품의 소비를 한다(Kasser & Sheldon, 2000). 이상적 기준에 의한 사회적 비교로 인해 소비자 웰빙이 낮은 물질주의 소비자는 고가 명품제품의 구매와 소유를 통해 자아 효능감을 복구하려고 한다. 이러한 고가 제품의 구매가 때로는 경제적 동기부여를 하기도 하지만 전체적인 소비자 웰빙의 향상에는 그 효과가 미미하다(Hudders & Pandelaere 2012).

소비 행복감이 낮은 소비자의 선호 대안

소비 행복감이 낮은 소비자	선호 대안	참고문헌
부정정서가 많은 소비자	건강하지 못한 쾌락적 즐거움을 주는 제품 /유해 식품의 소비를 통하여 부정정서를 극복하고자 함	Garg, Wansink, & Inman, 2007 Tice, Bratslavsky, & Baumeister, 2001
	부정정서 소비자는 부정정서를 극복하기 위하여 상이한 환기수준(arousal)의 긍정적 체험을 선호함 약한 부정정서 소비자는 강한 환기수준의 신나는 체험을, 강한 부정정서 소비자는 약한 환기수준의 조용한 체험을 선호함	Di Muro & Murray, 2012
재무적 스트레스가 높은 소비자	희소성이 높은 대안을 통해서 자존감을 복구하고자 함	Sharma & Alter, 2012
물질주의 소비자	불안 정서가 많은 물질주의 소비자 환경에 대한 불확실성과 자신에 대한 불안한 감정을 떨치고자 유형적 물질에 집착하고 고가 명품의 소비를 함	Kasser & Sheldon, 2000
	이상적 기준에 의한 사회적 비교를 자주 하는 물질주의 소비자는 자아 효능감 회복을 위한 고가 명품을 구매함	Hudders & Pandelaere, 2012

소비 행복감이 낮은 소비자의 선호대안과 웰빙 마케팅 전략

- 소비 행복감이 낮은 소비자는 자신의 부정정서를 복구하기 위하여 유해한 제품의 소비를 한다. 기업은 유해 식품에 대한 일회 소비량을 줄이고 제품의 유해성에 대한 자세한 제품 정보를 제공한다. 기업은 유해 식품에 대한 충동구매를 줄이기 위해 유해 식품에 대한 판촉을 지양하는 것이 필요하다.

- 소비 행복감이 낮은 소비자는 부정적 정서를 극복하기 위하여 충동구매를 빈번하게 하고 소비통제를 하지 못하여 재무적인 스트레스를 경험한다. 기업은 소비자의 재무 스트레스의 원인이 되는 소비자 편향(consumer bias)을 파악하고 그에 맞는 개선책을 제시한다. 소비자의 재무 스트레스는 소비자의 현재소비 선호, 물질주의에 기반한 과도한 소비 및 충동구매, 재무적 지식의 부족과 잘못된 믿음(미래편익 지속 편향), 미래 재무 상황에 대한 낙관적 평가, 미래 지불 노력에 대한 과소평가, 부채 관련 편향(잔액이 적은 부채 우선 상환을 통한 부채 계좌수 회피, 쾌락적 부채 우선 상환), 과소비 및 부채에 대한 관대한 태도 등 다양한 원인에서 비롯된다. 기업은 이러한 소비자의 재무 스트레스의 원인을 파악하고 그를 개선하기 위한 소비통제와 저축 방안(장기적 관점에 의한 구체적 저축 목표 설정, 계좌별 별도의 단일목표 설정, 저축 사전약정, 점진적 저축 증대)을 제시한다.

- 소비 행복감이 낮은 소비자는 자아에 대한 불안한 감정을 떨쳐버리고 자존감을 복구하기 위하여 유형적 물질 구매에 집착하는 경향을 보인다. 기업은 유형의 물질 소유보다는 사회적 상호작용과 내재적 자아 발전과 학습을 수반하는 체험을 통하여 소비자가 부정정서를 극복하도록 돕는다. 기업은 물질주의에 대한 지나친 강조 혹은 사회적 비교를 조장하는 광고를 지양한다. 기업은 물적 소유보다는 무형의 체험을 통하여 소비자가 선호하는 편익을 제공하면서 다양한 소비 욕구의 충족을 돕는다. 소비자가 유형적 제품의 구매나 소유보다는 자아 표현적 체험을 통하여 사회적 상호작용을 강화하고 자아 효능감을 회복하도록 돕는 것이 필요하다.

소비 행복감과 웰빙 마케팅 전략

- 기업은 소비자의 소비 행복감을 주기적으로 측정 관리하고 높은 수준의 제품/서비스의 만족을 제공한다. 마케팅 관리자는 소비자의 행복감을 유지시키기 위해 빈번한 만족 경험을 지속적으로 제공하여야 한다.
- 소비 행복감이 높은 소비자는 정보를 추상적이고 전반적으로 처리하는 경향을 보인다. 기업의 마케팅 관리자는 구체적이거나 계량적인 속성보다는 전반적 편익의 정보를 행복감이 높은 소비자에게 제공한다.
- 소비 행복감이 높은 소비자들은 불만 상황에 대한 이해의 정도가 높고, 회사와 브랜드에 대해 신뢰와 충성도를 유지한다. 기업의 마케팅 관리자는 행복감이 높은 소비자와 장기적이고 호혜적인 고객관계를 유지 발전시키는 것이 중요하다.
- 소비 행복감이 높은 소비자들은 충동구매가 적고 계획적인 소비를 한다. 기업은 가격할인 판촉을 통해서 일시적으로 매출을 높이려는 전략보다는 제품 본연의 차별적 편익과 가치를 함양하는 것이 중요하다.
- 소비 행복감이 높은 소비자는 위험 회피 경향이 높고 안전한 대안 중에서는 다양성을 추구하는 경향을 보인다. 소비 행복감이 높은 소비자는 몸에 해로운 음식보다 몸에 좋은 음식을 더 선호하고 이를 통해 긍정정서를 유지하려는 경향을 보인다. 기업은 소비자들의 위험 요인을 우선적으로 제거하고 안전한 편익의 제품을 다양하게 제공한다.
- 소비 행복감이 높은 소비자들은 자신만을 위한 소비보다는 타인과 사회를 위한 소비에 긍정적 태도를 가진다. 기업은 목표 고객의 소비 행복감의 증진을 위해서 공익연계마케팅, 사회적 기부, 친환경적 제품, 타인을 위한 선물 등 타인을 위한 소비 기회를 늘린다.

소비 행복감과 소비자 행동

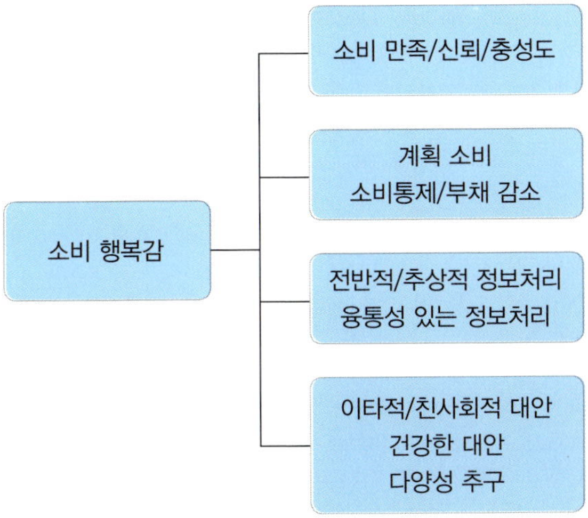

Readings

Abbe, A., Tkach, C., & Lyubomirsky, S. (2003). The art of living by dispositionally happy people. *Journal of Happiness Studies, 4*(4), 385-404.

Adaval, R. (2003). How good gets better and bad gets worse: Understanding the impact of affect on evaluations of known brands. *Journal of consumer research, 30*(3), 352-367.

Aspinwall, L. G. (1998). Rethinking the role of positive affect in self-regulation. *Motivation and emotion, 22*(1), 1-32.

Bagozzi, R. P., Gopinath, M., & Nyer, P. U. (1999). The role of emotions in marketing. *Journal of the academy of marketing science, 27*(2), 184-206.

Beatty, S. E., & Ferrell, M. E. (1998). Impulse buying: Modeling its precursors. *Journal of retailing, 74*(2), 169-191.

Belanche, D., Casaló, L. V., & Guinalíu, M. (2013). The role of consumer happiness in relationship marketing. *Journal of Relationship Marketing, 12*(2), 79-94.

Bless, H., Bohner, G., Schwarz, N., & Strack, F. (1990). Mood and persuasion: A cognitive response analysis. *Personality and social psychology bulletin, 16*(2), 331-345.

Bono, G.,McCullough, M. E., & Root, L.M. (2008). Forgiveness, feeling connected to others, and well-being: Two longitudinal studies. *Personality and Social Psychology Bulletin, 34*, 182-195.

Brinol, P., Petty, R. E., Valle, C., Rucker, D. D., & Becerra, A. (2007). The effects of message recipients' power before and after persuasion: a self-validation analysis. *Journal of personality and social psychology, 93*(6), 1040.

Brown, K. W., & Kasser, T. (2005). Are psychological and ecological well-being compatible? The role of values, mindfulness, and lifestyle. *Social Indicators Research, 74*(2), 349-368.

Carstensen, L. L. (2006). The influence of a sense of time on human development., *Science, 312*(5782), 1913-1915.

Carter, D. M. (2011). Recognizing the role of positive emotions in fostering environmentally responsible behaviors. *Ecopsychology, 3*(1), 65-69.

Delis, M. D., & Mylonidis, N. (2015). Trust, happiness, and households' financial decisions. *Journal of financial stability, 20*, 82-92.

Di Muro, F., & Murray, K. B. (2012). An arousal regulation explanation of mood effects on consumer choice. *Journal of Consumer Research, 39*(3), 574-584.

Ding, T., Mullan, B., & Xavier, K. (2014). Does subjective well-being predict health-enhancing behaviour? The example of fruit and vegetable consumption. *British Food Journal, 116*(4), 598-610.

Drouvelis, M., & Grosskopf, B. (2016). The effects of induced emotions on pro-social behaviour. *Journal of Public Economics, 134*, 1-8.

Dunn, E. W., Aknin, L. B., & Norton, M. I. (2008). Spending money on others promotes happiness. *Science, 319*(5870), 1687-1688.

Dunn, J. R., & Schweitzer, M. E. (2005). Feeling and believing: the influence of emotion on trust. *Journal of personality and social psychology, 88*(5), 736.

Fishbach, A., & Labroo, A. A. (2007). Be better or be merry: How mood affects self-control. *Journal of personality and social psychology, 93*(2), 158.

Forgas, J. P. (1995). Mood and judgment: the affect infusion model (AIM). *Psychological bulletin, 117*(1), 39.

Forgas, J. P., & Bower, G. H. (1987). Mood effects on person-perception judgments. *Journal of personality and social psychology, 53*(1), 53.

Forgas, J. P., & Ciarrochi, J. (2001). On being happy and possessive: The interactive effects of mood and personality on consumer judgments. *Psychology & Marketing, 18*(3), 239-260.

Fredrickson, B. L. (2001). The role of positive emotions in positive psychology: The broaden-and-build theory of positive emotions. *American psychologist, 56*(3), 218.

Fredrickson, B. L., & Branigan, C. (2005). Positive emotions broaden the scope of attention and thought-action repertoires. *Cognition & emotion, 19*(3), 313-332.

Fredrickson, B. L., & Joiner, T. (2002). Positive emotions trigger upward spirals toward emotional well-being. *Psychological science, 13*(2), 172-175

Frey, B.S., Stutzer, A. (2002). 'What can economists learn from happiness research?', *Journal of Economic Literature*, vol. 40 (2), pp. 402-435.

Fujita, K., Trope, Y., Liberman, N., & Levin-Sagi, M. (2006). Construal levels and self-control. *Journal of personality and social psychology, 90*(3), 351.

Garg, N., Wansink, B., & Inman, J. J. (2007). The influence of incidental affect on consumers' food intake. *Journal of Marketing, 71*(1), 194-206.

Guven, C. (2012). Reversing the question: Does happiness affect consumption and savings behavior?. *Journal of Economic Psychology, 33*(4), 701-717.

Guven, C., & Hoxha, I. (2015). Rain or shine: Happiness and risk-taking. *The Quarterly Review of Economics and Finance, 57*, 1-10.

Hellén, K., & Sääksjärvi, M. (2011). Happiness as a predictor of service quality and commitment for utilitarian and hedonic services. *Psychology & Marketing, 28*(9), 934-957.

Hsee, C. K., & Abelson, R. P. (1991). Velocity relation: Satisfaction as a function of the first derivative of outcome over time. *Journal of Personality and Social Psychology, 60*(3), 341.

Hudders, L., & Pandelaere, M. (2012). The silver lining of materialism: The impact of luxury consumption on subjective well-being. *Journal of Happiness Studies, 13*(3), 411-437.

Isen, A. M. (1970). Success, failure, attention, and reaction to others: The warm glow of success. *Journal of personality and social psychology, 15*(4), 294.

Isen, A. M. (1987). Positive affect, cognitive processes, and social behavior. In *Advances in experimental social psychology* (Vol. 20, pp. 203-253). Academic Press.

Isen, A. M. (2001). An influence of positive affect on decision making in complex situations: Theoretical issues with practical implications. *Journal of Consumer Psychology, 11*, 75-85.

Isen, A. M. (2008). Some ways in which positive affect influences decision making and problem solving. *Handbook of emotions, 3*, 548-573

Isen, A. M., & Patrick, R. (1983). The effect of positive feelings on risk taking: When the chips are down. *Organizational behavior and human performance, 31*(2), 194-202.

Isen, A. M., Shalker, T. E., Clark, M., & Karp, L. (1978). Affect, accessibility of material in memory, and behavior: A cognitive loop?. *Journal of personality and social psychology, 36*(1), 1.

Kahn, B. E., & Isen, A. M. (1993). The influence of positive affect on variety seeking among safe, enjoyable products. *Journal of Consumer Research, 20*(2), 257-270.

Kasser, T. (2002). *The high price of materialism*. MIT press.

Kasser, T., & Ryan, R. M. (1996). Further examining the American dream: Differential correlates of intrinsic and extrinsic goals. *Personality and social psychology bulletin, 22*(3), 280-287.

Kasser, T., & Sheldon, K. M. (2000). Of wealth and death: Materialism, mortality salience, and consumption behavior. *Psychological science, 11*(4), 348-351

Labroo, A. A., & Patrick, V. M. (2009). Psychological distancing: Why happiness helps you see the big picture. *Journal of Consumer Research, 35*(5), 800-809.

Lane, T. (2017). How does happiness relate to economic behaviour? A review of the literature. *Journal of behavioral and experimental economics, 68*, 62-78.

Lee, A. Y., & Sternthal, B. (1999). The effects of positive mood on memory. *Journal of Consumer Research, 26*, 115-127.

Lee, D. J., & Sirgy, M. J. (2004). Quality-of-life (QOL) marketing: Proposed antecedents and consequences. *Journal of Macromarketing, 24*(1), 44-58.

Lee, D. J., Sirgy, M. J., Grace, B. Y., & Chalamon, I. (2015). The well-being effects of self-expressiveness and hedonic enjoyment associated with physical exercise. *Applied Research in Quality of Life, 10*(1), 141-159.

Loewenstein, G. F., Weber, E. U., Hsee, C. K., & Welch, N. (2001). Risk as feelings. *Psychological bulletin, 127*(2), 267.

Lyubomirsky, S., & Tucker, K. L. (1998). Implications of individual differences in subjective happiness for perceiving, interpreting, and thinking about life events. *Motivation and emotion, 22*(2), 155-186.

Lyubomirsky, S., & Tucker, K. L. (1998). Implications of individual differences in subjective happiness for perceiving, interpreting, and thinking about life events. *Motivation and emotion, 22*(2), 155-186.

Lyubomirsky, S., King, L., & Diener, E. (2005). The benefits of frequent positive affect: Does happiness lead to success?. *Psychological bulletin, 131*(6), 803.

Lyubomirsky, S., Tucker, K. L., & Kasri, F. (2001). Responses to hedonically conflicting social comparisons: Comparing happy and unhappy people. *European Journal of Social Psychology, 31*(5), 511-535.

McCracken, G. (1989), "Who is the celebrity endorser? Cultural foundations of the endorsement process", *Journal of Consumer Research, 16*(3), 310-321.

Mogilner, C., Aaker, J., & Kamvar, S. D. (2012). How happiness affects choice. *Journal of Consumer Research, 39*(2), 429-443.

Oishi, S., Diener, E., & Lucas, R. E. (2007). The optimal level of well-being. *Perspectives on Psychological Science, 2*(4), 346-360.

Ou, Y. C., & Verhoef, P. C. (2017). The impact of positive and negative emotions on loyalty intentions and their interactions with customer equity drivers. *Journal of Business Research, 80*, 106-115.

Pyone, J. S., & Isen, A. M. (2011). Positive affect, intertemporal choice, and levels of thinking: Increasing consumers' willingness to wait. *Journal of Marketing Research, 48*(3), 532-543

Roehm, M. L., & Sternthal, B. (2001). The moderating effect of knowledge and resources on the persuasive impact of analogies. *Journal of Consumer Research, 28*(2), 257-272.

Rook, D. W. (1987). The buying impulse. *Journal of consumer research, 14*(2), 189-199.

Schnebelen, S., & Bruhn, M. (2018). An appraisal framework of the determinants and consequences of brand happiness. *Psychology & Marketing, 35*(2), 101-119.

Schwarz, N. (2001). Feelings as information: Implications for affective influences on information processing. *Theories of mood and cognition: A user's guidebook*, 159-176.

Schwarz, N., & Clore, G. L. (1983). Mood, misattribution, and judgments of well-being: informative and directive functions of affective states. *Journal of personality and social psychology, 45*(3), 513

Šeinauskienė, B., Maščinskienė, J., & Jucaitytė, I. (2015). The relationship of happiness, impulse buying and brand loyalty. *Procedia-Social and Behavioral Sciences, 213*, 687-693.

Septianto, F., An, J., Chiew, T. M., Paramita, W., & Tanudharma, I. (2019). The similar versus divergent effects of pride and happiness on the effectiveness of loyalty programs. *Journal of Business Research, 99*, 12-22.

Sharma, E., & Alter, A. L. (2012). Financial deprivation prompts consumers to seek scarce goods. *Journal of Consumer Research, 39*(3), 545-560.

Sharma, P., Sivakumaran, B., & Marshall, R. (2010). Impulse buying and variety seeking: A trait-correlates perspective. *Journal of Business Research, 63*(3), 276-283.

Sheldon, K. M., & McGregor, H. A. (2000). Extrinsic value orientation and "the tragedy of the commons". *Journal of personality, 68*(2), 383-411.

Sirgy, M. J., & Lee, D. J. (2008). Well-being marketing: An ethical business philosophy for consumer goods firms. *Journal of Business Ethics, 77*(4), 377-403.

Sirgy, M. J., Lee, D. J., & Kressmann, F. (2006). A need-based measure of consumer well-being (CWB) in relation to personal transportation: Nomological validation. *Social indicators research, 79*(2), 337-367.

Sneath, J. Z., Lacey, R., & Kennett-Hensel, P. A. (2009). Coping with a natural disaster: Losses, emotions, and impulsive and compulsive buying. *Marketing letters, 20*(1), 45-60.

Srull, T. K. (1984). Methodological techniques for the study of person memory and social cognition.

Tice, D. M., Bratslavsky, E., & Baumeister, R. F. (2001). Emotional distress regulation takes precedence over impulse control: If you feel bad, do it!. *Journal of personality and social psychology, 80*(1), 53.

Tokuda, Y., & Inoguchi, T. (2008). Interpersonal mistrust and unhappiness among Japanese people. *Social Indicators Research, 89*(2), 349-360.

Toussaint, L., & Friedman, P. (2009). Forgiveness, gratitude, and well-being: The mediating role of affect and beliefs. *Journal of Happiness Studies, 10*(6), 635.

Tov, W., & Diener, E. (2009). Culture and subjective well-being. In *Culture and well-being*, Springer, Dordrecht, 9-41.

Wadlinger, H. A., & Isaacowitz, D. M. (2006). Positive mood broadens visual attention to positive stimuli. *Motivation and emotion, 30*(1), 87-99.

Westbrook, R. A. (1980). Intrapersonal affective influences on consumer satisfaction with products. *Journal of consumer research, 7*(1), 49-54.

Williams, S., & Shiaw, W. T. (1999). Mood and organizational citizenship behavior: The effects of positive affect on employee organizational citizenship behavior intentions. *The Journal of Psychology, 133*(6), 656-668.

Yu, Grace B. & Lee, D. J. (2008). A model of quality of college life (QCL) of students in Korea. *Social Indicators Research, 87*(2), 269-285.

Zhong, J. Y., & Mitchell, V. W. (2012). Does consumer well-being affect hedonic consumption?. *Psychology & Marketing, 29*(8), 583-594.

Zillmann, D. (1988). Mood management through communication choices. *American Behavioral Scientist, 31*(3), 327-340.

Zillmann, D. (2003). Theory of affective dynamics: Emotions and moods.

Chapter

08

전반적 소비자 웰빙과 전반적 웰빙

098 전반적 소비자 웰빙과 전반적 웰빙

전반적 소비자 웰빙(consumer well-being)이 전반적 웰빙(subjective well-being)에 미치는 영향은 무엇인가? 전반적 웰빙은 삶 전체에 대한 주관적 웰빙(subjective well-being)을 의미하며 전반적 삶의 만족(overall life satisfaction)과 행복감(happiness)을 의미한다. 이 장에서는 소비자 웰빙이 소비자의 전반적 웰빙에 미치는 웰빙 성과를 규명하고자 한다. 소비자 웰빙은 소비자 생활 영역에서의 인지적 평가인 소비 생활 만족도와 정서적 평가인 소비 생활 행복감의 합을 의미한다(Sirgy & Lee, 2006). 소비자 웰빙은 전반적 웰빙과 서로 영향을 주고받는데 이를 수직적 영향(vertical spillover)라고 한다. 전반적 웰빙과 생활 영역 만족의 수직적 영향은 하향적 영향(top down spillover)과 상향적 영향(bottom up spillover)으로 구분된다. 웰빙 연구에서는 전반적 삶의 만족과 세부 생활 영역 만족 사이에 상향적 하향적 영향이 공존하되 상향적 영향 vs. 하향적 영향의 상대적 크기는 생활 영역별로 다르다(Headey, Veenhoven, & Wearing, 1991). 한편 소비자 웰빙은 다른 생활 영역에 대한 만족에도 영향을 주는데 이를 수평적 영향(horizontal spillover)이라 한다. 이러한 개인 내의 수직적/수평적 영향(spillover)은 특정 소비자 내부에서 여러 생활 영역 만족과 전반적 영역 사이에 주고 받는 영향을 의미한다. 소비자 간의 상호 영향은 교차 효과(cross over effect)라고 칭한다(Bakker et al., 2009).

099 수직적 영향(vertical spillover)

수직적 영향 이론(vertical spillover theory)에 따르면 전반적 삶의 만족도와 부문 삶의 만족도는 정(+)의 상관관계를 가진다. 구체적으로 전반적 삶의 만족도에 의하여 소비 생활 만족이 하향적으로 영향을 받기도 하고, 소비 생활의 만족이 전반적 삶의 만족에 상향적으로 영향을 주기도 한다(Diener, 2009; Sirgy, 2002). 수직적 영향 이론(vertical spillover theory)은 그 방향에 따라 하향적 영향 이론(top down spillover theory)과 상향적 영향 이론(bottom up spillover theory)으로 구분해볼 수 있다. 그 구체적 내용은 다음과 같다.

첫째, 삶의 만족에 대한 하향적 영향 이론(top down spillover theory of life satisfaction)은 전반적이고 추상적인 전체 삶에 대한 태도가 구체적인 생활 영역에 대한 만족도에 하향적으로 영향을 준다는 이론이다. 하향적 영향 이론에 따르면 전반적 삶에 대한 태도나 만족이 구체적인 생활 영역에 대한 만족에 영향을 준다(Diener, Suh, Lucas, & Smith, 1999; Lane, 1991). 전반적 삶의 만족(overall life satisfaction)은 소비 생활 영역에 대한 만족(consumer life domain satisfaction)에 긍정적인 영향을 준다. 예를 들어 전반적으로 삶에 만족하고 행복한 소비자들이 안정적 수입을 가능하게 하고(Diener & Oishi, 2000), 이러한 안정적 수입은 여러 소비 욕구의 충족을 가능하게 한다. 이처럼 하향적 영향이론에 따르면 전반적 소비자 웰빙이 소비자 웰빙의 향상에 하향적으로 기여한다.

둘째, 삶의 만족에 대한 상향적 영향 이론에 의하면 구체적인 소비 생활 영역에서의 만족 경험이 보다 추상적이고 압축적인 전반적 삶의 만족으로 전달된다(Sirgy, Lee, Larsen, & Wright, 1998). 수직적 영향은 구체적인 생활 영역(소비 생활, 여가 생활, 가족생활)에서의 만족도가 전반적 삶의 만족도에 영향을 준다. 이러한 특정 생활 영역 만족도가 전반적 생활 만족도에 미치는 영향은 그 특정 생활의 중요도/몰입도가 큰 경우에 더 자주 발생한다(Sirgy, 2012).

100 상향적 영향 이론(Bottom-up spillover theory)

소비 생활 만족(consumer life domain satisfaction)이 전반적 삶의 만족(overall life satisfaction)에 미치는 영향을 상향적 영향이라고 한다. 구체적인 소비 생활 만족 경험은 보다 추상적이고 전반적인 생활 만족도에 긍정적 영향을 준다(Lee et al., 2002; Sirgy et al., 1998). 일반적으로 소득이 낮거나 기본적 소득 욕구가 충족되지 못한 경우 소비 생활의 만족이 전반적 삶의 만족에 미치는 영향이 크다(Leelakulthanit, Day, & Walters, 1991; Veehoven, 1991). 소득이 낮은 소비자의 경우에는 소비 생활의 욕구 충족을 통한 만족이 전반적 삶의 만족에 중요하다. 일정 수준의 소비 생활 만족에 도달하고 나면 소비자들은 소비 만족 적응 효과를 경험하고 소비 생활에 대한 기대가 오르고 빈번한 사회적 비교를 하므로 소비 생활의 만족이 전반적 삶의 만족에 미치는 영향이 줄어든다(Veehoven, 1991; Diener & Oishi, 2000). 소비자 웰빙의 전반적 웰빙에 대한 상향적 영향은 다음과 같은 원인들에 의해 형성된다.

첫째, 소비 생활 만족은 전반적 웰빙에 필요한 기능적, 체험적, 사회적 소비 욕구의 충족을 가져다 준다. 소비 생활의 만족은 전반적 삶의 만족의 형성에 필요한 소비 욕구의 충족을 가능하게 한다. 소비 생활 만족은 외재적 동기의 충족뿐 아니라 소비자를 내재적인 동기부여를 하여 더욱 자발적으로 노력하여 경제적인 성취를 가능하도록 함으로써 긍정적 자아 이미지 및 자아 효능감을 높이는 데도 기여한다. 소비 생활의 만족은 소비 욕구의 충족과 긍정적 자아 이미지의 형성에 기여함으로써 전반적 삶의 만족을 향상시킨다.

둘째, 소비 생활 만족은 다양한 인접 생활 영역의 만족에 기여한다. 전반적 삶의 만족이 가능하기 위해서는 이를 구성하는 여러 생활 영역 만족(life domain satisfactions)이 있어야 한다. 소비 생활 만족은 소비 활동을 통해 전반적 삶을 구성하는 레저 생활이나 가정 생활에서의 만족에 긍정적인 영향을 미친다. 소비 생활 만족은 인접 생활 영역에의 만족을 통해서 전반적 웰빙에 기여한다.

셋째, 소비 생활 만족은 그 생활 영역에 대한 중요도를 증대시켜 소비 생활의 만족이 전반적 생활에 대한 만족으로 이전되는 것을 활성화한다. 소비 생활 영역에 대한 만족은 소비 생활 영역의 중요성을 더 증대시킴으로써 전반적인 삶의 만족을 증가시킨다(Sirgy et al., 2020). 소비 생활 영역에 대한 만족은 소비 생활에 대한 중요도를 증가시키고 이는 전반적 삶의 만족으로 상향적으로 영향을 미친다.

소비자 웰빙의 전반적 웰빙에 대한 상향적 영향(Vertical bottom-up spillover)

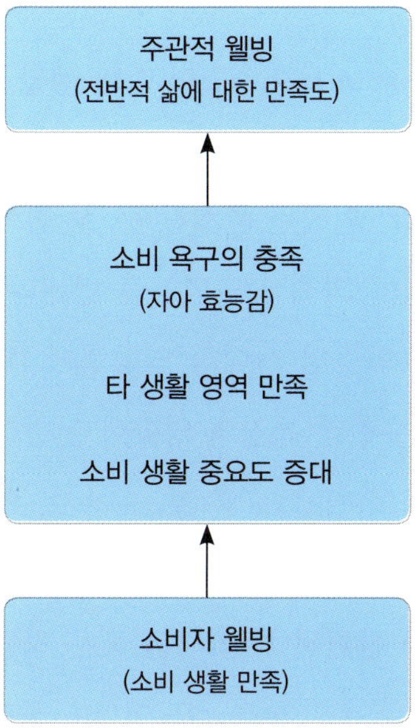

101 하향적 영향(top-down spillover theory)

전반적 삶의 만족(overall life satisfaction)이 소비 생활 만족(consumer life satisfaction)에 미치는 영향을 하향적 영향이라고 한다. 전반적 삶의 만족도는 낙천적/우울 성격, 자존감, 인지된 통제감 등 잘 변화하지 않는 개인적 요소 및 인구통계적 특성에 의해서도 영향을 받는다. 전반적 삶의 만족에 영향을 미치는 여러 요인들의 상대적 영향력에 대한 조사에 의하면 낙관적 성격 등 성격 및 유전적 특징의 영향이 전반적 삶의 만족도에 미치는 영향이 약 50% 정도이며(Lykken & Tellegen, 1996), 인구통계적 특성 및 생활 환경이 전반적 삶의 만족도에 미치는 영향이 약 10% 정도이며(Diener et al., 1999), 웰빙 향상과 관련된 특정 사건 혹은 자발적 활동이 전반적 삶의 만족도에 미치는 영향이 약 40% 정도이다(Lyubomirsky, Sheldon, & Schkade, 2005).

성격 등의 요인으로 결정된 전반적 삶의 만족도는 시간에 흐름에 따라 크게 변화하지 않고 안정적이며(Fujita & Diener, 2005), 단기적 변화 이후에도 원래의 수준으로 복귀한다(Headey & Wearing, 1992; Lykken & Tellegen, 1996). 개인들은 전반적인 만족도를 시간의 흐름대로 파악해보면 일시적인 변동에도 불구하고 만족 적응 효과를 보이거나 하향적으로 사전에 정해진 일정 수준(set-point)으로 다시 복귀하는 경향을 보인다(Tomyn & Cummins, 2011; Headey & Wearing, 1989).

일정수준을 유지하는 전반적 삶의 만족도(overall life satisfaction)는 구체적인 삶의 영역에서의 만족도(life domain satisfaction)에 하향적으로 영향을 미친다. 하향적 영향은 전반적 삶의 만족도의 구체적 삶의 영역 만족에 대한 후광효과(halo effect)를 의미한다. 그 과정은 다음과 같다. 첫째, 전반적 삶의 만족도가 높은 사람들은 만족스런 생활 영역에 대한 중요도를 높인다. 전반적 삶의 만족도가 높은 사람들은 만족스런 생활 영역에 대한 중요도가 높고 불만족스러운 생활 영역에 대한 중요도가 낮다(Diener, Lucas, Oishi, & Suh, 2002). 긍정적인 자아 개념을 가진 사람들은 만족도가 높은 생활 영역에 대한 중요도를 높이지만 자신에 대해 부정적이고 비관적인 사람들은 만족도가 높은 생활 영역에 대한 중요도가 낮았다(Sirgy et al., 2020). 전반적 삶의 만족도가 높은 사람들은 만족스런 생활 영역에 대한 중요도를 높여 만족스러운 생활 영역에 대한 만족도도 높아진다. 둘째, 전반적 삶의 만족이 높은 소비자는 타인에 대한 사회적 연결과 유대감이 강하고(Fredrickson & Joiner, 2002), 이러한 사회적 연결과 유대감이 소비 생활의 만족에 영향을 준다. 셋째, 전반적 삶의 만족이 높은 소비자는 자아 표현적 활동(self-expressive activities)에 몰입하는 경향을 보인다. 이들은 자신이 설정한 목표에 자율적이고 긍정적 태도로 임하고 자기 발전을 위하여 도전할 만한 능력과 기술을 습득하는데 노력한다(Deci & Ryan, 2000; Ryff, 1989). 전반적 삶의 만족이 높은 소비자는 자신이 설정한 도전할 만한 목표에 즐겁게 몰입한다(Csikszentmihalyi, 1990). 이러한 전반적 삶의 만족이 높은 소비자의 자아 표현적 활동은 다양한 소비 욕구의 충족을 활성화하고 이는 소비 생활 만족으로 이어진다.

주관적 웰빙의 소비자 웰빙에 대한 하향적 영향(Vertical top down spillover)

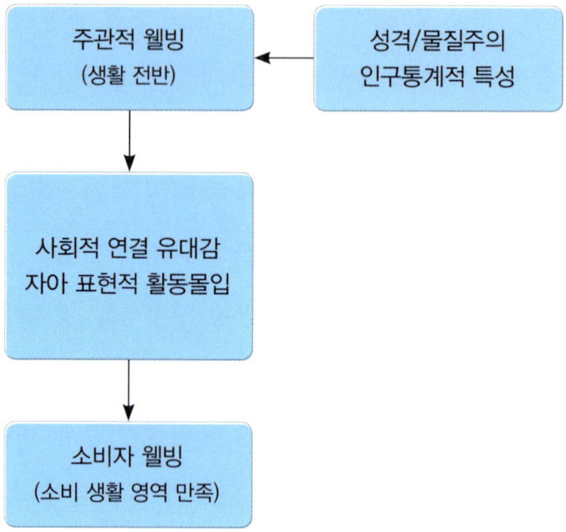

소비 생활의 만족 혹은 불만족은 소비 생활과 밀접하게 관련이 있는 인접 생활 영역에서의 만족 혹은 불만족에 영향을 미치는데 이를 수평적 영향(horizontal spillover effect)이라고 한다. 소비 생활 만족이 타 생활 만족에 긍정적인 영향을 미치는데 것을 긍정적 수평영향(positive horizontal spillover effect)라고 하고 소비 생활에서의 불만족이 다른 삶의 영역의 불만족으로 전달되는 것을 부정적 수평영향(negative horizontal spillover effect)이라고 한다. 다양한 소비 욕구의 충족은 다른 삶의 영역(예: 건강, 여가, 가정)에서의 만족스런 성취를 가능하게 한다. 소비자 웰빙은 소비에 필요한 다양한 욕구를 충족시킴으로써 다른 삶의 영역에 대한 만족을 제공한다(Argyle, 1996; Diener & Chan, 2011). 이처럼 소비 영역의 만족이 다른 삶의 영역에 미치는 효과를 수평적 전이효과라고 한다. 수평적 영향(horizontal spillover)을 가지는 소비자 웰빙과 타 생활 만족은 정(+)의 상관관계를 가진다.

수평적 영향 효과가 자주 발생하는 경우는 이처럼 두 생활 영역이 시간, 장소, 사람, 활동의 측면에서 겹치는 부분이 많고, 두 생활 영역에 필요한 기술이나 능력이 유사하거나, 두 영역에 대한 몰입의 정도가 높은 경우에 발생한다(Staines, 1980). 예를 들어, 소비 생활에서의 여행서비스에 대한 만족은 여가생활 만족에 영향을 미친다(Neal, Sirgy, & Uysal, 1999; Neal, Uysal, & Sirgy, 2007). 이렇게 수평적으로 전달된 다양한 생활 영역에서의 만족은 전반적 삶의 만족에 상향적 영향을 미친다. 특정 소비 체험 만족은 소비 생활 영역뿐 아니라 인접한 다른 영역(가정/여가/건강)의 만족으로 많이 전달될 때 전반적 생활 만족의 향상으로 이어진다. 소비 생활 만족과 인접 생활 영역의 만족이 균형을 이룰 때 이를 소비 – 생활 균형(consumer-life balance)이라고 한다. 소비 생활의 균형이 이루어지지 않을 때 소비자는 역할 갈등을 경험하며 이는 전반적 생활 만족에 부정적 영향을 미치게 된다. 예를 들어 소비 생활의 만족과 재무 생활의 만족이 균형을 이루지 못하는 경우, 소비자는 재무적 어려움으로 인한 스트레스를 받고 이는 전반적 삶의 만족에 부정적 영향을 미치게 된다.

주요 생활 영역(life domains)의 구분

저자	전반적 생활 영역의 구분	소비 생활 영역
Campbell et al., 1976	여가(Non-working activities) 가족(Family life) 생활수준(Standard of living) 직장(Work) 결혼(Marriage) 저축/투자(Savings and investments) 친구(Friendships) 도시(City or county) 주택(Housing) 교육의 양(Amount of education) 이웃(Neighborhood) 전반적 생활(Life in the U.S) 교육의 질(Usefulness of education) 건강(Health) 종교(Religion) 중앙 정부(National government 기관(Organizations)	생활수준(Standard of living) 저축/투자(Savings and investments) 주택(Housing)
Andrews & Withey, 1976	전반적 생활 만족(Life in the U.S. today) 중앙 정부(National government) 지방 정부(Local government) 경제 상황(Economic situation) 지역사회(Community) 서비스/시설(Services and facilities) 교육(Education) 직장(Jobs) 이웃(Neighborhood) 친구(Friends and associates) 주택(Home) 레저(Leisure and leisure-time activities) 가족(Family) 자신(Self) 대인 관계(Interpersonal relations)	경제 상황(Economic situation) 서비스/시설(Services and facilities) 주택(Home)

The WHOQOL Group, 1998, 2004, 2006	직장(Work), 가족(Family) 생활수준(Standard of living) 대인관계(Interpersonal relationships) 건강(Health) 개인적 발전(Personal growth) 신앙(Spirituality) 종교(religion) 사회적 이슈(Society issues) 지역사회 이슈(Community issues,) 레저(Leisure) 전반적 생활(Life in general)	생활수준(Standard of living)
Cummins, 1996	물질 생활(Material well-being) 건강(Health) 생산성(Productivity) 친교(Intimacy) 안전(Safety) 지역사회(Community) 정서(Emotional well-being)	물질 생활(Material well-being)
Rath & Harter, 2010 Gallup	직장(Career life) 사교(Social life) 재무(Financial life) 신체(Physical) 건강(health life) 지역사회(Community life)	재무 생활(Financial life)

수평 전이, 보상 효과, 구분 효과

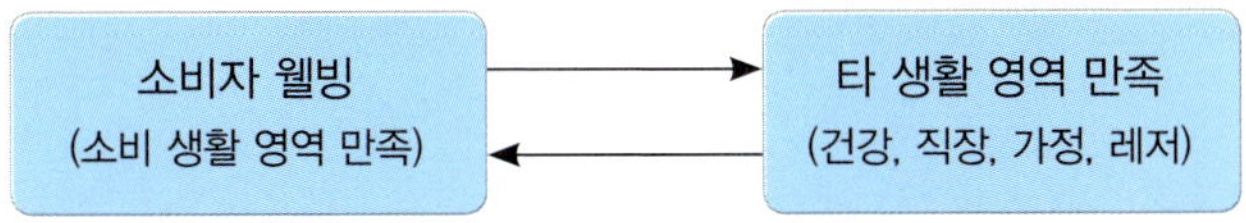

수평 전이(horizontal spillover): 소비자 웰빙과 타 생활 만족 (+) 상관관계

보상 효과(compensation effect): 소비자 웰빙과 타 생활 만족 (−) 상관관계

구분 효과(segmentation effect): 소비자 웰빙과 타 생활 만족 (0) 상관관계

103 보상 효과(compensation effect)

소비 생활의 만족과 타 생활 영역 만족과의 관계가 부(-)의 상관관계를 가지는 경우를 보상 효과(compensation effect)라고 한다. 보상 효과는 특정 삶의 영역에서의 불만을 다른 영역에서의 만족으로 보상받으려는 것을 말한다. 보상 효과는 다음의 과정을 거쳐 발생한다.

첫째, 소비자들이 매우 만족이 낮은 삶의 영역의 목표를 다른 삶의 영역의 목표로 바꾸어 대리 만족을 얻으려는 노력을 한다. 예를 들어 직장생활에서의 좋은 성과를 통해 사회적 인정과 만족을 갖지 못한 경우 개인적 여가생활 혹은 소비 생활에서의 만족으로 이를 보충하려는 것이 보상효과에 해당한다(Miller & Weiss, 1982). 친구나 사회적 관계에 대한 불만족이 큰 경우, 소비 생활인 쇼핑 만족에 집중하여 사회적 관계에 대한 불만족을 극복하려는 경우도 보상효과의 경우이다(Diener & Biswas-Dienner, 2009).

둘째, 소비자는 만족도 차이가 큰 생활 영역들에 대한 몰입도를 조정한다. 두 생활 영역의 만족도의 차이가 큰 경우, 소비자는 불만족스러운 삶의 영역에 대한 몰입도를 낮추고 만족스런 삶의 영역의 몰입도 및 중요도를 높임으로써 전반적 삶의 만족과 균형을 유지하려는 노력을 한다(Wu, 2009). 전반적 웰빙이 높은 소비자는 만족스러운 생활 영역에 대해서 그 영역의 중요도를 높여 전체적인 삶의 만족도를 높이려는 노력을 한다. 결과적으로 생활 영역 만족도와 인접 영역의 중요도는 정(+)의 상관관계를 가진다(Hsieh, 2003). 하지만 전반적인 웰빙이 낮은 소비자는 생활 영역 만족도가 생활 영역 중요도에 미치는 영향이 적다(Sirgy et al., 2020).

특정 삶의 영역에서의 불만을 다른 영역에서의 만족으로 보상받으려는 노력이 생활 영역 만족 간의 균형을 이룰 때에는 전반적인 삶의 만족에 기여하는 긍정적인 측면이 있다. 하지만 중요한 삶의 영역에서의 내재적이고 심리적인 목표의 달성 실패를 물질적이고 재무적인 목표의 달성으로 대체하는 것은 전반적 만족도의 향상 및 유지에 도움이 되지 못한다. 물질주의에 대한 지나친 강조는 전반적 삶의 만족에 부정적 영향을 미친다(Kasser & Ryan, 1993).

104 차단 효과(segmentation effect)

인접 생활 영역 간의 만족 이전을 차단함으로써 한 영역에서의 만족이 다른 영역의 만족으로 이전되지 않게 하는 것을 의미하다. 차단효과가 나타나는 경우 인접생활 영역의 만족도는 상관 관계가 없다. 예를 들어, 소비 생활과 직장생활을 완전히 구분하여 생활 영역 간의 만족이나 불만의 이전을 차단하는 것을 차단 효과(segmentation effect)라고 말한다(Sirgy, 2002). 이러한 차단효과는 인접한 생활 영역들의 시간, 장소, 사람, 그리고 활동이 겹치는 것을 최소화하는 방식으로 이루어진다. 그 구체적인 방법은 다음과 같다. 첫째, 생활 영역 간의 시간/장소/활동의 중복을 최소화하는 것이다. 직장생활에서의 만족이나 불만족을 일과를 마치면서 완전히 잊고 개인의 소비 생활이나 여가 생활에 집중하는 것이 여기에 해당한다(Sirgy, 2012). 둘째, 불만족을 경험하는 생활 영역의 중요도를 낮추어 불만이 인접 영역으로 이전되지 않도록 하는 것이다(Staines, 1980).

특정 생활 영역에서의 불만이 다른 영역으로 확대되는 것을 차단하는 것은 불만의 이전을 차단하여 전체 삶에 대한 불만으로 확대되지 않도록 하는 효과가 있다. 하지만 장기적으로는 불만스러운 생활 영역을 그대로 방치하기보다는 그 생활 영역에서의 불만의 원인을 파악하고 그 영역에서의 만족도를 높이려는 적극적 노력이 필요하다.

105 효과적인 상향적 전이효과(vertical spillover): 소비 생활 만족과 전반적 삶의 만족

개인의 전반적 삶은 여러 생활 영역(가정 생활, 직장 생활, 소비 생활, 여가 생활, 친교 생활, 건강 생활, 지역사회 생활)으로 나누어져 있다. 소비 생활 영역 만족은 수평적으로 다른 생활 영역의 만족에 영향을 주고 동시에 전반적 생활 만족에 상향적으로 영향을 준다. 소비자는 소비 생활의 만족을 추구하되 인접 생활 영역 만족과의 균형을 추구하여야 한다. 영역 간 만족의 불균형은 역할 갈등과 스트레스의 원인이 된다. 소비자는 소비 생활 영역내의 만족만 치중하기보다 여러 생활 영역에 균형 있는 만족을 제공할 수 있는 소비 체험에 우선 순위를 두어야 한다. 이러한 소비 생활의 만족과 인접 영역 만족이 균형을 이룰 때 생활 영역들이 전체적으로 전반적 삶에 긍정적 영향을 미치게 된다. 효과적인 상향적 전이효과를 위하여는 다음의 사항을 고려하여야 한다(Sirgy & Lee, 2018).

첫째, 특정 생활 영역의 만족의 증가가 전체 삶의 만족에 미치는 영향은 체감적으로 증가한다(principle of diminishing sensitivity). 예를 들어 소비 생활의 만족이 전반적 삶의 만족에 미치는 영향은 초기에는 크지만 이후 적응 효과로 인하여 소비 생활의 만족 증가가 전반적 삶의 만족에 미치는 영향은 체감적으로 증가한다.

둘째, 특정 생활 영역에서의 만족이 전반적 만족에 기여하는 정도는 한계가 있다. 전체적인 삶의 만족은 다양한 욕구의 충족을 필요로 하기 때문이다. 따라서 소비자는 다양한 생활 영역에서의 균형있는 만족을 통하여 전반적 삶의 만족의 향상을 추구하여야 한다(principle of satisfaction limit in a single life domain).

셋째, 소비자는 다양한 생활 영역에서의 만족을 통하여 다양한 하위 및 상위 욕구의 충족을 도모하여야 한다(principle of full spectrum of development needs). 다양한 생활 영역에서의 만족을 통하여 기본적 생존이나 안정의 욕구뿐 아니라 자존감 및 자아 실현 욕구 등의 성장 욕구를 동시에 충족시킬 때 소비자의 웰빙이 효과적으로 향상된다.

넷째, 소비자는 생활 영역의 목표 간의 갈등이 없도록 하여야 한다(principle of role conflicts). 소비 생활 영역 간의 목표 갈등이 적을 때 소비자의 생활 영역에 대한 몰입과 의미 있는 발전이 가능하고 전반적 삶의 만족이 가능해진다(Sirgy & Lee, 2018).

다섯째, 삶의 영역만족 균형의 원칙(principle of balanced life domain satisfactions)은 여러 삶의 영역에 대한 만족이 균형을 이룰 때 전반적 삶의 만족이 효과적으로 달성된다. 삶의 영역 만족 간의 불균형은 삶의 영역에 대한 시간, 노력, 자원의 할당이 적절하지 못한 결과이며 역할 갈등의 원인이 된다(Sheldon & Niemiec, 2006). 구체적으로 직장과 여가 생활의 균형이나(work-leisure life balance), 직장과 가족 생활의 균형(work-family life balance), 소비와 재무 생활의 균형(consumer-financial life balance) 등이 필요하다(Sirgy & Lee, 2018).

효과적인 상향적 전이 효과(vertical spillover)의 원칙

상향적 전이 효과의 원칙	내용
생활 만족 체감적 증가 (principle of diminishing sensitivity)	특정 생활 만족(life domain satisfaction) 증가는 전반적 생활 만족(overall life satisfaction)에 체감적으로 증가
생활 만족 전이 효과 한계 (principle of satisfaction limit in a single life domain)	특정 생활 만족이 전반적 생활 만족에 대한 기여하는 정도에는 한계가 있음. 다양한 생활 영역 만족이 있어야 전반적 생활 만족의 증가가 가능
다양한 욕구 충족 원칙 (principle of full spectrum of development need)	특정 생활 영역 속에서의 다양한 욕구의 충족이 전반적 생활 만족에 기여함. 단일 욕구의 충족만으로는 불충분하고 하위 욕구 및 상위 욕구의 충족이 골고루 이루어져야 함
역할 갈등의 원칙 (principle of role conflicts)	다양한 생활 영역에서의 역할이 서로 갈등을 일으키지 않아야 전반적 생활 만족이 효과적으로 향상됨
삶의 영역만족 균형의 원칙 (principle of balanced life domain satisfactions)	여러 삶의 영역에 대한 만족이 균형을 이룰 때 전반적 삶의 만족이 효과적으로 달성됨

자료: Sirgy & Lee, 2018.

효과적인 상향적 전이 효과(vertical spillover)와 소비 전략

- 소비자가 가지는 소비 행복감이 전반적 웰빙으로 전파되도록 하기 위해서 소비자는 소비 생활에 대한 시간과 노력을 투자하여 소비 몰입도를 높인다. 소비 생활의 만족도가 긍정적 자아 개념을 형성하고 사회적 상호작용을 활성화하여 전반적 웰빙이 향상되도록 한다.
- 소비 생활 만족과 다른 생활 영역 만족의 균형을 유지한다. 소비 생활의 만족이 가족/직장의 생활 만족에 부정적 영향을 미치지 않도록 하고 생활 몰입도의 균형을 유지한다.
- 물질주의는 금전/물질/물질적 가치에 대한 중요성을 다른 내재적 가치에 비해 지나치게 강조함으로써 전반적 웰빙에 부정적 영향을 미친다. 충동/강박구매 역시 부정적 정서를 극복하기 위해 물건을 구매하지만 오히려 부정적 정서를 악화시켜 웰빙에 더 부정적 영향을 미친다. 따라서 계획적이고 절제된 소비를 통해 다양한 소비 욕구를 충족시키고 소비 행복감을 증진시키는 것이 필요하다.
- 전반적 웰빙에 대해서는 다양한 삶의 영역으로부터의 상향적 영향뿐만 아니라 성격 및 인구 통계적 특성에 의한 하향적/수평적 영향도 고려하는 것이 필요하다.

Readings

Andrews, F. M., & Withey, S. B. (1976). *Social indicators of well-being: America's perception of life quality*. New York: Plenum.

Argyle, M. (1996). Subjective well-being. *In pursuit of the quality of life*, 18-45.

Bakker, A. B., Demerouti, E., & Burke, R. (2009). Workaholism and relationship quality: A spill-over crossover perspective. *Journal of Occupational Health Psychology, 14*, 23-33

Campbell, A., Converse, P. E., & Rodgers, W. L. (1976). *The quality of American life: Perceptions, evaluations, and satisfactions*. New York: Russell Sage Foundation.

Csikszentmihalyi, M., & Csikzentmihaly, M. (1990). *Flow: The psychology of optimal experience* (Vol. 1990). New York: Harper & Row.

Cummins, R. A. (1996). The domains of life satisfaction: An attempt to order chaos. *Social Indicators Research, 38*, 303-332.

Diener, E. (2009). *The science of well-being: The collected works of Ed Diener, 37*, New York: Springer, 11-58.

Diener, E., & Biswas-Diener, R. (2009). *Happiness: Unlocking the secrets of psychological wealth*. Malden, MA: Blackwell.

Diener, E., & Chan, M. Y. (2011). Happy people live longer: Subjective well-being contributes to health and longevity. *Applied Psychology: Health and Well-being, 3*(1), 1-43.

Diener, E., & Oishi, S. (2000). Money and happiness: Income and subjective well-being across nations. *Culture and subjective well-being*, 185-218.

Diener, E., Lucas, R. E., Oishi, S., & Suh, E. M. (2002). Looking up and looking down: Weighting good and bad information in life satisfaction judgments. *Personality and Social Psychology Bulletin, 28*(4), 437-445.

Diener, E., Suh, E. M., Lucas, R. E., & Smith, H. L. (1999). Subjective well-being: Three decades of progress. *Psychological bulletin, 125*(2), 276.

Erreygers, S., Vandebosch, H., Vranjes, I., Baillien, E., & De Witte, H. (2018). Feel Good, Do Good Online? Spillover and Crossover Effects of Happiness on Adolescents' Online Prosocial Behavior. *Journal of Happiness Studies*, 1-18.

Fredrickson, B. L., & Joiner, T. (2002). Positive emotions trigger upward spirals toward emotional well-being. *Psychological science, 13*(2), 172-175.

Fujita, F., & Diener, E. (2005). Life satisfaction set point: stability and change. *Journal of personality and social psychology, 88*(1), 158.

Headey, B., & Wearing, A. (1989). Personality, life events, and subjective well-being: Toward a dynamic equilibrium model. *Journal of Personality and Social psychology, 57*(4), 731.

Headey, B., & Wearing, A. J. (1992). *Understanding happiness: A theory of subjective well-being*. Longman Cheshire.

Headey, B., Veenhoven, R., & Wearing A. (19915). Top-down versus bottom-up theories of subjective well-being. *Social Indicators Research*, 24, 81-100.

Hsieh, C. M. (2003). Counting importance: The case of life satisfaction and relative domain importance. *Social Indicators Research, 61*(2), 227-240.

Kasser, T., & Ryan, R. M. (1993). A dark side of the American dream: Correlates of financial success as a central life aspiration. *Journal of personality and social psychology, 65*(2), 410.

Lane, R. E. (1991). *The market experience*. Cambridge University Press.

Lee, D. J., Sirgy, M. J., Larsen, V., & Wright, N. D. (2002). Developing a subjective measure of consumer well-being. *Journal of Macromarketing, 22*(2), 158-169.

Leelanuithanit, O., Day, R., & Walters, R. (1991). Investigating the relationship between marketing and overall satisfaction with life in a developing country. *Journal of Macromarketing, 11*(1), 3-23.

Lykken, D., & Tellegen, A. (1996). Happiness is a stochastic phenomenon. *Psychological science, 7*(3), 186-189.

Lyubomirsky, S., Sheldon, K. M., & Schkade, D. (2005). Pursuing happiness: The architecture of sustainable change. *Review of general psychology, 9*(2), 111-131.

Miller, L. E., & Weiss, R. M. (1982). The work-leisure relationship: Evidence for the compensatory hypothesis. *Human relations, 35*(9), 763-771.

Neal, J. D., Sirgy, M. J., & Uysal, M. (1999). The role of satisfaction with leisure travel/tourism services and experience in satisfaction with leisure life and overall life. *Journal of Business Research, 44*(3), 153-163.

Neal, J. D., Uysal, M., & Sirgy, M. J. (2007). The effect of tourism services on travelers' quality of life. *Journal of Travel Research, 46*(2), 154-163.

Rath, T., Harter, J. K., & Harter, J. (2010). *Wellbeing: The five essential elements*. Simon and Schuster.

Ryan, R. M., & Deci, E. L. (2000). Self-determination theory and the facilitation of intrinsic motivation, social development, and well-being. *American psychologist, 55*(1), 68.

Ryff, C. D. (1989). Happiness is everything, or is it? Explorations on the meaning of psychological well-being. *Journal of personality and social psychology, 57*(6), 1069.

Sheldon, K. M., & Niemiec, C. P. (2006). It's not just the amount that counts: Balanced need satisfaction also affects well-being. *Journal of personality and social psychology, 91*(2), 331.

Sirgy, M. J. (2012). *The psychology of quality of life: Hedonic well-being, life satisfaction, and eudaimonia* (Vol. 50). Springer Science & Business Media.

Sirgy, M. J., & Lee, D. J. (2006). Macro measures of consumer well-being (CWB): a critical analysis and a research agenda. *Journal of Macromarketing, 26*(1), 27-44.

Sirgy, M. J., & Lee, D. J. (2018). Work-life balance: An integrative review. *Applied Research in Quality of Life, 13*(1), 229-254.

Sirgy, M. J., Kim, M. Y., Joshanloo, M., Lee, D. J., & Bosnjak, M. (2020). The Relationship Between Domain Satisfaction and Domain Importance: The Moderating Role of Depression. *Journal of Happiness Studies, 21*(6), 2007-2030.

Sirgy, M. J., Lee, D. J., Kosenko, R., Lee Meadow, H., Rahtz, D., Cicic, M., ... & Wright, N. (1998). Does television viewership play a role in the perception of quality of life?. *Journal of Advertising, 27*(1), 125-142.

Sirgy, M. J., Lee, D. J., Larsen, V., & Wright, N. (1998). Satisfaction with material possessions and general well-being: The role of materialism. *Journal of Consumer Satisfaction Dissatisfaction and Complaining Behavior, 11*, 103-118.

Staines, G. L. (1980). Spillover versus compensation: A review of the literature on the relationship between work and nonwork. *Human relations, 33*(2), 111-129.

The WHOQOL Group. (1998). The WHOQOL assessment instrument: Development and general psychometric properties. *Social Science and Medicine, 46*, 1585-1596.

The WHOQOL Group. (2004). Can we identify the poorest quality of life? Assessing the importance of quality of life using the WHOQOL-100. *Quality of Life Research, 13*, 23-24.

The WHOQOL Group. (2006). A cross-cultural study of spirituality, religion, and personal beliefs as components of quality of life. Social *Science and Medicine, 62*, 1486-1497.

Thomas, R., & Millar, M. (2013). The effects of material and experiential discretionary purchases on consumer happiness: Moderators and mediators. *The Journal of psychology, 147*(4), 345-356.

Tomyn, A. J., & Cummins, R. A. (2011). Subjective wellbeing and homeostatically protected mood: Theory validation with adolescents. *Journal of Happiness Studies, 12*(5), 897-914.

Veenhoven, R. (1991). Is happiness relative?. *Social indicators research, 24*(1), 1-34.

Wu, C. H. (2009). Enhancing quality of life by shifting importance perception among life domains. *Journal of Happiness Studies, 10*(1), 37-47.

P / A / R / T

04

소비자 웰빙 측정도구와 웰빙 이론

Measurements and Theory

Chapter

09

소비자 웰빙의 측정

이 장에서는 다양한 소비자 웰빙의 개념과 측정상의 이슈를 설명한다.

106 전반적 소비 생활 만족도(consumer life satisfaction, CLS)

전반적 소비 생활 만족도는 소비 생활 영역에 대한 전반적이고 인지적 평가이다. 이는 전반적 소비자 웰빙(macro consumer well-being)의 인지적 차원이다. 전반적 소비 생활 만족도는 '전반적으로 소비 생활에 얼마나 만족하느냐'에 대한 소비자의 응답으로 평가한다. 전반적 소비 생활에 대한 평가는 여러 주요 제품과 서비스에 대한 불만/만족 경험 및 재무상태에 대한 만족을 중심으로 응답을 한다. 전반적 소비 생활 만족도(consumer life satisfaction)는 다음과 같은 특징을 갖는다.

첫째, 전반적 소비 생활 만족도는 여러 제품 서비스에 관련된 전체적인 소비 생활에 대한 장기적이고 전반적인 평가를 말한다. 전반적 소비 생활 만족도(consumer life satisfaction)는 만족 경험의 강도보다는 만족의 빈도에 영향을 받는다.

둘째, 전반적 소비 생활 만족도는 소비자 스스로 세운 내부적 평가 기준에 의해 전반적인 소비 생활 만족도를 평가하므로 시간에 흐름에도 비교적 안정적 패턴을 보인다. 전반적 소비 생활 만족도는 다양한 소비 생활의 총합을 의미하지만 이를 타인 대비 본인의 소득 수준이나 소비패턴에 의해 유추하기도 한다. 전반적 만족도를 해석함에 있어서 소비자의 응답 상황 및 편향에 대한 고려가 동시에 필요하다.

107 전반적 소비 행복감(consumer life happiness, CLH)

전반적인 소비 행복감은 소비자가 소비 경험을 통해 정서적 행복감을 느끼는 정도를 의미한다. 이는 전반적 소비자 웰빙(macro consumer well-being)의 정서적 차원이다. 전반적 소비 행복감은 '전반적으로 소비 생활에 대하여 얼마나 행복하다고 느끼는가?'에 대한 소비자의 응답으로 평가한다. 전반적 소비 행복감(consumer life happiness)은 다음과 같은 특징을 가진다.

첫째, 전반적 소비 행복감은 소비자가 느끼는 행복감의 강도보다는 행복감의 빈도에 의해 결정된다(Diener, Sandvik, & Pavot, 1991). 소비자들은 행복의 순간 그 여부를 분명히 판단할 수 있어 그러한 경험의 빈도를 잘 기억한다. 하지만 강한 정서 경험은 자주 발생하는 일이 아니며, 소비자 내부에서 적응된다(Solomon, 1980). 또한 강한 긍정정서 경험은 소비자의 기대를 높여 이후에 발생하는 부정적 경험을 더 부정적으로 평가하는 결과를 가져오기도 한다(Smith, Wedell, & Diener, 1989). 이러한 이유로 소비자는 긍정정서의 강도 및 지속기간을 정확하게 기억하지 못한다. 이를 지속기간에 대한 간과(duration neglect)라고 한다. 전반적 행복감은 소비 생활에 있어서 긍정정서를 느끼는 빈도가 높음을 의미하며 동시에 부정정서를 느끼는 빈도가 적음을 의미한다.

둘째, 전반적 소비 행복감을 측정하는 대상 기간이 너무 장기적이면 소비자의 무드나 성격에 의해 좌우되기 쉽다. 전반적 소비 행복감의 측정 대상 기간이 너무 단기적이면 특정 소비 경험에 대한 정서적 반응에 의해 좌우되기 쉽다(Watson et al., 1988).

셋째, 전반적 행복감을 일정 시간 후에 측정하는 것은 소비자들이 소비 행복감을 시간이 흐른 후 정확히 기억하기 어렵다는 단점이 있다. 실시간으로 소비 행복의 감정의 정도를 측정하여 행복감의 체험을 실시간으로 일정 기간 기록하는 체험 샘플링(experience sampling) 방법을 고려할 수 있다(Kahneman, 1999; Scollon, Kim-Prieto, & Diener, 2009). 이 방법은 자연스런 소비 생활 가운데 주기적으로 혹은 특정 체험의 경우에 소비 정서를 실시간으로 직접 기록하는 방법으로 회상에 의한 응답의 기억 편향을 줄이는 장점이 있으나 사생활에 대한 지나친 간섭으로 인해 참여자 수가 감소하거나 불성실한 응답으로 인한 오류의 가능성이 있다. 따라서 체험의 실시간 기록과 회상에 의한 전반적 행복감 측정 방법 모두를 상호보완적으로 사용하는 것이 좋다(Scollon, Kim-Prieto, & Diener, 2009).

108 소비 생활 만족도에 미치는 영향(Perceived Impact on Consumer Life Satisfaction: PICLS)

소비 생활 만족도에 미치는 영향(Perceived Impact on Consumer Life Satisfaction: PICLS)은 특정 제품/서비스의 소비 만족이 전반적 소비 생활에 미치는 영향을 의미한다. 이는 구체적(micro) 소비자 웰빙의 인지적 차원이다. 소비 생활 만족도에 미치는 영향(Perceived Impact on Consumer Life Satisfaction: PICLS)은 다음의 요인들에 의해 결정된다.

첫째, 특정 제품에 대한 구매, 소유, 체험의 소비 단계별 소비 만족 경험의 빈도이다. 각 소비 단계에서 특정 제품을 통한 소비 만족의 경험을 자주하게 될 때 이러한 만족 경험이 전반적 소비 생활에 미치는 영향이 크고 결과적으로 전반적인 소비 생활의 만족도는 높아진다(Grzeskowiak et al., 2014).

둘째, 특정 제품의 소비 만족이 전반적 소비 생활의 만족도와 얼마나 밀접하게 연결되어 있는가에 따라 특정 제품의 소비 만족이 전반적 소비 생활 만족에 미치는 긍정적 영향 효과(satisfaction spillover)가 크다. 일반적으로 전체 소비 생활에서 특정 제품이 차지하는 중요도가 크고 그 제품에 대한 몰입도가 높은 경우에 소비 생활에 대한 긍정적 영향이 크다.

셋째, 각 소비자가 부여하는 제품의 소비 단계별 중요도에 따라 결정되기도 한다. 획득 만족에 대한 중요도는 쇼핑몰입도, 소유 만족에 대한 중요도는 물질주의, 체험 만족에 대한 중요도는 체험 몰입으로 칭한다. 전반적 소비 생활 만족도는 각 소비 생활의 단계별 만족도와 각 요소의 중요도에 따라 형성된다(Sirgy & Lee, 2006; Sirgy, 2012). 특정 제품의 만족이 소비 생활 만족에 기여하는 정도는 단계별 소비 만족과 각 소비 단계에 소비자가 부여하는 중요도에 따라 달라진다.

109 소비 행복감에 미치는 영향(Perceived Impact on Consumer Life Happiness: PICLH)

특정 제품이나 서비스가 소비 행복감에 미치는 영향(Perceived Impact on Consumer Life Happiness: PICLH)은 특정 제품이나 서비스의 소비를 통해 경험한 긍정정서가 소비자가 전반적 소비 행복감에 미치는 영향의 정도를 의미한다. 이는 구체적(Micro) 소비자 웰빙의 정서적 차원이다. 특정 제품이나 서비스가 소비 행복감에 미치는 영향(Perceived Impact on Consumer Life Happiness: PICLH)은 다음과 같은 경우에 크게 나타난다.

첫째, 소비자들이 제품의 소비를 통해서 긍정정서를 자주 경험할 때 긍정정서의 소비 행복감에 미치는 영향이 크다. 행복감은 긍정정서의 강도보다는 긍정정서의 빈도에 의해 영향을 받는다(Diener, Sandvik, & Pavot, 2009).

둘째, 소비 행복감은 긍정정서의 경험보다 부정정서의 경험에 의해 더 크게 영향을 받는다. 소비자가 받는 긍정정서는 소비자의 높은 기대치로 인하여 금방 당연시되고 소비 행복감에 미치는 영향이 줄어든다. 하지만 부정정서의 기억은 오래 기억에 남으며 소비 행복감에 많은 영향을 미치게 된다. 같은 정도의 긍정정서의 증대보다 부정정서의 감소가 소비 행복감의 증진에 더 효과적이다.

셋째, 소비자들의 긍정정서의 경험이 오랜 기간 지속될 때 그 긍정정서의 경험이 소비 행복감에 미치는 영향이 크다. 일반적으로 소비 생활에 중요하고 소비자의 몰입도가 큰 주택이나 자동차 같은 고가의 소비 내구재를 통해 느끼는 긍정정서의 경험은 오랜 기간 지속되는 경향을 보인다.

110 주관적 소비자 웰빙의 다양한 평가 기준(evaluation criteria)

소비자는 소비 생활에 대한 전반적 만족도를 평가함에 있어서 다양한 비교 평가의 기준을 사용한다. 소비 생활 만족도를 평가함에 있어서 비교의 기준으로는 과거 기준(time-based) 소비 생활 만족도, 개인이 원하는 욕구 기준(need-based) 소비 생활 만족도, 타인 기준(other-based) 소비 생활 만족도 등 다양한 기준이 사용된다(Michalos, 1980; Sirgy et al., 1995). 과거 기준의 소비 생활 만족도 평가는 자신의 소비 생활을 비교하는 것으로 일반적으로 소비 생활의 개선 및 만족 평가로 이어지기 쉽다. 개인이 원하는 욕구 기준의 소비 생활 만족도 평가는 소비자가 당면한 당위적 소비 욕구 충족의 정도에 따라 소비 생활의 만족도를 평가한다. 타인 기준 소비 생활 만족도는 주변의 사회적 비교의 대상이 누구인가에 따라 소비 만족도가 달라진다. 일반적으로 소비 생활이 과거보다 향상되고, 소비 욕구가 잘 충족되고, 타인에 비해 만족스러울 때 소비 생활에 대한 전반적 만족도가 높게 나타난다. 더불어 자신이 이상적인 소비 생활의 목표를 향해서 나아가고 있다고 느낄 때 소비 생활 만족도는 높게 나타난다(Diener & Oishi, 2000). 소비 생활에 대한 전반적 만족도를 평가함에 있어서 소비자가 사용하는 평가 기준은 다음과 같은 요소에 의해 영향을 받는다.

첫째, 소비자 웰빙의 평가 기준은 소비자가 중시하는 자아 개념과 밀접하게 관련이 있다. 독립적인 자아 개념을 가진 소비자는 자신의 욕구나 스스로가 누릴 가치가 있다고 생각하는 소비 생활에 대한 인식이 자신의 현재의 소비 생활 만족도의 평가에 중요한 역할을 한다. 타인과의 관계를 중시하는 상호의존적 자아 개념을 가진 소비자는 사회적 비교를 자주하고 타인과의 비교를 기준으로 소비 생활 만족도를 평가하는 경향을 보인다. 타인과의 잦은 사회적 비교를 통해 소비 생활 만족을 평가하려는 소비자의 경우 동일 조건하에서도 소비자 웰빙이 낮게 나타난다.

둘째, 소비자 웰빙에 얼마나 높은 기준을 사용하는지의 이슈는 그 소비자의 물질주의와 밀접하게 관련이 있다. 물질주의적 성향이 강한 사람들은 너무 이상적인 기준으로 소비 생활 만족도를 평가하는 경향을 보인다(Sirgy, 1998). 너무 이상적인 기준으로 소비자 웰빙을 평가하기보다는 소비자 웰빙의 비교의 기준을 사회적 비교에서 자신의 소비 욕구, 혹은 현실적으로 도달 가능한 소비 목표에 근거하는 소비 생활에 대한 평가로 전환하게 되면 소비자 웰빙을 높이면서 경제적으로 동기부여되는 효과가 있다. 자신보다 나은 이상적 소비 생활을 하는 사람을 기준으로 하는 상향 비교는 소비 생활에 대한 불만족스러운 평가를 초래하고 하향 비교는 소비 생활에 대해 상대적으로 만족하는 평가결과를 가져온다(Michalos, 1985). 너무 이상적인 기준을 통해 소비 생활 만족을 평가하려는 소비자의 경우 동일 조건하에서도 소비자 웰빙이 낮게 나타난다.

셋째 지나치게 빈번한 소비 생활 만족의 평가는 소비 생활에 대한 불만족으로 이어지기 쉽다. 이는 소비 생활의 잦은 만족 평가 과정은 소비 과정에 대한 몰입을 줄이고 소비에 대한 과도하게 이상적인 비교 기준을 사용하게 하는 경향을 보인다.

111 소비자 웰빙 평가의 긍정 편향(positivity bias)

소비자들은 전반적 소비 생활 만족을 평가함에 있어 긍정 편향을 보인다. 긍정 편향은 소비자들이 전반적 소비 생활 만족을 실제보다 더 긍정적으로 평가하는 경향을 말한다. 소비 생활 만족은 그 시점에 따라 현재의 소비 생활에 대한 만족과 미래의 소비 생활에 대한 예상만족으로 나누어 볼 수 있다. 일반적으로 소비자들은 미래의 소비 상황에 대해 낙관적으로 평가하고 예상되는 편익을 과대평가하는 경향이 있다. 소비자들이 미래를 평가할 때는 소비의 바람직함에 초점을 맞추기 때문이다. 반면 현재의 소비 생활에 대해서는 실현 가능성 등 구체적인 요소에 대해 초점을 맞춘다. 특히 젊은 사람들의 경우에는 미래 소비 상황을 지나치게 낙관하거나 과거 소비 상황을 지나치게 비관적으로 보는 경향을 보인다. 하지만 나이가 든 사람의 경우에는 젊은 사람들에 비해서 예상하는 만족이 실제 만족과 유사하게 인지하는 경향을 보인다(Lachman et al., 2008). 이는 나이든 소비자들이 정서적으로 더 안정적이고 여러 소비 상황에 대한 지식과 경험이 더 많기 때문이다. 미래의 소비 생활 만족도처럼 추상적인 개념이거나 구체적 소비 상황에 대한 지식이 적을수록 소비자들은 보다 추상적인 자아 개념에 의존하여 소비 생활 만족도를 평가하는 경향을 보인다. 이처럼 구체성이 결여된 추상적인 삶의 영역에 대하여 소비자는 더 낙관적이고 긍정적으로 평가하는 긍정 편향(positivity bias)를 보인다(Cummins et al., 2003). 이처럼 소비 생활 만족도는 특정제품의 소비가 현재의 소비 생활에 대한 만족도와 미래의 소비 생활에 대한 만족도에 미치는 영향에 대한 전반적이고 인지적인 평가를 의미한다.

전반적 소비 생활에 대한 만족은 소비 생활에 대한 회상에 의존하므로 높은 강도의 감정 경험이나 최근의 경험에 의해서 영향을 받기가 쉽다(Kahneman, 1999). 일상에서 경험하는 소소한 감정은 평가 시점에서는 잊혀지고 만족 평가에 반영되지 않기 쉽다. 전반적 웰빙의 경우 사람들은 긍정정서 경험의 빈도를 과소평가하는 경향을 보인다(Thomas & Diener, 1990). 이처럼 기억 편향은 특정 사건에 대한 기억에 집중하여 편향된 평가를 내리는 경향을 말한다. 따라서 전반적인 소비 생활에 대한 평가보다는 주요 소비제품에 대한 단계별 만족 경험을 그 발생 시점에 즉시 기록하여 이에 기반한 소비자 생활 만족을 평가하는 것이 필요하다. 소비자들이 소비 경험을 일정시점 동안 기록하고 이러한 경험들의 샘플링에 의해 전반적 생활 만족을 평가하는 것이 필요하다. 이러한 경험에 대한 실시간 정서적 반응에 기초하여 전반적 만족도를 추론하는 것을 경험표본추출법(Experience Sampling Method)이라고 한다(Csikszentmihalyi, 1997). 경험에 대한 반응을 실시간 기록하는 대신 전날 하루 동안의 경험들을 나열하고 각 경험 속에서 보낸 긍정정서 상태에서 보낸 시간의 비중을 기록하는 경험재구성 방법(Day Reconstruction Method)을 사용하는 것도 가능하다(Kahneman & Krueger, 2006).

113 소비자 웰빙 평가의 무드 편향(mood bias)

전반적 생활 만족을 평가함에 있어서 그 평가 시점의 소비자의 감정 상태가 소비 생활 만족도에 영향을 미치는 데 이를 무드 편향이라고 한다(Schwarz, Strack, & Kommer, & Wagner, 1987; Ross, Eyman, & Kishchuck, 1986). 소비자들이 긍정적인 무드인 경우에는 무드에 일치하는 긍정적인 경험을 더 잘 기억하고 소비자들이 부정적인 무드인 경우에는 부정적인 경험을 더 잘 기억하는 경향을 보인다. 소비자들의 평가 시점의 일시적인 감정상태뿐만 아니라 장기적인 무드 역시 전반적 웰빙을 평가하는 데 영향을 미친다. 이러한 무드 편향을 줄이기 위해서는 소비자 웰빙을 특정하기 전에 소비자들로 하여금 구매, 소유, 체험 등 소비 경험에 대하여 먼저 생각하게 하거나 소비 경험을 일상에서 지속적으로 기록하게 하는 것이 필요하다(Diener, 2009). 소비자 웰빙을 여러 시점에 걸쳐 반복하여 측정하거나 측정하는 시점의 소비자의 무드를 측정하여 그 영향을 통계적으로 통제하는 것이 필요하다.

행복감을 느끼는 것 혹은 그런 행복감을 표현하는 것이 바람직하다고 생각하는 정도는 사람마다 다르다. 소비자 웰빙을 응답하면서 사회적으로 바람직한 응답을 하는 경향(social desirability)을 보인다면 이는 소비자 웰빙의 측정에 위협이 될 수 있다. 이러한 사회적으로 바람직한 응답을 함으로써 긍정적 이미지를 구축하려는 경향이 전반적 웰빙의 타당도에는 커다란 위협이 되지 않은 것으로 나타났다(Kozma & Stones, 1988). 그럼에도 불구하고 사회적 바람직한 대답을 하는 경향이 소비자 웰빙 평가에 있을 수 있는 편향을 줄이기 위해 응답자의 익명성을 보장하거나 사회적 바람직함(social desirability)을 설문 문항으로 측정하여 그 영향을 통계적으로 통제하는 것이 필요하다.

115 소비자 웰빙의 지속기간 편향(durability bias)

소비자들은 특정 소비에서의 체험의 만족이나 불만족의 경험이 소비자 웰빙에 오래 지속될 것이라고 판단하는 경향을 보인다. 이처럼 소비자는 미래의 긍정 사건 혹은 부정 사건이 소비자의 삶에 오래 기간 영향을 미칠 것으로 생각한다(durability bias). 이러한 지속기간 편향이 발생하는 이유는 다음과 같다.

첫째, 소비자들은 만족스런 사건에 빠르게 적응한다(hedonic adaptation). 소비자가 적응 효과를 보이는 이유는 만족스런 소비 체험에 대해 소비자가 기대수준을 조정하게 되고 추가적인 만족 경험에 대한 민감도가 감소하기 때문이다. 즉, 반복되는 만족 경험 혹은 사회적 비교에 의해 소비자의 경험에 대한 사전 기대가 조정되어 소비자의 예상보다 만족 경험을 당연시 하게 되어 오래 지속되리라고 생각하던 만족의 지속기간이 줄어든다. 만족 적응 효과를 줄이기 위해서는 새로운 체험을 제공하거나, 체험에 대한 변화를 주어 비교의 기준점을 환기시키거나, 대안 간의 비교의 가능성을 높여 매번 새로운 평가를 유도하는 것이 필요하다(Binswanger, 2006).

둘째, 소비자들이 체험하는 부정적 경험에 대해서도 소비자들은 빠른 시간 안에 적응하는데 소비자들의 이러한 대처 능력을 예상하지 못하고 부정적 경험의 여파가 오래 갈 것으로 편향되게 생각한다(immune neglect) (Gilbert et al., 1998).

셋째, 소비자들이 경험하는 긍정적/부정적 체험은 다른 체험들과 동시에 발생하는 데 소비자들이 특정 긍정 혹은 부정 경험에만 초점을 맞추어 판단하기 때문에(focalism) 지속기간 편향이 일어난다. 소비자의 긍정 경험은 다른 부정 경험과 함께 발생하기도 하고 반대로 소비자의 부정 경험은 다른 긍정 경험들과 함께 발생하기도 하는데 소비자들이 특정 경험에만 집중하기 때문에 지속 기간의 편향이 발생한다(Wilson et al., 2000).

116 소비자 웰빙의 중요도 오류(importance bias)

소비자 웰빙은 소비자의 구매 경험, 소유 경험, 체험, 재무적 경험에 의한 만족에 의해 형성된다. 이러한 다양한 경험 요소에 대한 만족과 그 중요도에 따라 전반적인 소비 생활 만족도가 구성된다. 소비자들은 만족한 소비 경험 영역을 더 중시하여 결과적으로 특정 경험의 소비자 웰빙에 대한 영향이 과장되는 결과가 된다. 이처럼 만족한 소비 생활 영역을 강조하고 불만족한 생활 영역을 덜 강조하여 소비 생활의 만족도가 과장되게 표시되는 것을 중요도 오류(importance bias)라고 한다.

소비 생활 내에서의 만족 영역과 그 소비 생활 영역의 중요도가 높은 상관관계를 가진다. 이는 소비 생활 내에서의 만족 영역에 대한 중요도를 높여서 본인의 소비 생활을 낙관적으로 평가하고자 하는 견해를 가지기 때문이다. 또한 소비자들은 불만족한 영역의 중요도를 낮게 평가한다. 소비자들이 불만스러운 영역에 대해서는 그 중요도를 낮춤으로써 전체 소비 생활에 대한 만족도를 높게 유지하려는 경향을 보인다. 소비 생활에 대하여 낙관적인 견해를 가지고 있지 아니한 소비자들은 소비 생활에 대해 보다 불만스런 영역에서도 객관적이고 현실적인 판단을 하는 경향을 보인다.

이러한 중요도 오류는 다음과 같은 이유에서 발생한다. 첫째, 소비자들이 자신이 전반적으로 생각하는 자아 개념과 일치하는 소비 생활 만족도를 도출하려는 경향에서 생겨난다(Sirgy et al., 2019). 이들은 소비자 자아 개념과 일치하는 방향의 소비 만족 경험에 집중하여 자신의 사전적 개념과 일치하는 방향으로 중요도를 조정한다(self congruity). 둘째, 소비자들의 낙관적 경향이 소비 생활 영역의 중요도를 조정하게 한다. 낙관적인 경향의 소비자는 자신의 긍정적 소비자 개념과 일치하는 방향으로 소비 생활 영역에 대한 중요도를 조정하는 반면 낙관적 성향이 없는 소비자는 불만족 만족의 영역을 중요도의 조정없이 있는 그대로를 보다 냉철하게 평가한다(depressive realism). 셋째, 소비자들의 소비 생활 내의 다양한 소비 경험 영역 간의 보상효과이다(Sirgy & Lee, 2018). 소비 생활 내에서 만족 영역의 중요도를 높이고 불만족 영역의 중요도를 낮추어 만족스러운 영역을 통하여 불만족스러운 영역을 보상받고자 하는 경향 때문이다(compensation effect)이다.

117 소비자 웰빙 평가 기간

소비자 웰빙을 평가하는 기간에 대한 기준이 너무 짧으면 그 기간 동안에 소비자의 특정 소비 경험의 영향을 크게 받고 소비 생활의 여러 측면이 반영되지 않을 수 있다. 특정 순간의 소비 행복감보다는 일상에서 통상적으로 경험하는 소비 행복감(chronic consumption-related happiness)을 측정하는 것이 필요하다. 평가 기간이 너무 길면 소비 생활의 만족이나 정서적 경험을 기억을 떠올려서 종합하는 것이 어렵다. 이 경우 소비자는 자아 개념과 같은 휴리스틱에 의존하여 응답을 하는 경향을 보인다(Robinson & Clore, 2002). 고객 만족지수의 경우 비내구성 소비재의 경우에는 통상 3개월 정도의 경험을 내구성 소비재의 경우에는 3년 정도의 소비 경험을 기준으로 평가한다.

전반적 소비자 웰빙(macro consumer well-being)은 소비 생활에서 소유 만족 혹은 재무적 상태에 대한 만족으로 비교적 긴 시간을 염두에 둔 전반적 평가에 의존한다. 한편 구체적 소비자 웰빙(micro consumer well-being)은 소비 생활에서의 구매, 체험 등은 특정 사건에 대한 반응이며 이는 비교적 짧은 시간에 대한 구체적 평가에 의존한다. 소비 행복감은 비교적 짧은 시간인 경우에만 회상이 가능하다. 따라서 구매 만족, 체험 만족, 서비스 체험을 주 대상으로하는 체험으로 인한 소비 행복감의 경우에는 비교적 단기 동안의 소비 경험을 기초로 해서 "지난 1개월" "지난 2개월" "지난 3개월"을 대상으로 각각 평가하도록 한다. 내구성 소비재의 구매나 소유를 주 대상으로 하는 소유 만족이나 재무적 만족은 특정 사건에 영향이 적고 시간에 따른 변화가 적은 비교적 안정적 개념이므로 비교적 장기 동안의 소비 경험을 기준으로 해서 '지난 1년' '지난 2년' '지난 3년'을 대상으로 평가하도록 한다(Watson et al., 1988).

소비자 웰빙을 측정하는 주관적 소비 생활 만족이나 소비 행복감과 같은 주관적 접근방식은 다양한 측정 편향이 있다. 객관적 소비자 웰빙 지표는 소비자의 주관적인 판단이 아닌 다양한 측정지표에 의해 소비자 웰빙을 추론하는 방식이다. 객관적 소비자 웰빙 지표에는 다음과 같은 다양한 지표들이 사용된다(Sirgy, Lee, & Rahtz, 2007). 첫째는 소비물가지수(the consumer price index)이다. 이는 정부에서 소비자의 구매력과 물가수준을 반영하여 발표하는 경제 지표이다. 소비자 웰빙의 생활비 모델(the cost of living model)에 의하면 소비물가지수가 오르는 것은 소비자 웰빙을 유지하기 위한 소비 구매력이 떨어지는 것을 의미하므로 소비자 웰빙에 부정적 영향을 미친다(Samli, 2003). 둘째는 소비비용지수(total consumption expenditure index)이다. 이는 United Nations Development Program(UNDP)에서 소비자들의 주요 소비 제품 카테고리의 구매에 지출된 비용을 합계한 수치로서 각국의 소비 지출의 정도를 의미한다. 한 나라에서의 소비 지출의 증가는 소비자의 소비 욕구의 충족을 가능하게 하여 소비자 웰빙을 향상시키는 역할을 한다. 하지만 소비 규모의 증가는 소비자 웰빙을 감소하는 비율로 증가시킨다. 셋째는 소비불만지수(consumer complaints index)이다. 이는 각국의 소비자보호 관련기관에 접수된 소비자의 불만의 건수를 합쳐 지수화한 것으로 소비자의 불만지수가 낮을수록 소비자 웰빙이 높은 것으로 평가한다. 넷째는 소비만족지수(customer satisfaction index)이다. 이는 주요 소비 제품과 서비스에 대한 소비자의 만족의 정도를 지수화한 것으로 만족지수가 높을수록 소비자의 웰빙이 높은 것으로 평가할 수 있다. 다셋째는 마케팅 활동에 대한 소비자태도지수(Index of Consumer Sentiment toward Marketing, ICSM)이다(Gaski & Etzel, 2005). 이는 기업의 마케팅 활동 전반에 대한 소비자 정서(sentiment)를 측정한 지수로서 이는 제품의 품질, 가격, 광고, 유통에 반영된 마케팅 시스템에 대한 긍정적 정서(sentiment)의 정도를 측정한다. 마케팅에 대한 소비자 태도가 긍정적일수록 소비자는 제품 품질, 가격, 광고, 유통의 마케팅 활동에 의한 긍정적 소비 경험을 한 것을 의미한다. 마케팅 활동에 대한 소비 정서가 긍정적일수록 소비자 웰빙이 높은 것으로 유추한다. 소비자를 대상으로 한 실증 조사의 결과에서도 소비자의 마케팅에 대한 전반적 정서는 소비자 웰빙과 정(+)의 상관관계를 가지는 것으로 나타났다(Peterson & Ekici, 2007). 이러한 소비자 웰빙에 대한 객관적 지표는 소비자 웰빙에 대한 주관적 측정도구들과 더불어 상호 보완적으로 사용될 수 있다(Sirgy, Lee, & Rahtz, 2007).

소비자 웰빙의 객관적 지표

객관적 소비자 웰빙 지표	내용	예시
소비물가지수 (The consumer price index)	소비 생활에 필요한 소비물가지수가 올라가면 소비자 웰빙에 부정적인 영향을 미친다는 이론(the cost of living model)	물가/인플레이션 지수
소비비용지수 (total consumption expenditure index)	주요 소비 제품의 구매에 지출된 비용을 합계	United Nations Development Program(UNDP)
소비불만지수 (consumer complaints index)	주요 소비 카테고리별로 소비자의 불만 점수의 건수 불만지수가 낮을수록 소비자 웰빙이 높은 것으로 평가	Better business bureau 소비자원
소비만족지수 (consumer satisfaction index)	주요 소비 카테고리별로 소비자의 만족 점수를 지수화 만족지수가 높을수록 소비자의 웰빙이 높은 것으로 평가	소비만족지수(CSI)
기업 마케팅 활동에 대한 소비자태도지수 (Index of Consumer Sentiment toward Marketing, ICSM)	기업 마케팅 활동(제품의 품질, 광고, 가격수준, 유통)에 대한 소비자의 태도. 기업 마케팅 활동에 대한 소비자태도지수가 높을수록 소비자 웰빙이 높은 것으로 유추	Gaski & Etzel, 2005

마케팅에 대한 소비자태도지수(Index of Consumer Sentiment toward Marketing, ICSM)

차원	질문 문항
제품 품질	1. 나는 내가 구매하는 제품들의 품질에 만족한다. 2. 내가 요즘 구매하는 제품은 너무 빨리 닳는다.* 3. 요즘 제품들의 품질은 예전 같지 않다.* 4. 내가 구매하는 제품 중의 상당수가 불량이다.* 5. 제품 제조 회사들이 품질에 충분히 신경을 쓰지 않는 것 같다.* 6. 내가 구매하는 제품들의 품질은 수년간 계속 향상되어 왔다.
가격	1. 내가 구매하는 대부분의 제품들은 가격이 너무 비싸다.* 2. 나는 기업들이 판매가격을 더 낮추어도 충분히 수익성을 유지할 수 있다고 생각한다.* 3. 대부분의 가격들은 원가를 고려할 때 합리적으로 설정되어 있다. 4. 기업간의 경쟁이 가격을 합리적으로 유지하게 한다. 5. 기업들이 부과하는 가격은 정당화하기가 어렵다.* 6. 대부분의 가격이 공정하다. 7. 일반적으로 나는 가격에 만족한다.
광고	1. 대부분의 광고가 소비자에게 반드시 필요한 정보를 제공한다. 2. 대부분의 광고가 불편한 내용을 담고 있다.* 3. 대부분의 광고가 잘못된 주장을 한다.* 4. 대부분의 광고가 없어진다면 소비자가 훨씬 나아나질 것이다.* 5. 나는 대부분의 광고를 즐긴다. 6. 광고는 좀더 면밀하게 규제되어야 한다고 생각한다.* 7. 대부분의 광고가 소비자에게 도움을 주기보다는 소비자를 속인다.*
유통	1. 대부분의 유통 스토어들이 소비자들을 위한다. 2. 소매상들이 소비자들이 대하는 방식 때문에 대부분의 나의 쇼핑은 즐겁지 않다.* 3. 나는 대부분의 판매원이 소비자에게 도움이 된다고 생각한다. 4. 대부분의 유통 스토어들이 적절한 제품을 구비하고 있다. 5. 내가 스토어에서 도움이 필요할 때 도움을 잘 받지 못한다.*

*reverse coded: 1=전혀 동의하지 않음, 5=매우 동의함

자료: Gaski & Etzel, 2005.

Readings

Binswanger, M. (2006). Why does income growth fail to make us happier?: Searching for the treadmills behind the paradox of happiness. *The Journal of Socio-Economics, 35*(2), 366-381.

Csikszentmihalyi, M. (1997). *Finding flow: The psychology of engagement with everyday life*. Basic Books.

Cummins, R. A., Eckersley, R., Pallant, J., Van Vugt, J., & Misajon, R. (2003). Developing a national index of subjective wellbeing: The Australian Unity Wellbeing Index. *Social indicators research, 64*(2), 159-190.

Diener, E. (2009). *The science of well-being: The collected works of Ed Diener*, 37, New York: Springer, 11-58.

Diener, E., & Oishi, S. (2000). Money and happiness: Income and subjective well-being across nations. *Culture and subjective well-being*, 185-218.

Diener, E., Sandvik, E., & Pavot, W. (2009). Happiness is the frequency, not the intensity, of positive versus negative affect. In *Assessing well-being*, Springer, Dordrecht, 213-231.

Diener, E. Sandvik, and William Pavot. 1991." Happiness Is the Frequency, Not the Intensity, of Positive Versus Negative Affect.". *Subjective Well-being: an Interdisciplinary Perspective*, Pergamon Press, New York.

Gaski, J. F., & Etzel, M. J. (2005). National aggregate consumer sentiment toward marketing: A thirty-year retrospective and analysis. *Journal of Consumer Research, 31*(4), 859-867.

Gilbert, D. T., Pinel, E. C., Wilson, T. D., Blumberg, S. J., & Wheatley, T. P. (1998). Immune neglect: a source of durability bias in affective forecasting. *Journal of personality and social psychology, 75*(3), 617.

Grzeskowiak, Stephan, Dong-Jin Lee, Grace B. Yu, and M. Joseph Sirgy (2014), "How Do Consumers Perceive the Quality of Life Impact of Durable Goods? A Consumer Well Being Model Based on the Consumption Life Cycle," *Applied Research in Quality of Life Studies*, 9: 683-709.

Kahneman, D. (1999). Objective happiness. *Well-being: The foundations of hedonic psychology, 3*(25), 1-23.

Kahneman, D., & Krueger, A. B. (2006). Developments in the measurement of subjective well-being. *Journal of Economic perspectives, 20*(1), 3-24.

Kozma, A., & Stones, M. J. (1988). Social desirability in measures of subjective well-being: Age comparisons. *Social Indicators Research, 20*(1), 1-14.

Lachman, M. E., Röcke, C., Rosnick, C., & Ryff, C. D. (2008). Realism and illusion in Americans' temporal views of their life satisfaction: Age differences in reconstructing the past and anticipating the future. *Psychological Science, 19*(9), 889-897.

Lee, D. J., Sirgy, M. J., Larsen, V., & Wright, N. D. (2002). Developing a subjective measure of consumer well-being. *Journal of Macromarketing, 22*(2), 158-169.

Michalos, A. C. (1980). Satisfaction and happiness. *Social indicators research, 8*(4), 385-422.

Michalos, A. C. (1985). Multiple discrepancies theory (MDT). *Social indicators research, 16*(4), 347-413.

Peterson, M., & Ekici, A. (2007). Consumer attitude toward marketing and subjective quality of life in the context of a developing country. *Journal of Macromarketing, 27*(4), 350-359.

Robinson, M. D., & Clore, G. L. (2002). Belief and feeling: evidence for an accessibility model of emotional self-report. *Psychological bulletin, 128*(6), 934.

Ross, M., Eyman, A., & Kishchuck, N. (1986). Determinants of subjective well-being in JM Olson, CP Herman and M. Zanna (eds) Relative deprivation and social comparison.

Samli, A. C. (2003). The Consumer Price Index and consumer well-being: Developing a fair measure. *Journal of Macromarketing, 23*(2), 105-111.

Schwarz, N., Strack, F., Kommer, D., & Wagner, D. (1987). Soccer, rooms, and the quality of your life: Mood effects on judgments of satisfaction with life in general and with specific domains. *European journal of social psychology, 17*(1), 69-79.

Scollon, C. N., Prieto, C. K., & Diener, E. (2009). Experience sampling: promises and pitfalls, strength and weaknesses. In *Assessing well-being*, Springer, Dordrecht, 157-180.

Sirgy, M. J. (1998). Materialism and quality of life. *Social indicators research, 43*(3), 227-260.

Sirgy, M. J. (2012). *The psychology of quality of life: Hedonic well-being, life satisfaction, and eudaimonia* (Vol. 50). Springer Science & Business Media.

Sirgy, M. J., & Lee, D. J. (2018). The psychology of life balance. In E. Diener, S. Oishi, & L. Tay (Eds.), *e-Handbook of well-being, Noba Scholar handbook series: Subjective well-being.* Salt Lake City, UT: DEF Publishers.

Sirgy, M. J., & Lee, D. J. (2006). Macro measures of consumer well-being (CWB): a critical analysis and a research agenda. *Journal of Macromarketing, 26*(1), 27-44.

Sirgy, M. J., Cole, D., Kosenko, R., Meadow, H. L., Rahtz, D., Cicic, M., ... & Nagpal, N. (1995). A life satisfaction measure: Additional validational data for the congruity life satisfaction measure. *Social Indicators Research, 34*(2), 237-259.

Sirgy, M. J., Kim, M. Y., Joshanloo, M., Lee, D. J., & Bosnjak, M. (2019). The Relationship Between Domain Satisfaction and Domain Importance: The Moderating Role of Depression. *Journal of Happiness Studies*, 1-24.

Sirgy, M. J., Lee, D. J., & Rahtz, D. (2007). Research on consumer well-being (CWB): Overview of the field and introduction to the special issue. *Journal of Macromarketing, 27*(4), 341-349.

Smith, R. H., Diener, E., & Wedell, D. H. (1989). Intrapersonal and social comparison determinants of happiness: A range-frequency analysis. *Journal of personality and social psychology, 56*(3), 317.

Solomon, R. L. (1980). The opponent-process theory of acquired motivation: the costs of pleasure and the benefits of pain. *American psychologist, 35*(8), 691.

Thomas, D. L., & Diener, E. (1990). Memory accuracy in the recall of emotions. *Journal of personality and social psychology, 59*(2), 291.

Triandis, H. C. (2000). Cultural syndromes and subjective well-being. *Culture and subjective well-being*, 13-36.

Watson, D., Clark, L. A., & Carey, G. (1988). Positive and negative affectivity and their relation to anxiety and depressive disorders. *Journal of abnormal psychology, 97*(3), 346.

Wilson, T. D., Wheatley, T., Meyers, J. M., Gilbert, D. T., & Axsom, D. (2000). Focalism: A source of durability bias in affective forecasting. *Journal of personality and social psychology, 78*(5), 821.

Chapter

10

전반적 웰빙 이론

웰빙 이론은 전반적 웰빙의 개념과 구성에 대한 이론, 전반적 만족과 개별 생활 만족의 관계를 다루는 이론, 그리고 개별 생활 영역에서의 만족에 관한 이론으로 크게 나누어 볼 수 있다.

웰빙 관련 이론의 구분

분석 단위	주요 개념	관련 이론 예시
웰빙/행복의 개념 (concept of happiness)	행복 (happiness)	행복의 두 가지 이론(Two concepts of happiness) 진정한 행복 이론(Theory of authentic happiness) 행복 해석 이론(Construal theory of happiness)
전반적 웰빙 (overall well-being)	주관적 웰빙 (subjective well-being/Hedonic happiness)	전반적 삶의 질 합산 모델(The additive models of overall quality of life) 주관적 웰빙의 가치 조절 모델(Value-as-a-moderator model of subjective well-being) 다중 불일치 이론(Multiple discrepancy theory of life satisfaction) 사회적 비교 이론(Social comparison theory) 만족 일치도 이론(Congruity life satisfaction theory) 웰빙 적응 이론 (Adaptation theory of well-being)
	심리적 웰빙 (psychological well-being/Eudaimonic happiness)	자기 결정 이론(Self-determination theory) 유다이모닉 아이덴티티 이론(Eudaimonic identity theory) 자아 표현 이론(Self-expressiveness theory)
생활 영역 만족-전반적 삶의 만족 수직적 관계 (life domain satisfaction and overall life satisfaction)	수직적 전이 (vertical spillover)	소비 만족 위계 모형(Hierarchy of satisfaction model) 상향적 전이 이론(Bottom-up spillover theory) 하향적 전이 이론(Top down spillover theory)
생활 영역 만족간 수평적 관계 (life domain satisfactions)	수평적 전이 (horizontal spillover)	수평적 전이 이론(Horizontal spillover theory) 차단 이론(Segmentation theory) 보상 이론(Compensation theory) 긍정적 균형 이론(Positive balance theory)
소비자 웰빙 (consumer well-being)	소비 생활 영역 만족 (consumer life domain satisfactions)	욕구 충족 이론(Need satisfaction theory) 소비 단계 이론(Consumer life cycle theory)
	소비 생활 영역 긍정정서 (consumer life domain happiness)	긍정정서 확장/축적 이론(Broaden and build theory) 플로우 이론(Flow theory)
	소득과 소비 생활 영역 만족 (income and consumer well-being)	소득의 상대적 가치 이론(Theory of relative value) 소득의 절대가치 이론(Theory of absolute value) 시장 중심적 웰빙 이론(Market-centric theory of well-being)

119 행복의 개념(concept of happiness)

행복의 개념에 관한 이론은 행복이라는 전반적인 개념을 어떻게 정의하고 해석하는지에 관한 이론이다. 이 이론에는 행복의 두 가지 이론, 진정한 행복 이론, 행복 해석 이론이 있다.

- 행복의 두 가지 이론(Two concepts of happiness): 소비자 웰빙/행복을 어떻게 정의 하느냐에 따라 두 가지 행복 이론으로 나뉘어진다. 쾌락적 행복(hedonic happiness)에 근거한 소비자 웰빙은 소비자 삶의 영역에서의 인지적 만족 혹은 정서적 행복으로 규정하는 것이다. 쾌락적 행복은 만족, 긍정정서의 빈번한 체험, 부정정서의 체험 적음을 행복의 정도로 규정한다. 반면 의미 행복(eudaimonic happiness)에서는 소비자 행복을 자아의 성장과 발전으로 규정한다(Waterman, 1993). 자발적 동기를 가진 자아를 표현하고 발전하는 과정에서의 기본 심리 욕구(자율성/효능/친교)의 충족이 심리적 행복감을 준다(Deci & Ryan, 2008).
- 진정한 행복 이론(Theory of authentic happiness): 진정한 행복은 즐거운 삶(pleasant life), 몰입하는 삶(engaged life), 그리고 의미 있는 삶(meaningful life)에서 온다는 이론이다(Seligman, 2002). 이러한 삶의 즐거움(pleasure)을 통하여 행복을 추구하는 경향, 자기발전을 위한 몰입(engagement)을 통해 행복을 추구하는 경향, 삶의 의미 및 목표(virtue)를 통해 행복을 추구하는 경향(Orientation to Happiness: OTH)을 통해 측정한다(Peterson et al., 2005).

- **행복 해석 이론(construal theory of happiness)**: 구체적 생활 영역의 환경이 전반적 웰빙에 영향을 주지만 이러한 구체적 생활 환경에 대한 해석을 어떻게 하느냐에 달려있다는 이론이다. 전반적 웰빙은 구체적 생활 환경을 어떻게 주관적으로 해석하고, 인지하고, 비교하느냐에 달려있다는 관점이다(Lyubomirsky, 2001).

쾌락적 행복에 기반하는 주관적 웰빙에 관한 이론에는 전반적 삶의 질 합산 모델, 주관적 웰빙의 가치 조절 모델, 다중 불일치 이론, 사회적 비교 이론, 그리고 만족 일치도 이론 등을 포함한다.

- 전반적 삶의 질 합산 모델(The additive models of overall quality of life): 전반적 삶의 만족은 전체 삶을 구성하는 생활 영역에 대한 만족의 총합에 의해 형성된다는 이론이다(Andrews & Withey, 1976; Campbell, Converse, & Rogers, 1976). 여러 생활 영역에 대한 만족이 상향적으로 전반적 생활 만족에 대한 판단에 영향을 미친다.

- 주관적 웰빙의 가치 조절 모델(value-as-a-moderator model of SWB): 주관적 웰빙은 생활 영역에 대한 만족도와 그 생활 영역에 부여하는 주관적 중요도를 곱하여 산출된다는 이론이다. 특정 생활 영역의 만족도와 주관적 웰빙의 관계는 그 생활 영역의 중요도에 의해 조절된다(Oishi et al., 1999). 개인의 생활 영역 중에서 개인의 가치와 일치하여 중시하는 생활 영역에서의 만족이 높은 경우에 개인의 가치와 일치하지 않는 덜 중요한 생활 영역에서의 만족이 높은 경우보다 전반적 웰빙이 높다. 개인 중요도/몰입도가 높은 생활 영역에서의 만족이 중요도가 낮은 생활 영역에서의 만족보다 소비자 웰빙에 중요한 영향을 미친다.

- 다중 불일치 이론(Multiple Discrepancy Theory: MDT): 전반적인 소비 생활의 만족을 여러 기준점 대비 만족도를 가지고 종합적으로 평가하는 이론이다. 이상적 소비 생활 기준(ideal criteria), 자신이 생각하는 소비 생활 기준(deserved/predicted/goal criteria), 주변의 타인의 소비 생활 수준(socially comparative criteria), 개인의 필요 등 종합적으로 고려하여 소비 생활의 만족도를 측정한다(Michalos, 1985, 1986). 이 이론에 따르면 소비 생활의 수준이 이상적 기준에 가까울수록(aspiration theory), 타인의 소비 생활보다 나을수록(social comparison theory), 과거보다 나아진 상태일수록(temporal comparison theory), 자신이 당연히 누려야 할 수준보다 나을수록(equity theory), 그리고 본인의 욕구를 충분히 충족시킬수록(need theory) 소비 생활 만족도가 높다.

- 사회적 비교 이론(social comparison theory): 소비 생활에 대한 만족이 자신의 소비 생활보다는 타인과의 사회적 비교에 의해 결정된다는 이론이다. 소비 생활에 대한 비교를 자신보다 잘사는 사람들을 기준으로 비교하는 경우(upward social comparison) 소비 생활의 만족은 낮아진다. 반면 소비 생활에 대한 비교를 자신보다 못사는 사람들을 기준으로 비교하는 경우(downward social comparison) 소비 생활의 만족은 높게 나타난다(Michalos, 1991, 1993).

- 만족 일치도 이론(congruity life satisfaction theory): 다양한 기대 수준에 대한 일치도가 삶의 만족을 형성한다는 이론이다(Sirgy et al., 1995). 생활수준에 대한 만족을 여러 기대 수준(친구/친척/과거/본인 기대/유사한 타인)에 비추어 비교하고 기대수준과 큰 차이가 없을 때 생활수준에 대한 만족이 생긴다는 이론이다.

- 웰빙 적응 이론(adaptation theory of well-being): 긍정 혹은 부정 사건이 주관적 웰빙에 미치는 영향은 일시적이며 일정 시간이 지나면 사전에 설정된 웰빙 수준으로 복귀한다는 이론으로 만족 적응이론(hedonic treadmill)이라고도 칭한다(Brickman & Campbell, 1971; Diener, Lucas, & Scollon, 2009).

121 심리적 웰빙(psychological well-being)

의미 행복에 기반한 심리적 웰빙에 관한 이론에는 자기 결정 이론, 자아 표현 이론, 그리고 유다이모닉 아이덴티티 이론 등이 포함된다.

- 자기 결정 이론(self-determination theory): 자기 결정 이론은 소비자가 명성, 돈, 경제적 요인과 같은 외재적 동기가 아닌 개인의 자발적인 내재적 동기에 의한 활동을 수행할 때 자아 발전과 기본 심리 욕구(자율/효능/친교 욕구)의 충족이 이루어지고 결과적으로 심리적 웰빙의 증진으로 이어진다는 이론이다(Deci & Ryan, 2008). 이 이론에 따르면 소비자가 자발적 동기에 의한 자율/효능/친교의 기본적 심리욕구의 충족이 이루어질 때 의미 있는 자아 발전과 심리적 웰빙의 증진이 이루어진다. 외적으로 상벌을 부과하는 피드백보다는 개인의 자율/효능을 강조하는 피드백이 활동 자체에 대해 내면화하고 자발적으로 동기부여되도록 한다. 이러한 개인의 내재적 동기에 의한 활동의 자발적 수행이 기본심리 욕구를 충족시키고 심리적 웰빙을 향상시킨다. 자기 결정 이론은 자기 발전 및 자아 실현과 밀접하게 관련되며 의미 행복과 심리적 웰빙의 이론적 기초가 된다.
- 자아 표현 이론(self-expressiveness theory): 개인이 자신이 가지고 있는 잠재능력을 최대로 실현하기 위한 활동을 위해 자발적 노력을 할 때 자아 표현(self-expressiveness)의 감정을 느끼게 된다. 개인이 도전할 만한 자아 실현의 목표에 대하여 많은 노력을 하면서 어려움을 극복하고 자아 실현과 발전을 이루어 나갈 때 자아 표현의 감정을 가지게 된다. 이처럼

자신의 잠재능력을 구현할 중요하지만 노력을 요하는 자아 표현적 활동에 대해 즐거움뿐 아니라 자아 표현의 감정을 가지게 된다(Waterman, 1990, 1993). 개인이 자신의 잠재능력을 구현할 자기개발 활동에 자발적인 노력을 할 때 즐거움(hedonically satisfying)과 자아 표현(personally expressive)의 감정을 동시에 가지며 이것이 소비자 웰빙을 향상시킨다.

- 유다이모닉 아이덴티티 이론(eudaimonic identity theory): 소비자들이 자아의 발전과 자신의 잠재 능력을 최대로 구현하기 위한 자아 표현적 활동(self expressive activity)을 할 때 행복감을 느낀다는 이론이다. 행복을 단순한 즐거움의 추구로 보기보다는 자신의 잠재능력을 구현하려는 적극적인 노력과 활동을 할 때 그 과정에서 행복감을 느낀다는 이론이다(Waterman, 1990, 1993). 자아의 잠재능력을 구현하고 참 자아(eudaimonia=true self)를 발견하려는 자아 표현 활동을 하고 이를 통하여 자아가 발전할 때 소비자는 행복감을 느낀다.

122 생활 영역 만족과 전반적 삶의 만족(life domain satisfaction and overall life satisfaction)

생활 영역 만족과 전반적 삶의 만족 관련 이론들은 쾌락적 행복에 기반하는 주관적 웰빙 중 인지적 측면인 삶의 만족을 다루고 있다. 구체적으로 전반적 삶의 만족(overall life satisfaction)과 그를 구성하는 삶의 영역만족(life domain satisfaction)의 수직적 전이(vertical spillover) 관계를 규명하는 이론이다. 이들 이론에는 소비 만족 위계 모형, 상향적 전이 이론, 하향적 전이 이론, 그리고 긍정적 균형 이론이 포함된다.

- 소비 만족 위계 모형(hierarchy of satisfaction model): 소비 만족의 위계 모형(hierarchy of satisfaction model)은 주관적 웰빙(전반적 삶의 만족), 소비 생활 영역만족(소비자 웰빙), 소비 경험만족이 위계적으로 위치한다는 이론이다. 주관적 웰빙은 만족위계의 최상층에 위치하는데 이는 삶의 영역만족에 의해 상향적으로 영향을 받는다. 특정 삶의 영역만족은 그 특정 생활 안에서의 구체적인 소비 경험에 의해서 상향적으로 영향을 받는다(Lee & Sirgy, 1995; Lee et al., 2002).

- 상향적 전이 이론(bottom-up spillover theory): 소비 만족 위계 모형의 하단에 있는 구체적 소비 활동/체험이 소비 생활 영역만족(소비자 웰빙)에 영향을 미치고 소비자 웰빙이 전반적 웰빙에 영향을 미친다는 이론이다. 구체적인 소비 활동의 결과가 보다 추상적인 소비영역 전반에 대한 만족 평가에 영향을 준다(Diener, 1984; Sirgy, 2002; Kuykendall, Tay, & Ng, 2015).

- **하향적 전이 이론(top-down spillover theory)**: 전반적 웰빙이 구체적인 소비 생활의 영역만족에 하향적으로 영향을 준다는 이론이다. 개인의 기질이나 성격에 의해 형성되는 전반적인 삶에 대한 만족이 구체적 소비 생활에 대한 만족과 다른 삶의 영역에도 영향을 준다는 이론이다(Diener, 1984; Sirgy, 2002).

123 생활 영역간 만족(life domain satisfactions)

생활 영역간 만족 관련 이론들은 쾌락적 행복에 기반하는 주관적 웰빙 중 인지적 측면인 생활 영역 만족을 다루고 있다. 구체적으로 전반적 삶의 만족(overall life satisfaction)을 삶의 영역만족(life domain satisfaction)들 간의 상호 관계를 규명하는 이론이다.

- 수평적 전이 이론(horizontal spillover theory): 구체적인 생활 영역 만족들 간의 만족이 전이된다는 이론이다. 예를 들어 재무적 소비 생활의 만족이 가정 혹은 직장에서의 만족에 긍정적 영향을 주는 경우이다. 삶의 영역들이 밀접하게 연결되어 있어서 특정 삶의 영역에서의 만족스런 경험이 다른 영역으로 이전되기 쉬울 때 생활 영역간 만족 전이 효과도 크다(Sirgy, 2002). 수평적 전이의 방향은 더 몰입하고 있는 생활 영역의 만족 혹은 불만족으로부터 덜 몰입하는 생활 영역으로 전이된다(Frone, Russell, & Cooper, 1992; Sirgy & Lee, 2018).

- 차단 이론(segmentation theory): 삶의 영역 사이의 관련이 적거나 한 영역에서의 불만이 클 때 삶의 영역 만족들을 차단하는 이론이다. 예를 들어 직장과 가정을 심리적으로 분리하여 한 영역에서의 불만이 다른 영역에 영향을 주지 않도록 하는 것을 말한다(Sirgy, 2002). 이는 두 생활 영역 사이의 심리적 장벽을 구축하거나 두 생활 영역 사이의 시간이나 노력, 금전적 연결을 줄여 한 생활 영역으로부터의 부정적 경험으로 인한 영향이 다른 생활 영역으로 전달되는 것을 차단하는 것을 말한다(buffering effect).

- 보상 이론(compensation theory): 한 삶의 영역에서의 불만족을 다른 영역에서의 만족으로 보완하려는 시도를 말한다. 직장이 단조롭게 무의미할 경우 개인적인 레저/사교 활동을 통해서 불만을 보완하려는 노력을 말한다(Sirgy, 2002). 생활 영역 간의 보상은 통상 두 가지 방법으로 이루어진다. 첫째는 만족스러운 영역에 대한 시간과 노력에 대한 투입을 더 높여 만족도를 높이고 불만스러운 생활 영역에 시간과 노력에 대한 투입을 줄여 불만족을 줄이는 방안이다. 둘째는 만족도 혹은 불만의 정도가 아닌 그 생활 영역의 중요도를 조절하는 방안이다. 만족스런 생활 영역에 대한 중요도를 높이고 불만족스러운 생활 영역에 대한 중요도를 낮추는 방법이다(Sirgy & Lee, 2018).

- 긍정적 균형 이론(positive balance theory): 여러 생활 영역의 만족들이 높은 수준에서 균형을 이루는 것이 웰빙에 기여한다는 이론이다. 직무-생활 균형(work life balance theory) 이론은 직장 영역과 다른 생활 영역이 균형이 이루어진다는 이론에 기초를 두고 있다(Lee & Sirgy, 2018). 다만 두 생활 영역의 만족이 낮은 수준에서 균형을 이루면 이는 웰빙에 기여하지 못한다. 그 이유는 특정 생활 영역만족이 제공할 수 있는 만족은 제한적이고 적응 효과가 있기 때문이다. 소비자는 한 영역에 집중하기보다는 여러 생활 영역에서의 만족을 도출하되 이러한 만족들이 높은 수준에서 균형을 이루어야 한다는 이론이다(Lee & Sirgy, 2018; Sirgy & Lee, 2018; Sirgy, 2020). 특정 소비 생활 영역의 만족의 기여에만 치중하기보다는 여러 소비 생활의 영역의 만족이 높은 수준에서 균형을 이루도록 관리하는 것이 필요하다. 각 생활 영역의 만족이 균형을 이룰 때 여러 소비 욕구의 충족이 가능하며 특정 생활 영역의 만족이 다른 생활 영역

의 만족에 부정적 영향을 미치는 상황을 줄일 수 있다. 각 소비 영역의 균형이 이루어질 때 생활 영역 간의 만족의 영향이 활성화되고 역할 갈등이 적다.

124 소비 생활 영역 만족(consumer life domain satisfaction)

전반적 삶의 만족을 구성하는 소비 생활 영역에 대한 만족(consumer life domain satisfaction)에 초점을 맞춘 이론이다. 이들 이론에는 욕구 충족 이론과 소비 단계 이론 등이 포함된다.

- 욕구 충족 이론(need satisfaction theory): 소비를 통한 다양한 욕구의 충족이 소비자 웰빙으로 이어진다는 이론이다. 소비자들의 생리적 욕구, 안전 욕구, 친교 욕구, 자존 욕구, 자아 실현 욕구등 다양한 욕구의 충족이 웰빙에 기여한다(Maslow, 1970). 이러한 소비자의 욕구에는 기본적인 하위의 기본욕구(안전/생리/경제 욕구)와 상위의 성장욕구(사회적 욕구/자존 욕구/지식 욕구/자아실현 욕구) 등이 있다. 하위 욕구의 미충족은 기본적인 소비 욕구의 결핍을 의미하는 것으로 소비자 웰빙에 매우 부정적 영향을 미치게 되므로 이에 대한 우선적인 충족이 필요하다. 그런데 하위 욕구의 충족은 위생 요인과 유사하여 일정수준의 욕구의 충족이 이루어지면 소비자는 이에 적응하고 하위 욕구의 충족을 당연시하여 하위 욕구의 충족이 더 증가하더라도 소비자 웰빙의 증가는 제한적이다. 상위 욕구는 동기 요인과 유사하게 작용하며 상위 욕구의 미충족이 소비자 웰빙을 크게 감소시키지는 아니하지만 소비 욕구의 충족은 소비자 웰빙의 향상에 기여한다(Sirgy et al., 2006).

- 소비 단계 이론(consumption process model of consumer well-being): 소비에서의 단계별 만족을 통해 소비 생활 만족을 측정하려는 이론이다. 이 이론에서는 소비 생활 만족을 여러 주요 제품에 대하여 전반적인 획득 만족

(acquisition satisfaction), 소유 만족(possession satisfaction), 그리고 체험 만족(experience satisfaction)의 총합으로 이루어진다. 특정 제품의 소비에 의한 소비 만족은 일회성 소비 욕구의 충족이라기보다는 단계별 여러 소비 경험에 의해 반복적으로 발생하는 소비 만족 경험의 합이다. 여러 단계의 만족도 중에 각 소비자가 가지는 소비 단계별 중요도(쇼핑 만족도, 물질주의, 체험 중요도) 등을 반영하여 전체적인 소비자 생활 만족을 산출한다. 일반적으로 중요도가 높은 영역에서의 만족이 전반적 소비자 생활 만족에 큰 영향을 미치게 된다(Lee et al., 2002).

125 소비 생활 긍정정서(consumer life happiness)

소비 생활 긍정정서 이론은 전반적 삶의 만족을 구성하는 소비 생활 영역에 대한 정서적 측면인 소비 생활의 행복감(consumer life happiness)에 초점을 맞춘 이론이다. 이들 소비 생활 관련 긍정정서 이론에는 긍정정서 확장/축적 이론과 플로우 이론이 포함된다.

- 긍정정서 확장/축적 이론(broaden and build theory of positive emotions): 소비자가 체험하는 긍정정서가 개인의 생각과 행동의 레퍼토리를 넓힌다는 이론이다. 개인의 긍정정서는 개인의 지적, 사회적 자원을 확보하게 하고, 융통성 있는 대처와 부정적 사건에서 빠르게 회복하게 한다(Fredrickson, 2004). 긍정정서는 소비자의 창의성과 구매 성과를 높인다.
- 플로우 이론(flow theory): 소비자의 웰빙이 소비자의 긍정 및 부정 체험에 대한 몰입(flow)의 정도에 의해 결정된다는 이론이다(Csikszentmihalyi & LeFevre, 1989). 이 이론에 따르면 소비자들이 너무 쉽거나 성취가 도저히 불가능할 정도로 어려운 과업보다는 개인이 도전할 만한 수준의 어려움이 있는 과업에 잘 몰입하는 경향을 보인다. 소비자가 도전적인 어려움을 극복하고 이 성취를 이루어 낼 때 소비자는 이 과업에 집중하고 행복감을 느낀다. 개인이 도전할 만한 어려운 목표를 설정하고 집중하여 이를 성취할 때 행복감을 느낀다(Csikszentmihalyi, 1975).

126 소득과 소비자 웰빙(income and consumer well-being)

소득과 소비자 웰빙 관련 이론은 전반적 소비자 웰빙(macro consumer well-being)에 중요한 영향을 미치는 소득과 소비자 웰빙의 관계를 규명하려는 이론이다. 이들에는 소득의 상대적 가치 이론, 소득의 절대가치 이론과 시장 중심적 웰빙 이론이 포함된다.

- 소득의 상대적 가치 이론(theory of relative value): 소득의 상대적 가치 이론에 따르면 소득의 증가가 개인의 행복을 비례해서 증가시키지 못한다(Duesenburry, 1949; Michalos, 1985). 그 이유는 소득 만족이 타인과의 사회적 비교(social comparison) 혹은 과거 소득에 대한 비교(adaptive expectation)에 의해 결정되기 때문이다. 소득의 상대적 가치 이론은 상대적 선호 이론(relative preference theory)이라고도 한다. 소득의 상대가치 이론은 소득의 증가가 상대비교로 인하여 소비자 웰빙에 기여하지 못한다는 이론이다.
- 소득의 절대가치 이론(theory of absolute value): 소득의 절대가치 이론은 소득의 증가가 소비 욕구의 충족을 증가시켜 소비자 웰빙에 긍정적으로 기여한다는 이론이다(Veenhoven, 1991). 비록 만족 적응(hedonic treadmill)과 사회적 비교(social comparison)에 의해 기대 수준이 변화하더라도 소득의 증가가 소비 욕구의 충족의 절대적인 증가를 가져와 소비자 웰빙에 기여한다는 이론이다. 소득의 절대가치 이론은 소득의 증가가 소비자에게 선택의 자유를 제공하고 필요한 소비 욕구의 절대적 증가를 가능하게 하여 소비자 웰빙에 긍정한다는 이론이다.

- 시장 중심적 웰빙 이론(market-centric theory of well-being): 소비자 웰빙은 시장이 소비자가 필요로 하는 제품이나 서비스를 제공함으로써 향상된다는 이론이다(Samli, Sirgy, & Meadow, 1987). 소비자의 필요에 기반하여 시장이 제공하는 제품의 획득 만족(acquisition utility) 및 소유 만족(possession utility)에 의해서 소비자의 웰빙은 증가된다.

Readings

Andrews, F. M., & Withey, S. B. (1976). *Social indicators of well-being*. New York: Plenum Press.

Brickman, P., Campbell, D. T., & Appley, M. H. (1971). Adaptation level theory: A symposium.

Campbell, A., Converse, P. E., & Rodgers, W. L. (1976). *The quality of American life*. New York: McGraw Hill.

Csikszentmihalyi, M. (1975). *Beyond boredom and anxiety: Experiencing flow in work and play*. San Francisco/Washington/London.

Csikszentmihalyi, M., & LeFevre, J. (1989). Optimal experience in work and leisure. *Journal of personality and social psychology, 56*(5), 815.

Deci, E. L., & Ryan, R. M. (2008). Self-determination theory: A macrotheory of human motivation, development, and health. *Canadian psychology/Psychologie canadienne, 49*(3), 182.

Diener, E. (1984). Subjective well-being. *Psychological Bulletin, 95*, 542-575.

Diener, E., Lucas, R. E., & Scollon, C. N. (2009). Beyond the hedonic treadmill: Revising the adaptation theory of well-being. In *The science of well-being*, Springer, Dordrecht, 103-118.

Duesenberry, J. S. (1949). Income, saving, and the theory of consumer behavior.

Fredrickson, B. L. (2004). The broaden-and-build theory of positive emotions. *Philosophical Transactions of the Royal Society of London. Series B: Biological Sciences, 359*(1449), 1367-1377.

Frone, M. R., Russell, M., & Cooper, M. L. (1992). Antecedents and outcomes of work-family conflict: testing a model of the work-family interface. *Journal of applied psychology, 77*(1), 65.

Kuykendall, L., Tay, L., & Ng, V. (2015). Leisure engagement and subjective well-being: A meta-analysis. *Psychological bulletin, 141*(2), 364.

Lee, D. J., & Sirgy, M. J. (1995). Determinants of involvement in the consumer/marketing life domain in relation to quality of life: A theoretical model and research agenda. In *Development in quality of life studies in marketing*, edited by H. L. Meadow, M. J. Sirgy, and D. Rahtz, 13-18. Dekalb, IL: Academy of Marketing Science.

Lee, D. J., & Sirgy, M. J. (2018). What do people do to achieve work-life balance? A formative conceptualization to help develop a metric for large-scale quality-of-life surveys. *Social Indicators Research, 138*(2), 771-791.

Lee, D. J., Sirgy, M. J., Larsen, V., & Wright, N. D. (2002). Developing a subjective measure of consumer well-being. *Journal of Macromarketing, 22*(2), 158-169.

Lyubomirsky, S. (2001). Why are some people happier than others? The role of cognitive and motivational processes in well-being. *American psychologist, 56*(3), 239.

Maslow, A. H. (1970). *Motivation and personality*. New York: Harper & Row

Michalos, A. C. (1985). Multiple discrepancies theory (MDT). *Social indicators research, 16*(4), 347-413.

Michalos, A. C. (1986). An application of multiple discrepancies theory (MDT) to seniors. *Social Indicators Research, 18*(4), 349-373.

Michalos, A. C. (1991). *Global on student well-being. Volume 1: Life satisfaction and happiness.* New York: Springer.

Michalos, A. C. (1993). *Global report on student well-being. Volume IV: Religion, education, recreation, and health.* New York: Springer.

Oishi, S., Diener, E., Suh, E., & Lucas, R. E. (1999). Value as a moderator in subjective well-being. *Journal of personality, 67*(1), 157-184.

Peterson, C., Park, N., & Seligman, M. E. (2005). Orientations to happiness and life satisfaction: The full life versus the empty life. *Journal of happiness studies, 6*(1), 25-41.

Samli, A. C., Sirgy, M. J., & Meadow, H. L. (1987). Measuring marketing contribution to quality of life. *Marketing and quality of life interface*, 3-14.

Seligman, M. E. P. (2002). *Authentic happiness: Using the new positive psychology to realize your potential for lasting fulfillment*. New York: The Free Press.

Sirgy, M. J. (2002). *The psychology of quality of life*. Dordrecht, the Netherlands: Kluwer Academic

Sirgy, M. J., & Lee, D. J. (2018). Work-life balance: An integrative review. *Applied Research in Quality of Life, 13*(1), 229-254.

Sirgy, M. J., Cole, D., Kosenko, R., Meadow, H. L., Rahtz, D., Cicic, M., ... & Nagpal, N. (1995). A life satisfaction measure: Additional validational data for the congruity life satisfaction measure. *Social Indicators Research, 34*(2), 237-259.

Sirgy, M. J., Lee, D. J., & Kressman, F. (2006). A need based measure of consumer well being in relation to personal transportation: A nomological validation. *Social Indicators Research 79*, 337-67.

Sirgy, M. J., Lee, D. J., & Rahtz, D. (2007). Research on consumer well-being (CWB): Overview of the field and introduction to the special issue. *Journal of Macromarketing, 27*(4), 341-349.

Veenhoven, R. (1991). Is happiness relative?. *Social indicators research, 24*(1), 1-34.

Waterman, A. S. (1990). Personal expressiveness: Philosophical and psychological foundations. *Journal of Mind and Behaviour*, 11, 47-74.

Waterman, A. S. (1993). Two conceptions of happiness: Contrasts of personal expressiveness (eudaimonia) and hedonic enjoyment. *Journal of personality and social psychology, 64*(4), 678.

Chapter

11

전반적 웰빙 측정도구

웰빙 관련 측정 도구들은 주관적 웰빙, 심리적 웰빙, 그리고 이 두 가지를 모두 고려하는 일반적 웰빙으로 나누어 볼 수 있다. 주관적 웰빙(subjective well-being)은 쾌락적 행복(Hedonic happiness) 개념에 기반하여 삶의 만족, 긍정정서, 그리고 부정정서에 의해 측정한다. 심리적 웰빙(psychological well-being)은 의미 행복(eudemonic happiness) 개념에 기반하여 삶의 의미, 개인의 발전/성취, 자율, 사회적 관계에 의해 평가하는 개념이다. 일반적 웰빙은 주관적 웰빙과 심리적 웰빙을 모두 고려한 측정 도구이다.

전반적 웰빙의 개념과 측정 도구

	주관적 웰빙 (Subjective Well-being)		심리적 웰빙 (Psychological Well-Being)	웰빙 (Well-Being)
유사 용어	쾌락적 웰빙 (Hedonic well-being)		유다이모닉 웰빙 (Eudaimonic well-being)	웰빙(Well-being) 삶의 질 행복
의미/차원	전반적 삶의 만족(인지 측면의 주관적 웰빙)	행복감(정서 측면의 주관적 웰빙)	삶의 의미, 목적, 사회적 관계, 자아 발전/성취, 자율에 의한 평가	삶에 대한 전반적/주관적 평가 심리적 웰빙과 주관적 웰빙을 모두 고려한 평가
측정 도구	General Social Surveys(GSS) World Values Survey(WVS) The Euro-barometer Surveys Satisfaction With Life Scale(SWLS)	Subjective Happiness Scale (SHS) Positive and Negative Affect Scale(PANAS) The Swedish Core Affect Scale(SCAS) Affect Balance (Scale of Positive and Negative Experience(SPANE))	Flourishing Questionnaire for Eudaimonic Well-Being(QEWB) Personal Well-Being Scale(PWS) Personally Expressive Activities Questionnaire(PEAQ) Flow The Balanced Measure of Psychological Needs(BMPN) scale	PERMA DRAMMA

127 주관적 웰빙(Subjective Well-being: Hedonic Well-being)의 측정도구

주관적 웰빙(subjective well-being)은 쾌락적 웰빙(hedonic well-being)이라고도 칭하는 웰빙의 한 형태이다. 주관적 웰빙은 개인의 삶에 대한 인지적 평가와 주관적 즐거움 느낌을 포괄하는 일반적 용어이다. 쾌락적 웰빙은 삶에 있어서 즐거움이 많고 고통의 적은 정도로 평가한 웰빙 형태를 말한다(Kahneman, 1999). 주관적 웰빙은 전반적 삶의 만족, 삶의 영역 만족, 긍정정서의 빈번한 체험, 부정정서의 체험이 적음 등을 포함한다.

삶의 만족은 개인이 관련이 있다고 생각되는 요소에 근거한 자신의 삶에 대한 주관적 평가를 말한다(Diener, Emmons, Larsen, & Griffin, 1985; Huebner, 2004). 이는 주관적 웰빙의 인지적 차원이다. 삶의 영역 만족(Life Domain Satisfaction)은 전체 삶을 구성하는 직장, 친교, 건강 등 구체적인 삶의 영역에 대한 평가를 칭한다(Frisch, Clark, Rouse, Rudd, Paweleck, & Greenstone, 2005).

- General Social Surveys(GSS): 사람들의 태도나 행동의 변화를 정기적으로 측정하기 위해 개발된 설문 도구로서 전반적 삶의 만족에 대한 측정이 포함된다. '모든 것을 고려할 때 당신은 당신의 인생이 요즘 매우 행복/어느 정도 행복/행복하지 않음 중에서 어떻다고 이야기할 것인가?'의 문항을 통하여 삶에 만족도를 측정한다(Davis, Smith, & Marsden, 2001).
- World Values Survey(WVS): 유럽 가치 연구(European value study)와 협력하에 세계의 많은 나라 사람들의 가치관을 정기적으로 측정하는 설문의 일부로서 전반적 삶의 만족을 측정한다. 문항은 '모든 것을 고려할 때 당신의 인생에 대해 요즘 얼마나 만족하는가?'의 문항으로 측정한다(Inglehart et al., 2000).
- The Eurobarometer Surveys: 서유럽의 여러 나라 사람들을 대상으로 매년 정기적으로 실시하는 설문으로 전반적 삶의 만족 항목이 포함된다. '전반적으로 당신은 당신이 영위하는 인생에 대하여: 매우 만족/어느 정도 만족/만족스럽지 않음'의 문항에 의해 측정한다(Inglehart & Reif, 1991).

- Satisfaction With Life Scale(SWLS): 전반적 삶의 만족을 측정하기 위해 개발된 5개 문항의 측정도구로 신뢰도와 타당도가 높은 매우 널리 사용되는 측정도구이다(Diener et al., 1985). 설문 문항은 다음과 같다. "나의 삶은 여러모로 이상에 가깝다. 2. 나의 삶의 여건이 훌륭하다. 3. 나는 내 삶에 만족한다. 4. 지금껏 내 삶에서 내가 원하는 중요한 것을 가졌다. 5. 내가 다시 삶을 시작한다 하더라도 거의 어떠한 것도 바꾸지 않을 것이다."

전반적 삶의 만족 측정 문항

측정 도구	측정문항	Reference
General Social Surveys	모든 것을 고려할 때 당신은 당신의 인생이 요즘 매우 행복/어느 정도 행복/행복하지 않음 중에서 어떻다고 이야기할 것인가?	Davis, Smith, & Marsden, 2001
World Values Survey	모든 것을 고려할 때 당신의 인생에 대해 요즘 얼마나 만족하는가?	Inglehart et al., 2000
The Eurobarometer Surveys	전반적으로 당신은 당신이 영위하는 인생에 대하여: 매우 만족/어느 정도 만족/만족스럽지 않음	Inglehart & Reif, 1991
Satisfaction With Life Scale (SWLS)	1. 나의 삶은 여러모로 이상에 가깝다. 2. 나의 삶의 여건이 훌륭하다. 3. 나는 내 삶에 만족한다. 4. 지금껏 내 삶에서 내가 원하는 중요한 것을 가졌다. 5. 내가 다시 삶을 시작한다 하더라도 거의 어떠한 것도 바꾸지 않을 것이다.	Diener et al., 1985

행복감은 삶에 있어서 긍정적인 정서가 부정적 정서에 비해 얼마나 많은지에 의해 평가하는 주관적 웰빙의 한 형태이다(Brunstein et al., 1998; Fredrickson & Joiner, 2002). 행복감은 주관적 웰빙의 정서적 차원이다. 정서적 웰빙을 평가하기 위해서 개인이 정서를 사후적으로 기억하거나(recalled well-being), 전반적으로 평가하거나(evaluative well-being) 혹은 실시간 정서를 기록 측정하는 방식(experienced well-being)을 사용한다(Kahneman et al., 2004; Oishi et al., 2004; Schimmack, 2003). 긍정정서(Positive Affect)는 긍정적이고, 즐겁고, 바람직한 감정과 무드를 칭한다(Diener, Wirtz et al., 2010). 부정정서(Negative Affect)는 부정적이고 즐겁지 않고, 바람직하지 않은 감정과 무드를 칭한다(Diener, Wirtz et al., 2010). 정서 밸런스(Affect Balance)는 긍정정서가 부정정서에 비해 얼마나 더 많은지를 표현하는 용어로서 긍정정서 점수에서 부정정서의 점수를 차감하는 방식으로 계산한다.

- Subjective Happiness Scale(SHS): 4개의 문항으로 이루어진 전반적 행복감의 설문 측정도구이다. 첫 두 개의 문항은 자신을 절대적 기준 혹은 상대적 기준에 의해 얼마나 행복한지를 직접 물어본다. 나머지 두 문항은 행복한 사람과 불행한 사람을 각각 기술하고 이러한 기술이 본인과 얼마나 응답자를 잘 묘사하고 있는지에 대한 정도를 문의한다. 7점 척도로 이루어진 4지 항목의 합(최소=4점 최대=28점)으로 행복의 정도를 판단하며 타당도와 신뢰도가 높은 측정도구이다(Lyubomirsky & Lepper, 1999).

- Positive and Negative Affect Scale(PANAS): 10개의 긍정 무드(positive affect) 항목과 10개의 부정 무드(negative affect) 항목으로 구성된 측정도구이다(Watson, Clark, & Tellegen, 1988).
- the Swedish Core Affect Scale(SCAS): 정서를 긍정-부정 방향(valence) 차원과 정서의 세기(activation)의 차원으로 구분하여 정서를 표현하는 정서 측정 도구이다(Västfjäll, Friman, Gärling, & Kleiner, 2002).
- Scale of Positive and Negative Experience(SPANE) Affect Balance: 여러 긍정정서의 체험의 빈도에서 여러 부정정서 체험 빈도의 합을 차감하여 정서 밸런스(affect balance)를 측정하는 도구이다(Diener, Wirtz, Tov, Kim-Prieto, Choi, Oishi, & Biswas-Diener, 2010).

행복감 측정도구(Hedonic Well-Being Measures)

측정도구	항목	출처
SHS (Subjective Happiness Scale)	1. 전반적으로 나는 나를 (전혀 행복하지 않은/매우 행복한) 사람으로 생각한다. 2. 동료들과 비교할 때 나는 (덜 행복/더 행복한) 사람이라고 생각한다. 3. 어떤 사람들은 매우 행복하다. 실제 삶에서 여러 일들이 발생해도 그들은 삶을 즐긴다(전혀 나와 다름/나와 비슷함). 4. 어떤 사람들은 전혀 행복하지 않다. 그들은 우울하지는 않더라도 전혀 행복해보이지 않는다(전혀 나와 다름/ 나와 비슷함: reverse).	Lyubomirsky & Lepper, 1999
Positive and Negative Affect Scale (PANAS)	1. 긍정정서: Enthusiastic, Interested, Determined, Excited, Inspired, Alert, Active, Strong, Proud, Attentive 2. 부정정서: Scared, Afraid, Upset, Distressed, Jittery, Nervous, Ashamed, Guilty, Irritable, Hostile	Watson, Clark, & Tellegen, 1988
the Swedish Core Affect Scale(SCAS)	1. 긍정 vs. 부정정서(pleasant vs. unpleasant) 2. 정서 강도(activated/deactivated)	Västfjäll, Friman, Gärling, & Kleiner, 2002
Scale of Positive and Negative Experience (SPANE) Affect Balance	1. 긍정정서: 지난 4주간 다음의 긍정정서(긍정적인, 기분 좋은, 즐거운, 행복한, 즐거운, 만족스런)를 얼마나 자주 느끼는가(1=전혀, 5=매주 자주): 긍정정서 점수 합=최소 6점, 최대 30점 2. 부정정서: 지난 4주간 다음의 부정정서(부정적인, 기분 나쁜, 즐겁지 않은, 슬픈, 두려운, 화나는)를 얼마나 자주 느끼는가(1=전혀, 5=매주 자주), 부정정서 점수 합=최소 6점, 최대 30점 3. 정서 밸런스=긍정정서 점수 합 - 부정정서 점수 합	Diener, Wirtz, Tov, Kim-Prieto, Choi, Oishi, & Biswas-Diener, 2010

130 심리적 웰빙(Psychological Well-being: Eudaimonic Well-being) 측정도구

심리적 웰빙(Psychological Well-being)은 유다이모닉 웰빙(Eudaimonic well-being)이라고도 칭하는 웰빙이다(Ryff & Keyes, 1995; Brown & Ryan, 2003). 심리적 웰빙은 단순히 즐거움의 추구가 아닌 보다 삶의 높은 가치, 삶의 의미, 자아 실현의 달성 정도로 삶을 평가하는 유형의 웰빙이다(Waterman, 1993). 심리적 웰빙은 자아 발전(personal growth), 자아 수용(self-acceptance), 타인과의 좋은 관계(positive relations with others), 삶의 의미(purpose in life), 환경 극복(environmental mastery), 독립성(autonomy) 평가에 의해서 개인이 얼마나 잘 살아가고 있는지를 평가하는 형태의 웰빙이다(Ryff, 1989). 요컨대, 심리적 웰빙은 삶의 목적 및 자아의 발전 및 자아 실현과 관련된 웰빙을 의미한다.

- 심리적 번영감(Flourishing): 심리적 번영감은 긍정정서를 경험하고 긍정적인 심리 상태 및 좋은 사회적 관계를 유지하는 심리적 웰빙의 상태를 의미한다(Butler & Kern, 2016; Diener, Wirtz, Tov, Kim-Prieto, Choi et al., 2009; Su, Diener, & Tay, 2014). 번영감(flourishing)은 좋은 사회적 관계, 몰입, 목적 있는 삶, 자존감 등의 항목을 포함한다(Diener et al., 2010). 이는 개인의 자아 개발과 자아 실현을 통해 형성되는 긍정적 심리 상태를 의미한다(Ryff & Singer, 2008).

- Questionnaire for Eudaimonic Well-being(QEWB): 유다이모닉 웰빙의 개념을 측정한 측정도구이다. 측정 항목에 자기 발견, 자기가 인지하는 삶의 잠재력의 개발, 삶의 의미 목적, 최고를 향한 많은 노력 및 투자, 적극적인 활동 참여, 자아 표현적 활동을 즐김 등이 포함된다(Waterman et al., 2010).

- Personal Well-being Scale(PWS): 건강하고 긍정적인 심리적 상태로서의 웰빙을 측정하는 도구이다. 자아 발전(personal growth), 타인과의 좋은 관계(positive relations with others), 삶의 의미(purpose in life), 환경 극복(environmental mastery), 독립성(autonomy), 자아 수용(self-acceptance)의 차원을 측정하는 문항을 포함한다(Ryff, 1989).

- Personally Expressive Activities Questionnaire(PEAQ): 행복은 쾌락적 즐거움을 추구하는 쾌락적 행복(hedonic happiness)와 자아 발전과 의미를 추구하는 유다이모닉 행복(eudaimonic happiness)으로 구분된다. 이 측정도구는 자아 표현의 감정과 유다이모닉 행복을 추구하는 자아 표현적 활동(personally expressive activities)과 쾌락적 즐거움을 추구하는 활동(hedonically enjoyable activities)의 두 가지 활동으로 구분하였다(Waterman, 1993).

- 몰입(Flow): 개인이 감내할 만한 수준의 도전을 위해 최선의 노력과 재능을 발휘하여 몰입하는 상태를 말한다(Csikszentmihalyi, 1975; Nakamura & Csikszentmihalyi, 2014). 도전할 만한 의미 있는 삶의 목표에 대해 많은 노력을 들이면서 시간가는 줄 모르면서 완전히 몰입하는 상태를 의미한다(Csikszentmihalyi, 1990).

- The Balanced Measure of Psychological Needs(BMPN) scale: 자기 결정 이론(self determination theory)에 근거하여 기본적 심리욕구(자율/효능/친교)의 충족 정도를 설문으로 측정한 측정도구이다(Sheldon & Hilpert, 2012).

심리적 웰빙 측정도구(Eudaimonic Well-Being Measures)

측정도구	항목	출처
심리적 번영감 (Flourishing)	1. 나는 목적이 분명하고 의미 있는 삶을 살고 있다. 2. 나의 사회적 관계는 우호적이고 도움이 된다. 3. 나는 일상 활동에 흥미를 가지고 몰입한다. 4. 나는 타인의 행복에 기여한다. 5. 나는 내게 중요한 일을 유능하게 잘 처리한다. 6. 나는 나의 미래에 대해 낙관적이다. 7. 사람들은 나를 존중한다. 8. 일상 활동에의 흥미가 있다. (전혀 그렇지 않다/매우 그렇다)	Diener, Wirtz, Tov, Kim-Prieto, Choi, Oishi, & Biswas-Diener, 2010
Questionnaire for Eudaimonic Well-Being (QEWB)	1. 자기 발견 2. 자기가 인지하는 삶의 잠재력의 개발 3. 삶의 의미 목적 4. 최고를 향한 많은 노력 및 투자 5. 적극적인 활동 참여 6. 자아 표현적 활동을 즐김	Waterman, Schwartz, Zamboanga, Ravert, Williams, Bede Agocha, ... Brent Donnellan, 2010
Personal Well-Being Scale(PWS)	1. 자아 발전(personal growth) 2. 타인과의 좋은 관계(positive relations with others) 3. 삶의 의미(purpose in life) 4. 환경 극복(environmental mastery) 5. 독립성(autonomy) 6. 자아 수용(self-acceptance)	Ryff, 1989
Personally Expressive Activities Questionnaire (PEAQ):	Self expressiveness(eudaimonia) of an activity 1. 이 활동은 내가 정말 살아있다는 느낌을 준다. 2. 이 활동이 내가 누구인가에 대한 강한 감정을 준다. 3. 내가 이 활동을 할 때 강하게 몰입됨을 느낀다. 4. 내가 이 활동을 할 때 내가 이것을 하도록 정해졌다는 느낌을 받는다. 5. 다른 활동보다 이 활동을 할 때 내가 완성되고 충족됨을 느낀다. 6. 나는 이 활동에 잘 맞는다는 느낌을 받는다. Hedonic enjoyment of an activity 1. 이 활동이 나에게 많은 즐거움을 준다. 2. 이 활동이 내게 최고의 기쁨을 느끼게 해준다. 3. 내가 이 활동을 하는 동안 다른 활동을 할 때보다 더 많이 만족스럽다. 4. 이 활동은 내게 최고의 즐거움을 준다. 5. 내가 이 활동을 하는 동안 기쁨으로 얼굴이 빛난다. 6. 내가 이 활동을 할 때 다른 활동을 할 때보다 더 행복하다.	Waterman, 1993 Waterman, Schwartz, & Conti, 2008

Flow Experience	이 활동을 할 때: 1. 나는 분명한 목적이 있다. 2. 나는 의식적으로 행동한다.(reverse) 3. 이 활동을 잘 통제하고 있다고 느낀다. 4. 시간 가는 줄 모른다. 5. 내가 얼마나 잘하고 있는지 잘 안다. 6. 매우 집중한다. 7. 개인적 문제는 잊어버린다. 8. 완전히 몰입한다고 느낀다. (전혀 나와는 다르다/매우 나와 비슷하다)	Csikszentmihalyi & Mihaly, 1990
The Balanced Measure of Psychological Needs(BMPN) scale	Autonomy(자율) 나는 내 방식대로 자유롭게 일을 처리한다. 나는 불필요한 압력을 받는다. R 내 선택은 나의 진정한 모습을 반영한다. 내가 무엇을 해야하는지를 이야기하는 사람들이 있다. R 나는 내게 흥미로운 일을 하고 있다. 내 의사에 반해서 일을 하는 경우가 있다. R Competence(능력) 나는 어려운 프로젝트를 성공적으로 마무리 했다. 나는 과제를 잘 수행 못하거나 실패를 경험한 적이 있다. R 나는 어려운 도전을 잘 이겨냈다. 나는 스스로 무능하다고 느끼는 멍청한 실수를 했다. R 나는 어려운 과제도 잘 수행했다. 나는 내가 잘 할 수 있는 일에도 어려움을 겪는다. R Relatedness(친교) 나는 내가 소중하게 생각하는 사람들과 잘 연결되어 있다. 나는 외로움을 느낀다. R 내가 중요하게 생각하는 사람들과 밀접하게 연결되어 있다. 내가 중요시하는 사람에게서 환영받지 못한다. R 내가 시간을 함께 보내는 사람들과 강한 친밀감을 느낀다. 내가 친밀하게 지내는 사람들과 갈등이 있다. R	Sheldon & Hilpert, 2012

R=reverse coded

131 웰빙(Well-being, Quality of Life, Happiness) 측정도구

개인의 삶에 대한 평가를 지칭하는 일반적인 용어에는 웰빙(well-being), 삶의 질(quality of life), 행복(happiness) 등이 있다. 첫째, 웰빙(Well-being)은 사회/물질/건강 등 주관적인 자신의 삶에 대한 평가를 말하는 일반적인 표현이다(Kitayama & Markus, 2000; Searle, 2008). 웰빙은 주관적 안녕감이란 용어로 사용되기도 한다. 둘째, 삶의 질(Quality of Life)은 개인의 삶이 좋고 바람직한지를 평가하는 환경, 사회, 물질 등 개인 삶의 다양한 여건을 칭하는 일반적 용어이다(Hagerty, Cummins, Ferriss, Land, Michalos et al., 2001). 셋째, 행복(Happiness)은 웰빙을 의미하는 일반적인 용어로서 삶의 만족, 주관적 웰빙, 긍정적 정서의 한 형태 등 상황에 따라 다양한 의미로 사용된다(Lyubomirsky & Lepper, 1999). 주관적 웰빙과 심리적 웰빙을 모두 고려한 특정 도구 중에는 다음과 같은 체험/레저 관련 측정도구들이 있다.

- PERMA: 긍정적 감정, 몰입, 관계, 의미, 성취에 의한 전반적 웰빙의 평가로서 심리적 웰빙과 주관적 웰빙을 모두 고려한 전반적 웰빙 측정도구이다. 개인이 긍정정서를 경험하는 빈도(Positive emotion), 자신의 일에 대한 몰입의 정도(Engagement), 주변 관계에 대한 만족(Relationship), 삶의 목적과 의미 추구 정도(Meaning), 목표를 성취한 정도(Accomplishment)에 의하여 개인의 전반적 웰빙을 측정한다(Seligman, 2011; Kern, Waters, Adler, & White, 2015).

- DRAMMA: 여가 생활에서의 전반적 웰빙을 측정한 도구이다. 휴식, 자율, 학습, 의미, 친교의 차원을 포함하여 여가 생활에서의 심리적 웰

빙의과 주관적 웰빙의 여러 차원을 모두 고려한 여가 웰빙 측정도구이다. 여가 생활에서 일상에서 벗어난 휴식을 취하는 정도(Detachment-Relaxation), 개인의 자율적 행동(Autonomy), 여가에서의 새로운 도전과 필요한 기술의 습득(Mastery), 여가를 통한 삶에 대한 의미(Meaning), 좋은 사회적 관계(Affinity)의 차원을 포함한다(Newman, Tay, & Diener, 2014).

주관적/심리적 웰빙을 모두 고려한 측정도구(Psychological + Subjective Well-Being)

측정도구	항목	출처
PERMA scale	긍정적 감정, 몰입, 관계, 의미, 성취에 의한 전반적 웰빙의 평가로서 심리적 웰빙과 주관적 웰빙을 모두 고려한 측정 도구 P(Positive emotion): 얼마나 자주 즐거움을 느끼는가/얼마나 자주 긍정정서를 느끼는가/ 어느 정도 만족스런 감정을 느끼는가? E(Engagement): 얼마나 자주 하는 일에 몰두하는가/얼마나 자주 하는 일에서 기쁨이나 흥미를 느끼는가/얼마나 자주 좋아하는 일을 하면서 시간 가는 줄 모르는가? R(Relationship): 어느 정도로 필요 시 주변의 도움이나 지지를 받는가/어느 정도로 사랑을 받고 있다고 느끼는가/대인 관계에 얼마나 만족하는가? M(Meaning): 당신은 어느 정도로 목적이 있고 의미 있는 삶을 영위하는가/어느 정도나 당신 삶이 추구하는 방향을 알고 있는가? A(Accomplishment): 얼마나 자주 당신이 설정한 삶의 목적을 향해 나아가고 있다고 생각하는가/얼마나 자주 당신을 위해 설정한 목표에 도달하는가?	Seligman, 2011 Kern, Waters, Adler, & White, 2015
DRAMMA scale	여가생활에서의 전반적 웰빙으로 휴식, 자율, 학습, 의미, 친교의 차원을 포함한다. 심리적 웰빙과 주관적 웰빙을 모두 고려한 여가 웰빙 측정 도구 DR(Detachment-Relaxation): 일상으로부터 벗어난 휴식 A(Autonomy): 여가에서의 개성, 선택, 자유 M(Mastery): 여가 활동에서의 도전 극복과 필요한 기술의 습득 M(Meaning): 여가를 통한 삶에 대한 의미 인식 A(Affinity): 좋은 사회적 관계와 즐거움	Newman, Tay, & Diener, 2014

행복에 대한 태도(Orientation to Happiness)는 개인이 중시하고 추구하는 행복의 유형에 따라 행복에 대한 태도를 측정한 도구이다. 의미 있는 삶(Life of Meaning)은 삶의 의미를 중심으로 의미 행복(eudaimonic happiness)을 추구하는 경향을 말하고, 즐거운 삶(Life of Pleasure)은 삶의 즐거움을 통하여 쾌락적 행복(hedonic happiness)을 추구하는 경향을 말하며, 몰입하는 삶(Life of Engagement)은 의미 있는 일에 몰입을 통해 행복을 추구하는 경향을 말한다(Peterson et al., 2005). 한편 행복지속성(Fragility to Happiness)은 지금 개인이 느끼는 행복이 얼마나 지속될지에 대한 개인의 태도이다. 행복 지속성은 지금의 행복이 미래의 불행으로 쉽게 바뀔 수도 있다는 개인의 행복에 대한 태도를 말한다(Joshanlo et al., 2015).

- Orientation to Happiness(OTH): 개인이 추구하는 행복의 유형(의미 행복/쾌락 행복/몰입 행복)을 측정한다. 삶의 의미를 중심으로 의미 행복(eudaimonic happiness)을 추구하는 경향, 삶의 즐거움을 통하여 쾌락적 행복(hedonic happiness)을 추구하는 경향, 그리고 몰입을 통해 행복을 추구하는 경향으로 구분한다(Peterson, Park, & Seligman, 2005).
- 행복 지속성(Fragility to Happiness): 지금의 행복이 얼마나 오래 지속될 수 있을지에 대한 믿음으로 지금의 행복이 미래의 불행으로 쉽게 바뀔 수도 있다는 행복에 대한 태도를 반영한다(Joshanloo et al., 2015).

행복에 대한 태도 측정 도구

<table>
<tr><th>측정도구</th><th>항목</th><th>출처</th></tr>
<tr><td>행복에 대한 태도
Orientation to Happiness(OTH)</td><td>개인이 추구하는 행복의 유형(의미 행복/쾌락 행복/몰입 행복)

Life of Meaning: 삶의 의미를 중심으로 의미 행복(eudaimonic happiness)을 추구하는 경향

1. 나는 내 삶에서 높은 목표를 추구한다.
2. 나는 무엇을 할지 선택할 때 타인에 미치는 혜택을 고려한다.
3. 나는 보다 나은 세상을 만들 책임이 있다고 생각한다.
4. 내 삶은 지속적인 의미가 있다고 생각한다.
5. 내가 하는 일들이 사회에 중요하다.
6. 나는 내 삶의 의미와 어떻게 이에 부합되는 삶을 살지에 대해 많은 생각을 한다.

Life of Pleasure: 삶의 즐거움을 통하여 쾌락 행복(hedonic happiness)을 추구하는 경향

1. 삶은 즐거움을 연기하기에는 너무 짧다.
2. 나는 즐거운 행복을 느끼기 위해 노력한다.
3. 어떤 일을 할지 결정할 때 얼마나 즐거운지 고려한다.
4. '인생이 짧으니 즐거움을 지금 마음껏 누려라'는 말에 동의한다.
5. 나는 오감을 자극시키는 일을 하는 것을 좋아한다.
6. 좋은 인생은 즐거운 인생이라고 생각한다.

Life of Engagement: 몰입을 통해 행복을 추구하는 경향

1. 내가 무엇을 하든 시간이 빨리 지나간다.
2. 내가 새로운 기술이나 능력을 습득해야 하는 상황을 즐긴다.
3. 일을 하던 휴식을 취하던 시간 가는 줄 모르고 몰입하는 편이다.</td><td>Peterson, Park, & Seligman, 2005</td></tr>
<tr><td>행복 지속성
(Fragility to Happiness)</td><td>지금의 행복이 오래 지속되지 않으리라는 믿음(지금의 행복이 미래의 불행으로 쉽게 바뀔 수도 있다는 행복에 대한 태도)

1. 나는 어떤 일이 발생하여 지금의 행복을 쉽게 잃어버릴 수 있다고 생각한다.
2. 지금의 행복은 부서지기 쉽다.
3. 지금의 행복은 조그마한 사건에 의해 다른 불행으로 쉽게 바뀔 수 있다고 생각한다.
4. 불행의 경계가 명확하지 않다.</td><td>Joshanloo, Weijers, Jiang, Han, Bae, Pang, ... & Khilji, 2015</td></tr>
</table>

Readings

Brown, K. W., & Ryan, R. M. (2003). The benefits of being present: mindfulness and its role in psychological well-being. *Journal of personality and social psychology, 84*(4), 822.

Brunstein, J. C., Schultheiss, O. C., & Grässman, R. (1998). Personal goals and emotional well-being: The moderating role of motive dispositions. *Journal of personality and social psychology, 75*(2), 494.

Butler, J., & Kern, M. L. (2016). The PERMA-Profiler: A brief multidimensional measure of flourishing. *International Journal of Wellbeing, 6*(3).

Csikszentmihalyi, M. (1975). *Beyond boredom and anxiety: Experiencing flow in work and play*. San Francisco/Washington/London.

Csikszentmihalyi, Mihaly (1990), *Flow: The Psychology of Optimal Experience*, New York: Harper and Row.

Davis, J. A., Smith, T. W., & Marsden, P. V. (2001). *The General Social Survey, 2000: Codebook and Datafile, 1972-2000 Computer file*. Chicago: National Opinion Research Center and University of Chicago. Retrieved August.

Deci, E. L., & Ryan, R. M. (2008). Self-determination theory: A macrotheory of human motivation, development, and health. *Canadian psychology/Psychologie canadienne, 49*(3), 182.

Diener, E., Wirtz, D., Tov, W., Kim-Prieto, C., Choi, D. W., Oishi, S., & Biswas-Diener, R. (2010). New well-being measures: Short scales to assess flourishing and positive and negative feelings. *Social indicators research, 97*(2), 143-156.

Diener, E. D., Emmons, R. A., Larsen, R. J., & Griffin, S. (1985). The satisfaction with life scale. *Journal of personality assessment, 49*(1), 71-75.

Fredrickson, B. L., & Joiner, T. (2002). Positive emotions trigger upward spirals toward emotional well-being. *Psychological science, 13*(2), 172-175.

Frisch, M. B., Clark, M. P., Rouse, S. V., Rudd, M. D., Paweleck, J. K., Greenstone, A., & Kopplin, D. A. (2005). Predictive and treatment validity of life satisfaction and the quality of life inventory. *Assessment, 12*(1), 66-78.

Hagerty, M. R., Cummins, R., Ferriss, A. L., Land, K., Michalos, A. C., Peterson, M., ... & Vogel, J. (2001). Quality of life indexes for national policy: Review and agenda for research. *Bulletin of Sociological Methodology/Bulletin de Méthodologie Sociologique, 71*(1), 58-78.

Hills, P., & Argyle, M. (2002). The Oxford Happiness Questionnaire: a compact scale for the measurement of psychological well-being. *Personality and individual differences, 33*(7), 1073-1082.

Huebner, E. S. (2004). Research on assessment of life satisfaction of children and adolescents. *Social indicators research, 66*(1-2), 3-33.

Inglehart, R., & Reif, K. (1991). Analyzing trends in West European opinion: the role of the Eurobarometer surveys. In *Eurobarometer*, Palgrave Macmillan, London, 1-26.

Inglehart, R., Basanez, M., Diez-Medrano, J., Halman, L., & Luijkx, R. (2000). World values surveys and European values surveys, 1981-1984, 1990-1993, and 1995-1997. *Ann Arbor-Michigan, Institute for Social Research, ICPSR version*.

Joshanloo, M., Weijers, D., Jiang, D. Y., Han, G., Bae, J., Pang, J. S., ... & Khilji, I. A. (2015). Fragility of happiness beliefs across 15 national groups. *Journal of happiness studies, 16*(5), 1185-1210.

Kahneman, D., Krueger, A. B., Schkade, D. A., Schwarz, N., & Stone, A. A. (2004). A survey method for characterizing daily life experience: The day reconstruction method. *Science, 306*(5702), 1776-1780.

Kern, M. L., Waters, L. E., Adler, A., & White, M. A. (2015). A multidimensional approach to measuring well-being in students: Application of the PERMA framework. *The journal of positive psychology, 10*(3), 262-271.

Kitayama, S., & Markus, H. R. (2000). The pursuit of happiness and the realization of sympathy: Cultural patterns of self, social relations, and well-being. *Culture and subjective well-being, 1*, 113-161.

Lyubomirsky, S., & Lepper, H. S. (1999). A measure of subjective happiness: Preliminary reliability and construct validation. *Social indicators research, 46*(2), 137-155.

Nakamura, J., & Csikszentmihalyi, M. (2014). The concept of flow. In *Flow and the foundations of positive psychology*, Springer, Dordrecht, 239-263.

Newman, D. B., Tay, L., & Diener, E. (2014). Leisure and subjective well-being: A model of psychological mechanisms as mediating factors. *Journal of Happiness Studies, 15*(3), 555-578.

Oishi, S., Diener, E., Napa Scollon, C., & Biswas-Diener, R. (2004). Cross-situational consistency of affective experiences across cultures. *Journal of Personality and Social Psychology, 86*(3), 460.

Peterson, C., Park, N., & Seligman, M. E. (2005). Orientations to happiness and life satisfaction: The full life versus the empty life. *Journal of happiness studies, 6*(1), 25-41.

Ryff, C. D. (1989). Happiness is everything, or is it? Explorations on the meaning of psychological well-being. *Journal of personality and social psychology, 57*(6), 1069.

Ryff, C. D., & Keyes, C. L. M. (1995). The structure of psychological well-being revisited. *Journal of personality and social psychology, 69*(4), 719.

Ryff, C. D., & Singer, B. H. (2008). Know thyself and become what you are: A eudaimonic approach to psychological well-being. *Journal of happiness studies, 9*(1), 13-39.

Schimmack, U. (2003). Affect measurement in experience sampling research. *Journal of Happiness Studies, 4*(1), 79-106.

Searle, B. (2008). *Well-being: In search of a good life?*. Policy Press.

Seligman, M. (2011). *Flourish*. New York, NY: Free Press.

Sheldon, K. M., & Hilpert, J. C. (2012). The balanced measure of psychological needs (BMPN) scale: An alternative domain general measure of need satisfaction. *Motivation and Emotion, 36*(4), 439-451.

Su, R., Tay, L., & Diener, E. (2014). The development and validation of the Comprehensive Inventory of Thriving (CIT) and the Brief Inventory of Thriving (BIT). *Applied Psychology: Health and Well-being, 6*(3), 251-279.

Västfjäll, D., Friman, M., Gärling, T., & Kleiner, M. (2002). The measurement of core affect: A Swedish self-report measure derived from the affect circumplex. *Scandinavian Journal of Psychology, 43*(1), 19-31.

Waterman, A. S. (1993). Two conceptions of happiness: Contrasts of personal expressiveness (eudaimonia) and hedonic enjoyment. *Journal of personality and social psychology, 64*(4), 678.

Waterman, A. S., Schwartz, S. J., & Conti, R. (2008). The implications of two conceptions of happiness (hedonic enjoyment and eudaimonia) for the understanding of intrinsic motivation. *Journal of happiness studies, 9*(1), 41-79.

Waterman, A. S., Schwartz, S. J., Zamboanga, B. L., Ravert, R. D., Williams, M. K., Bede Agocha, V., ... Brent Donnellan, M. (2010). The questionnaire for Eudaimonic wellbeing: Psychometric properties, demographic comparisons, and evidence of validity. *The Journal of Positive Psychology, 5*, 41-61.

Watson, D., Clark, L. A., & Tellegen, A. (1988). Development and validation of brief measures of positive and negative affect: the PANAS scales. *Journal of personality and social psychology, 54*(6), 1063.

결론

지금까지 본서를 통하여 소비자 웰빙(consumer well-being)의 개념과 원리, 구체적 소비자 웰빙(micro consumer well-being), 전반적 소비자 웰빙(macro consumer well-being), 그리고 소비자 웰빙의 측정도구와 이론을 살펴보았다. 웰빙 마케팅은 소비자에게 만족스런 소비 경험을 통한 소비 행복감을 제공하고 이를 통하여 관계적 성과뿐 아니라 전반적 웰빙에 기여하는 마케팅 활동이다. 본서가 소비자 웰빙을 향상 유지시키는 마케팅 활동에 대한 체계적인 연구와 실천 전략의 수립에 도움이 되기를 희망한다.

찾아보기

※ 페이지가 아닌 항목 번호로 표기

ㄱ

ㄴ

ㄷ

ㅁ

ㅂ

ㅅ

ㅇ

ㅈ

ㅊ

ㅋ

ㅌ

ㅍ

ㅎ

기타

【저자 소개】

이동진

【학력】
연세대학교 경영학과 학사
University of South Carolina 경영학석사
Virginia Tech 경영학 박사 (마케팅)

【경력】
연세대학교 경영학과 마케팅 교수 (현재)
State University of New York—Binghamton 경영대학 마케팅 교수
University of Western Australia 경영대학원 마케팅 교수

【강의/연구 분야】
관계 마케팅, 소비자 웰빙

【주요 논문】
Journal of Marketing, Journal of the Academy of Marketing Science,
Interntional Journal of Research in Marketing, Journal of Advertising,
Psychology and Marketing, Journal of Business Research, Journal of Happiness Studies,
Journal of Business Ethics 외 다수

소비자 웰빙

초판 발행 2021년 8월 31일

지은이 이동진
펴낸이 김중용

총괄기획 박노일 · 최준규
편 집 심성보

펴낸곳 도서출판 정독

경기도 고양시 일산서구 하이파크로 113,102-204
등록 제406-2014-000093호

전 화 070)7550 - 3758 팩 스 02)718 - 8554
홈페이지 www.jeongdok.co.kr 이메일 pnc@pncmedia.co.kr

ISBN 979-11-90899-46-8 93320

정 가 27,000원